·国家社会科学基金重大委托项目《巴蜀全书》(10@zh005)系列成果
·四川省重大文化工程《巴蜀全书》(川宣〔2012〕110号)系列成果
·四川大学中国语言文学与中华文化全球传播学科群重点资助出版项目
·四川大学古籍整理与经典文献研究中心培育基地重点资助出版项目

蜀学文库

舒大刚　尤潇潇　主编

蜀学要论

中国社会科学出版社

图书在版编目（CIP）数据

蜀学要论 / 舒大刚，尤潇潇主编 . —北京：中国社会科学出版社，2022.1
（蜀学文库）
ISBN 978-7-5203-9654-7

Ⅰ.①蜀…　Ⅱ.①舒…②尤…　Ⅲ.①文化史—四川—文集②巴蜀文化—文集　Ⅳ.①K297.1-53②K872.71-53

中国版本图书馆 CIP 数据核字（2022）第 021005 号

出 版 人	赵剑英
责任编辑	郝玉明
责任校对	张爱华
责任印制	王　超

出　　版	中国社会科学出版社
社　　址	北京鼓楼西大街甲 158 号
邮　　编	100720
网　　址	http://www.csspw.cn
发 行 部	010-84083685
门 市 部	010-84029450
经　　销	新华书店及其他书店

印　　刷	北京君升印刷有限公司
装　　订	廊坊市广阳区广增装订厂
版　　次	2022 年 1 月第 1 版
印　　次	2022 年 1 月第 1 次印刷

开　　本	710×1000　1/16
印　　张	26.25
字　　数	403 千字
定　　价	139.00 元

凡购买中国社会科学出版社图书，如有质量问题请与本社营销中心联系调换
电话：010-84083683
版权所有　侵权必究

《蜀学文库》编委会

学术顾问(按姓氏笔画排序)：

王中江　朱汉民　刘学智　杜泽逊　李存山　李晨阳
李景林　吴　光　张新民　陈　来　陈祖武　陈　静
单　纯　郭齐勇　景海峰　廖名春

编　委　会(按姓氏笔画排序)：

王小红　王智勇　王瑞来　尹　波　刘复生　杨世文
吴洪泽　张茂泽　郭　齐　黄开国　彭　华　粟品孝
舒大刚　蔡方鹿

主　编：舒大刚

总　　序

　　岷山巍巍，上应井络；蜀学绵绵，下亲坤维。

　　蚕丛与鱼凫，开国何茫然？《山经》及《禹记》，叙事多奇幻。往事渺渺，缙绅先生难言；先哲谭谭，青衿后学乐道。班孟坚谓："巴蜀文章，冠于天下。"谢耆庵言："蜀之有学，先于中原。"言似夸诞，必有由焉。若乎三皇开运，神妙契乎天地人；五主继轨，悠久毗于夏商周。天皇地皇人皇，是谓三皇；青赤白黑黄帝，兹为五帝。三才合一，上契广都神坛；五行生克，下符《洪范》八政。

　　禹兴西羌，生于广柔，卑彼宫室，而尽力于沟洫；菲吾饮食，而致孝乎鬼神。顺天因地以定农本，报恩重始而兴孝道。复得河图演《连山》，三易因之肇始；又因洛书著《洪范》，九畴于焉成列。夏后世室，以奠明堂之制；禹会涂山，乃创一统之规。是故箕子陈治，首著崇伯；孔子述孝，无间大禹。

　　若乎三星神树，明寓十日秘历；金沙赤乌，已兆四时大法。袠弘碧珠，曾膺仲尼乐问；尸佼流放，尝启商君利源。及乎文翁化蜀，首立学校，建国君民，教学为先；治郡牧民，德礼莫后。蜀士鳞比，学于京藩；儒风浩荡，齐鲁比肩。七经律令，首先畅行蜀滇；六艺诗骚，同化播于巴黔。相如、子云，辉映汉家赋坛；车官、锦官，衣食住行居半。君平市隐，《老子指归》遂书；儒道兼融，道德仁义礼备。往圣述作，孔裁六艺经传；后贤续撰，雄制《太玄》《法言》。"伏牺之易，老子之无，孔子之元"，偕"扬雄之玄"以成四教；"志道据德，依仁由义，冠礼佩乐"，兼"形上形下"而铸五德。落下主《太初》之历，庄遵衍浑天之说。六略四部，不乏蜀人之文；八士四义，半膺国士之选。涣涣乎，文章冠冕天下；济济焉，人材充盈河汉。

　　自是厥后，蜀学统序不断，文脉渊源赓连。两汉鼎盛，可谓灵光鲁殿；魏晋弘宣，堪比稷下学园。隋唐五代，异军突起；天下诗人，胥皆入蜀。两宋呈高峰之状，三学数蜀洛及闽。蒙元兵燹，啼血西川；巴蜀学脉，续衍东南。明有升庵，足以振耻；清得张（问陶）李（调元），可堪不觑。洎乎晚清民国，文风丕振，教泽广宣。玉垒浮云，变幻古今星汉；锦江风雨，再续中西学缘。尊经存古，领袖群伦；中体西用，导引桅帆。于是乎诵经之声盈耳，文章之美绍先。蜀学七期三峰，无愧华章；蜀勒六经七传，播名国典。

　　蜀之人才不愧于殊方，蜀之文献称雄于震旦。言经艺则有"易学在蜀"之誉，言史册而有"莫隆于蜀"之称，言文章则赞其"冠于天下"，言术数则号曰"天数在蜀"。人才不世出，而曰"出则杰出"；名媛不常有，犹称"蜀出才妇"。至若文有相如、子瞻，诗有太白、船山，历有落下、思训，易有资中、梁山，史有承祚、心传，书有东坡、啬庵，画有文同、大千。博物君子，莫如李石、杨慎；义理哲思，当数子云、南轩。开新则有六译、槐轩，守文则如了翁、调元，宏通有若文通、君毅，讲学则如子休、正元。方技术数，必举慎微、九韶；道德文章，莫忘昌衡、张澜。才士尤数东坡、升庵，才女无愧文君、花蕊，世遂谓"无学不有蜀，无蜀不成学"矣！宋人所谓"蜀学之盛，冠天下而垂无穷"云云者，亦有以哉！

　　蜀之经籍无虑万千，蜀之成就充斥简编。石室、礼殿，立我精神家园；蜀刻石经，示彼经籍典范。三皇五帝，别中原自为一篇；道德仁义，合礼乐以裨五典。谈天究玄妙之道，淑世著实效之验。显微无间，体用一源。

　　至乎身毒偎人爱人，已见《山经》；佛法北道南道，并名《丹铅》。蜀士南航，求佛法于瀛寰；玄奘西来，受具足于慈殿。若夫蜀人一匹马，踏杀天下；禅门千家宗，于兹为大。开宝首雕，爰成大藏之经；圭峰破山，肇启独门之宗。菩萨在蜀，此说佛者不可不知也。

　　至若神农入川，本草于焉始备；黄帝问疾，岐伯推为医祖。涯涯水涘，云隐涪翁奇技；莽莽山峦，雾锁药王仙迹。经效产宝，首创始于昝殷；政和证类，卒收功乎时珍。峨眉女医，发明人工种痘；天回汉简，重见扁鹊遗篇。雷神火神，既各呈其神通；川药蜀医，遂称名乎海外矣。

又有客于此者，亦立不世之名，而得终身之缘。老子归隐青羊之肆，张陵学道鹤鸣之山；女皇降诞于广元，永叔复生乎左绵；司马砸缸以著少年之奇，濂溪识图而结先天之缘。横渠侍父于涪，少成民胞物与之性；蠲叟随亲诞蜀，得近尊道贵德之染。是皆学于蜀者大，入于蜀者远也。

系曰：巴山高兮蜀水远，蜀有学兮自渊源。肇开郡学兮启儒教，化育万世兮德音宣。我所思兮在古贤，欲往从之兮道阻艰。仰弥高兮钻弥坚，候人猗兮思绵绵。

舒大刚

前　言

蜀学孕育和发展于巴蜀大地，独具特色，与齐学、鲁学、关学、洛学、闽学、湘学、浙学等，共同成为中华学术的重要组成部分。回顾蜀学历史，其在制度创设、学术创新、信仰体系、经典体系、核心价值等方面皆有独特造诣，对中国传统学术发展起到了重要的推动作用。自近代以来，随着学者对蜀学的研究不断深入，界定蜀学的定义、时空范围、内涵与外延，并且注重蜀学与巴蜀文化的相互关联，产生了一系列重要成果，为当今学术研究打下了基础、指明了方向。本书选取的文章，涉及蜀学的总论、断代分论、专题研究等方面，回顾和总结蜀学研究的相关重要成果，以期勾勒蜀学研究之要点与层次。

总论方面的研究成果便于读者直观探索蜀学之门径，可从中宏观地了解蜀学的含义、特征、贡献等。刘咸炘、谢无量、谭继和、谢桃坊、查有梁、舒大刚、彭华等诸多学人曾对此多有探索。刘咸炘先生的《蜀学论》概括了蜀学的内容，并提出了蜀学的三个重要特征，即易学以蜀学为盛、史学在唐以后莫隆于蜀、文学则盛于汉与唐宋，刘咸炘先生积极倡导"蜀学复兴"，《蜀学论》是展现其思想的杰出代表作。谢无量先生认为"蜀有学，先于中国"[①]，而没有先发于蜀地的学术，都得益于蜀之后影响力使其更为强大和广泛，这具体表现在儒学、易学、道学、佛学和文学五个方面。同时，谢无量先生剖析了在儒道佛三种最具影响力的传统主流思想中所涵盖的蜀学内涵，这对近现代以来学人和大众对蜀学的理解方式以及蜀学影响力的扩大，贡献颇巨。

---

① 谢无量：《蜀学原始论》，《蜀学》第五辑，巴蜀书社2010年版，第272页。

蒙文通先生对巴蜀史的问题很早即开始了探索和归纳，他全面论述了巴蜀的区域、巴黔中、巴蜀分界、巴蜀境内小诸侯、蜀的古代、巴蜀的史迹六个问题，为后继学者研究巴蜀历史和蜀学提供了诸多便利。① 谢桃坊先生通过对蜀学代表人物之分析，认为蜀学具有坚持学术传统并占据时代前沿、引导一代思潮的特点②；他还在梳理蜀学发展的学术渊源的基础上，揭示了自宋代四川地区产生了真正的学术文化以后，与中原地区产生的互动情况。③ 谭继和先生对蜀学的贡献有进一步阐发，他认为中华传统文化以儒、释、道为主干，三学各有根柢，其根柢皆与蜀学有关，并归纳了蜀学"仙源（道源）在蜀""儒学源蜀""菩萨在蜀"三大开源性或奠基性贡献。④ 查有梁先生将蜀学定义为"巴蜀的学者们在'人文科学''社会科学''自然科学''思维科学'领域内的学术成就与学术思想"⑤。并且界定了蜀学发展历程中的三座里程碑，即蜀学含义深化扩展的三个阶段。舒大刚先生与胡游杭硕士详细指出了蜀学在制度创设、学术成就、信仰体系、经典体系、核心价值等方面的独特造诣和精深探究，阐明了蜀学对祖国学术文化的发展作出过重要贡献，并指出蜀学的这些特征仍是当今实现文化自觉、文化自信，推动传统文化的创造性转化和创新性发展，是构建当代"新蜀学"的重要资源。⑥ 彭华先生则认为，蜀学的特色在哲学方面是深玄之风，玄而不虚；在史学方面是文献之传，通观明变；在文学方面是但开一风，表仪一时。⑦

前有学者关于蜀学全貌的通论概括，接下来就是有关历代蜀学发展情况的研究，即断代分论部分。自西汉以来，蜀学兴盛，比于齐鲁，在

---

① 参见蒙文通《巴蜀史的问题》，《四川大学学报》（哲学社会科学版）1959年第5期。
② 参见谢桃坊《论蜀学的特征》，《蜀学》第二辑，巴蜀书社2007年版。
③ 参见谢桃坊《蜀学的性质与文化渊源及其与巴蜀文化的关系》，《西华大学学报》（哲学社会科学版）2009年第4期。
④ 参见谭继和《蜀学作出过开源性与奠基性贡献》，《中国社会科学报》2016年8月19日。
⑤ 查有梁：《蜀学浅议》，《蜀学》第二辑，巴蜀书社2007年版，第15—16页。
⑥ 参见舒大刚、胡游杭《"蜀学"的特征与贡献》，《中国哲学史》2017年第4期。
⑦ 参见彭华《蜀学之形神与风骨综论——以文史哲或经史子集为考察对象》，《殷都学刊》2014年第3期。

历朝历代几经起伏。胡昭曦、舒大刚、吴龙灿、张凯等学人各有着力。学人们对各断代蜀学的发展情况也予以关注，成果丰硕。胡昭曦先生从学术思想、学术传承、学术宗旨与内容等方面着重阐述了宋代蜀学长期蓬勃发展的特征、成就与影响。① 并且胡昭曦先生还以培养蜀学人才的尊经书院为视角，指出尊经书院在近代蜀学发展中具有举足轻重的作用，也为我们研究书院和地方学术史提供了经典范式。舒大刚先生系统概括了蜀学在历代的发展情况，认为蜀学经历了先秦孕育、两汉初盛、魏晋南北朝持续发展、隋唐五代异军突起、两宋高峰、元明清相对低迷、晚清民国极盛的七个发展阶段，其中又以成果较多、影响较大的先秦、两汉、两宋和晚清民国四个时期为其高潮，以这种"七个阶段、四个高潮"的论断分析了蜀学的发展过程、起伏变化，对研究蜀学的断代分论具有指导意义。②

舒大刚、吴龙灿两位先生阐明了汉代巴蜀经学的发展情况，认为其兴起于文景之世，文翁奖励儒学教育，领先全国以"七经"造士，于是"七经"之学盛行巴蜀，经学人才辈出。两汉巴蜀经学以易学、"小学"最盛，巴蜀学者不满当时章句之儒"碎义逃难""违背孔真"的现象，自严遵始融《易》《老》于一炉，扬雄创拟经新篇，从而构成汉代巴蜀经学独辟蹊径、自成体系之特色。③

清代尤其是晚清是中国历史的变革期与转折期，这在引领时代发展的学术思想方面表现得尤为明显，分析这一时期蜀学发展的特点与成就是理解蜀学从传统学术步入现代学术阶段的关键所在。舒大刚先生解决了这一问题，他阐明了"晚清巴蜀书院，名列全国前茅；晚清巴蜀学人，彪炳华夏史册；晚清巴蜀学术，蔚为国学重心"④ 三方面的成就，并详细分析了晚清巴蜀学术对中国传统学术转型的开创之功和促进意义。清季

---

① 参见胡昭曦《宋代蜀学刍论》，《四川大学学报》（哲学社会科学版）1993年第4期。
② 参见舒大刚《蜀学的流变及其基本特征》，《江苏科技大学学报》（社会科学版）2017年第3期。
③ 参见舒大刚、吴龙灿《汉代巴蜀经学述论》，《四川师范大学学报》（社会科学版）2013年第6期。
④ 舒大刚：《晚清"蜀学"的影响与地位》，《社会科学研究》2007年第3期。

民初，西方学术分科格义中国学术，近代新学术由此建立，在这种情况下，复兴蜀学成为四川学人的群体诉求，张凯先生认为：一方面，巴蜀学人在汉宋、今古、经史的立场不同，建构蜀学的系谱及其内涵因时而异；另一方面，以今文经学为线索，坚守今文经学立场的学人倡导蜀学，试图以今文经学的"义理"与"制度"整合古文学的"事实"与"方法"，由此演化出近代学术转型的新路径。①蜀学渊源、历久弥新，经过七个阶段、四大高潮，并延续到今日的不断发展，与各地学术互动交流，将促进学术研究新阶段和新形态的形成。

蜀学在中国学术史上地位的确立，很大程度源于其在儒家经典体系形成过程中的巨大推动作用。文翁开办石室学宫，其教学内容即突破中央"五经"（《易》《书》《诗》《礼》《春秋》）体系而传授"七经"（"五经"加《论语》《孝经》），将《论语》《孝经》纳入"经典"。"七经"体系到东汉时被普遍承认，实现了儒家经典体系的首次突破。唐代科举考试的经典是"九经"（《诗》《书》《易》加"三礼""三传"，即使"开成石经"刻了十二部也不称"十二经"而称"九经"），而"蜀石经"却一共刻了十三部（"九经"加《孝经》《论语》《尔雅》《孟子》），并命名为"石室十三经"（或"蜀刻十三经"）②，"十三经"体系由此定型。在推动儒学不断发展的同时，蜀学也具有对佛、道二家学术兼容并包的精神，形成了独特的信仰体系和核心价值精神。蜀人"道德仁义礼"的价值体系，实现了道家与儒家、形上与形下、理论与实践、务虚与务实、本体与实用的统一，对儒道互补、知行合一的新儒学体系构建有着重要借鉴。

关于蜀学各专题的研究成果，涵盖了史学、哲学、易学、美学、文学、宗教、科技等诸多方面。蔡方鹿、刘俊哲、金生杨三位先生揭示了巴蜀哲学的特点与深刻影响，指出其作为中国哲学的重要分支和巴蜀地域文化精神的体现，不可分割地与中国经学联系在一起，在中国哲学史

---

① 参考张凯《清季民初"蜀学"之流变》，《近代史研究》2012年第5期。
② 参见（宋）赵希弁《郡斋读书附志》，孙猛《郡斋读书志校证》，上海古籍出版社1990年版；（宋）曾宏父《石刻铺叙》，文渊阁《四库全书》影印本，台北：台湾商务印书馆1986年版。

和经学史上占有重要地位，为促进中国哲学与经学的发展贡献巨大。① 李远国先生将目光聚焦于巴蜀历代道教文献及其价值，指出由于蜀学兼容并包、儒道互摄的价值体系，使蜀学的道教发展研究不断向纵深发展，使文献整理与思想阐发齐头并进。② 除了传统经典领域的专题研究外，学者们还将目光聚焦于科技创造等新的研究领域，查有梁先生便列举了巴蜀科学技术中影响世界的十大成就，令人叹为观止。③ 粟品孝先生重点阐述了"统观蜀学，大在文史"的蜀学在史学方面的宏大成就，可谓蔚为大观④，故刘咸炘有言："盖唐后史学，莫隆于蜀。"⑤ 舒大刚、李冬梅二位先生具体考察了巴蜀易学，将其分为两汉滥觞期、六朝续传期、唐代总结期、两宋高峰期、元明以下流衍期五个阶段，并统计自两汉迄清末，历代巴蜀易学著作约有180余种，这些著作尽管数量不多，然特征鲜明，流派众多。⑥ 刘咸炘曰："易学在蜀（伊川语），如诗之有唐矣"（《蜀学论》），信然。李凯先生则指出古代巴蜀文学的发展具有明显的阶段性，即汉、唐、宋三代繁盛的"三盛"时期和魏晋、元朝相对衰落的"二衰"时期；并且古代巴蜀多一流作家，他们往往代表着当今文学乃至整个文学门类的最高成就⑦，宋代已有"蜀儒文章冠天下"之说。在艺术美学领域，以文人画为代表，姚宇轩先生提出了自苏洵开创宋代蜀学，主张人情、兼采佛道后，为文人画意识的兴起奠定了思想基础，形成了尚平淡的风气、"逸品"的确立、与权变有关的"随物赋形"论和"诗画本一律"绘画观，对后世影响深远。⑧

根据编者的体会，当前有关蜀学研究有三大特征。第一，是重视遵

---

① 参见蔡方鹿、刘俊哲、金生杨《巴蜀哲学的特点、历史地位和影响》，《四川大学学报》（哲学社会科学版）2012年第4期。
② 参见李远国《论巴蜀的道教文献》，《西南民族大学学报》（人文社会科学版）2017年第9期。
③ 参见查有梁《巴蜀科学技术的十大成就》，《中华文化论坛》2015年第9期。
④ 参见粟品孝《巴蜀史学通论》，《蜀学》第九辑，巴蜀书社2015年版。
⑤ 刘咸炘：《蜀学论》，《推十书·推十文集》卷一，成都古籍书店1996年影印本，第2101页。
⑥ 参见舒大刚、李冬梅《巴蜀易学源流考》，《周易研究》2011年第4期。
⑦ 参见李凯《试论古代巴蜀文学特征》，《中华文化论坛》1998年第4期。
⑧ 参见姚宇轩《浅谈蜀学对中国画审美与创作的影响》，《大众文化》2017年第9期。

循传统学术研究的理路。蜀学学人们主要从蜀学的含义、内涵、发展阶段、特征、成就与影响等方面对蜀学发展进行探究与评价，例如刘咸炘、谢无量、蒙文通等对蜀学的整体面貌进行了概括；胡昭曦、粟品孝等着重对蜀学的含义展开了探讨；谭继和、谢桃坊、舒大刚等对蜀学的时空维度和成就贡献进行了分析；同时学者们通过代表人物、重要时间阶段和书院机构的分析，探讨了蜀学各方面的影响。这与儒学研究、文史哲学研究、宗教研究等学科共同遵循了传统学术研究的理路，有利于后继学人和读者快速直接概览蜀学之面貌，促进蜀学学术的延续；但从另一方面看，蜀学研究缺少专题性、细节性、以小见大等角度、跳出固有思维模式的研究成果，多扬少抑，缺乏思辨性。从长远来看，这不利于蜀学研究的进一步扩展。

第二，是蜀学研究不断深入，重视与相关学术的关联，逐渐受到学界关注。蜀学研究重视分析与儒学、宗教、史学、哲学等相关学科的关联，而后进一步探讨蜀学的发展内涵，这促进了读者大众对蜀学的认识与理解。自近代以来，在经学界诸前辈多年筚路蓝缕的开拓之后，蜀学研究逐渐受到学界的关注，文献的、考古的材料不断涌现，同时依托于国家社科基金重大委托项目《巴蜀全书》的研究，使蜀学的研究不断向更全面、宽广和纵深的方向发展，这为日后的蜀学研究提供了更多样的方向和更丰富的参考材料。

第三，是蜀学研究重视蜀学在本体论意义上的研究，欠缺了一些关于历史认识的总结和反思。当前蜀学研究对蜀学本体论的探讨已经十分深入，这增强了蜀学学术的独立性，并扩大了蜀学在其他学科领域的影响力。但是，从蜀学研究本身来看，少了一些可以上升到精神价值层面的探讨，诸如蜀学独有的信仰体系和道德体系的构建问题，以至于在方法论上，蜀学之精华所具备的指导意义和实践价值难以彰显。关于这一点，舒大刚先生近年已有相关文章进行了探讨。①

---

① 参见舒大刚《"蜀学"的包容与儒道互摄的价值体系》，《四川大学学报》（哲学社会科学版）2018年第3期；舒大刚、申圣超《道德仁义礼："蜀学"核心价值观论》，《社会科学研究》2017年第2期；舒大刚、申圣超《"五行""五常"与"五德"——试论蜀学与诸学道统论之异同》，《湖湘论坛》2017年第3期。

本书选取的文章皆观点精辟、论证严谨、思想深邃，可谓蜀学研究之精粹。希望本书对目前蜀学研究的一点初步总结，能抛砖引玉，为蜀学研究提供一些借鉴。总体看来，蜀学在制度、信仰、经典、学术、核心观念等方面颇有创新和贡献，始终与中原学术形成互补互动，助力主流学术发展。当代学人正当继承这一传统，重构儒家经典，重推儒道和治，重阐核心价值，重新探讨新蜀学的学科体系、学术体系、经典体系、信仰体系和话语体系，实现传统文化的创造性转化和创新性发展。期望今后的蜀学研究中能遵循"辨章学术、考镜源流"的原则，并"以史为鉴、经世致用"，不断提升蜀学研究方法，扩宽蜀学研究视野，取得更具时代意义的研究成果，为充实地域学术内涵、促进中华学术文化发展贡献巴蜀力量！由于编者学力有限，书中分类、选排不当之处在所难免，此责当由编者承担，敬祈方家指正。

目 录

总 论

蜀学论 ………………………………………… 刘咸炘（3）
蜀学原始论 …………………………………… 谢无量（7）
巴蜀史的问题 ………………………………… 蒙文通（11）
"新蜀学"史观
　——为《重庆商务日报》十周年纪念作 ………… 甘蛰仙（76）
蜀学作出过开源性与奠基性贡献 …………… 谭继和（81）
论蜀学的特征 ………………………………… 谢桃坊（85）
蜀学的性质与文化渊源及其与巴蜀文化的关系 … 谢桃坊（105）
蜀学浅议 ……………………………………… 查有梁（119）
蜀学的特征与贡献 …………………… 舒大刚　胡游杭（126）
蜀学之形神与风骨综论
　——以文史哲或经史子集为考察对象 ………… 彭　华（139）

分 论

宋代蜀学刍论 ………………………… 胡昭曦　张茂泽（167）
尊经书院与近代蜀学 ………………………… 胡昭曦（185）
蜀学的流变及其基本特征 …………………… 舒大刚（210）
汉代巴蜀经学述论 …………………… 舒大刚　吴龙灿（235）

晚清蜀学的影响与地位 …………………………………… 舒大刚（252）
清季民初蜀学之流变 ……………………………………… 张　凯（264）

专　论

巴蜀哲学的特点、历史地位和影响 …… 蔡方鹿　刘俊哲　金生杨（303）
论巴蜀的道教文献 ………………………………………… 李远国（318）
巴蜀科学技术的十大成就 ………………………………… 查有梁（329）
巴蜀史学通论 ……………………………………………… 粟品孝（338）
巴蜀易学源流考 …………………………………… 舒大刚　李冬梅（363）
试论古代巴蜀文学的特征 ………………………………… 李　凯（380）
浅谈蜀学对中国画审美与创作的影响 …………………… 姚宇轩（391）
蜀学研究论文目录索引（以时间为序）………………………（398）

总 论

蜀学论

刘咸炘

有是主人蜷伏虫堁，口谈不对于魁士，足迹不出于一郡，兀然仰屋。有客来问曰：吾尝历数师儒，旁求篇帙，衡较天下，蜀学尝黜录于《四库》，十不占一。何周汉旧邦，而下侪滇越？不必远征，且举晚近二百年来，学士殷赈，大河南北，守关洛之朴实；长江东西，驾汉唐之博敏。黔荒晚通，亦绍许尹（遵义郑氏、独山莫氏，始治《说文》，开黔中风气。汉毋敛尹珍受业许君）。而蜀士闻者，才三四人。乐斋之文，杂八比之陋习（丹稜彭端淑）；船山之诗，附随园而效颦（遂宁张问陶）。雨村记丑而不博（罗江李调元），西沤识隘而不纯（垫江李惺）。光绪以来，渐致彬彬，遽遭丧乱，古道湮沦。岂山川阻蔽，化不通而气不伸乎？何其贫也？

主人应之曰：子徒见今之荒秽，而不闻昔之荟蔚也；徒羡彼之多而沸，而不识此之少而贵也。夫民生异俗，土气成风。扬州性轻则词丽（《纬书》言扬州人性轻扬，故号为扬），楚人音哀则骚工；徽、歙多商，故文士多密察于考据；常州临水，故经师亦摇荡其情衷（常州经生多工词）。吾蜀介南北之间，折文质之中，抗三方而屹屹，独完气于鸿濛。三古多士，悉数难终。就概见而尚论，将俟百世之公。

学在六艺，经首三圣，《大易》之传，蜀为特盛。商瞿北学，尚曰传疑（宋祁谓瞿为蜀人，杨慎言《世本》作"商瞿上，居瞿上，故名"。而今所见群书引《世本》无此语）。赵宾异说，孰为疏证（《汉书·儒林传》载赵宾说"箕子"为"荄兹"，云授孟喜。又载喜诈言田王孙且死，枕喜膝，独传喜。同门梁邱贺疏通证明其伪)？大义精于君平(成都严遵，《华阳国志》言"专精《大易》")，而诸儒多沿施、孟(《范书》载绵竹任安受孟氏《易》，梓潼景鸾，治施氏《易》)。象数亡于《唐疏》，而李氏独罗虞、郑，汉易复兴，资州之功胜也(唐资州李鼎祚《周易集解》)。宋有谯定(涪陵人，今涪州)，出郭曩氏(亦蜀人。定又受教程颐)，私淑程、邵，冯、张继美(恭州冯时行，与邛张行成得定之传，张著《皇极经世索隐衍义》。恭今叠溪营)。来崛起于穷山，独冥搜而合执(明末梁山来知德著《易》，专言错综，近汉儒)。卫嵩元包(北周成都人)，上继玄扬。苌弘执数(《淮南·汜论》云："苌弘，周之执数者也")，下启天纲(唐成都袁天纲，多术数书)。盖汉师多通术数，故源远而流长。《义海》百卷，博莫如房(宋房审权书，今佚，惟存李衡《撮要》)。酱翁、篾叟，以程、袁彰(二程得学于成都治篾叟，袁道洁得学于邛、眉间卖酱薛翁，开永嘉一派)。易学在蜀(伊川语)，如诗之有唐矣。

史氏家法，至唐而斁。隋前成书，仅存十数，蜀得其二。陈、常接步，道将体超于赵晔(晋江原常璩《华阳国志》，胜《吴越春秋》。江原，今崇庆)，承祚词亚乎班固(晋安汉陈寿《三国志》。安汉，今南充)。十国攘攘，蜀独尚文，载记特备，句(宋华阳句延庆，著《锦里耆旧传》)、张(宋新津张唐英，著《蜀梼杌》)与孙(宋贵平孙光宪，著《北梦琐言》，多十国事。贵平，今仁寿)。赵宋史学，窥废难论，撰述非才，记注亦纷。而《东都》成书，季平抗欧阳而比洁(眉山王称撰《东都事略》，宋后史之最有法者)；《通鉴》笃论，淳夫佐司马而策勋(华阳范祖禹佐温公，又别著《唐鉴》)。微之《证误》之密(井研李心传，著书甚多，今存《建炎以来系年要录》《朝野杂记》《旧闻证误》《道命录》)，仁甫《长编》之勤(丹棱李焘，亦著书甚多，今存《续资治通鉴长编》)。记注之善，后亦无伦。四贤编籍，其名喧喧。乃至王(眉州王当著《春秋列国诸臣传》)、费(双流费枢著《廉吏传》)、杜氏(眉山杜大珪著《名臣碑传琬琰集》)，传记之条理；苏(眉山苏洵，修《太常因革礼》)、李(蜀人李攸，撰《宋朝事实》)、程氏(丹棱程公说，撰《春秋分纪》)，典制之纷纶。史炤(眉州人，作《通鉴释文》)、吴缜(成都人，著《新唐书纠谬》《五代史记误》)，释训校文，皆见推为整核，虽支流亦有闻。盖唐后史学，莫隆于蜀，而匪特两宋掌故之所存，且汉易本史学之难而尊者也。况当逃空而征实，弥见力笃而风纯，何必三世易师、东吴惠氏，五传史法、于越黄门也哉（苏州惠栋、祖周惕、父士奇，余姚黄宗羲、邵庭采，鄞万斯同、全祖望，余姚邵晋涵，会稽章学诚，为浙东史学）。

夫文集者，古诗之流而辞赋之扩充也。文化江汉，庸、蜀先从。二南分缉，西主召公。蜀士之作，固已弁冕于《国风》。盛汉扬声，相如、褒、雄（司马、王、扬，均成都人），分国华之半，为词苑所宗。后辈踵武，李尤、杨终（李，洛人，今汉州。杨，成都人，均《后汉书》有传）。韩、柳之俦，衍扬之绪；班、张以下，躡马之踪。盖东南之美水涣文章而包络吴楚者，岷山之滥觞也。唐复元古（用李白诗语），子昂高蹈（用韩愈诗语），振嗣宗之坠响，承小雅之本教。杜颂韩推，后来莫绍。即奏疏历历，亦庶几西汉之造（射洪《陈拾遗集》，唐李舟称"贾至作诏，历历如西汉人"）。太白嗣出，亦志删述（本诗语）；祖曹祢鲍，国风之笔（彰明李翰林）。上援长卿之作颂，卓三峰之崒毕。诗有四系，独缺骚一耳。无文胜其何伤，亦足见蜀词之先质也。唐宋八家，晚学所祖，蜀得其三，维子承父。明允强劲，兵家余绪；子瞻多能，为广大主（眉山苏氏）。苏氏之文，盖不可比古矣。而南渡以还，衣被天下，羊肉菜羹，竟成谚语焉（《老学庵笔记》载：南宋时曰："苏文熟，吃羊肉；苏文生，吃菜羹"）。子西，苏之乡人，能不苟同（眉山唐庚）；子美，欧之先进，为所推许（铜山苏舜卿。铜山，今中江）。皆宋世之佼佼，其余不可具数。元士寥寥，伯生孤标，并驾吴、姚，亦衰世错薪之翘也（仁寿虞集）。明学靡靡，用修广采，遥和何、李，是古学清尘之箸也（新都杨慎）。

文以字精，小学用阐。煌煌《方言》，《凡将》《训纂》（马、扬著）。汉治《雅》训，舍人先进于李樊（犍为舍人）；唐攻许书，阳冰下开乎错、铉（李阳冰校定《说文》，《通志》辨定为今合州人）。虽任臆变古，缪驰于林罕（五代蜀人，著《字原偏旁小说》）。而自宋以来，宗习其篆矣。

若夫经生考典，子部成家，斯则让于他国，不敢饰其所无。然当赵宋之世，士习空粗，南轩、鹤山，光大程朱。而张既详说二子（绵竹张栻，有《易说》《论语解》《孟子说》），魏更简删九疏（蒲江魏了翁，纂《周易》《尚书》《毛诗》《周官》《仪礼》《记记》《春秋左传》《论语》《孟子》要义，删削注疏极密，近儒宝之）。蒙古草率，寂无多儒，而楚望覃思，见推草庐（资州黄泽，以说经著，吴澄谓"平生所见，未有能及"。史称"近代覃思之学，泽为第一"）。阳明宗派，号为"束书"，而大洲博辨，旁涉异途（内江赵贞吉，王氏三传弟子，好言通三教杂流），可知蜀学崇实，虽玄而不虚也。又况升庵说经，往往与惠、戴之传合符哉。

至于杂流之术，固非纯俗所营，亦有赵蕤《长短》（唐盐亭人，著《长短经》），苏洵《权》《衡》（《权书》《衡论》，纵横家也）。《潜书》后起，庄、墨是赓（夔州唐甄）。唐后希见，铮铮有声。乃至北宋多杂说（今存资阳李石《续博物志》，华阳范镇《东斋记事》，苏辙《龙川略志》，黄休复《茅亭客话》），南宋喜谈兵（李焘《六朝通鉴博议》《南北攻守录》，李心传父舜臣《江东十鉴》，其子道传《江东十考》，资州郭允蹈《蜀鉴》）。本草之集，莫博于唐（宋晋原唐慎微修《大观证类本草》。晋原，今崇庆，一云华阳）。《参同》之注，莫古于彭（后蜀永康彭晓著《参同契通真义》。永康，今灌县）。皆著录所矜贵，又岂可以小道轻乎。

统观蜀学，大在文史。寡戈矛之攻击，无门户之眩眯，非封畛以阿私，诚惧素丝之染紫。敢望官礼诵训之书？窃附诗人陈古之旨。

（原载于《推十书增补全书》戊辑第二册之《推十文集》卷一，上海科学技术文献出版社2009年版）

蜀学原始论

谢无量

蜀有学,先于中国。国人数千年崇戴为教宗者,惟儒惟道,其实皆蜀人所创,彬乎遐哉!若夫其学不自蜀出,得蜀人始大,及蜀人治之独胜者,并著以为型;而衍众人遗说余论,虽显名当世,当世多有,诚不可胜纪,靡系于兹谈。凡所称录,壹桀然殊奇,蜀所独有,他州所无。尚论其流,心向往焉,欲观厥详,须乎异日。量别有《蜀学系传》以明蜀所传诸学流别,网罗略备。曰儒,曰道,曰释,曰文章。

儒之学蜀人所创,其最古经典,蜀人所传,为二别:

一、原始儒学;禹创。

二、易学。商瞿传。

儒家者流,明尊卑贵贱之等,叙仁义礼智之德,察于吉凶祸福之乡,称天以为治,其原盖出于禹。河出图,洛出书,圣人则之。伏羲因河图画卦,禹受洛书乃制《洪范》,《洪范》于人事详已,儒者所法,故禹纯然儒学之祖。《易》广大而不可测,深切著明,莫如《洪范》。箕子曰:天锡禹《洪范》九畴,彝伦攸叙洪范初一至六极六十五字,刘歆以为即洛书本文也。《洪范》于儒家众说,范围而不过,实自禹起,盛若仲尼,而曰:"禹吾无间然矣",王制至禹始备,儒者称先王,大抵自禹以下。详见量造《禹书及洪范闻》。

儒家尊六艺曰经,经莫大于《易》。《易》自伏羲而降,群圣相授,余经孔子所述,皆有所删定,不得与《易》并。原夫伏羲画卦,神农重卦立象。重卦之人，传者异词，今从郑玄等说，隋志亦有"神农重卦经"。其后《连山》《归藏》《周易》，曰"三易"。《连山》禹制之，汉时藏于兰台。或曰神农号连山氏，然桓谭亲见连山数万言，当是禹所为，久佚；后传刘炫伪本，亦亡；惟扬雄《太玄》有云益拟连山者。《归藏》亦湮没，宋初犹存，然无道之者。独后周卫元嵩什方人造玄包明其学。《周易》自汉盛至今，亦惟蜀人能传之。传曰，孔子以易授商瞿。瞿成都人，其墓在今双流县。瞿以下至汉诸儒无他宗，世所传子夏易传是伪作不可据。虽各植门众，持说小异，要皆出于瞿已，及王弼之徒以人事测《易》，《易》几亡绝千年。有宋之初，陈抟兴于安岳见李宗谔《图经》，传先天图，《易》复明，邵雍尤能治之。其时，蜀士多明《易》，天下谓易学在蜀云。然则三易者，《连山》蜀人所作，已灭不见，而《归藏》《周易》不坠于地，唯蜀人之功。余经既不能荦荦如《易》，蜀治诸经者，代有亦颇称显耀，非若《易》之传尽在蜀，不著于此。

右儒。

道者蜀人所创，其变有三宗，三宗亦自蜀始。

一、原始之道；天真皇人创，同时有宁封，继起有老子。

二、养生之道；彭祖创，与容成术异。

三、符咒之道。张道陵创，道陵非蜀人，然得道在蜀，终于蜀。

司马谈论六家指要，独尊道家。中国之学，惟道家先出，世称黄老旧矣；而《道藏》数千卷，首著《度人经》，以为峨眉天真皇人授黄帝云。《度人经·序》。《黄帝本行纪》唐阆中吏王瓘著谓，帝未有天下，至蜀青城山谒宁封，因传《龙蹻经》，唐时尚存，段成式见之。封称天真皇人，圣人也。帝复上峨眉，问以道德之要，故天真皇人，道家之祖。《度人经》尚清净修身为本，道德诸经，其绪流尔。老子周时降生成都李氏，有青羊之异，为尹喜说经；出宋谢显道《混元本纪》，今成都青羊宫是其遗迹。而彭祖亦隐峨眉山数百年，创养生之术。彭祖所著《养生经》已佚，略见葛洪《神仙传》中。汉朝张道陵入蜀得道，行符咒，今道陵二十四字皆在蜀。道之大别，惟三宗，三宗所繇兴以蜀。

右道。

释家者异邦之学，蜀所传者二宗：

一、禅宗；道一传。

二、华严宗。宗密传。

释家者流自汉有，其时蜀与西域比壤，至西域必道蜀，亦自蜀以达于中国。风被物近者先偃，佛教化所及，蜀宁遽不为其朔耶？年岁暧远，何繇详之？刘蜀尝出《楞严》《善曜》诸经。隋时费长房成都人，开皇中翻经博士、僧琨成都人、智炫潼川人、慧影益川人，并翻译经典，论述玄谛，蔚乎如林。然依前说，自饰无所朒造，不名宗祖。至道一禅师，生什邡马氏，遂继禅宗六祖之绪师受业于六祖之门人怀让，先是佛家为谶，曰"什邡一马驹，踏杀天下人"，师应谶而出。天下称曰马祖，传其学者曰临济宗马祖传百丈，百丈传黄檗，黄檗传临济义玄禅师，曰沩仰宗云百丈传灵祐，住沩山，灵祐传慧寂，住仰山，因以名宗。华严第五祖圭峰禅师，名密，西充人，兴于唐之盛时，讲道阐玄，贤首教宗，由是而大，于《华严》《圆觉》诸经，皆有疏说，圆澈通办，他家不及。终唐之世，华严宗行于蜀，宋初蜀僧游江南，其传始东。

右释。

文章惟蜀士独盛，有四始：

一、南音；涂山氏创，《离骚》所出。

二、赋；或曰，赋始荀卿，然《汉志》录赋，实首屈原；原所生即今巫山地。

三、古文；陈子昂复兴。

四、词曲。李白创。

《山海经》称："广都之野，其民播琴。琴即琴瑟之琴，以为播种者非。鸾鸟自歌，凤鸟自舞。"（按，《山海经·海内经》作"鸾鸟自鸣，凤鸟自舞"）山川根灵，人贤发其华，郁郁乎文章，如昭回之光，丽饰万物，天下谁不仰焉！神仙书有宁封飞鱼诗，诞远颇不可信。冯惟讷《诗纪》录为古逸。自涂山氏女始作南音，禹亦传襄陵诸操。东西南北四音，见《吕览》。惟南音最盛，繇禹以蜀人主中国，当王者贵。故自禹下至汉晋，宗庙乐歌，犹巴渝是遵。有周方除尹吉甫制颂，吉甫家泸水之阳，即今泸州。列于风诗。令子伯奇能嗣其业，爰暨屈原，出南巴之中，屈原生于秭归，其地属今巫山。郭棐云，夔州乡贤祠自宋以来祀屈原，从来久矣。依南音造骚；宋玉诸赋亦显于巫阳。汉代司马相如、扬雄，大放厥词，先世后世，莫之与肩，可谓至矣。六季衰薾，斯文陵夷。唐兴，陈子昂崛起射洪，崇古文，多士绪附，风雅丕变，论者拟西方文学复兴，非空言也。李白继作，旷乎益闳，又肇造《菩萨蛮》《清平乐》诸调，长短应律，为词曲祖。其余擅文誉者代有，如苏氏父子，振声宋朝，杨生晚出，炫乎明世，仅袭前轨，不坠亡尔，非卓卓独树者也！

　　右文章。

　　呜呼，大哉！曰儒，曰道，曰释，曰文章，蜀学所由称，何独尧尧然？余揽百家说蜀史记，不知涕之无从也。夫蜀有循蜚、因提、钜灵、蜀山（按，据《世系图》当作"循蜚、钜灵、因提、蜀山"），在"五帝"前，治迹章矣。神圣之都，学术先兴。自秦灭国而衰，至宋世金元之祸，蜀氏靡孑遗，古先传之学，燸焉遂亡。世但知张献忠残蜀，而不知元人入中国，蜀被祸最惨；虞道园、袁清容、赵东山诸集，言之綦详。于今又五百载，承学之士，欲何以明？虽然，仲尼犹云，文武之道，待人而兴，是则吾党勉之尔矣。

　　　　　　　　——《四川国学杂志》第六号，1913 年

　　　　　　　　（又载于《蜀学》2010 年第 00 期）

巴蜀史的问题

蒙文通

一　巴蜀的区域

巴蜀这个地区，在历史上不同的时期，有它不同的范围。有先秦巴国，蜀国的区域；有秦灭巴蜀后巴郡，蜀郡的区域；有汉初巴郡，蜀郡的区域；有汉武帝以后巴郡，蜀郡的区域，这些都显然各不相同。更应注意的与巴蜀同俗的区域，那就更为广阔。《汉书·地理志》于秦地说："巴蜀广汉本南夷，秦并以为郡。……武都地杂氐羌，及犍为牂柯、越嶲皆西南外夷，武帝初开置，民俗略与巴蜀同，而武都近天水，俗颇似焉。"于楚地说："汉中淫失枝柱，与巴蜀同俗。"武都是在汉时从广汉分出的，却与秦同俗。可以说凡与巴蜀同俗的就是受巴蜀风俗影响的地区。《汉书·西南夷列传》中说："南夷君长以十数，夜郎最大。其西靡莫之属以十数，滇最大。自滇以北君长以十数，邛都最大。此皆椎结耕田有邑聚……自嶲以东北君长以十数，徙莋都最大。自莋以东北君长以十数，冉駹最大。其俗或土著或移徙，在蜀之西。自駹以东北君长以十数，白马最大，皆氐类也。"常璩在《华阳国志》（本文简称常《志》）中说："以冉駹为汶山郡，邛筰为沈黎郡。"这里可以看出汉是以夜郎且兰为牂柯郡，以滇为益州郡，以邛都为越嶲郡，以徙莋都为沈黎郡，以冉駹为汶山郡，以白马为武都郡。在《西南夷列传》中就已经清楚地说明了这一点。《地理志》不言益州郡的风俗。在常《志》中说："［晋］建宁本益州也，元鼎初属牂柯、越嶲。汉武帝元封二年（前109）开为郡，治滇池。"既说过越嶲、牂柯的风俗，就不必再说益州了。汶山、沈黎二郡后又并入蜀郡。自然包括在蜀郡内，也不必再举出这二郡的风俗了。这五郡每郡的君长都以十数，共计可能有七八十个君长。汉虽开为郡县，这些邑长、邑君依然存在。也有封为侯、封为王的。从民俗来看，汉所谓西南夷，可以说都是巴蜀文化所及的区域。

　　常《志》中说："[蜀]其地东接于巴，南接于越，北与秦分，西奄峨嶓。"这对蜀的疆域，说出了个大致。《志》又说"杜宁以褒斜为前门"。这是北与秦分。（后还要详说）又说"以汶山为畜牧，南中为园囿"，也见出西奄峨嶓，是指武都、汶山两郡。武都正连接嶓冢山。《秦本纪》说，"丹犂臣蜀"应是汉的沈黎郡。（从尤之字，酰、耽都读"丹"）汉的永昌郡有闽越濮、有僄越，这是南接于越。汉武割越嶲、牂柯各数县开益州郡，明帝又割益州六县及哀牢、博南二县为永昌郡，可见越嶲、永昌及益州郡的西部，都是南中为园囿。这就说明除武都一郡与秦同俗而外，凡汶山、越嶲、沈黎三郡和益州西部永昌东部的土地都是蜀的疆域，也都是与巴蜀同俗的区域。《司马相如传》中说："邛筰冉駹近蜀，道易通。秦时常通为郡县矣，至汉兴而罢。"同传又说："相如使略定西南夷，邛筰冉駹斯榆之君，皆请为内臣，除边关益斥，西至沫若水，南至牂柯，为徼，通灵山道，桥孙水，以通邛筰。"这可见秦时蜀郡比汉初大得多。

　　《秦本纪》惠文王初更十四年（前311）载"丹犂臣蜀，相壮杀蜀侯来降。[次年]武王元年诛蜀相壮，伐丹犂"。秦于邛筰冉駹置郡县，当是事实，《华阳国志》说："赧王三十年疑蜀侯绾反，王[昭王]复诛之，但置蜀守，张若因取筰及其江南地。"这就是秦昭王的二十二年（前285）。《秦本纪》昭王三十年（前277）（周赧王三十八年）"蜀守若伐取巫郡及江南为黔中郡"。先后相去八年，一是筰及江南地；一是巫郡及江南地以为黔中郡。地既东西悬隔，时亦先后迥殊，可见张若为秦拓地颇广，这显然是两事。《华阳国志》中说："蜀曰邛，汉嘉、越嶲曰筰，皆夷种也。"汉时越嶲郡有定筰、大莋、莋秦诸县，这是汉嘉（即西汉沈黎郡）越嶲都称筰的明证。司马相如说的"邛筰冉駹近蜀，秦时尝通为郡县"，应该就是张若取筰及江南地那时的事。汉分牂柯、越嶲置益州郡，益州一部分原是越嶲郡，汉又分益州郡西部六县置永昌郡，可见永昌一部分原是益州郡，也即越嶲郡。这就是所谓江南地。

秦于汶山、汉嘉、越嶲各地皆未别置郡，应该是蜀郡。《华阳国志》中又说："以冉駹为汶山郡，邛筰为沈黎郡。"《水经·江水注》中载："沈黎郡汉武帝元封四年（前107）以蜀郡（旧误都）西部邛筰置。"（旧误邛）知沈黎、越嶲二郡，皆有邛人、筰人。《水经注》正是用常《志》原文，戴东原校《水经注》时说："越嶲郡治邛都，沈黎郡治筰都，不得兼言邛筰明矣。"《汉志》蜀郡有临邛，应劭注："邛水出严道邛崃山，东入青衣。"正不必分邛人为越嶲，筰人为沈黎，那是没有必要的，也是不可能的。[戴东原又说："沈黎郡元鼎六年（前111）置，武帝本纪可证，不得系之元封四年（前107）。"但《水经注》说汶山郡为元封四年置，《华阳国志》也正是说汶山郡元封四年置，都可证《水经注》是用常《志》原文本，和《汉志》不同。顾广圻校常《志》，戴校《水经注》，都依据汉书来改正，这是不必的。《水经注》于西南区域，大量用常《志》原文，是很明显的。两书相同，就是道元所见常《志》原来即是如此。既是原书本误，校者要他不误，这就不必。]常《志》中又说："[庄蹻]……王滇，秦时略通五尺道，此诸国颇置吏焉。十余岁秦灭，及汉兴皆弃此国，而关蜀故徼。"滇是汉的益州郡，蜀王在庄蹻入滇后就不能有此地，故僰道有蜀王兵阑。

在秦时滇不别置郡，这也应该属于秦的蜀郡。可见秦的蜀郡在滇池方面就比蜀王时境土要大些。但在汉中方面，秦的蜀郡就要小一些。汉兴弃滇国而关蜀故徼，邛筰冉駹在秦时为郡县，至汉兴而罢，汉高祖又分巴蜀置广汉郡，就说明汉初的蜀郡和秦的蜀郡是大不相同了。汉武帝置犍为郡以后的蜀郡、巴郡，就都小得多。武帝初通邛筰置越嶲郡，司马相如传说南至牂柯为徼，到开益州郡时，越嶲又缩小得多了。到汉罢汶山、沈黎以后蜀郡的区域又大不相同。从蜀王时蜀的区域，到《汉书·地理志》的蜀郡区域，是有多次的变动，有很大的不同。常《志》所说蜀的疆域，事实上也只能说是秦灭蜀时的疆域。

相如难蜀父老说："因朝冉从駹，定筰存邛，略斯榆，举苞蒲。"又说:"故乃关沫若,徼牂柯,镂灵山,梁孙原。"这里邛莋和冉駹都分开说。汉纪元狩中"发使者出駹、出冉、出徙、出邛、僰"。刘昭引常《志》汶江有駹水,魏略又有冉氏。应当冉駹原是两部,斯榆又称徙都,《汉志》有徙县,[天全]苞蒲服虔说"夷种也"不知就是苴读若苞之苴否。总之劳深、靡莫之类,种落很多,已不能详考了。所谓"关沫若",沫水即《汉志》的大渡水。后称青衣水。所谓若水,即今鸦龙江,下流名打冲河。这是汶山、沈黎、越嶲三君的西界。常《志》中说:"庄蹻留王滇池,因名且兰为牂柯国。秦并蜀,通五尺道置吏主之。"可见滇池即牂柯地,越嶲南境和滇池接壤,这就是所说的徼牂柯。汉《地理志》越嶲郡有灵关道。《水经注》中载:"沫水出广柔徼外,东南过旄牛县北,又东至越嶲灵道县。"沫水是青衣的上源,《汉志》的渽水、《水经注》的洩水才是大渡河。沫水不应该东至越嶲。沫水经过的灵关,在后来的芦山县,《水经注》说越嶲灵道县因没有分清两个灵关而误。《寰宇纪》中载,"灵关山在雅州芦山县北二十里,峰岭嵯峨,灵关镇在县北八十二里,四面崄峻,控带藩蛮,唐贞元时韦皋攻吐蕃分兵出西山灵关",《通典》中也说,"雅州芦山县有灵关山",这才是镂灵山。《汉志》越嶲郡台登县(冕宁)"孙水南至会无入若"。《水经·若水注》中载"孙水出台登县,一名白沙江"。元和志谓之"长江水"。今名安宁河,这是所谓梁孙原。这是通沈黎、越嶲的两条交通线。

常《志》中说:"晋宁郡本益州也,元鼎初属牂柯、越嶲,汉武帝元封二年开为郡,治滇池上,号曰益州。"司马相如所谓徼牂柯,就是说越嶲原来和牂柯接境,分牂柯、越嶲置益州,因之越嶲、牂柯才不连接。《地理志》中说"犍为、牂柯、越嶲民俗略与巴蜀同",不言益州,也是因为益州原来就是越嶲、牂柯。可知益州民俗亦与巴蜀略同。《后汉书·西南夷列传》中说:"滇王者庄蹻之后也。元封二年(前109),武帝以其地为益州郡,割牂柯、越嶲数县配之。后数年复并昆明地,皆以属之。"这里比之《华阳国志》对益州郡的建置,说得更清楚。后汉又割益州六县入永昌郡。可见越嶲、益州、牂柯,先后也有些变动。犍为一郡的变动,先后就很繁复。常《志》中说:"犍为郡孝武建元六年(前135)置,时治鳖县,元光五年(前130)郡移治南广,孝昭元年(前

86）郡治僰道，后遂徙武阳。"《水经注》亦约同此说，王先谦疑治鳖县是道元，是不对的。正因为夜郎听［唐］蒙约，才置犍为郡所以就治鳖县。

元鼎六年（前111）因斩且兰王置牂柯郡，治且兰。常《志》说分犍为置牂柯郡，足补《汉志》所略。鳖和且兰接近，既置牂柯郡，自然犍为就要移治南广。唯常《志》说在元光五年（前130），是否有误？元封二年分牂柯置益州，可能是此时犍为移治僰道。常《志》中说："朱提郡本犍为南部，［都尉］孝武帝元封二年置，建武后省为犍为属国。"似西汉曾设置过朱提郡，疑未必然。续汉郡国志犍为属国注云："故郡南部都尉，永初元年以为犍为属国都尉。"汉既置犍为南部都尉，然后犍为郡徙治武阳，也许这是孝昭元年的事。班《志》犍为郡应劭注："故夜郎国。"夜郎内附，汉才置犍为郡治鳖县，可说犍为是夜郎国。但分牂柯以后为犍为，就不能说是夜郎国了。《水经·江水篇》中载，"江水东南过犍为武阳县"。道元注说："县故大夜郎国。"因犍为郡最后治武阳，道元不察，以为夜郎故国就在武阳（今彭山县），就更错了。常《志》中说："元鼎六年分广汉置犍为郡。"犍为东南部分原属广汉，虽无其他记载可考，却于事理亦合。但不能说犍为全境都从广汉分出。可见每增设新郡，各郡都不免有些变动。广汉郡初治广汉（县）乘乡，正足见它南境还远。既置犍为郡以后，广汉的郡治，也就要向北移动了。

《华阳国志·巴志》中说："其地东至鱼复，西至僰道，北接汉中，南极黔涪。"这里所说巴国的疆域，只能说是巴为楚所侵后，为秦所灭时的情况。燕策苏代说燕王曰："蜀地之甲，轻舟浮于汶，乘夏水而下江，五日而至郢。汉中之甲，乘舟出于巴，乘夏水而下汉，四日而至五渚。"这说明汉水流域，是有巴的国土。《周本纪正义》引《括地志》说："房州竹山县及金州，古卢国也。"《始皇本纪正义》引《括地志》说："房陵即今房州房陵县，古楚汉中郡地，是巴蜀之境。"可见金州、房州都是古时卢国的地方，后来为巴的领土，再后为楚所有，终为秦所吞并。《楚世家》中说："［楚］军败，割上庸汉北地与秦。"《正义》引《括地志》说："上庸即今金州、房州地。"这片地方又称上庸，应该是曾为庸国所有。秦、楚、巴三国灭庸，又才为巴所有。《楚世家》说："怀王十八年秦使使约与楚亲，分汉中之半以和。"而靳尚说："今将以上庸之地六县赂楚。"正说明上庸也是秦、楚的汉中地域。可知汉水以西，南至竹山县还是巴境，不仅汉水经过的地方才是巴境。《楚世家》中说："楚之故地汉中，析、郦，可得而复有也。"这看出同是楚之故地，但析、郦是不属于汉中的。

水经湍水出郦县，均水出析县，二水都自北而南，恰好是汉中的东界，也可说是巴国的东界。《华阳国志·蜀志》中说："周赧王三年［秦］分巴蜀置汉中郡。"可见汉中郡的西面部分是蜀地，东面部分是巴地。在春秋鲁桓公时候巴和楚伐邓南鄾鄾人，又与楚伐申，申邓都在巴的北境，自然是巴的北境到达汉中，才能伐申伐邓。巴的疆域，已与秦的南阳郡接境。从《秦本纪》看出南阳原就有上庸部分地方。路史引《吕氏春秋》中说："晋文公西伐巴蜀。"河南内乡县以北及卢氏县，是春秋所谓晋阴地。晋有阴地之命大夫，明了了巴和晋的国境，对晋文公伐巴蜀，就可理解了。

《秦本纪》昭襄王三十年中载："蜀守若伐取巫郡及江南为黔中郡。"这是楚原有巫郡，后来秦把巫郡并入了黔中，汉又把黔中郡改为武陵郡。清代学者考证巫郡，仅说湖北之恩施、建始和宜昌的巴东，这三县是楚的巫郡。《十道志》说："施州清江郡春秋时巴国，七国时为楚巫郡。"这说明巫郡也原是巴国的境土。战国时的郡都比较大，又都是在边境国防线上，仅仅以施州说巫郡，就太小了，绝不足以当战国一个郡的境土。施州北至房州，凡楚和巴接壤的地区是不能不置郡的。《水经·江水注》中说："江水又东经巫县故城南，县故楚之巫郡也，秦省郡立县以隶南郡。"《通典》中以为即归州巴东县地，这证明了巫郡一部分是并于南郡的。《盐铁论·险固》说："楚自巫山起方城，属巫黔中，设扞关以拒秦。"这里说的方城，是指庸的方城，在湖北竹山县，即唐的房州。可知从竹山县起，即称巫山，直到巫黔中都设扞关以拒秦，应该和施州原是一郡。《楚策》中说："［襄王时］庄辛去之赵，留五月，秦果举鄢、郢、巫上、蔡、陈之地。"这里的蔡是高蔡，在楚西境，正是荀子说的"子发将西伐蔡，获蔡侯"。巫上、鄢、郢并举，知其必然境地相接，应当是在上庸之南，因为地居长江之北，故称巫上。

《晋书·地理志》中载上庸郡有北巫县，在竹山，北巫正是巫上的意思，可以说从施州北至房州都是楚的巫郡。房州、施州，从唐人说都是巴地，自然巫郡全部也都是巴地。《楚世家》中说，"蜀伐楚取兹方"正义说是荆州松滋县。《左传》中载，"巴人叛楚而伐那处，楚子御之，大败于津"在今宜都。可知松滋、宜都原是楚地西境。文公十六年"麇人率百濮聚于选"。在今枝江。可知枝江不是楚地，这里应该是巴的东境。巴楚接壤，正在松滋、枝江之间。《吕氏春秋》中说："吴阖庐选多力者五百人，利趾者三千人，东征至于庳庐，西伐至于巴蜀。"柏举之战，正是阖庐的事，吴师入郢在江陵，西伐到枝江地区，显然是可能的。

二　巴黔中

《史记·秦本纪》中载："孝公元年河山以东强国六，楚自汉中南有巴黔中。"张守节《正义》中说："楚南有巴渝，过江南有黔中。"这是分巴渝黔中为二。自古未闻渝州为楚所有，常《志》中说："张仪取巴执其王，仪城江州。"可见巴到灭亡之时，犹有江州，自然楚不得有渝州之地。顾观光疑巴黔中一语，因之毫无根据的，就改"巴"字为巫黔中，也是因为孝公时巴国尚存，楚自不能有巴，所以才发生这些异义。杜佑在《通典》中说："［唐］黔中郡（今彭水）春秋战国皆楚地，秦惠王欲楚黔中地，以武关外地易之，即此是也。通谓之五溪，秦属黔中郡。"又说："宁夷郡（今酉阳）历代土地与黔中郡同。"涪陵、酉阳都是四川，可见巴的境内，原有黔中。颜师古注《西南夷列传》巴黔中一语，说："黔中即今黔州是，其地本巴人也。"这说明在川境之黔中，原为巴人之黔中。《秦本纪》中说，"楚南有巴黔中"，正是楚国夺了巴人黔中地，所以称巴黔中。常《志》中说："巴、楚数相攻伐，故置扞关、阳关及沔关。"《括地志》中说："阳关今涪州永安县，治阳关城。江关今夔州鱼复县白帝城。扞关今峡州巴山县。"唐时永安在今长寿市，鱼复在今奉节县，可见长寿以东，大江之南，在秦孝公时，已皆为楚地，这原来是巴的黔中之地。

自李吉甫作《元和郡县志》始为异义，他说："黔州本汉涪陵县地，晋永嘉后，地没蛮夷。经二百五十六年，至周保定四年涪陵蛮帅田思鹤以其地内附，因置奉州，改为黔州，隋又改为黔安郡。因周隋州郡之名，遂与秦汉黔中郡犬牙难辨。其秦黔中郡所理（治），在今辰州，汉改黔中为武陵郡，今辰、锦、叙、奖、溪、澧、朗、施等州，实秦汉黔中郡之地。而今［谓唐］黔中及夷、费、思、播、隔越峻岭。东有沅江水，及诸溪并东注洞庭。西有巴江水，一名涪陵江，自牂柯北历播、费、思、黔等州，北注岷江。以山川言之，巴郡之涪陵，与黔中故地，炳然分矣。"自《元和志》以后，宋白、胡三省以及清之顾景范、全祖望等，尽皆祖述其说，只以汉之武陵在今湖南者为秦黔中，汉之涪陵在今四川者不得为古黔中。以似北周名涪陵为黔州，是毫无历史根据。但常《志》中说："［巴国］北接汉中，南极黔涪。"涪陵有黔名，东晋人还这样说，这不能认为周隋都没有根据。况《通典》中说的："秦惠王欲楚黔中地，以武关外地易之。"这里的黔中，只能用汉的涪陵来解释，而绝不能用汉的武陵来解释（详辨见下）杜佑、颜师古而外，张守节在《秦本纪·释黔》中云："今黔府也。"释"及江南为黔中郡"，引《括地志》说："黔中故城在辰州沅陵县江南，今黔府亦其地也。"是把辰州和涪陵都认为古黔中，这本是不错的。因为司马错先已拔楚黔中，后来张若又取巫郡及江南为黔中郡，所以他就以辰州和黔府两处并举。《十道志》中也说："黔州黔中郡，战国为楚黔中地。秦昭王伐楚置黔中郡，其地又属焉。"可见唐人都说涪陵为楚黔中地，即巴黔中。李吉甫以后，才认涪陵不得为黔中。唐时于黔州置都督府，故诸家又称"黔府"。司马错取楚商于之地为黔中郡，当时郡治可能在枳，即涪陵。张若取江南地为黔中郡，在后为辰州，因汉武陵郡在辰州就说秦黔中在此，似后来之误。

《西南夷列传》中说："楚威王时（常《志》也说威王，颜注《汉书》和范《后汉书》《水经注》改为顷襄王）使将军庄蹻将兵循江上，略巴黔中以西。蹻至滇池方三百里，旁平地肥饶数千里，以兵威定属楚。欲归报，会秦击夺楚巴黔中郡，道塞不通，乃以其众王滇。秦时常頞略通五尺道。（《括地志》说在郎州）此诸国颇置吏焉。十余岁秦灭，及汉兴皆弃此国，而关蜀故徼。"这里两次说巴黔中，和《秦本纪》是相合的。张守节、顾观光显然是搞错了。循江上是指的大江、滇池正是在巴黔中以西。《华阳国志》中说："庄蹻溯沅水出且兰以伐夜郎，置牂柯系船，因名且兰为牂柯国。"且兰为汉且同亭，是今贵州遵义的桐梓县，此时楚已有巴黔中，庄蹻正可溯大江直上。自长寿以东，大江之南，既为楚境，楚略巴黔中以西，自当取道于此。今涪陵之黔江（又名乌江，在汉为延江水）原通遵义桐梓，西去直到威宁县。可知牂柯系船，必在黔水。范郦说为溯沅水，也是只据武陵为黔中，因楚失黔中而道塞不通，就把循江指为沅水，这是误解。史汉屡称牂柯江，说出番禺城下，又说夜郎临牂柯江，《后汉书》和《水经注》也把沅水认为牂柯江，汉因为夜郎"且听［唐］蒙约，还报，乃以为犍为郡"，应邵注认犍为是"故夜郎国"且兰灭后，汉又分犍为为牂柯郡，常《志》也是如此说。常《志》郦注都说犍为先治鳖县，在今遵义，且兰也在遵义，即夜郎地，故夜郎本在牂柯，即在犍为，牂柯为延江水，番禺为郁水。沅水、郁水皆见汉《地理志》，《志》独不见有所谓牂柯江，可知凡牂柯地区之江，皆可名之为牂柯江，实无一水专名为牂柯江。牂柯之名已见《管子·小匡篇》，是春秋时南夷国，也不会到庄蹻时才有牂柯之名。昔之且兰，今之桐梓，是黔水所经，即汉之延江水，出牂柯国，知延江水亦可名之为牂柯江。庄蹻由此入滇，正是所谓略巴黔中以西。

在明了巴黔中一语的解释以后，对庄蹻略巴黔中以西这件事，自可认为是循着巴子国境西向滇池，这里的江，明明就是黔江了。颜师古注《西南夷列传》"巴黔中"一语时，说："黔中即今黔州是，其地本巴人也。"唐的黔州，是今天的彭水，也就是汉的涪陵，颜和张守节、杜佑诸家的解释是一致的，从这一水道，更可看清司马错取楚黔中那回事了。常《志》中说："司马错自巴涪水取楚商于地为黔中郡。"又说："涪陵郡本巴之南鄙，从枳南入，泝舟（旧作析丹，今从《水经·江水注》校改，但刘昭注《郡国志》引常《志》仍作析丹）涪水，本与楚商于之地接。秦将司马错由之取楚商于地为黔中郡。"《蜀志》中又说："司马错率巴蜀众十万，大船舶万艘，米六百万斛，浮江伐楚，取商于之地为黔中郡。"结合三处的文字来看，这里的浮江伐楚，是溯舟涪水，是从黔江去的，是西南向，是从遵义到威宁的路，也就到滇池了。也可知巴涪水正是说巴的涪水。涪水的上游遵义一带之地，都是黔中，就说明楚黔中一地不仅限于汉之武陵，而是包括了今遵义一带一大片地区。明是汉的武陵郡小于秦楚的黔中郡。庄蹻入滇，应该和司马错溯舟涪水是一条路。秦对此诸国"颇置吏焉"。可知秦的兵力，早已及于滇境，应该就是司马错取楚巴黔中郡的事。司马错所走的路，就是庄蹻所走的路，秦已有滇池地区，就是司马错攻取得来的。《刀剑录》正是把滇说为黔中。

《秦本纪》惠文君初更九年司马错伐蜀灭之，时为周慎王五年（前316）。《张仪传》中载："秦要楚欲得黔中地，欲以武关之外易之。"楚怀王说："愿得张仪而献黔中。"（《楚世家》作秦约分汉中之半以和楚）昭王十年（表在八年）楚怀王入秦"秦要以割巫黔中之郡"。前299年秦已得巴蜀，就希望得到黔中。这自然是指在西的巴黔中，这和巴蜀是接境的。昭王二十七年（前280）"使司马错发陇西因蜀攻楚黔中拔之"，这是在秦灭巴蜀以后三十六年的事。因两次要求楚割让黔中不可得，遂以兵力侵略取之，这是司马错的事。这是在西面的黔中，就是汉的涪陵。到《本纪》昭王三十年（前277）"蜀守［张］若伐取巫郡及江南为黔中郡"，这是在东面的黔中，就是汉的武陵，这是张若的事。地方是两部分，前后用兵是两次。攻取是两人，显然是有分别的。再看这一段时间，秦人在东面对楚用兵的进展，是次第自北而南。昭王十五年（前262）白起攻楚取宛，［在南阳］二十八年白起攻楚取鄢，西陵，二十九年白起攻楚取郢为南郡，楚王亡走陈，三十年张若取巫郡及江南为黔中郡。在白起从内乡、南阳攻取楚地到宜昌、江陵以后，自然才有攻取武陵的可能。《白起传》中说他"因取楚定巫黔中郡"。显然是白起、张若同时进兵，就可见秦人在东面的兵力没有攻到江陵、宜昌以前，是无法取得江南黔中（武陵）的。就更可看出《张仪传》和《楚世家》两次所说秦要楚割黔中，是在西涪陵的黔中，而不是在东武陵的黔中。常《志》南极黔涪一语，在这里更可证明。

司马错取的是西部黔中的涪陵，张若取的是东部黔中的武陵，本是先后两事也清楚了。《楚世家》在顷襄王二十年说秦复拔我巫黔中郡（即秦昭三十年，前227），《六国年表》中只说："秦拔我巫黔中。"无复字。这是后来校书的人只看见秦两次取黔中，不知本来是两部分地方，却在楚世家妄加了个"复"字。《年表》无"复"字是正确的。司马错用十万之众，泝舟涪水，这样的大兵向西而不是向东，秦在滇置吏就是这样大军远征的结果，司马错就是沿着庄蹻入滇的道路，去征服庄蹻的势力的。《十道志》中说："施州清江郡春秋时巴国，七国时楚郡。"湖北的施南都原是巴国的土地，施南以西的巴黔中，更显然是巴国了，颜师古的注是不错的。《水经注》说，"汉高祖割黔中故治为武陵郡"，可见武陵郡是黔中的一部分。汉的涪陵、武陵，在六国时俱名黔中，涪陵这部分黔中，原是巴子国地，所以常《志》中说："涪陵本巴之南鄙。"颜师古也说："黔中其地本巴人也。"因为原是巴人之地，后为楚所有，就称之为"巴黔中"。以别于武陵之楚黔中，巴黔中又为秦所夺，就称之为"楚巴黔中"。这在《史记·西南夷列传》前后分得极为清楚。牂柯其俗与巴蜀同，足够证明这就是巴的境土，就是巴黔中，汉中上庸是巴地，施州和以北直到房州，凡枝江以西是楚的巫郡，也是巴地。施州以西，汉的牂柯也是巴地。这就说明巴蜀两国的土地，都不限于今天的川境。

秦时的巴郡，比之六国时的巴国，就小了很多，北面的汉中郡，大部分是巴地。把楚的巫郡并入黔中（汉时才并入南郡）的部分也是巴地。把巴黔中也并入了黔中郡。到汉高帝又分巴蜀置广汉郡，汉武帝又分巴蜀置犍为郡，汉的巴郡比之秦的巴郡就又小了一些。《西南夷列传》中说："常安略通五尺道，此诸国颇置吏焉。秦灭汉兴，皆弃此国。"可见汉初对滇和夜郎诸国都放弃了，到武帝才又恢复。秦分巴蜀置汉中郡，未置汉中郡之前，汉中就是巴蜀。汉分巴蜀置广汉郡，又分广汉置武都，未置武都之前，武都是广汉，广汉也是巴蜀。分巴蜀置犍为，又分犍为置牂柯，未置牂柯之前，牂柯即犍为，犍为即巴蜀。大体是可以这样理解的。但汉的牂柯益州南境都很远。巴蜀的国境是不能这样远的，汉先置的牂柯是在元鼎六年，地方并不甚大。到元封五年秋罢象郡，分属郁林牂柯，然后牂柯郡就大得多了。《海内东经》中说："沅水出象郡镡城西东注江。"郭璞注："镡城县今属武陵。"郝懿行疏说："说文沅水出牂柯故且兰东北入江。此经言象郡镡城，则知秦时镡城属象郡矣。"《海内东经》中又说："郁水出象郡而西南注南海。"郝懿行《疏》中说："即豚水也，引《地理志》牂柯郡夜郎豚水东至广郁。《水经注》郁水即夜郎豚水也。"毕沅注亦大略相同，以此知秦时象郡属地所至，并且说"此

（《山海经》）秦人书也"。臣瓒注《汉书》引《茂陵书》说："象郡治临尘县，去长安万七千五百里。"两《汉志》郁林郡都有临尘县，这是象郡治所，《续志》说郁林"去雒阳南六千五百里"就显然可以看出茂陵书"万七千五百里"的"万"字是衍文。可见汉在元封五年（前106）后把象郡一部分划入郁林，一部分划入武陵，一部分划入牂柯，原来沅水郁水流域都不属于牂柯郡而是属于象郡。原来的牂柯，只是乌江流域，贵阳以北地区。巴人的南境应该限于这一地带，即秦的黔中郡。可能是西至威宁南至贵阳就是巴黔中。秦开百越置南海象郡桂林，象郡即越地。蜀国南接于越，足见北盘江以南和巂昆明都不在蜀国境内。汉罢象郡，也可能分一部分入益州郡，和划一部分入武陵郡一样，是汉武本纪略而不言的。蜀的西南境也略看出一个界至而不是整个汉《地理志》的益州郡。总的说来，犍为是因为夜郎的内附，武都是因为白马的内附，自然比之汉初，是有所开拓的，但比之于秦，只能是恢复了。汉武帝对瓯闽两粤燕代边境的开拓，都不过是恢复秦的土宇是同样的事实。

三　巴蜀分界

巴蜀两国的疆界，也是须得讨究的问题。常氏在《巴志》里面说："天下既定［汉］高祖乃分巴置广汉郡。孝武帝又两割置犍为郡。故世曰分巴割蜀，以成犍广也。"这是把广汉说成巴国的境土。但他在《蜀志》里面又说："益州以蜀郡广汉犍为为三蜀。"显然广汉又是蜀国的境土。常氏自相矛盾。应该是高祖分巴蜀置广汉郡才合理。从《汉书·地理志》看广汉郡最北是葭萌县，其次是梓潼县，常《志》中说："蜀王别封弟葭萌号苴侯，命其邑曰葭萌。"又说："秦许嫁五女于蜀，蜀遣五丁迎之，还到梓潼……山崩分为五岭，蜀王伤痛，登之作望妇堠。"葭萌是昭化县，可证梓潼、葭萌二县是蜀国。《寰宇记》中说："梓州理郪县，秦为蜀国盐亭之地。"（应为潺亭之误，另有汉潺亭考）《水经注》中说："有郪王城。"郪是一个小国，这三县以西，都是蜀地，就不需证明了。只有广汉一县，［射洪］南接垫江，［合川］那是巴国的别都，合川、射洪之间，是巴蜀接境外，很可能把涪江作界水，这一线以西都是蜀地，以东都是巴地，是很显然的。高祖置广汉郡治广汉县，因此广汉县遂兼有涪江东西两岸之地，统一后的建置，和纷争时的分界，应有所不同，是一定的。

后来蓬溪、遂宁两县都是汉的广汉县境，从广汉一郡形势来看，所谓分巴，仅有广汉一县，若论涪江为二国界水，则分巴又仅一县之半。常《志》中说："巴国有乱，将军蔓子请师于楚，许以三城，楚王救巴。"（事本谯周《三巴记》，见《御览·人事部》）《说文》中说："鄻蜀广汉乡也从邑，蔓声，读若蔓。"蔓是地名，蔓子应该是小国之君，蔓子是巴国的将军，就证明广汉县在涪江以东的境土就是巴地，就是蔓子之国。合川有青石山，李膺在《益州记》中说："昔巴蜀争界，久而不决。汉高八年一朝密雾，山为之裂，自上及下，破处直若引绳，于是州界始判。"这正是垫江、广汉二县之界，亦即两郡之界。若巴蜀二国，应自有界，何待汉高八年（前199）始判。常《志》和《水经注》中都说："高帝六年置广汉郡。"八年始判，故说争久不决。因为分巴入广汉，所以才有争执。《益部耆旧传》中说："楚襄王灭巴子，封废子于濮江之南，号铜梁侯。"铜梁是垫江，合川是巴境，这就是分巴蜀为广汉郡的具体情况。这里的濮江就是涪江，可知涪字也即濮字。分巴为广汉必在一郡的东部，是无可疑的。但分巴也仅仅是广汉县的一部分，广汉县的大部分，可说全是蜀地。《元和郡县志》中说："利州本秦蜀郡地，汉分巴蜀置广汉郡。"于梓州说："秦为蜀郡。"于遂州说："秦为蜀郡。"于青石县说："本属巴郡。"于合州说："春秋时为巴国，秦灭之以为巴郡，即汉巴郡之垫江县也。"于普州（安岳）说："秦汉为巴蜀二郡之地。"于荣州说："秦为蜀郡。"于泸州说："春秋战国时为巴子国，秦并天下为巴郡。[汉]武帝分置犍为郡，今州即犍为郡之江阳、符二县之地。"于昌州说："本汉资中县之东境，垫江县之西境，江阳县之北境。"这也是巴蜀二郡之地。于戎州（叙州）说"古僰国也"，《汉志》僰道下应邵注说"古僰侯国也"。常《志》和《水经注》中都说僰道"有蜀王兵阑"据此应该是蜀地。常《志》中说："巴国其地西至僰道。"是说巴和僰接境。王象之认为僰道是巴地，应该是错了。僰人是蜀的属国。王象之引《元和志》于阆州说："在秦为巴郡阆中县。"于果州说："秦灭巴为巴郡，即汉巴郡之安汉县。"于蓬州说:"秦属巴郡。"(以上三处在《元和志》缺卷中,故从王象之引志文)。这和《通典》所说也完全一致。更从《汉志》研究,阆中、充国、垫江、江州、江阳都属巴郡,从此而东,都是巴国。葭萌、梓潼、涪县、郪县、广汉都属广汉郡。资中、南安、僰道属犍为郡,都从蜀郡分出,由此而西,都是蜀国。就《方舆纪要》所考,今江安、长宁、富顺皆汉江阳地。永川、大足为江州地。合川、武胜、铜梁和安岳之一部分为汉垫江地。今南充为汉安汉县地。西充、南部为汉充国地。苍溪、阆中为汉阆中县地。以上为巴国。

今广元、昭化为汉葭萌地。剑阁为汉梓潼地。三台及射洪一部为汉郪县地。盐亭为汉涪县地(《元和志》以为广汉县不可据,别有考论),遂宁、潼南、蓬溪及射洪一部为汉广汉地。资中、内江、隆昌、荣昌及安岳一部为汉资中地。威远、荣县为汉南安地。南溪、庆符(自南溪分出)为汉南广地。(《元和志》说南溪本汉僰道县地),这和《通典》及《元和志》也相同。杨守敬沿革图于此即依据《通典》,但作图于遂州之境,似与《通典》不合。遂宁在《通典》既为蜀郡,专据这一点,蜀境就应该到涪江东岸。杨图于此处把巴境延伸到涪江西岸,这就不能令人信服了。《元和志》于兴州说:"战国时为白马氏之东境,秦并天下属蜀郡,汉武帝以白马氏置武都郡,今州即武都郡之沮县。"汉分蜀置广汉郡,又分广汉郡置武都郡,自然武都属蜀郡。常《志》中说:"武都有丈夫化为女子,蜀王纳为妃,无几物故,蜀王遣五丁之武都担土为妃作冢,今武担是也。"自然在蜀王时武都即为蜀境。常《志》中说:"周赧王三年(前132)分巴蜀置汉中郡,自应从南郑以西,合武都皆为蜀地。"巴蜀分界,自阆中以东为巴,可见汉中自南郑以东即为巴境,然后于形势才合。汉武初时但有越巂、牂柯,越巂在此前应为蜀,牂柯应为巴,是很明了的。后分越巂、牂柯为益州郡,可看出益州原为巴蜀两国地,可能僰道、南广以西为越巂旧地,以东为牂柯故地,详细的界线,是无从考论的。《后汉书·哀牢夷传》中说:"显宗以其他置哀牢、博南二县,割益州郡西部都尉所领六县合为永昌郡。"注据《续汉志》中说:"六县不韦、巂唐、比苏、楪榆、邪龙、云南也。"也说明这六县原是越巂,也就是蜀境。

四 巴蜀境内的小诸侯

古时巴蜀地广,汉之牂柯、越巂各郡,都有很多邑君,如夜郎王钩町王邛都国卧漏侯之类很多,不下数十。即以汉初巴郡蜀郡疆内各地而言,也还有不少的侯王,兹分别述之。汉《地理志》僰道,应劭注说:"古僰侯国也。"《水经注》说"县本僰人居之",又引《地理风俗记》曰:"夷中最仁,有仁道,故字从人。"此其一。

《水经注》中说"汉水又东经鱼复县故城南,故鱼国也。《左传·文公十六年》庸与群蛮叛楚,庄王伐之,七遇皆北,惟裨儵,鱼人逐之"是也。《周书·王会》"其西鱼复鼓钟钟牛"。孔注:"鱼复南蛮国也。贡鼓及钟,而似牛形者,美远致也。"此其二。

《舆地纪胜》说《九域志》引《益部耆旧传》言"昔楚襄王灭巴子,封庶子于濮江之南,号铜梁侯"。这亦可证明秦灭的巴在阆中,楚灭的巴在枳,既有铜梁,可见江州、垫江都属楚了。此其三。

陈留《风俗传》中载"资姓黄帝之后,食采益州资中,因以为氏"。《玉篇》也说:"资故国,黄帝后。"此其四。

水经"青衣水出青衣县"《注》中说:"县故青衣羌国也。青衣王子心慕汉制,上求内附,顺帝阳嘉二年(133)改曰汉嘉。"此其五。

《秦本纪》中说:"丹犁臣蜀,相庄杀蜀侯来降,武王诛相壮,伐丹犁。"这就是汉的沈黎。此其六。

《十道志》中说:"楚子灭巴,巴子兄弟五人,流入黔中五溪,各为一溪之长,号五溪蛮。"这应该是《益部耆旧传》中说的"楚襄王灭巴子"。秦先已灭巴,楚襄王又灭一巴,这就是《秦策》苏代说的"楚得枳而国亡。襄王失了郢都,亡走陈可说是国亡。上距秦灭巴蜀已四十年了"。《华阳国志·巴志》中说:"其先王陵墓多在枳。"枳是后一个巴子。也是《通典》说的"[唐]黔中郡(今彭水),通谓之五溪,秦属黔中郡"。也许是《周书·王会》所说的枳已(巴)。此其七。

常《志》中说:"巴国有乱,将军蔓子请师于楚,许以三城,楚王救巴。"《说文》"鄤,广汉乡也"。可见蔓子是部落诸侯,所以称子。此其八。

常《志》中说："蜀王别封弟葭萌号苴侯，命其邑曰葭萌。"此其九。

《水经注》中说："有郪王城"（常《志》王志误作土）在郪水。此其十。

常《志》说长老言"宕渠盖为故賨国，今有賨城、卢城"。賨自是李雄的前世，卢是尝从武王伐纣的古国。賨和卢此其十一、十二。

《路史国名记》有果氏，〔今果州〕姓纂说："果氏出古巴子国。"此其十三。

姓纂说："通氏巴大夫，食采通川，因氏焉。"此其十四。

《路史和御览都》中说："昔蜀王栾君王巴蜀，见廪君兵强，结好宴饮，以税氏五十遗廪君。"此其十五。

《汉书·扬雄传》中说："周衰扬氏或称侯，号扬侯。……扬侯逃于楚巫山。楚汉之兴，扬氏溯江上处巴江州。"此其十六。

后汉越嶲有旄牛王，论者以为即从武王代殷之髳。此其十七。

《华阳国志》有"巴夷王杜濩、朴胡、袁约"。在《三国志》中称"七姓夷王朴胡，賨邑侯杜濩"。但未说袁约是什么夷王。此其十八、十九、二十。

《后汉书》中说："廪君死为白虎，及秦惠王并巴中，以巴氏为蛮夷君长，世尚秦女。"此其二十一。

汉繁长张禅碑题名有"邑君兰世兴，邑君宋（缺名），夷侯养达伯，夷侯资伟山，白虎夷王资伟"五人。张禅做官在繁县，但碑出土是在宕渠，这九个夷侯应该是这一地区的邑君邑侯。合这些邑君共计为二十六。

《牧誓记》从武王伐纣的有"庸、蜀、羌、髳、微、卢、彭、濮"，常《志》说"巴子之国，有濮、賨、苴、共（龚）、奴（即卢字）、獽（或作狼）、夷、蜒之蛮"。除去和前面重复的髳、卢、賨、苴、奴不计，巴蜀境内可考见的又有九国。合上面所记有三十五。

此外，海外西经有巫咸国。《路史》中说："今夔之巫山。"汉中古有褒国。夔州原是楚的同祖国夔子，《史记》中说："昌意娶蜀山氏之女。"常《志》中说："帝喾封支庶于蜀。"汉高帝封賨人范目为渡沔侯、称范三侯，就有四十国。王家祐同志又从甲骨文和金文中考得巴蜀境内古小部落十多个，如其更从《路史·国名记》中和汉的牂柯、益州、永昌、越嶲、汉嘉（沈黎）、汶山、武都各郡的邑君来看，就是百数十个小部落。《左传·文公十六年》载"庸人帅群蛮以叛楚。麇人率百濮聚于选"。都是部落联盟。常《志》中说："保子帝攻青衣雄长僚僰。"又于秦灭蜀后说："戎伯尚强乃移秦民万家实之。"这四五十个乃至百数十个小部落，就是所谓的"戎伯"。司马错说："夫蜀西僻之国，而戎狄之长。"蜀就是这些戎伯之雄长。古时的巴蜀，应该只是一种国家和部落联盟，巴蜀不过是两个霸君，是这些部落中的雄长。巴蜀的疆域也只能说是所联盟的部落的疆域。主要的还是要从和巴蜀同俗的文化区来看。蜀自然是个文化的中心，所以蜀就显得更为重要。

古代巴蜀区域内既是有百多个小部落诸侯存在，《尚书》已举出庸蜀等八国从周伐纣，可见蜀只是很多小国中的一个，不能把它想象得很大。武王封宗姬于巴，只是子爵，当然也很小。假如说古代梁州那样广大的区域，其间只有巴、蜀两国。那么它的力量就应当比春秋齐晋诸大国还要强大，它在晚周所起的作用，就更不同了。

荀卿说："齐桓公并国三十五。"李斯说："秦穆公并国二十。"韩非说："楚庄王并国二十六。晋献公并国十七。服国三十八。"但秦晋它们也还不能全有整个雍州或冀州。而齐、秦、晋、楚在晚周已经是第一等大国。至于巴蜀则比之宋、郑、陈、蔡还不如。只是到秦灭巴蜀时，它才是比较大的两个国家。在巴蜀区域内，却又有某些小部落，到汉时依然存在。可见巴蜀发展到强大的时候，也不过是两个部落联盟的盟主。巴蜀也一定合并了一些部落扩大为自己的部落，到秦汉时还能考见的古部落，大概只是些残余了。《蜀王本纪》等书所说的蚕丛、鱼凫，也等于齐古代的爽鸠、季萴、伯陵、蒲姑之类。不过是蜀这个部落的范围，一定不会很大。常《志》将把从武王伐纣的蜀，说成"其地东接于巴，南接于越，北与秦分，西奄峨嶓"，这是把秦灭蜀时的蜀国疆域，认为西周初年或更在前的蜀的疆域，这真是常氏的错误。庸蜀从周伐殷，本是八国平列，应都很小。把蜀的疆域认为这样大，其他七国的疆域，又如何安排呢？又如常氏说："武王伐纣，实得巴蜀之师，巴师勇锐，歌舞以凌殷人。武王既克殷，以其宗姬封于巴，爵之以子。"这里也不够清楚，既是武王克殷，才封建巴国，而武王克殷时却已有巴师。但《牧誓》所说八国，就没有巴。范目发賨人与汉共定秦，高祖封范目为渡沔侯，真的早有个巴国从周伐殷，但是武王夺了他的土地，来另封一个宗姬，事就可疑了。常《志》中说："〔巴〕其属有濮、賨、苴、共。"可知巴的境内原有很多部落，賨人正是其中之一。他从周伐殷，必然是在伐殷之时，賨人这一部落是服属于八国中的某一国的。巴国建立以后，賨人后来又服属于巴。它是这样才称为"巴师"。苴也是巴的属部，但蜀王却封其弟葭萌为苴侯。鱼复在王会是自立的部落，到春秋时它为庸之鱼邑。就变成庸的属国了。这样的盛衰起伏变动，应该是很多的。

濮既有一部分服属于巴，就应在巴境。左思说："左绵巴中，百濮所充。"巴中也正是濮人住地。很可能是武王伐纣时賨是服属于濮的。从巴蜀境内很多小诸侯来看，不难想象这些部落之间应有很多很大的变动。武王会师孟津，《史记》中说："八百诸侯，不召自来。"牧野誓师又只有庸蜀八国。应该八国统率了各自境内的小部落去伐殷，未必有八百之多，但不止八国，是可以肯定的。后来的人都强调秦汉是得了巴蜀之助，才完成了它统一大业。但牧野誓师，明显提出的只是八国，学者把八国都解释在今天的西南，那么就可以说武王克殷，同样是得巴蜀之助，然后才能完成它的大业。如其像一般所认为秦灭巴蜀，四川才和中原有交道，这就未必妥当。

《史记》中说："禹兴于西羌。"在汉时广柔县。可见在汶山也有最古的国。《尚书》中说："禹娶于涂山。"常《志》中说："今江州涂山是也。"这也是个古国。杜预也说："巴县有涂山，禹所娶。山有禹王及涂后祠。"《水经注》中说："江之北岸有涂山，南有夏禹庙、涂君祠、庙铭存焉。常璩、庾仲雍并言禹娶于此。余案群书咸言禹娶在寿春当涂，不于此也。"这是前人争论很大的问题。但他们提出的证据都不够早。都是些六朝的材料。《吕氏春秋·音初篇》载"涂山氏之女，乃令其妾待禹于涂山之阳，女乃作歌，实始作南音，周公及邵公取风焉，以为《周南》《召南》"。在诗三百篇里，《周南》有汝汉，《召南》有江沱，必须要在江沱汝汉这个区域找涂山，是一定不移的。但是在二南这一区域找涂山，就只有巴县的涂山了。禹兴于西羌，娶于涂山。〔巴县〕是很近理的。在二南区域以外，距西羌很远的地方找涂山，又根据是汉晋以下的材料，说服力就不强了。

"以雅以南"的"雅"，就是"夏"字。（荀子越人安越，楚人安楚，君子安雅。又说："居越而越，居楚而楚，居夏而夏。"）《史记》中说："颍川南阳，夏人之居。"把南和夏区别开，也就容易解决南的所在。《逸周书》中："昔有南氏，有二臣贵宠，势均力敌。君弗禁，南氏以分。"《水经注》中说："南氏用分为二南国也。秦使白起拔鄢郢，以汉南地而置南郡焉。"南郡这名字，是沿南国来的。二南之分，就是因南国分为二。韩婴解释二南也说："其地在南郡南阳之间。"从南国南音来看涂山，就比从魏晋以后注家的话，可靠性要强些。《史记·夏本纪索隐》引《系（世）本》说："涂山氏女名女娲。"世本的话，当然比后来《纬书》中说的"女娲为古天子"的话可靠。经传里只《礼记》说过女娲氏作笙簧，晚周也只屈原天问谈到女娲，其他伪妄的书所谈女娲，是不必置信的。唯《风俗通义》等书所说女娲，似乎有附带在这里提到的必要。《风俗通》中说："天地初开辟，未有人民，女娲抟黄土为人，剧务力不暇供，乃引绳絙泥中，举以为人。故富贵贤智者黄土人也，贫贱凡庸者引绳人也。"这明明就是剥削阶级的欺骗哲学。

但可见女娲又是西南民族所传初造人类的工作者。所以屈原就要反问道："女娲有体，孰制匠之。"意思是说人如其是女娲造的，那就要问女娲也是人，又是谁造的呢？王逸章句在这里说："传言女娲人头蛇身，一日七十化。""蛮""闽"字都从虫是蛇，巴也是大蛇，女娲蛇身，正是南方民族的传说。许慎说："女娲古之神圣女，化万物者也。"这是说万物都是她所造的。《淮南子·览冥训》说："往古之时，四极废，九州裂，天不兼复，地不周载，火爁炎而不灭，水浩洋而不息，猛兽食颛民，鸷鸟攫老弱。于是女娲氏拣五色石以补苍天，断鳌足以立四极，杀黑龙以济冀州，积芦灰以止淫水。天不足西北、故日月移焉。地不足东南，故百川注焉。苍天补，四极正，淫水涸，冀州平，狡虫死，颛民生。"女娲乃开天辟地之人，万物都是她所造，当时有水灾有火灾，有猛兽鸷鸟之灾，都是她一手解决的。人类之有贵贱阶级，也就从她起就有了。到三国时代，汉族才知道有盘古的说法。在这以前，只有女娲的神话，而就是涂山氏之女。在川境长江一带，各处有很多新旧石器，早就有人在这里活动，并创造了多种工具。有信仰，有神话发生，也是自然的。这一传说在两汉时期极为普遍，在魏晋以后，盘古的传说才代之而起。

五　蜀的古代

褚少孙说："蜀王黄帝后世也，至今在汉西南五千里，常来朝降输献于汉。"（《三代世表》）褚少孙在元成间为博士，可见在《蜀王本纪》《华阳国志》之前，西汉时代早有蜀为黄帝子孙之说。常《志》说："黄帝为其子昌意娶蜀山氏之女，生子高阳，是为帝喾（《水经注》作颛顼，与《大戴礼》《史记》皆合，但别书亦有作帝喾者，兹不径改）。封其支庶于蜀，世为侯伯，历夏、商、周。"这可和褚说相印证，蜀王后代既在元成间还常朝献于汉，这就是汉代所谓西南夷中的邑君。黄帝子孙之说，可能是从这些邑君朝献时自己称述得来。在西汉南五千里之说，其地所在，也可推求。

《续汉书·郡国志》刘昭注中把各郡去雒阳若干里，都明白注出，它说蜀郡"在雒阳西三千一百里"。可见褚说蜀王的后代，不在汉的蜀郡，它说牂柯"在雒阳西五千七百里"。越巂是"四千八百里"。益州是"五千六百里"。永昌是"七千二百六十里"。又说京兆"长安在雒阳西九百五十里"。除去雒阳长安之间的里数，就看出只有在越巂之南，益州，永昌之北的地带，恰好是在长安西南五千里。《史记正义》引《谱记》载："蜀之先昌意娶蜀山氏女，生帝喾、立、封其支庶于蜀，历虞、夏、商，周衰先称王者。蚕从国破，子孙居姚巂等处。"这里用唐的姚州巂州来说蜀王后代所在。正和五千里之说相当；也证明了《谱记》亦有蜀王为黄帝子孙之说。《正义》中又说："昆州、郎州等本滇国，去京西五千三百七十里。"又说："靡非在姚州北（靡非为靡州之误，《史记会注》删非字亦误。《旧唐书·地理志》靡州在京师西南四千九百四十五里南接姚州）。去京师西南四千九百三十五里，即靡莫之夷。"（《西南夷列传》）可见所谓"其西靡莫之属以十数滇最大"。

其间当有蜀王子孙，靡莫住地，正合五千里之数，《蜀王本纪》中说：" [蜀] 人萌椎髻左衽，不晓文字。"这是古代蜀人的标识，在《西南夷列传》中说夜郎和滇和邛都"皆魋结耕田，有邑聚"。这正是牂柯、益州、越嶲三郡，也是椎髻，和蜀人同，这就是汉《地理志》说的与巴蜀同俗。从"椎髻"来看，蜀王子孙在益州、越嶲也是对的。《西南夷列传》中又说："其外西自同师以东，北至楪榆，名为嶲昆明，皆编发，随畜迁徙，毋常处，毋君长，地方可数千里。"编发和椎髻显然不同，蜀王的子孙，可决定不在这里了，也可见与巴蜀同俗的地区，其间原有许多邑君，是早期巴蜀统治者的子孙所建的国，它们和竹王庄豪各系的子孙相杂处，也证实早期的蜀人，原有南迁的事实，由民族移住，而形成了文化的传播，蜀封苴侯，也就是这种事例，不过蜀王的后代，在汉时只有西南五千里才存在。

褚少孙称述"蜀王黄帝后世也"之说，这证明巴蜀古代的史料，在西汉时早已存在，这应该是西南邑君所传，和《史记》中说"昌意娶蜀山氏女生颛顼"是一致的，可说是同一来源。《史记·索隐》引《世本》说："蜀无姓，相承云黄帝后世子孙也。"世本和帝系姓都有汉儒增加的材料，也就是黄帝后世西南邑君所传的材料。因为他们还常来朝献于汉。一般说来，在汉代如竹王的材料、九隆的材料，当然是夜郎和哀牢所传。就是盘瓠廪君的材料，也一定是他们本族所传。夜郎、哀牢有历史，蜀不应该没有历史。

《蜀王本纪》一类资料，就是西南邑君靡莫之属家传的资料，蜀王子孙在汉时依然存在，别人就不能找些"无稽之谈"来妄称蜀的历史。尤其是蚕丛、柏濩、鱼凫、蒲泽，这些名称，也不是谁能凭空杜撰的。这和班固说齐国在"少昊之世，有爽鸠氏，虞夏时有季萴，汤时有逢公柏陵，殷末有蒲姑氏，皆有诸侯，国此地"是同样的，毫无足奇。认《蜀王本纪》是扬雄作，可能是错误，但一个作蜀古代史的人，他不能不向当时存在的蜀王后代探访，是无可怀疑的。

正如杨升庵的《白古通》《年运志》，是从南诏的后代，找得了南诏的历史。今天从凉山彝族，就可访得彝族的历史是一样的。从《蜀王本纪》佚文和常《志》对读，可见常《志》大部分是依据《本纪》的。今所见《本纪》佚文，最晚的事是汉宣帝时穿盐井，常《志》也是这一条，接着便总论两汉人物。常氏叙事，也止于此。可见《本纪》所记实停止在这里。足证这是西汉时书，可能还在扬雄稍前一点，常《志》首有"蜀之为国，肇于人皇"之说。但它先就说这是出于洛书。合《本纪》、常《志》来看，它纪事都是年数。这就不是民间传说所能记叙。但纪年多和《史》《汉》不合。如惠王二十七年城成都。赧王七年（前308）司马错取楚黔中。〔昭王十年还要楚割黔中〕秦孝文以李冰为蜀守，和他又杀蜀侯恽。此等错误很多，但其他年岁也大体能和《史》《汉》相合。从不合处看，若是通人考订所加，就不应错误。从其合处看，若是出于不学者之手，绝不能杜撰得和《史》《汉》相仿佛。就只能说是蜀王的家史，正和《六国年表》世家的互相参错一样，各国本来就不同。所以它能纪年，却又不免错误，既是常璩、扬雄，那是谁也不能擅改的。

从褚氏的话来看，即"蜀王黄帝后世，至今在汉西南五千里"大概它们依然还称蜀王，也许《史记》的"靡莫"就是蜀，这和《春秋公羊传》的邾娄就是邹，《蛮书》的越析就是磨些，是同一个道理。因《正义》说蚕丛国破，子孙居姚嶲，又说："靡莫在姚州北。"从地区上看，靡莫和蜀王后代是同在一处的。他自有他的家谱，也就是本纪。《路史》说："蜀山（依《全蜀艺文志》引补山字）今成都，见扬子云《蜀纪》等书。然蜀山氏女乃在茂详妃后国。"《路史·妃后国》又说："蜀山，昌意娶蜀山氏女，益土也。"这应该是常《志》等所称"昌意娶蜀山氏女生帝喾，封其支庶于蜀"的说法所从出，可证蜀王黄帝后世之说，已见于《蜀王本纪》只是清代洪、严诸家辑本，遗漏了这一条。更可见《史记·帝系姓》"昌意娶蜀山氏女"之说，和《蜀本纪》之说，是同源的。《初学纪》和《史记正义》都引《蜀王本纪》："禹本汶山郡广柔县人，生于石纽。"《夏本纪》依《世本》说"禹之父曰鲧，鲧之父曰帝颛顼，颛顼之父曰昌意"。可见《蜀王本纪》序禹生广柔，正是序夏朝和蜀王都是昌意后代，又同在蜀。《世本》《史记》皆说"昌意降居若水"。若水在蜀，是后来的雅砻江。这一系列的说法，都自为一个系统，但都已为《史记》所采用。

青阳降居江水，禹生于西羌，也是为《史记》所采用，这些说法，都是后来所怀疑的。但这些可疑之处，正是另成一个系统而和正统派相抵牾之处。世本帝系姓采取这部分材料，与北方所传材料，合在一起，自然不免矛盾可疑。正因为它是自为一系的历史，所以就可贵。这里可见蜀和中原的史料，分合异同之间，在共同的传说，而又有个别的传说，这就不可忽视了。它和南方材料《山海经》有些相似，却又不尽相同，是更可注意的。关于蜀古代史的材料如先蜀记、蜀论之类还多，却都是这一系统，是应该与《蜀王本纪》合并研究的。这批材料中，自有很多神怪妄诞之说，其实真是很古旧的材料，总是妄诞。不妄诞，就难以使人相信它是真正的旧材料。常《志》中说："世俗间横有为蜀传者。"从它所称述蜀传的内容来研究，可以断定他指的就是《蜀王本纪》。他既在他的书中引用了蜀传许多材料，也批驳了一些材料并斥而不用。其说都见于本书序志一篇。自然从这些材料是可以看出一些史迹的，另一部分不合理的，应当加以否定，不过常氏所承认的未必是，常氏所否认的未必非，这有待于今天重新研究。

在晚周时期，秦在献公、孝公以前，还是很落后的小国，它已有自己的历史。司马迁说："秦记不载日月，其文略不具。"吴越很小也很落后，从《吴地记会稽录》来看，也是有历史记载的。蜀也同样如此，把它当作《山海经》和《天问》的材料，当作哀牢、夜郎的材料同样来看待，或不会大错。西南少数民族旧日很多土司，都有家谱，蜀王不可能没有家谱。藏文的吐蕃史、蒙文的蒙古史，和汉文记载出入都很大，但是谁都须注意到这里，这是研究古代巴蜀历史不能例外的，这原是珍贵的史料，而不是废物。

刘渊林注《蜀都赋》引扬雄《蜀王本纪》说："蜀王之先名蚕丛、柏濩、鱼凫、蒲泽、开明。是时人民椎髻左言，不晓文字，未有礼乐。从开明上到蚕丛，积三万四千岁。"《古文苑章》樵注引扬雄《蜀王纪》亦有蒲泽。其他诸书所引，脱此蒲泽二字。常《志》中说："望帝更名蒲卑。"古"睪"字往往为"皋"，太皡《潜夫论》作"太暤"可证，可能"卑"字是"泽"字之坏。《初学记·类聚御览》引《蜀王本纪》皆说："蜀王之先名蚕丛，后代曰柏濩，又次者名曰鱼凫，此三代各数百岁。"从这里可见蚕丛等都是一代之名，而非一人之名。犹之开明氏十二世都称开明。蒲泽也是一代之号，杜宇才是一人之名。章樵注又引《蜀纪》

说：" 上古时蜀之君长，治国久长，后皆仙去。自望帝以来，传授始密。"这正是说蚕丛、鱼凫三代各数百岁，望帝、开明就传世短促。所以扬雄《蜀都赋》中说："昔天地降生杜郰（字）密促之君。"刘逵注引《本纪》云："三万四千岁。"《太平御览》引作"四千岁"。显然相互抵牾。《华阳国志》中说："世俗间横有为蜀传者，言蜀王蚕丛之间，周回三千岁。"又言："蜀椎髻左衽，未知书。文翁始知书学。……蚕丛杜宇皆周之叔世，安得三千岁。"这正是驳斥《蜀王本纪》之文。常氏一再说"三千岁"，应该是他所见的《蜀王本纪》只是三千岁。《御览》作四千岁，《古书》三四字，原多互误。《文选》注三万四千岁，倒是后来附益上去的。从刘歆《三统历》起，才有三万六千岁之说。这是历法家之言，而不是史文。可确定是后人所改。至《纬书》所说二百七十万年，这些都是历家言，是与史无关的。

《韩非子·显学篇》中说："殷周七百余岁，虞夏二千余岁，今乃欲审尧舜之道，于三千岁之前。"张寿王说黄帝到西汉是六千余岁。安陵栝育说黄帝以来三千六百二十九岁。这些不同的说法，在西汉都是存在的。世俗间《蜀本纪》之类从而有三千岁的说法，不足为奇。倒是很可能表示它是南方一系的说法。常道将又说："周失纪纲，蜀先称王。七国皆王，杜宇称帝。皆周之叔世，安得三千岁。"常氏不信三千岁之说，而他却说："帝喾封其支庶于蜀，世为侯伯，历虞、夏、商、周。"由帝喾历夏、殷、周三代，即依一般用三统历之说，[世经]也将近三千岁了，这就不免自相矛盾。常《志》中既说"开明氏凡王蜀十二世"。《六国年表》秦惠文王四年"诸侯会徐州以相王"。又九年为惠文王初更元年，初更九年，秦灭蜀。从七国相王到蜀之灭亡，仅十八年。杜宇又在开明之前，很像十八年间，蜀已经过十三代，在秦却只是惠文王一代。常氏对这一问题，真是太缺乏思考了。

《路史》说"开明传三百五十年"。若以二十五年一世计算，十二世也应该三百年。《蜀王本纪》中说："望帝积百余岁。"假定杜宇的蒲泽氏为五世或六世来计算，应该是一百二十五年，到一百五十年。这两代就共有五百年左右。秦灭蜀在周慎王五年，为公元前316年，上推五百年为公元前816年，也就是西周宣王十二年时代。这是杜宇称帝的开始，也是周失纪纲的时期。蚕丛、柏濩、鱼凫自然更在其前了。《蜀王本纪》说"蚕丛、柏濩、鱼凫，此三代各数百岁"。那就可能当于夏、殷、西周了。蚕丛称王，杜宇称帝，都说为周之叔世，是毫无是处。《古文苑章》樵注引《先蜀记》说："蚕丛始居岷山石室中。"《汉书·地理志》湔氏道："禹贡岷山在西徼外，江水所出。"可证在江水以西，才是汉人说的岷山。湔氏道为今松潘，江水以东，湔水所出，古称"湔山"，又称"玉垒山"。《史记正义》引《谱记》云："黄帝子昌意娶蜀山氏女生帝喾、立、封其支庶于蜀。"又说："蚕丛国破，子孙居姚巂等处。"唐巂州是四川的越巂，姚州是云南的大姚，可惜却未说明蚕丛为谁所破。但可见各代之间，还是有战争的。

常誉子孙历虞、夏、商，和常《志》的说法相同，还可见三千岁之说并非无稽。《史记索隐》又引《蜀王本纪》说："朱提有男子杜宇，从天而下，自称望帝，亦蜀王也。"朱提在云南昭通，自然和蚕丛、鱼凫都不是一个部落。《舆地纪胜》卷一六四引《华阳国志》云："荆（原误经）州有一人从井而出，自号鳖灵。灵死其尸溯流而上，至汶山忽复生，杜宇神之，立为相。会巫山壅江，蜀地潴水，鳖灵遂凿巫山，开广汉金堂江，民得安居，宇遂禅以位，灵嗣位自号丛帝。"（这段材料仍然是根据《蜀王本纪》又小有异同，因今本《华阳国志》逸此段文，故引之于此）这又显然是荆州人来到梁州，是楚人入蜀。《水经注》中说："南安县治青衣江会，即蜀王开明故治也。"也许开明溯江而上，先在南安，〔乐山〕又北上至广都，〔双流〕后移成都。这显然是从荆州来的，与前杜宇的部落相代替。《蜀王本纪》中说："蚕丛、柏濩、鱼凫此三代各数百岁，皆神化不死。其民亦颇随王化去，鱼凫田于湔山得仙，时蜀民稀少。"又说："望帝治汶山下邑曰郫，化民往往复出。"这一资料，可理解为鱼凫是一个部族，为杜宇别一部族所侵，遂退入西山，它的部民也随之而去。这就是"民亦随王化去"。后来这些部民又从山中出来归附了杜宇。这就是"化民往往复出"。到开明侵逐望帝，是荆人逐去蜀人。

从成都羊子山的发掘来看，下面是战国前期的文化层，上面是战国后期的文化层。上层和巴的文物有联系，下层和巴的文物无联系，就是纯然蜀的文物。巴和楚的文物，也显然是有联系的。似可认为鱼凫、杜宇、开明的相代禅，是不同部族的代禅，是楚人入蜀的代禅。鱼凫田于湔山仙去，望帝升西山隐焉，秦灭开明时，"其相傅及太子退至逢乡，死于白鹿山"（《华阳国志·蜀志》）。它们在失掉成都平原后，都入西山。蚕丛国破，子孙居姚嶲，是又西南下建国去了，这和安阳王往南越的路线也很相同。常《志》中说："临邛县本有邛民，秦始皇徙上郡实之。"汉《地理志》严道有"邛崃山，邛水所出"。这是邛民的区域。有越嶲郡又有邛都县，有邛池。应劭说："故邛都国。"常《志》中："邛崃山本名邛莋，故邛人、莋人界也。"（在刘昭注《郡国志》，今本《华阳国志》无此文）由《西南夷列传》看来邛是越嶲郡，莋在沈黎郡（即汉嘉郡），可能是临邛的邛民，南徙越嶲去了。越嶲也有定莋、大莋、莋秦各县，也可能是莋人由沈黎南迁去的。《汉志》蜀郡有旄牛县，但《后汉书》中说："或为旄牛种，越嶲羌是也。"旄牛也由沈黎南徙越嶲。在三国时重开旄牛道招降旄牛王的，也是越嶲太守张嶷，而不是另一个汉嘉太守，都可见在北的小部落有继续南徙的情形。常《志》中说："僰道县本有僰人——汉民多渐斥徙之。"常《志》中又说："阐县故邛人邑。会无故濮人邑也。"濮原在巴境和蜀境各处，但后来也到越嶲，这和"蚕丛国破，子孙居姚嶲"，是先后一致的。这和很大的地区都和巴蜀同俗，是有关联的。

蜀在梁州，梁州以外还有个蜀，《周书·世俘》中说："庚子新荒命伐蜀。乙巳新荒蜀磨至告禽。"从庚子到乙巳，不过五天，往伐蜀的将帅，就已经回来了。这显然不是梁州的蜀，而是距离牧野不远的蜀。也就不是从武王伐殷的蜀，而是与纣同党的蜀。这必然是另一个蜀。绝无刚刚败殷于牧野的几天之后，就来伐自己伙伴的道理。梁州以外既另有个蜀，还有一些有关巴蜀若水江水的远古材料，也只好存而不论。《天问》桀伐蒙山的材料也只能付之阙如。肇于人皇之说，也更不必谈。常《志》所引《洛书》人皇兄弟九人之说，更是荒谬，常氏反信而不疑，倒很奇怪。

蜀是个古国，历夏、商、周是常道将所承认的。他却又反对"三千岁"的说法，真使人不解。四川最早就见于禹贡。在这篇书里说："华阳黑水惟梁州，岷嶓既艺，沱潜既道，蔡蒙旅平，和夷底绩。"郑康成注说:"《地理志》岷山在蜀郡湔氐道,嶓冢山在汉阳西。"又说沱潜二水亦谓"自江汉出。《地理志》在今郫县。潜水盖汉,西出嶓冢,东南至巴郡江州入江,即为西汉水也。蔡蒙在汉嘉县。和夷、和上夷所居之地也。和读曰桓,《地理志》桓水出蜀郡蜀西南,行羌中者也"(凡郑所称"地理志"却非班书,而与司马彪《郡国志》同,应当是东汉的《地理志》,在东观《汉记》内,司马与郑同用此书)。西汉水就是嘉陵江,桓水也可以说是白龙江,从这些地名,可以看出禹贡的梁州,偏在今四川的西北,这是最早开拓的地方。嘉陵江以东广大地区都未提及,那是未开拓的。也可见这个开拓区很小。如《禹贡》中说:"岷山之阳,至于衡山。""岷山导江,东别为沱,又东至于澧。"可以说对西南地区知道的实在不多,而又显然错误。

《禹贡》中又说:"导嶓冢至于荆山,内方至于大别。"可见东西汉水之间,作《禹贡》的人对巴岭地区,是全不知道的。所以对荆州的西部,也一字不提。这说明嵋嶓以南蔡蒙(在雅安名山)地区,和以成都平原为中心的一小块地方,才是最先开拓的区域。这正是蜀的范围。后来的学者,往往以为周官没有梁州,说秦灭巴蜀,四川和中原才有交通,因之定《禹贡》为秦后所作。其实武王伐纣,《牧誓》就说有庸蜀羌髳,《左传》中詹桓伯也说:"巴濮楚邓,我南土也。"《周书·王全》中说成王时"巴人以比翼鸟,蜀人以文翰"。这不能说周没有巴蜀。孙贻让就说过周把梁州一部分划入雍州,一部分划入荆州(见《周礼正义·职方》),这是正确的。秦人灭了巴蜀,《吕览》的九州就没有梁州。汉从汉中巴蜀统一中国,《淮南子》书中也没有梁州。我们是不能据《吕览》《淮南子》序九州没有梁州,就说秦汉都没有巴蜀,这是不可以的。《禹贡》以后梁州的确和中原的接触不多。这是因为四川偏在西南,和中原容易脱节,这是很平常的。正如汉代开拓西南、牂柯、益州(建宁)、越嶲、永昌、云南都置州县,有好几百年。但在晋以后,把这些地方都放弃了。隋唐又才暂时恢复,但不久就发生了南诏问题。直到元代灭大理,明代又才在云南置州县。假若只据明清的云南省来看,因之说两汉三国时不可能有越嶲诸郡,这是不合理的。

六　巴蜀的史迹

　　春秋时也有少量关于巴国的记载，如桓公九年"巴子使韩服告于楚，请与邓为好"。"邓南鄙鄾人攻而夺之币，楚及巴师围鄾。"后又与楚伐申，"楚惊巴师"。庄公十八年"巴人叛楚而伐那处取之。遂门于楚。……阎敖游涌而逸——楚子御之大败于津"。文公十六年"楚人、秦人、巴人灭庸"。哀公十八年"巴人伐楚败于鄾"。鄾、邓、申都在楚的北境，巴人常常在北方和楚交涉，这是可以理解的。《华阳国志》中说："巴子时虽都江州，或治垫江，［合川］或治平都，［丰都］后治阆中。"巴、楚有关的事既多在北境，可见先是都在阆中。今天的奉节是春秋时庸国的鱼邑，可能在灭庸以后，巴才南迁江州。［巴县］房州和鱼邑都是庸国的土地，后来都是巴国的土地，巴成为大国，应在灭庸以后，是很显然的。

　　这类事件在北境，和《商君列传》赵良说，百里傒相秦"发教封内而巴人致贡"。同是北境的事，这是很可注意的。百里傒相秦穆公，穆公和鲁僖公同元，《秦本纪·叙》百里傒至秦穆公五年（前655），说："百里傒年已七十余。"赵良说百里傒相秦"三置晋君，一救荆国之祸"，事皆在穆公早的一时期。僖于秦穆公三十三年（前627）卒，可证巴人致贡应在鲁僖公时，这也是巴早期的事。《华阳国志·叙》秦灭巴蜀说"赧王三年分巴蜀置汉中郡"，可见秦汉的汉中郡原有古时巴的土地，不仅仅是蜀的土地，自然巴和申、邓、鄾、秦的关系要多一些，这些都应该是从陆路交通，至于巴人伐那处在南郡编县，阎敖游涌而逸，涌水在华容，大败于津在江、陵，巴也从南境和楚有交涉。这时的夔峡属于庸，当时的秭归也还有楚同祖的夔子（楚灭夔在僖二十六年），巴是否可以从水道伐楚，也成疑问。《十道志》中说："施州清江郡春秋时巴国，七国时为楚巫郡。"可见楚的巫郡，原是巴国的土地。《晋书·地理志》中说："秦取楚巫郡地为黔中郡，汉高祖改黔中郡为武陵郡。"原来武字就是巫字。《汉·地理志》武陵君的无阳县有无水。洪北江说："无阳三国吴时作潕阳，晋《宋志》作舞阳，水亦作潕与舞。唐名武溪，又曰巫溪，本亦作武与巫，置巫州。"可见这个"无"字在地名上有时作"潕"、作"舞"，也作"巫"、作"武"。秦把巫郡合并于黔中，汉把黔中改为武陵，是用"武"字代"巫"字，这是有依据的。施州武陵既都是巴境，《后汉书》说这里有佷山、有扞关。《世本》中说："廪君浮土舟于夷水，据扞关而王巴。"也可见巴、楚之间有陆道的扞关，不仅水道才有扞关。《三国志》说刘备"自率诸将自江南缘出截岭，军于夷道猇亭"。又"自佷山通武陵"。从刘备攻吴的路来看，也可想见巴人攻楚的路线。

《周本纪正义》引《括地志》说："房州竹山县即金州古卢国也。"《正义》又说："房州竹山县本汉上庸县，古之庸国。"巴和秦、楚三国灭庸的时候，已不见卢，可见卢的地方，后来并入庸。三国灭庸，庸的地方自然一起并入巴。常《志》说："宕渠有卢城，是古卢国，卢的西境在宕渠，东境在房陵，翻过巴岭，必然有它的交通线。庸的东境在郧阳，西境在奉节，也是越过巴岭的。庸既有卢地，可能和卢越巴岭的路是相同的。在汉代建安二十一年（216）曹操使张合督诸军循三巴，进军宕渠，巴西太守张飞与郃相拒五十余日，飞击郃大破之，郃走还南郑。"《水经·沔水注》中载："汎水出梁州阆阳县，魏遣夏侯渊与张郃下巴西，进军宕渠，刘备军汎口，即是水所出。张飞自别道袭张郃于此水，郃败弃马升山走还汉中。"《寰宇记》校勘记说："筑水自房陵至穀城入沔，张飞取道巴西，无缘相拒于穀城。"（《寰宇记》引"汎"作"筑"）《刘备传》中说："张飞与郃等战于瓦口。"（《水经注》作汎口）《张飞传》说"张郃进军宕渠蒙头、荡石（常《志》飞等进军蒙头，邀合战于阳石）。与飞相拒五十余日"。《舆地纪胜》中说："八濛山在流江县东北，《三国志》张郃进军宕渠——飞遂破郃，巴土获安。"张郃进军的路线在流江与《水经注》不同，但此说最有理。《张郃传》中说："郃别督诸军降巴东、巴西二郡，进军宕渠。"《魏武纪》中说："巴七姓夷王朴胡，賨巴侯杜濩，举巴夷賨民来附，于是分巴郡以胡为巴东太守，濩为巴西太守。"郃进军宕渠如偏在北，就和巴东无关。必在流江，渠县才能降巴东、西巴二郡。这也是现在成都通襄阳、信阳铁路所经的道路。方志说渠县有勒石"汉将张飞大破贼首张郃于八濛"。皆说是"飞所自题"。这是越过巴岭最合理的路。卢庸建国时东西的主要交通，可能就在这里。古时巴国通汉中，也应该在此一道。汉中房州一带，以至于湖北的施南，都是巴国的境土，这说明古巴国疆域之大，绝不是为古巴国的范围，就必然要有越过巴山的道路。其他如米仓道，也是古来巴中、汉中的交通要路。《舆地纪胜》中说："近者开禧逆〔吴〕曦之变，士大夫之逃难者，多由米仓以东归，此正趋荆襄之路。"由巴入汉中的路，就在宋代，米仓道仍然是很重要的。

关于巴事的记载，春秋时稍多，战国时就很少。关于蜀的记载，战国时稍多一些。常《志》中说："卢帝攻秦至雍。"不知确在何年。从开明氏十二世而亡计算，上推卢帝是十一世。从秦惠王灭蜀上推到悼公，是十一世，历公是十世，躁公是九世。《秦本纪》孝公下令国中曰："往者历躁简公出子之不宁，国家内忧，三晋攻夺我河西地，诸侯卑秦。"躁公二年（前441），南郑反。义渠来伐至渭南。可见秦在此长时期，本极衰弱。卢帝攻秦至雍，是可能的。历共公二年蜀人来赂，二十六年左庶长城南郑，躁公二年南郑反，可见这一时期，是秦蜀多事之秋。惠公十三年（前387）《六国年表》中说："蜀取我南郑。"《本纪》在同年说："伐蜀取南郑。"《史记》在这里自相矛盾，应该是《本纪》错了。常《志》中说："周显王之世，蜀王有褒汉之地，因猎谷中，与秦惠王遇。"知惠王以前，蜀早有褒汉之地。太史公说："献孝之后，稍以蚕食六国。"又说："献公之后，常雄诸侯。"秦失南郑，必然在献公之前。惠公后仅隔出子二年，就是献公，如依《本纪》说惠公十三年（前387）取南郑，就找不到秦失南郑的时候，自然要从《年表》才对。《秦本纪》惠文君元年蜀人来朝，此为周显王三十二年（前337），常《志》作"周显王二十二年（前347）蜀侯使朝秦"。这是常《志》的文字之误。

从秦蜀争南郑经六十五年而南郑为蜀有，且兼有武都之地。自蜀有南郑，经七十一年而蜀亡于秦。秦惠文王初更九年司马错伐蜀灭之。常《志》中说："卢帝攻秦至雍，生保子帝，帝攻青衣，雄长僚僰。"可见开明开国的二三代间，北攻秦，南攻青衣，蜀在此时就开始扩张，渐成为大国。秦惠公十三年蜀伐秦取南郑，是周安王的十五年。楚肃王四年蜀伐楚取兹方，是周安王二十五年。这十年之间，北伐秦、东伐楚，可见这是蜀最强盛的时候。常《志》中说："武王伐纣蜀与焉，其地东接于巴，南接于越，北与秦分，西奄峨嶓。"这里所说蜀的疆域，不应该是武王时蜀的疆域，而是蜀有南郑以后的疆域。汉中的褒城，是古褒国，幽王时还存在。幽王既败，郑人南迁，始有南郑之名。蜀不可能早在周初就有南郑区域，使西周初年蜀已有汉中，此时关中之地，为周王畿，就应该北与周分。秦在西周孝王时代，始封非子邑之秦为附庸，到东周之初，《秦本经》中说："文公十六年伐戎地至岐，岐以东献之周。"北与秦分，应在秦穆公前后，而不得在周初。蜀伐青衣"雄长僚僰"以前，也不可能"南接于越。西奄峨嶓"。这都是常氏用材料不审慎，真贻误后人不少。

《楚世家》肃王四年（前337）载："蜀伐楚取兹方，于是楚为扞关以拒之。"《正义》中说："荆州松滋县。"蜀何以那样远越过巴境来伐楚？这是值得讨论的一个问题。《左传·庄公十八年》"巴人叛楚而伐那处，楚子御之大败于津"。在今宜都。文十六年"麇人率百濮聚于选"。在今枝江。所以昭十九年"楚子为舟师以攻濮"。应该是濮在大江，即在枝江。显然可见楚的西界在宜都松滋。至于枝江就不是楚地了。就可看出在此以西，是后来巴的土地，也就是巫郡的东界。巴在四川的土地（巴中），就是百濮的土地，到濮入荆从汉入江，巴后来也有汉水区域的濮地，枝江是濮，巴也可能后来取得枝江。从楚肃王四年（前377）到秦孝公元年（前361），中间仅隔十六年。《秦本纪》中说："孝公元年楚自汉中南有巴黔中。"肃王卒宣王立，和秦献公同时，《楚世家》说此时"秦始复强，三晋益大，魏惠王、齐威王尤强"。这段时间既齐、秦、三晋都强，所以楚不能向北发展，肃王之前是悼王，蔡泽说吴起"事悼王，南收扬越"，于是楚国"遂有洞庭苍梧之野"。可见悼王以后，楚是向西南发展的。

《楚世家》说惠王十六年"越灭吴而不能正江淮，楚东侵广地至泗上"。在此以后，楚灭蔡、灭杞、灭莒。这段时间，都是向东北发展，而且已经达到顶点了。吴起相悼王以来，楚就向西南发展，因之南有巴黔中。庄蹻入滇，《史记》说在威王时，也都是这一方向。就说明肃王前后是楚西侵巴境的时间。巴蜀就必须联合起来，对抗楚的侵略。周安王十五年（前387）蜀伐秦取南郑，安王二十五年（前377）蜀伐楚取兹方，十年之间，南伐楚北伐秦，这应该是蜀最强大的时候。把楚在不同时间的侵略方向搞明白，对蜀伐楚取兹方的问题，也就可以理解了。从此时起（周安王二十五年，前256）到秦灭巴蜀（周慎王五年，前316）这六十年间，楚对巴蜀的威胁稍稍解除，于是"巴与蜀仇""世战争""各来告急于秦"。（《张仪传》）秦一举遂灭巴、蜀。巴、蜀都是由小部落扩张起来的，在它们联合抗楚的期间，可能两部还没有到彼此接触，到它们境土相接的时候，便自然要发生冲突，而都去向秦求援，为秦人造成吞并的机会。它们渐发展为两大盟主，也不过是春秋战国时间的事。

秦灭蜀后，三封蜀侯，三个蜀侯又都被杀，这事真是可疑。在《史记》一书内，《本纪》和《年表》《列传》，叙说得既简略，又处处矛盾颠倒，怕是《史记》原来把这回事没有弄清楚。常氏《华阳国志》依《史记》来写，又略增加了些，如《蜀本纪》之类的材料，但还是说不清楚秦封蜀侯的事。《史记》本书的矛盾原来太多，如《秦本纪》中说："惠王十一年公子通封于蜀。"《年表》作"十二年公子繇通封蜀"。（常《志》作封子通国为蜀侯。《蜀王本纪》作封公子通为蜀侯）应是《年表》误后一年。《本纪》十四年"相壮杀蜀侯来降。惠王卒武王立，元年诛蜀相壮"。《年表》同，但在《甘茂传》中说："武王立，蜀侯辉相壮反，秦使甘茂定蜀。"杀相壮是在此年甘茂的事。杀蜀侯辉在《本纪》和《年表》都是在昭王时，更不是甘茂的事。常《志》中说："赧王七年封子恽为蜀侯。"是在武王三年（《蜀王本纪》也作蜀侯恽）。更可证不会武王元年就诛恽。

《本纪》说昭王六年（前301）"蜀侯恽反司马错定蜀"。《年表》作六年"蜀反司马错往诛蜀守恽定蜀"。把恽说成蜀守而非蜀侯。但《甘茂传》作蜀侯恽，作蜀侯是正确的。可见《史记》抵牾太甚，是并未弄清楚的。常《志》说赧王十五年（秦昭王七年，前300）"封其子绾为蜀侯。三十年疑蜀侯绾反，王复诛之，但置蜀守"。《史记》就没有记蜀侯绾的事，可见《史记》的确误失很多。常《志》又把蜀侯恽的被杀，说为孝文王的事，就更不对了。惠王十四年蜀相壮杀蜀侯，武王元年诛蜀相壮，是在赧王的四年和五年。常《志》把两年的事都说为六年也是错的。《史记》和常《志》记蜀侯事都不明白，《秦本纪》说"蜀侯恽反"，说"相壮杀蜀侯来降"可能蜀侯通也是因反而被杀的。常《志》中说，"疑蜀侯绾反"，蜀相陈壮也是反，《本纪》说："丹犁臣蜀（不是臣秦）相壮杀蜀侯来降。武王诛相壮伐丹犁。"又可见丹犁和蜀侯反秦是有关系的，这都很奇怪。从秦灭蜀后三十年，到诛蜀侯绾才算定蜀。秦三次封的蜀侯，都是因反叛而被诛。六国和秦，都不把土地分封给子弟，但秦对蜀却是几次反，又几次封，这是很难理解的。秦既置蜀相，又置蜀国守，这在当时的制度上也很特殊。但从汉代越巂、牂柯诸郡来看，很多县既有县令，又还有邑君，如钩町王之例却很不少。《两粤传》中说："闽粤王无诸及粤东海王摇，粤王勾践之后也，秦并天下废为君长，以其地为闽中郡。及诸侯畔秦，无诸、摇率粤从诸侯灭秦。"这就可见秦汉对少数民族的政策，和对内地不相同，虽设置郡县，但邑君侯王依然存在。蜀侯、蜀相之外又置守，也就是这个缘故。说"秦封其子"都是从前蜀王之子，而不是秦人之子。秦人对义渠的情形，也是这样。

《六国年表》惠文王七年"义渠内乱，庶长操将兵定之"。十一年"县义渠，义渠君为臣"。（亦见《本纪》）但初更五年秦又伐义渠。七年义渠败秦于李伯。（见《西羌传》）初更十年（前315）"伐取义渠二十五城"。到赧王四十三年是秦昭王三十五年，秦"诱杀义渠王于甘泉宫，因起兵灭之，始置陇西北地上郡"，事见《后汉·西羌传》。从《史记·范雎传》中看，也证明灭义渠是在这一年。从秦定义渠、县义渠、又伐义渠，到义渠灭亡，时间也长，用兵次数也多。义渠、闽、粤、巴、蜀都是当时的少数民族，情形也可互相证明。《史记·张仪传》中说："卒起兵伐蜀，遂定蜀，贬蜀王更号为侯。而使陈庄相蜀。"《战国策》中也说："蜀主更号为侯。"可证明是贬原来的蜀王为侯。后来屡次所封，都自然是蜀王的子孙，而不是秦王之子孙，是显然的事。可能因为旧史文字省略，汉人没有搞清楚，《华阳国志》更是根据民间传说之误，而收了一些不足信的材料入史籍。如果认封蜀侯是秦的子弟，是很难讲通的。秦武王元年（前310）诛蜀相壮，武王三年（前308）"封子恽为蜀侯"。依《秦本纪》说："武王取魏女为后无子，［武王卒］立异母弟是为昭襄王。"武王明明无子，封子恽为蜀侯，难道是武王的儿子。

秦昭王六年（前301）诛蜀侯恽，七年"王封其子绾为蜀侯"。《秦本纪》中说："［昭王］三年王冠。"因昭王立时很年幼。昭王在位五十六年，子孝文王立。《始皇本纪》中说："孝文王生五十三而立。"孝文王应该是昭王四年出生的，其次的儿子应该是五年或六年出生的。蜀侯绾如其是孝文王之弟，受封时才一岁或二岁，这是绝不可能的事。昭王二十二年蜀侯才十五六岁，又疑他反而被杀，都是不可信的。昭王同母弟也仅封高陵君、泾阳君，何以绾独封侯，都是说不通的。常《志》中又说："蜀侯恽祭山川献馈于孝文王，恽后母害其宠，加毒以进，文王大怒，遣司马错赐恽剑使自裁，安诛其臣郎中令婴等二十七人，蜀人为蜀侯立祠，水旱祷之。"孝文王立时年已五十三，可能有多的儿子可以封蜀。但《秦本纪》中说："孝文王除丧十月己亥即位，三日辛丑卒，子庄襄王立。"孝文王在位才三日，他来不及封他的儿子为蜀侯，更来不及献馈和加毒，也来不及杀这个儿子。根据秦汉的制度来看，和闽粤的事例来看，可见三封蜀侯，只能是蜀的子孙。根据秦王朝的世代实际来看，可见蜀侯之封，绝不是秦的子孙，而必然是蜀的子孙。

《水经·叶榆河注》引《交州外域记》说："交趾昔未有郡县之时，土地有雒田，民为雒民，设雒王、雒侯主诸郡县，县为雒将。后蜀王子将兵三万来讨雒王、雒侯，服诸雒将。蜀王子因称为安阳王。后南越王尉佗举众攻安阳王。……南越王知不可战，却军住武宁县，遣太子名始降服于安阳王，称臣事之。安阳王有女名媚珠看始端正，珠与始交通。……始便逃归报南越王，南越进兵攻之，安阳王遂败，王下船径出于海。今平道县后王宫，见有故迹，越遂服诸雒将。"秦灭蜀后，仅仅百年而秦亡。赵佗遂称南越王。此时已有蜀王之后安阳王来交趾建国。这和殷亡而箕子往朝鲜建国大致相同。

据《清一统志》说武宁在安南国北江府武宁县，平道县在国威西北。依明峥著《越南史略》（范宏科译，生活·读书·新知三联书店 1958 年版）说："越南最初是文郎部族，沿着红河向东南边移住。在前选为代表每个部落的［乡］称为蒲政，代表氏族的称为貉将，代表部族的称为貉王。蜀部族是住在越南北部的东北（应作西北），渐渐迁移到红河两岸，和文郎部发生战争，蜀部族战胜了。"《大越史记全书·蜀纪》中说："蜀王子泮即安阳王，巴蜀人，在位五十年，都封溪，今古螺城是也。"又说

"蜀战胜了文郎之后,合并两地为瓯貉国。古螺城是后来的东福安省东英县。蒲政是一村之中最大一个家庭的族长,文郎各村社的人民,就变成了奴隶。瓯貉国成立了三十余年,秦朝就派屠睢来侵。丁亥年(前214年)侵入瓯貉的北部,但百越人民逃到森林去了,因秦兵不服水土,患病的多,于是百越人民就趁机起来杀死屠睢"。陶维英著《越南古代史》(1959年版)说蜀泮领导这次抗战,完全胜利了。这些记载,和《交州外域记》可以互相补充,可知安阳王就是蜀王子泮,这是很宝贵的材料,和汉文古代记载也是符合的。

考《始皇本纪》三十三年"发诸尝逋亡人、赘婿、贾人,略取陆梁地为桂林、象郡、南海"。这是在公元前214年,瓯骆(貉字疑误,《汉书》作"骆")建国既在三郡的地区,但安阳王并未降服于秦。《汉书》严安说:"秦使尉屠睢将楼船之士攻越,深入越地,粮食乏绝,越人击之,秦兵大败,秦乃使尉佗将卒以戍越,宿兵无用之地,进而不得退,行十余年,天下大叛。"安阳王在位五十年为赵佗所败才失国。《南粤传》中载:"秦已灭[赵]佗即击并桂林、象郡。高帝已定天下,释佗不诛。"佗攻安阳王即在击并桂林、象郡之时,亦即在汉统一之前秦灭之后的三数年间,可假定为在汉高帝的三年,是公元前204年,距秦开三郡恰恰十年的光景,秦终未能征服安阳王,是无可疑的。

《淮南子·人间》中说:"秦王使尉屠睢发卒五十万,三年不解甲弛弩,以与越人战,杀西呕君译吁宋,而越人皆入丛薄中,与禽兽处,而夜攻秦人,大破之,杀屠睢,伏尸流血数十万。"这就是杀尉屠睢的事。晁错说:"秦时北攻胡貉,南攻扬粤,扬粤之地少阴多阳,其性能暑,秦之戍卒不能其水土。"① 这都可证实《大越史记》是有根据的。《水经·温水注》中说:"临水又西南经封阳县,东为封溪水。"又说朱吾[县]以南,有文郎人,(从杨守敬说)县南有文郎究。又引《扶南记》说"山溪濑中谓之究"注中有古郎究、越裳究、扶严究、无劳究、金山郎究,可能都是古代部族,这也和《大越史记》可互相印证。赵佗攻安阳王在公元前204年,秦置桂林、象郡在公元前214年,安阳王在位五十

---

① (汉)刘安等著:《淮南子》,岳麓书社2015年版,第197页。

年，也就证明秦攻百越的时候，恰是安阳王建国已经三十余年将近四十年的时候。大概在公元前254年到公元前251年。这几年间，也就是秦昭王五十三年到五十六年的几年间。从张仪、司马错灭蜀，到安阳王建国，相隔仅六十年的光景。若从周赧王三十年秦诛蜀侯绾，到安阳王建国，相隔只三十年，蜀王子泮又在越南北部建一瓯貉（应作骆）国了。

《十道志》中说："楚子灭巴，巴子兄弟五人，流入黔中，汉有天下，名曰西、辰、巫、武、沅等五溪，各为一溪之长，号五溪蛮。"秦灭的巴是姬姓，这是楚灭的巴，即五溪蛮，应该是槃瓠族。这和《益部耆旧传》说的楚襄王灭巴子是一件事。很可能不是一个巴子，就是楚得枳而国亡的枳。其时其地都合，常《志》说巴子"其先王陵墓多在枳"，应该说的是楚灭之巴。所谓楚得枳而国亡，即秦拔郢都，襄王亡走陈。（徙都寿春）这在顷襄王二十一年（前287），距秦灭巴蜀已四十年。但秦昭王二十七年（前280），司马错从枳南入，溯舟涪水，取楚黔中。为顷襄王十九年（前289）。知楚灭［枳］巴子，应在秦取黔中之前。秦取黔中，距秦灭姬姓之巴，已三十六年。（巴灭为楚怀王十三年，即前316）先后两个巴子，是显然的。楚襄王封巴废子为铜梁侯，应该江州、垫江，都是这个巴子的旧都。而秦灭姬姓之巴，只能说在阆中了。干宝《晋纪》中说："武陵、长沙、卢江郡夷，槃瓠之后也。杂处五溪之内。"《水经·蕲水注》中所说的"五水蛮"，即庐江郡蛮。《寰宇记》中载："涪州俗有夏巴夷蛮，蛮则盘瓠之神。""夔州山峡险隘，多山蛮据峙。"《北史》中载"蛮盖槃瓠之后，江淮之间，布在数州，东运寿春，西通巴蜀，北接汝颍，陆浑以南，满于山谷"。又说："信州（白帝城）向五子王等都是蛮。屯据三峡，遏断水路。"《寰宇记》中载忠州、万州、开州同有唱竹枝，二月郊外迎富的风俗，和僚人用铜鼓不同，也不是廪君系，显然都是盘瓠系。《北史》说的河南王蓝洛洲，和梁王、谯王，可说都是楚灭的巴子之后，六朝时北入淮水建国的。元魏也迁很多蛮于六镇秦陇，都在北方。巴子之后的蛮，活动的地区就广了。

《粤峤志》中说："南越古洞蛮，秦时最强，俗尤善弩，每发铜箭贯十余人，赵佗畏之。蛮王有女兰珠，制弩犹精，佗乃遣子贽其家，不三年尽得其制、破弩之法，遂起兵伐之，虏蛮王以归。"这和《交州外域记》中所说"安阳王有神人名皋通圉佐安阳王治神弩，一发杀三百人，南越遣太子名始降服安阳王称臣事之，安阳王有女名曰媚珠，见始端正与始交通"，事迹全同。这里的古洞蛮也就是安阳王，说虏蛮王以归，和《外域记》中说安阳王下船径入海稍不同。《大越史记》中说"安阳筑螺城不成，一只金龟替王除妖，城才筑好，龟还送王一只爪，制作弓弩，一发可杀万人"，这和《周地图经古文苑注》引李膺《蜀记》说张仪筑成都城的大龟是相同的。陶维英著《越南古代史》一书（刘统文译，1959年版）依《太平寰宇记》引《南越志》原文似未完，故陶书疑安阳王百余岁，又疑雄王的"雄"字是否《寰宇记》之误。

现在把《旧唐书》卷四十一引《南越志》全文抄在这里，它称《南越志》说："交趾之地，最为膏腴，旧有君长曰雄王，其佐曰雄侯（两曰字是曰字之误），后蜀王将兵三万讨曰（疑衍曰字）雄王灭之，蜀以其子为安阳王，治交趾。其国地在今平道县东，其城九重周九里，士庶蕃阜。尉佗在番禺遣兵攻之，王有神弩、一发杀越军万人。赵、佗乃与之和、以其子始为质。安阳王以女眉珠妻之，子始得弩毁之。越兵至乃杀安阳王，兼其地。"可见《南越志》原作雄王，非《寰宇记》刻本之误。不过"雄"字终是"雒"字之误，是无可疑的。这里说"蜀王讨雄王灭之。蜀以其子为安阳王"。是否可解百余岁之疑。这里又说杀安阳王，和前两种资料都不同。《御览》引《日南传》说："南越王尉佗攻安阳王，遣太子始降安阳，与安阳王女眉珠通，入库鉅（锯）截神弩，亡归报佗，佗复攻安阳王，弩折兵挫，浮海奔窜。"《日南传》和《交州外域记》都是六朝的书，比《南越志》《粤峤志》早一些，应该可信。安阳王始终是英勇抗敌的豪杰，他的浮海，往更南方建国去了。欧阳忞《舆地广记》卷三十八也记载安阳王事，大致都同，末了也说安阳王遂败亡入海。蜀抗秦失败，一部分英勇的人民遂往交趾建国，又抗秦十余年而杀屠睢，再抗赵佗的侵略，又失败而浮海别去，始终不屈服于暴力之下，这是历史上最英勇的一支队伍，是值得歌颂的。

七　蜀的经济

常《志》中说："杜宇教民务农，巴亦化其教，而力农务。"又说："以汶山为畜牧，南中为园苑。"可见此时的巴蜀，还是畜牧和耕稼并行的社会。《蜀王本纪》说"蜀王从万余人东猎褒合"，常《志》说"秦昭王时廖仲秦精作白竹弩于高楼上射白虎"。所以明峥说："蜀部族（指蜀王子泮即安阳王）的材料不多，从旧史知道蜀部族善于狩猎，可以推测蜀部族是以畜牧和狩猎为生的。"[1]秦灭蜀后六十年安阳王就在越南建国，他和常《志》说的畜牧、狩猎生活情形是一致的。从杜宇时已知务农，又作杜宇城因名杜宇。(《艺文类聚》引《蜀王本纪》)常《志》中说："开明九世始立宗庙，以酒曰醴。"也是已有农业的证明，又有城郭宫室。常《志》又说周赧王七年（此误应为秦昭王二十七年，即前280），"司马错率众十万，大船舶万艘，米六百万斛，浮江伐楚"可知在李冰守蜀开二江灌溉之前，蜀已大量产米。昭王三十年（前277）仍是张若守蜀取楚巫黔中，知李冰守蜀，必在昭王三十年后，但在二十七年蜀已能输六百万斛米出去，可见产量相当丰富。《江水注》中说："江水又东别为沱，开明之所凿也。"成都平原可能在李冰前已有水利灌溉。在今天我国基建工作中发现的地下材料来看，知战国早期蜀已有铁器和纺织品。司马错说："蜀国富饶，得其布帛金银，足给军用。"所以《战国策》中说："蜀既属秦，益强，富厚轻诸侯。"都可窥见在秦灭巴蜀之前，蜀的劳动人民在生产方面，是有高度成就的，它并不落后于七国，这才为汉代蜀刀、蜀布驰名全国，准备了条件。

常《志》中说开明九世"蜀有五丁力士，立大石重千钧作墓志"。"秦惠王时蜀遣五丁迎石牛。"从开明九世到十二世，应该有百年，前后服劳役的都是五丁。常《志》中又说："蜀有五丁力士，能移山，每王薨，辄立大石。"显然十二世三百余年间，都有五丁服沉重的劳役。可见五丁就不是偶然天降的五个大力士了。《春秋繁露》中说："梁内役其民，

---

[1] [越]明峥著，范宏科等译：《越南史略（初稿）》，生活·读书·新知三联书店1958年版，第10页。

使民比地为伍,一家亡,五家杀。"蜀的五丁,想来和梁是同样的。这是一种劳役组织形式,可能就是奴隶社会制度。司马错说:"[蜀]有桀纣之乱——故拔一国而天下不以为暴。……而又有禁暴之名。"可见蜀进行残酷的剥削的统治。秦灭巴蜀,倒是拯救了巴蜀的人民。明峥《越南史略》中说:"蜀战胜了文郎之后,文郎的人民就变成了奴隶。"可见这一长时期蜀还是奴隶制度,两种材料是相符合的。

秦灭巴蜀,使巴蜀经济向前迈进了一大步。灭巴蜀是秦惠王,在《汉书·地理志》说是"秦昭王开巴蜀"。作辕田开阡陌是秦孝公商鞅的事,在《史记·始皇本纪》中说:"昭王四年初为田开阡陌。"这只能认为把商鞅辕田的制度,此时才推行于巴蜀。应该在杀蜀侯煇,司马错定蜀以后,秦以巴蜀的改革,才能积极进行。商君变法的一切有效设施,秦是可能推行于巴蜀的(秦灭六国,到汉时还有东田存在,可见秦的田制,并未推行到山东)。蔡泽说范雎相秦"栈道千里,通于蜀汉"。这是整理交通。范雎相秦也是在昭王时。《水经注》引《风俗通》说"秦昭王使李冰为蜀守,开成都县两江,溉田万顷",《史记·河渠书正义》引《风俗通》亦正相同。常《志》中说:"秦孝文王以李冰为蜀守。"前面讨论过孝文王在君位仅三日,不能有一些大的措施。巴蜀的开发,始于昭王,是一定的。李斯说:"昭王得范雎,废穰侯,逐华阳,强公室,杜私门,使秦成帝业。"明明范雎是法家,是商君政策的继承者。可惜太史公只把他认识为一个说客,那就错了。

常《志》中说:"张仪城成都,周回十二里,高七丈。郫城周回七里,高六丈。临邛城周回六里,高五丈。造作下仓,上皆有屋,而置楼观射兰。"张若"营广府舍,置盐铁官,市张列肆,与咸阳同制"。与咸阳同制,在当时可算是了不起的规模。常《志》中说:"李冰穿郫江检江,别支流双过郡下,以行舟船。岷山多梓柏大竹,颓随水流,坐致材木,工省用饶,灌溉三郡,沃野千里。"冰"又识察(旧误作齐,依《水经注》校正)。水脉,穿广都盐井,诸陂池,蜀于是盛有养生之饶焉"。这都是有关经济文化发展极伟大的措施。常《志》中说:"秦惠文始皇,克定六国,辄徙其豪侠于蜀(豪侠即工商业者)。资我丰土,家有盐铜之利,户专山川之材。居给人民。工商致结驷连骑。"《项羽本纪》中说:

"秦之迁人皆居蜀。"《货殖列传》说的蜀卓氏程郑，正是六国灭后迁来的，他们都是以冶铁致富。到汉时从《禹贡传》说："蜀广汉主金银器，岁各用五百万。三工官岁费五千万。"颜注："三工官少府之属官。"如淳说："蜀郡成都广汉皆有工官，主作漆器物者也。"可见蜀的工业情形，它的岁用比之长安三工官的岁用要占五分之一。

　　长安八万八百户，二十四万六千口。成都是七万六千二百户，是当时全国的第二大城市。可见在秦时和咸阳同制。不是偶然的。最奇怪的是长安为当时中央政权所在，统治者和他们的附从必定很多，但比成都只多四千户，这更可见成都的重要。蜀的盐铁工业都是秦时展开的，所以成都有盐铁官。盐铁在秦汉间占经济最重要的地位，蜀刀、蜀布在汉代也是名产，可见蜀的经济，从秦时起就迈进了一大步。

　　四川从古至今，因为经济文化的开发和逐步发展，变动很大。所以从形势方面来看，有许多区域在古代很重要，但后来却不为人所注意。也有许多地方在宋明以后渐次重要起来，但在古代就不那么重要。这种转变，前后是很大的。从有史迹可寻的时候来说，临邛和成都，几乎有同等的地位。常《志》中说"秦惠王二十七年［张］仪与［张］若，筑成都城，郫城，临邛城"（《文选·蜀都赋》，注秦惠王二十七年使张若与张仪筑成都城，这是《蜀王本纪》的文，从《古文苑注》可证，《水经注》也作二十七年，可说即根据常《志》。清人顾广圻指出常《志》认为二十七年是错的，是宋人改窜的，他不知道《文选注》《水经注》早已如此，不是宋人妄改。顾的说法不足据，现仍依常《志》文）。这三个城高五丈或六丈或七丈，正如商君在秦"大筑冀阙，营如鲁卫"，这是不平凡的工程。从常《志》说，郫是杜宇的旧都，成都是开明的旧都，要不是临邛有和成都郫城同等的价值，就不会在这次同筑三个城的。常《志》中又说："临邛县本有邛民，秦始皇徙上郡实之。"这和秦惠王灭蜀"以张若为蜀国守，移秦民万家实之"，显然是不同样的理由。

　　《水经注》中说："［南安］县治青衣江会，即蜀开明故治也。"《舆地纪胜》说："秦水在峨眉西南。"又引《旧经》云："秦惠王伐蜀克之，徙秦人万家以实焉。秦人思秦之泾水，于其水侧置戍，谓之泾口戍。天宝六年改名秦水。"《寰宇记》亦有这样的记载，是系之罗目县。这又可见青衣一道的重要。《舆地纪胜》庐山县"有开明王城"。又引《旧经》云："开明王所筑。"这和开明故治在南安，又由广都迁成都，这四处就形成了一个三角形地带。常《志》中说："望帝自以功德高诸王，乃以褒斜为前门，熊耳灵关为后户，以汶山为畜牧，南中为园苑。"熊耳灵关正是青衣水的首尾。这里也有移民，可见秦代建设是多样的，不仅是穿两江的灌溉工程。

李冰在蜀对水陆交通的工作做得更多，又都是在岷江和它的西岸，这都是很可注意的。(1)《史记》中说："蜀守冰凿离堆，辟沫水之害，穿二江成都之中，此渠皆可行舟，有余则用溉浸。"(2) 常《志》中说："青衣有沫水，出蒙山下，会江南安，触山胁溷崖，水脉漂疾，破害舟船，冰发卒凿平溷崖，通正水道。"（这是青衣江）(3) 常《志》中又说："僰道有大滩江中，其崖崭峻不可穿凿，乃积薪烧之。"（这是岷江）(4) 常《志》中又说："青衣江会，汉河平中山崩地震，江水逆流。"悬溉有滩名雷垞，亦曰盐溉，李冰所平也。（上河平中十二字依《水经注》）（这是岷江和大渡河）。(5) 常《志》中又说："冰又通笮道文井江，与蒙溪分水，迳临邛与布濮水会，至武阳天社山合江。"（旧文倒错，今依《水经注》校正。布濮水旧作白木水。唐宋人引也是白木水。但《水经注》作布濮水，和常《志》临邛县有布濮水合文井江同。（这是文井江）。(6) 常《志》又说："[冰]又导洛通山洛水，径什邡郫别江，会新都大渡。"(7) 又有绵水，经绵竹入洛，东流过资中会江阳。[泸县]除洛水以外，李冰治水全在岷江和岷江西岸，这些都属于水道交通。"通笮道文井江。"又正是通往笮都的陆路交通。这也反映临邛在古代的重要了。

《禹贡》中说："华阳黑水惟梁州，岷嶓既艺，沱潜既道，蔡蒙旅平。"蔡山、蒙山都在雅安名山县境，也正是汉的徙、笮、青衣江发源于此，有灵关，下流到乐山合岷江，有熊耳峡。常《志》中说："高后六年城僰道，开青衣。"从《禹贡》蔡蒙的提出，直到秦汉，都见出这一地带的重要。公孙述为王莽的导江卒正治临邛，后来才到成都。岂不是反映了临邛的重要。开明三世保子帝攻青衣，《水经注》中说："青衣县故青衣羌国也。"又引《竹书纪年》说："梁惠成王十年瑕阳人自秦道岷山青衣水来归。"以证明青衣的古老。

蜀伐楚取兹方，是蜀最强的一段时间，从取兹方到惠成王十年共十六年，蜀请别国的工程师治水，也是国家强盛的表现。《蜀王本纪》中说："蜀王本治广都樊乡，徙居成都，张仪定蜀，因筑成都而县之。"常《志》中说："开明王乃徙治成都。"开明原治青衣江会，在乐山，又治广都，后移成都，这也看出开明是从南面沿着岷江北上，最后才到成都的。成都、临邛、青衣（下流）秦都移民往实之，这也是一个三角形地带，就反映出当时的地理形势，说明蜀的经济繁荣是在什么地区了。凡常《志》所记七桥以外的桥和七津，都在岷江一道，也正和这一形势符合。《汉书·货殖传》中说："蜀卓氏之先，用铁冶富，秦破赵，迁卓氏之蜀。卓氏曰吾闻汶山之下沃野，民工作布。乃求远迁致之临邛，即铁山鼓铸。"这说明临邛早已发现铁矿，所以专门冶铁的卓氏，求远迁临邛。他说民工做布，汉时蜀刀、蜀布是最有名的，可见早在秦时，临邛做布、做刀的工业，就有相当的基础。

常《志》中说："临邛县有火井，井有盐（旧错作二依《水经注》改正）水，取井火煮之。"汉时临邛有盐铁官，临邛的井是否秦时所穿，志无明文，但广都的井，就是李冰凿的，也可能秦时临邛已有盐井。常《志》说："宣帝时又穿临邛、蒲江盐井二十所，增置盐铁官。"盐铁在西汉前期在经济上具有很重要的地位，盐、铁、布三者都是盐邛的产物，那就无怪张仪在成都、临邛筑城，秦在成都临邛移民了。公孙述在开始就是要控制这一经济富裕地区的。从《汉书·地理志》看有盐官的地方仅二十八郡，蜀郡的临邛，犍为的南安（今乐山、夹江、洪雅、犍为、荣县）都有盐官。有铁官的地方是四十郡，蜀郡的临邛，犍为的南安、武阳二县，都有铁官。卓氏程郑以冶铁致富，成都罗裒"往来巴蜀间，擅盐井之利"（盐井仅蜀才有）。这是以盐致富。就可看出临邛、南安、武阳长时期的经济地位颇高。张仪、李冰的施设，和秦的移民，都在这一地区，是可以理解的。

八　经济中心的转移

从人口的密度来推测，可能看出成都小平原和临邛南安这一小小三角地带，几于占巴蜀户口的三分之二。汉时广汉、犍为，都主要是从蜀郡分出，把当时这一精华地区，三郡各得一部分，所以称为三蜀。蜀户二十六万八千余，广汉十六万七千余，犍为十万九千余，巴郡十五万八千余。晋时分汉的广汉为三郡，新都郡户二万四千五百，是在成都平原，梓潼郡户一万二百，广汉郡户五千一百，可说晋的新都，占汉时广汉郡人口的八分之五。其余二郡占八分之三。晋时分汉的犍为为三郡，江阳郡户三千一百，朱提郡户二千六百，犍为郡户一万。它正在南安、武阳的岷江两岸，占汉时犍为郡人口的三分之二，其他二郡只占三分之一。以汉时广汉人口八分之五的十万户，犍为人口三分之二的六万户，和蜀户共计是在四十二万户以上。以汉时广汉人口八分之三的六万户，汉时犍为三分之一的人口三万户，和巴郡共计二十四万以上。据这种约略估计，说这一小小三角地带，在秦汉时期大致占巴蜀人口的三分之二，是不太过分的。可知古代四川经济文化集中在这个小地区，是不能否定的。

在《山海经》中可以看出蜀的情况。《中山经》前七经的水，都是豫州注于河洛伊谷诸水。中次八经的水，就是江津睢各水了，这是荆州入江的水。中次九经序岷山以次入江的水，中次十经无水，内有涿山，郝懿行说："《史记·索隐》云涿鹿或作蜀鹿，是涿山即蜀山也。"这应该是梁州。从中次十一经以下见湍、澫、澧、沦诸水，都是荆州入汉兼有入汝的水。次十二经有洞庭之山，有沅、澧、潇、湘和九江，都在荆州南部。可见《五藏山经》作者所谓的"中"究竟是什么地方。

《山海经》一书的内容，和屈原《天问·庄子》《逸篇》相同，属于南方系统（别有专论）。在《五山经》又显然是把豫、荆二州的西部，和梁州认为中央，更是奇特。《五山经》和海外海内各经，都是以南方为首，也表示了作者是南方人，是可以肯定的。中次九经说岷山之首曰："女几之山洛水出焉，东注于江。"又东北曰："岷山，江水出焉，东北注于海。"又东北曰："崃山，江水出焉，东流注大江。"又东曰："崌山，江水出焉，东流注于大江。"又东曰："高山，蒲鶸之水出焉，而东流注于江。"又东北曰："隅阳之山，徐之水出焉，东流注于江。"又东曰："岐山，减水出焉，东南流注于江。"又东曰："风雨之山，宣余之水出焉，东流注于江。"此篇凡见八水，其七皆注于江。其首可考者四水，其末四水不可考，以全书之例求之，八水各水相去应该很近，都未必到岷江以外。其至不能在乐山以下，亦未可知。这里提出了江水、洛水，又提出了崃山、崌山的江水。这和《禹贡》所提的沱潜既道，蔡蒙旅平，是一致的。《禹贡》是北系的作品，山经是南系的作品，蔡、蒙、崃、崌，都显示了临邛和青衣、严道在古代的重要。因丹犁臣蜀，蜀遂叛秦。秦定蜀就同时伐丹犁，可见丹犁是强大的部落，汉的沈黎郡，就是丹犁，这也可见当时的形势。

《中山经》曰："崃山，江水出焉。"又曰："崌山，江水出焉。"郭注于前者说："邛崃山，南江水所自出也。"于后者说："北江。"《海内东经》说岷三江，首大江出汶山，北江出曼山，南江出高山，高山在城（成）都西。崃山、崌山和曼山、高山显然有别。三江之说应是说大江的发源，崌山、崃山的江水应该是说下流入江之水。前后二者不能牵合为一。《水经注》对此就不免混淆不清了。山经这样详细列举各水，详西略东，和《禹贡》是一致的。也可见两书对此一地区的重视。

就在《汉书·地理志》里，也同样有详西（雅安诸地）略东（川东）的倾向。从《汉书·地理志》严道下说："邛崃山邛水所出，东入青衣。"于青衣下说："《禹贡》蒙山溪大渡水，东南至南安入渽。"于汶江下说："渽水出徼外，南至南安东入江。"这里的渽水，段玉裁说："《汉志》青衣县下有大渡水而无青衣水，盖今之青衣水，班所谓大渡水也。今之大渡河，班所谓渽水也。《地理志》不言沫水，《水经》《华阳国志》皆曰沫水与青衣水合入江，即班志之大渡水与渽水合也。渽水即《司马相如传》之沫水。"段氏于此分疏最为清楚。唯以《华阳国志》《水经》之沫水即《司马相如传》之沫水，或犹未尽。汉《郡国志》中说："汉嘉故青衣有蒙山。"刘昭注引《华阳国志》说："有沫水从邛崃出。岷江又从岷山西来入江，合郡下青衣江入大江，土地多山。"《水经·沫水注》说："沫水出岷山西，东流过汉嘉郡。《华阳国志》曰：'二水（青衣水沫水）于汉嘉青衣县东合为一川。'自下亦谓之为青衣水。沫水又东经开刊县，故平乡也。"《水经注》中说沫水，似即用常《志》之文。刘昭所引常《志》应有误衍。道元于《青衣水注》中说："青衣水迳平乡，谓之平乡江。"这都显然可见常《志》水经的沫水，不是班《志》的渽水

（今之大渡河）。《沟洫志》中说："蜀守李冰凿离堆，避沫水之害。"正是青衣江。颜师古的注也错了。

杨守敬作《水经注图》以今之大渡河为波水，而沫水为青衣上游来会之水，是合于班《志》、常《志》和《水经注》的。这比段玉裁更正确些。《江水注》中说："南安县有濛水，即大渡水，水发濛溪（这是班《志》的大渡水，即青衣水），东南流与波水合。水出徼外迳汶江道，南至南安入大渡水，大渡水又东入江。"这里所说的波水，正是今天的大渡河。《青衣水注》中说："汉嘉县有蒙山，青衣水所发，东经其县，与沫水会于越嶲之灵关道。青衣又东，邛水注之，水出汉嘉严道邛崃山，东至蜀郡临邛县东，入青衣水。"道元所说："沫水过汉嘉合青衣水，又东邛水注之。"这和刘昭注引《华阳国志》所说"沫水合郡下青衣江"是一水，而绝非班《志》之渽水。段玉裁解释《水经》、常《志》的沫水，认为是汉的渽水，这就不免粗疏错误了。可见《中山经》说的"崃山江水出焉"，指的是邛水。《初学记》卷八引《山海经》"峡山邛水出焉。""峡"是"崃"字之误，邛水可能是正确的。《中山经》中说的"崏山，江水出焉"。应该指沫水（非今之大渡河）。郭以崃山所出为南江，崌山所出为北江，沫水正在邛水之北，郭注是可以理解的。《沫水注》中说："沫水出岷山西，东流过汉嘉郡"，这里的"岷"字，可能是"崌"字，崃山、崌山，和邛水、沫水，见于《中山经》，这和《禹贡》见出蒙山、蔡山都正足表示临邛、青衣、严道在远古的重要。所以郭璞在《江赋》中说："流二江于崌崃。"可能蜀文化的开始，是在这一地区，而成都平原，反是第二步的发展。

《汉书·地理志》临邛县："仆干水至武阳入江，过郡二行五百一十里。"《水经·江水注》中说："江水又与文井江会，李冰所导也。自莋道与濛溪分水，至蜀郡临邛县与布仆水合。水出徼外成都西沈黎郡，水从县西布仆来，分为二流，一水迳莋道，又东经临邛县入文井江。文井江又东经江原县，又东至武阳县天社山下入江。"这里说的与濛溪分水，即与青衣江分水。常《志》临邛县有布濮水，从布濮来，合文井江。常氏于《蜀志》首说："冰又通笮（道）文井江，迳临邛、与濛溪分水（迳临邛三字应依《水经注》在濛溪分水下）与白木江会，至武阳天社山下合江。"临邛县明著布仆水，这里又作白木江，《水经注》是依常《志》作布仆水，是对的。就是班《志》的仆干水。作白木水大概是唐人改的，《元和郡县志》作"白术水"，可见唐时布濮水名白术水。而《寰宇记》七十五作泉水江，又显然是白木江的误字。常《志》和《水经注》都说文井与濛溪分水，即与青衣江分水，说明二水是相通的。常道将是江源人，说应可据。但从今天的地形说是不可能的。不知是古今之变否。仆干水行不到二百里，但班《志》中说："行五百一十里。"这也应当和青衣水通，才有这样长的水程。从崃山、崌山的邛水、沫水来看，《中山经》中说的"䧹山蒲䳋之水出焉而东流注于江"。蒲布音近，可能是布濮水，不过这类问题可以存疑，不必去穿凿解释。这都可见《汉志》依然是详于川西。

《五藏山经》中说洛水、江水、崃山、崌山，正是表示古代这一区域是蜀文化的发祥之地，和《禹贡》说蔡蒙是一致的。《先蜀记》中说："蚕丛始居岷山石室中。"从岷山下居低湿地区，可能先在青衣、临邛一道的河谷里。若成都平原，总须经过治水，才能居住，也必须在农业发展时，才显得重要，是可以想象的。路氏引《姓纂》说："高阳后封以为蒙双氏。"（今孙辑本姓纂漏此条）另一姓氏书说高阳后封于蒙山在雅州。《路史》说桀代蒙山氏（事出《天问》），即岷山氏，今蒙州蒙山郡（西魏隋初有蒙山郡）。足见帝喾封其支庶于蜀，原在蒙山，《禹贡》说蔡蒙，《山经》举崌崃，这就可以理解了。

《五藏山经》是什么时候的材料，也不妨加以探讨，黄河初次改道，是在周定王五年（前602）。开通鸿沟，是在梁惠王十年。《中山经》中说："浮戏之山，汜水出焉，北流注于河。"汜水以东有器难之水、有太水、承水、末水都注于役水。《中山经》中又说："役山役水出焉，北注于河。"在《水经注》器难之水、承水、太水、役水皆注渠水，即鸿沟。役水注河之迹，古今地势变异，不能确定。但役水以西之水，在《山经》皆注河注役，《山经》中也看不出有渠水。足证作《山经》时，尚无鸿沟，这就可断定《山经》是作于梁惠王以前。北次三经之首曰："大行之山。"以下皆黄河西北之水，曰："虫尾之山，丹水出焉，南流注于河，薄水出焉，而东南流注于黄泽。"又说："小侯之山，明漳之水出焉，南流注于黄泽。"依《禹贡锥指》所考，周定王五年以前，黄河西面的水，不能流入"黄泽"。自河决宿胥口改道以后，太行的水，才有入"黄泽"的可能。"黄泽"之名，亦不见于春秋而见于战国。这就说明《山经》是周定王五年以后，梁惠王十年以前的作品，也说明岷山、崃山地区在这一时代具有重要地位。《山经》是《吕氏春秋》《淮南子》早就引用过的，是一种古旧的资料，是肯定的。

　　同时还须研究《山海经》确实和屈原《天问》《庄子·逸篇》相同，是属于南方系统，而和北系的《禹贡职方》是有距离的。尤其是南方以十万为亿，而和北方以百万为亿不同（吕子方先生所说）。但十八篇中《五山经》两湖、河南的西部和四川是中央，而在海内东经又从四川起，把岷江以东直到东海都认为是东，这就不大相同了。可见《五山经》和《海外经》或许是一部书，《海内经》四篇却又是另一部书，《汉志》把这十三篇合为《山经海》。至于《大荒经》以下五篇，王逸称它为"山海经"，郭璞也认为是《山海经》的逸篇，又才合十八篇为一书。《五山经》海内外都是以南为首，唯《大荒经》是以东为首，也表示不同。可说原是三部分。唯三部分所述的内容，是指同一区域，故所列的山水，重复的多。而又互有出入，甚至抵牾。如说古帝王葬处和世系就很不相同，所以说本来就不是同一部书。但又同属于南方系统，而仅是大同小异，就应该是南方不同地区的书了。因它和《天问》的相同，《五山经》五篇和海外四篇，也许就是楚国的九丘。《海内西经》六次说到"开明"这个名词，最为突出，这和鳖令的十二世开明王朝，就不能全无关了。它独提到阴平的白水，朱提的濛水，可以说都是细流，以及大江支源高山、曼山的南江、北江，这些小山小水何以都提到了，就暂时胆大认它是蜀国的书，或许是也无妨的。至于《大荒经》中，它把巫山提出四次。《山海经》全书只在这里才提到巫山，这也是很突出的。最后一篇《海内经》在裴骃《史记·周本纪集解》引用它的文句，却称它为"大荒经"，可见晋宋间人认它为《大荒经》，这不是错的。它和《大荒经》四篇同是逸在十三篇之外的，郝懿行认为是裴骃错了，其实是郝氏有所未能理解。

　　这篇《大荒海内经》共提出十四个国，但东面和北面只提出四国，其他十国都在西南两面，也可见它是详于西南而略于东北。它又说："西南黑水、青水（二字从裴骃引补）之间，有都广之野，后稷葬焉。"郭注说："其地方三百里，盖天下之中。"这是惊人之语，但《楚辞·九叹·王逸章句》就引《山海经》曰云云，即此郭璞注语二句，可知这二句原是经文，被后来传本，误入注中。把天下之中说在西南，真是奇怪。

  前一《海内经》只有《东经》《西经》而无中央，它的中就应该在《东经》之西，和《西经》之东去求。就应该不出蜀境。因为《东经》最西是江水、濛水、白水。《大荒海内经》又明指西南都广之野是天下之中，此种对中央的看法，都是西南地区的看法，也不可能是秦汉以后的看法。从《五山经》的中来说，可认它是楚人之书；从《海内经》的中是开明来看，可认它是蜀人之书；从《大荒经》的中来看，可认它是巴人之书。因它说都广之野是天下之中，但又在西南。也只这里才提到巴国。又四提巫山。它又说都广之野"爰有膏菽、膏稻、膏黍、膏稷"。膏是美好之意，全书用"膏"字也止此处，是赞美此处为农作物最好之地。在西南地区地方三百里，农业又最发达，此语真使人不易想象。常《志》中说："杜宇教民务农，巴亦化其教而力农务。"可见巴人是羡慕蜀的农业的。

  总的说来《山海经》三部分同为南方系统的作品，但又大同小异。它说古代帝王葬处和世系却又小有矛盾，那就只能说三部分是南方三个不同地区的作品。从三部显然指出不同的中央所在，就无法认它为东南地区的书，而应该是西南地区的书了。《海内西经》中说："后稷之葬，山水环之。"郭注说："在广都之野。"这是郭氏将汉的广都解释为都广之野。范《汉书·王景传》中说"赐景《山海经》《河渠书》《禹贡图》"，知《山海经》诸书在汉代原传有地图。也许汉代案图寻地，故置县以广都为名，是因都广来的，郭注也正是根据这一点作注，陶潜诗所谓"流观山海图"在晋末依然存在。《御览》引《蜀王本纪》说："蜀王本治广都樊乡，徙居成都，张仪、司马错定蜀，因筑成都而县之。"知开明王朝曾治广都，汉武元朔二年（前127）才置广都县，唐宋以后为双流县。《大荒海内经》所谓都广之野，可说即双流。因此认它是巴蜀地区的书，或不至于太错。

  总的来说，《山海经》十八篇，是一部离奇怪诞的书。《史记》就说过它"所有怪物，余不敢言"。但这部书又很古，《淮南子》《吕览》都采用它，又接近于《庄子》和《天问》，它是什么人用文字写出来的。这绝不可能是闭门臆造的小说。它必是先秦的书，而不可能是文化水平很高的汉代的书。从先秦一般文化看，它必是文化落后、交通闭塞地区的书。写了些远方传闻之词。在汉代是早已不能有这样思想的。春秋战国各国都有它所特有的书，邹鲁有六艺，齐有五官技，楚有三坟、五典、八索、九邱。孔子之宋而得坤乾，之杞而得夏时。巴蜀也可能有它自己的书。至于《大荒经》中有后代的地名，当是后人所增入，这倒不足为奇。古书传写，往往都加入些后来的词句，原是很普遍的事情。

《汉地理志》中载："青衣禹贡蒙山溪大渡水，东南至南安入渑。"王益吾说："依文例当云禹贡蒙山在西，有蒙溪，疑夺文。"王说是确当的。《水经》中"青衣水出青衣县西蒙山"注说："县有蒙山，青衣水所发。"又《江水注》有"蒙水即大渡水也。水发蒙溪，东南流下入南安"。这都说明班《志》的大渡水，是源出蒙山的。《江水注》中又说："江水又与文井江会，李冰所导也。自筰与濛溪分水，至蜀郡临邛县与布仆水合。"这说明文井江也从蒙山的濛溪发源。可见大渡水、文井江都源出蒙山。临邛是汉代经济最高而又最古的地区，蜀的文化是从这一河谷发生孕育出来的，以至于蜀刀、蜀布、盐井都是从这里发展起来的。"蚕丛始居岷山石室中"，蜀的先代从山岳下居河谷，可能最先住在文井江和大渡水（青衣江）这些河谷，所以《禹贡》和《五藏山经》特别重视蒙山、蔡山、崌山、崍山这一地区。

四川古代的水道，也是不易清理的问题。《汉地理志》青衣县的大渡水，是现今的青衣江。汉汶江的渑水，是现今的大渡河。常《志》"旄牛有鲜水、若水，若水至大筰入绳"。若水是现今的雅砻江，绳是金沙江。常《志》中又说："桓水出蜀山西南行羌中，入南海。"金沙江以西的水，就是澜沧江，确是入南海的。《史记》中载："乃令〔张〕骞因蜀楗为发间使四道并出，出駹、出冉、出徙、出邛、僰，皆各行一二千里。"当时发使远出，既能到金沙江，也自然能到澜沧江。《汉志》中载，"绵虒有湔水，东南至江阳入江"，是清代叫的沱江。郫下说，"江沱在西，东入大江"，是现今的郫江。常《志》宕渠"潜水西南入江"，"不曹水出东北，南入潜。"《水经注》中说："宕渠水即潜水，渝水也。"是现今的南（难）江。不（又作徐）曹水是现今的渠河。因近人误说很多，附论于此。

广汉郡是汉高祖六年（前201）分巴蜀所置的，沱江和涪江在汉时也渐渐重要起来。李冰导洛水经广汉郡雒县过资中，也表明洛水被重视了。其实绵水比洛水还长，但李冰时显然没有重视绵水，更说不到涪水。也说明这些区域还无足轻重。广汉郡初治广汉县绳乡（在射洪），这是由于广汉南向发展得远。元鼎二年（前115）移涪（在绵阳），后移雒县（今广汉县），常《志》中说："以处州中，益州恒治此郡。"这是说汉武帝分十三部刺史，广汉郡正在益州的中心，所以益州刺史常住在此郡。因为汉前一时期刺史是无定处的。《水经注》中说："益州初（初是恒字之误）治广汉之雒县。"从公孙述传看，传说："王岑起兵于雒县，杀王莽庸部牧。"可知王莽庸部牧也住在雒县。庸部牧是王莽为益州刺史改变的新官名。《汉地理志》载广汉、雒县有工官，成都有工官，广汉工官做银铁器。广汉距成都不过数十里，认为广汉处州中，而成都不是州中，这是从经济的发展来说的。

从绵洛水来说，可见广汉在当时很重要。临邛铁官只做铁，广汉工官做铁器。成都的工官可能就是锦官了。常《志》中说："［锦江］织锦濯其中则鲜明，故曰锦里。"《寰宇记》中说："雒水水性刚，宜淬刀。"这说明成都是蜀布的产地，广汉是蜀刀的产地。雒县在汉代已经形成政治和经济（工商业）的重心了。所以后来发展汉代的古器物很多是广汉工官所造，那不是偶然的。刘焉为益州牧先治绵竹（德阳的黄浒镇），移治雒县，后才移成都。这也看见绵水受到重视了。雒县去成都很近，为什么说雒县"处州中"。从刘焉治绵竹来看，可见绵雒水处在一州之中，而岷江却偏在西部了。从李冰导洛水，到汉的刺史、工官在雒县，和刘焉住绵竹，这是因为经济在四川得到进一步的发展，所以它的重心就有所移动。到三国时涪县（绵阳）才重要起来，唐初仍然如此。剑南东道节度使先是住绵州，后来才移到梓州。至于重庆，又是在南宋和元代才发展起来的。只能在以后详论。

自秦惠王灭巴蜀，昭王时范雎、张若、李冰相继经营，把比六国落后的地区，变为可能比六国更进步的地区，所以秦益富饶。范雎把秦孝公、商鞅的新法，推行到新开拓的巴蜀广大地区，本是意中之事。这时四川的繁荣，正如前面所举，对秦成帝业，巴蜀是起了一定的作用的。陈胜、吴广起义，直到汉的统一，看不见蜀有什么扰动。很可能社会长期是安定的，没有遭到战争的破坏。

在《史记》《汉书高祖功臣侯年表》中载"曲周侯郦商，以将军从起岐攻长社以南，别定汉中及蜀，定三秦，击项羽，侯四千八百户"。又"平棘侯林执以客从起亢父，斩章邯所置蜀守，用燕相侯千户"。在汉初为高祖定蜀的就是此二人。这也反映出他们的战功都不大，所以封的户也少。至《郦商传》中也没提到定蜀的事，林执在《汉书》中别处更看不见他的名字，《高祖本纪》也无一字提到定蜀。可见蜀没有什么大的战事。《高祖本纪》中说："元年夏四月诸侯罢戏下，各就国，汉王至南郑，听〔韩〕信策，部署诸将，留萧何收巴蜀租，给军粮食，五月汉王引兵从故道出袭雍。"仅仅在一个月之间，留萧何收巴蜀租，好像巴蜀只有不到一个月是战争。富饶的巴蜀，未受到战争的影响，社会繁荣，依然如故，所以说"高祖因之以成帝业"，蜀对汉的统一，又起了很大的作用。

西汉的大都市是长安，它是京师，八万户，其次就是成都，是七万六千户，其余新兴都市南阳有名的宛，仅四万七千余户，是远不能相比的。京兆十一县，十九万五千七百户，六十八万二千四百口，每十户三十五口。蜀郡共属国都尉九县，计十五县二十六万八千二百户，百二十四万五千九百口，每十户四十八口。从人口看就比京兆多一倍，从平均人口看，蜀郡也显得殷实。若并广汉、犍为、蜀郡三蜀计算共二百三十九万七千余口，比之三辅仅少三万八千余口，可说大致相当。其他战国以来许多大都市，此时都已经下降了。《高祖功臣侯年表》中说："酂侯萧何以客初从入汉为丞相，守蜀及关中，给军食，佐定诸侯，侯八千户。"这里说的"守蜀"显然是曾任蜀郡守。此时天下汹汹，蜀却得到休养生息。常《志》中说："汉祖自汉中出三秦伐楚，萧何发蜀汉米万船，南给助军粮。收其精税，以补伤疾。"又说："阆中有渝水，賨民多居水左右，天性劲勇，初为汉前锋。"这正是收其精锐。《高祖本纪》二年"关中大饥，米斛万钱，人相食。令民就食蜀汉"，又尝发巴蜀材官。《史记·平准书》中载:"山东被河灾,及岁不登,天子(武帝)诏下巴蜀粟以赈之。"武帝开拓西南,也屡次发巴蜀之众,都证明巴蜀在汉初以来,是足食足兵之地,正反映在秦汉间巴蜀社会是安定的、繁荣的。

九 巴蜀的文化

常《志》说:"世俗间横有为蜀传者,言蜀椎髻左衽,未知书,文翁始知书学。……彭祖本生于蜀,为殷大史,夫人为国史,作为圣则,至于汉兴,反无书学乎。《汉书》曰郡国之有文学,因文翁始,若然翁以前齐鲁当无文学哉。"常道将驳斥世俗"蜀未知书,文翁始知书学"之说,以为"汉末祝元灵性滑稽,聊著翰墨"。常氏主张先秦时蜀已有文学,文翁之前,蜀已知书。吾友徐仁甫著论据《司马相如传》说:"相如事孝景帝为武骑常侍,因病免客游梁,得与诸侯游士居。"据《文翁传》"景帝未为蜀郡守,选郡县小吏开敏有材者张叔等十余人,遣诣京师,受业博士"。他说:"可见文翁尚未到蜀,相如早已游宦在外。文翁所遣的是郡县小史,绝不是游宦京师诸侯,以文辞显于世的司马相如。现在弄清楚了史实,司马相如是在文翁之前。那么四川为什么会产生这样一个杰出的人物,这倒是值得研究的问题。"(见1959年6月21日《四川日报》)徐先生的论点是正确的。他提出蜀为什么会产生司马相如这一问题,也是应该有解释的。常《志》说:"秦惠文始皇克定六国,辄徙其豪侠于蜀。"《项羽本纪》说:"秦之迁人皆居蜀。"这些豪侠迁人,很有讨论的意义。《货殖列传》说:"秦末迁不轨之居于南阳。"《平准书》说:"不轨逐利之民,蓄积余业,以稽市物。"所迁不轨之民,豪侠之徒,正是卓氏、程郑一流的工商业者,迁罪人的事例就更多。如淳说:"秦法有罪迁徙之于蜀汉。"《史记·吕不韦传》载:"诸嫪毐舍人皆没其家,而迁之蜀。"又始皇赐文信侯书:"其与家属徙处蜀。"《始皇本纪》载:"不韦死,其舍人临者,六百石以上夺爵迁。五百石以下不临迁,勿夺爵。"这种被迁的舍人,其中知识分子就很不少。《吕不韦传》载:"亦招致士至食客三千人。……不韦乃使其客人人著所闻,集论以为八览、六论、十二纪,二十余万言。"《李斯传》载:"斯乃求为吕不韦舍人。"《始皇本纪》说嫪毐:"舍人夺爵迁蜀四千余家。"此等史料,都可看出迁蜀者之多。共同撰著《吕氏春秋》的知识分子,被迁的当然不少。迁蜀的工商业者,提高了巴蜀的经济水平。迁蜀的知识分子,自然也要提高巴蜀的文化。

在这样的情形下,或者可以解释徐先生的四川为什么会产生司马相如这样杰出人物的问题。文翁遣张叔等诣京师受业,《蜀中广记》中说:"数岁蜀生皆成就还归,文翁又修起学官于成都市中,招下县子弟以为学官弟子,吏民见而荣之。数年争欲为学官弟子,蜀地学者比齐、鲁焉。"如其巴蜀在先没有一定的文化基础,在短短的时期之间,就比于齐、鲁,是不可想象的。又如巴、汉二郡亦多文学,又是哪一个太守倡导起来的呢?

刘逵注《蜀都赋》引《地理志》说:"蜀守李冰凿离堆穿两江,为人开田,百姓享其利。是时蜀人始通中国,言语颇与华同。"这个《地理志》当然不是班固的《志》,可能是华峤各家的一种。既说颇为华同,也就是说略有不同。蜀在汉代谓之南夷,它的语言和中原到底不同到什么程度?如根本是另一种语言,就不能颇与华同。在秦灭蜀后百余年间,旧有语言是否可能完全消灭,而新的文学就会得到高度发展,能产生司马相如这样杰出的文学作品,是值得怀疑的。如今天西南许多兄弟民族,如磨些、彝族等,在明清两代五六百年统治下,他们的语言和文字依然保存,就是很好的例证,若在古代,恐怕民族融和更要缓慢得多,不能在百余年间就消灭得无影无踪。

《蛮书》说:"言语音,白蛮最正,蒙舍蛮次之,诸部落不如也。但名物或与汉不同,及四声讹重。……犀谓之矣,饭谓之喻,盐谓之宾,鹿谓之识,牛谓之舍,山谓之和。"如此不过二十余条。同书又说蒙舍"自言本永昌沙壶(《后汉书》作壹,常《志》作壶)之源也"。蒙舍是南诏的统治者,它的语言音读,还无大异,只是名物和汉有些不同。它是哀牢夷之后,可见哀牢夷也同是汉语系统,其余滇僰也应当和汉语相同。《蛮书》"乌蛮言语不通",这是从南方北上的民族,至今还是另一种语言、另一种文字,可见巴、蜀言语,应与华同。只有方言的差别。孟子说过"楚大夫欲其子之齐语,须引而置之庄岳之间数年"。可见南北语言距离之远，学习如此困难，孟子就指楚为"南蛮鴃舌之人"。但齐、楚总是同文字的。蜀既颇与华同，也就是颇相接近，宋玉对楚王问说："客有歌于郢中者，其始曰下里巴人，国中属而和者数千人。"楚人能和巴歌，必须巴和楚是同一语言才有可能。楚和中原同文，这是有铜器可以证明的，可见巴和中原语言也相同。

又从《说文》的"氏"字看，许慎说："巴、蜀名山岸胁之自（堆）旁箸欲落堕者曰氏，氏崩声闻数百里，象形。"可见"氏"字是巴蜀的字，是起于巴蜀很早的字。从"氏"的字也很多，说明它是中原远古文字中的一个字，足够说明，巴、蜀和中原文字是相同的。从《蜀王本纪》《华阳国志·蜀志》所记载来看，蜀先称王的"王"字，杜宇称帝的"帝"字，蜀先祀杜主的"主"字，庙称，"青、赤、黑、黄、白帝"这五个名词，"五妇"山这个名词（古代地名译音的多如孟诸彭蠡之类），"五丁"更是蜀长时期所见的名词，以酒曰醴的"醴"字，都显然是华文华语，意义是一致的。乐曰"荆人"可说是方言，也许乐是由荆人传来的缘故，可见"言语颇与华同"的说法是极为正确。

而且蜀先祀杜主，《史记·封禅》说"雍菅庙亦有杜主"。蜀很早就祀《五帝》，而《封禅书》所说"雍有四畤"是秦宣公做密畤祠青帝、灵公做上畤祠黄帝，下畤祠炎帝，献公做畦畤祠白帝。汉兴高祖曰："吾闻天有五帝，而有四何也？乃待我而具五也。乃立黑帝祠命曰北畤。"可见蜀在开明九世（张衡传注《蜀本纪》作五世）已祀"五帝"，而秦始终只有四畤，到汉才具五畤。蜀先祀杜主，就更早于秦，不仅巴蜀和中原同语同文，而且在某些方面，蜀在早期的事，而后来才渐次影响到秦。《蜀志》说有傅、相、太子。又说"秦诛其臣郎中令婴等二十七人"，足见蜀的官职，亦与华同。常道将是东晋时人，去古未远，他极力反对蜀未知书的说法，至引"彭祖生蜀，为殷太史"，为证。也可见蜀和中原语文同否，他脑子里边是不存在这个问题的。假如巴、蜀是别种语言，他不能一点影子也不知道。

又如裴骃《史记集解》引用刘向《别录》说："商君被刑，[尸]佼恐诛，乃逃亡入蜀，自为造此二十篇六万余言。卒，因葬蜀。"尸佼逃蜀，能在蜀著书，这必须有一定的环境和条件。如蜀人不尊重他、了解他，他著书就不能得到蜀人的支持。他死而葬于蜀，他的书也必定是蜀人为他传下来的，这绝不是在一个与文化毫无关联而又落后的地区所能实现的。必然要懂得尸佼的文字和学问，才能这样做。裴骃、刘向都是一流的学者，所称述的这件事，当然可信。

　　从这几件事看，可知巴、蜀和中原语言的不同，还不会到齐、楚不同的那种程度。真的巴蜀语言和中原语言根本不同，如磨些、彝族语言那样和汉语的不同，就不仅是方言的不同，这种语言也不可能在蜀灭亡后百余年间，到汉代就消灭得毫无踪迹。故扬雄《方言记》载："梁、益之间裁木为器曰釪，裂帛为衣曰掇。"又"梁益之间凡物长谓之寻"。又"跻登也。梁、益之间曰格，或曰跂"。又"梁、益之间，凡人言盛及其所爱曰伟，凡物之小者谓之私，小或曰纤"。仅仅这样一些异同和南楚江湘之间、东齐海岱之间不同的方言，是一样的。齐人说大为登来（《公羊传》），楚人谓虎为于菟（《左氏传》），这都不害其和中原是同一语言。许慎说："分为七国，语言异声，文字异形。"又说："李斯乃奏同之，罢其不与秦文合者。斯作仓颉篇，赵高作爰历篇，胡毋敬作博学篇，皆取史籀大篆，或颇省改。"班固认为："篆体复颇异。"他又说："司马相如作凡将篇，史游作急就篇，李长作元尚篇，皆仓颉中正字。凡将则颇有出矣。"这里反映出文字都从《仓颉篇》来，但《凡将篇》虽同出《仓颉篇》，却别有些蜀地的新字，除《仓颉篇》之外。正表示出蜀文字和中原文字是一致的，而又有部分新字。

　　这部分新字，也是同一系统的，而根本上不是另一种文字。文字总是"孳乳浸多"的，《仓颉》以下十四篇凡五千三百四十个字，到许慎作《说文》是九千三百五十个字，就是这个道理。形体音读的各异，和新字的增加，在不同的区域，应该是各有差别。而新字也必然是从旧字来的。今天广东人的木鱼书，就是一个例子，但不能不说它也是汉文。巴蜀和中原应该共同拥有一种语言，只是有部分不同的方言和不同的新字，在当时有些突出。正因为这种文化有深厚的基础，才可能有很多的新字出现。既然同是一种文字，所以扬雄才能采以作《训纂》和《方言》二书，而又必须作《训纂》和《方言》二书，巴蜀在这样的情况下，才为迅速发展出高度文化，提供了可能条件。近年成都出土许多铜器，濛阳镇也出土很多件，可能是西周古物，和中原文物显然都是有关系的。

《蜀王本纪》中说："［蜀古］时人萌椎髻左衽，不晓文字。"常道将极力反对这种意见，倒是不必。古代的人民，都是从不晓文字到后来才晓文字的，只是要问是什么时间不晓文字。常氏反对"文翁始知书学"这一说，倒很重要。但是常《志》中叙述文翁的事，不免错误。如说："孝文帝末年，以庐江文翁为蜀守。……孝景帝嘉之，令天下郡国皆立文学。"从《汉书·文翁传》看，他是"景帝末为蜀郡守。……至武帝时乃令天下郡国皆立学校官，自文翁为之始云"。常《志》不依据《汉书》，倒把文翁的时间提前了。这是否秦宓、陈寿以来就弄错了，常《志》依据这些传记，因之未能依据《汉书》。他序蜀郡先贤，是以品德为次第的，把司马相如列在张宽（即张叔）之后，这自然是有他的意思。但前一错误，是必须指出的。又如常《志》说"遣张叔等十八人东诣博士受《七经》"，汉置"五经"博士，是在武帝建元五年（前136），张叔等诣博士受经，必在建元五年以后。数岁蜀生皆成就还归，应该是在元光、元朔年间的事了。既然在武帝时仍为蜀守，说文翁在文帝末年已为蜀守这就绝不可能了。又从西汉来说，"七经"又是哪"七经"呢？

文帝、景帝时，鲁、齐、韩三家诗早在博士，《儒林传》中说，"初书唯有欧阳、礼后、易扬、春秋公羊而已"，可以说就是这"七经"。不过"七经"总是东汉人语。张宽东受业的时间确定，司马相如和文翁时间先后，就更易明了。《史记本传》中说："相如事孝景帝为武骑常侍，会景帝不好辞赋，是时梁孝王来朝，从游说之士邹阳、枚乘、庄忌夫子之徒，相如见而说之，因病免客游梁。居数岁，会梁孝王卒，相如归而家贫无以自业。"景帝不好辞赋，说明相如当时早就擅长辞赋，只是不为景帝所重。从《梁孝王传》看，孝王大治宫室，招延四方游士邹阳之属，是在吴楚七国乱后。"二十九年十月孝王入朝"是在景帝七年（前150）。相如客游梁，应在此时。梁孝王在景帝中元六年（前144）卒，知相如就在此时从客游而还蜀了。文翁守蜀，或即在此时，或更在后，才可以说是景帝末年。《相如本传》说作《子虚赋》"奏，天子以为郎，相如为郎数岁，会庸蒙使略通夜郎，发巴蜀吏卒千人，转漕万余人，巴蜀民大惊，乃使相如喻告巴蜀民"。《本纪》载："发巴蜀治南夷道。"事在元光五年

（前130），本：传说"相如还报……唐蒙通西南夷道，作者数万人，冶道二岁，道不成，乃拜相如为中郎将，建节往使"。他就在此时著书难蜀父老说"汉兴七十有八载"，从元光六年（前129）推到汉高祖元年（前206），正是七十八年。这时相如为郎已数岁，这是相如第二次宦游京师，从建元五年（前135）到元光五年（前130），中间不过六年，司马相如在京师早已是卓著的大文学家，为郎已数年。张叔诣京师受业，至早也就在这数年间。景帝七年（前150）以前，相如已做武骑常侍，从此年到建元五年，中间是十四年，在文翁未遣张叔受业博士的十四年前，相如已经宦游京师了，当然不可能文翁遣相如东受业。汉武帝为博士置弟子员，在元朔五年，张叔东受业也可能在此时，那就更在建元五年以后十三年了。常道将反对"由文翁蜀始知书学"的说法，而搞错了遣张叔等和文翁为蜀守之年，这和研究文翁以前蜀的文化有关，所以再附论于此。

十　巴蜀文化的特征

秦之迁民皆居蜀，迁民的品类是复杂的，如吕不韦、嫪毒的舍人，其中一部分显然是知识分子，像这样的迁人，除此二家的舍人以外，当然还有很多，是可以想象的。晚周文化，应该早就在巴蜀有些传播。如商君之师尸佼，鞅死佼逃入蜀，就是最早的例证，晚周是百家之学，巴蜀应该早就有了。到张宽等东受"七经"，邹鲁儒学从此在巴蜀也播下种子。但从汉代巴蜀所表现的文化来看，似乎和前二者都不甚相干，影响都不大。西汉一代，司马相如、王褒长于辞赋；严君平、李宏、扬子云是道家，子云也长于辞赋，司马相如的《大人赋》和屈原的《远游》，是相承袭的，《远游》也显然是道家思想。就使人联想到蜀和楚文化必然有深厚的关联，这是从地下发现的古器物可以证明的。

四川文化有它的特殊性，即如"易在蜀也"一句话。确实是有历史根据的。名、法、儒、墨和"六经"的经师，是巴蜀在西汉时代出不来的。张宽受经术，但常《志》称他"明天文灾异，作春秋章句"。扬雄、李宏都是"不为章句之学"。《蜀志》尹默传："益部贵今文而不崇章句。"《儒林传》说，"蜀人赵宾好小数书，后为易持论巧慧，诸易家不能难，皆曰非古法也。云受孟喜"，这应该是蜀人之法，所以和易家不同。阆中的落下闳、任文公都长于律历灾异，这些人倒具有巴蜀文化的特点。马班《历书》说，"已得太初本星度新正，[射]姓等奏不能为算，乃选巴郡落下闳运算转历"，这也是文翁以前巴蜀独传之学。《华阳国志》著录的杨厚、任安等一派，自西汉末年直到晋代，师承不绝，都是以黄老灾异见长，共有三十余人。这在两汉最为突出。其余如杨宣、赵翘以天文推步知名的还很多，张道陵更是显著例子。以后再详细讨论。把辞赋、黄老、阴阳、数术合为一家的很多，这种风气，好像在巴蜀是有深远的基础。《蜀志·秦宓传》李叔说："仲尼、君平会聚众书以成《春秋指归》之文。"秦宓说："严君平见黄老作《指归》，扬雄见易作太玄。"辞赋、黄老和卜筮、历数，这才是巴蜀古文化的特点（对严君平学术别有讨论）。屈原所称道的王乔、彭祖皆是蜀人。《楚辞》中的巫山、高唐、皆是蜀地。蜀文化和楚文化，应有一种深厚的关系，巴和楚在春秋时是姻亲之国，交往频繁，这是可以深入研讨的。

从春秋战国的学术文化来看，巴蜀的文化水平不高。秦时灭学，所不焚者"医乐、卜筮、种树之书"。巴蜀所得于秦的，除经济以外，在文化方面，也不过是医卜之类。辞赋和黄老天文灾异之学，在两汉时巴蜀颇以此见称，这不可能得之于秦。在从思想系统上，只能说是接近于楚。笔者认为晚周文化的系统，包括三派，即齐鲁的诗书六艺和三晋的法家（包括兵农纵横）、楚的道家。司马相如、王褒长于辞赋，《汉书·艺文志》区别辞赋为三派：屈原为首的南方是一派，荀卿为首的北方是一派，司马、王褒是列在屈原一派之下的。又《汉艺文志》《尔雅》《小疋》和《古今字》都列在孝经家，这是齐鲁经学派。《史籀篇》以下别为小学家，这是"六经"派以外的书学。司马相如的《凡将篇》，扬雄的《训纂篇》，列在小学家而不在孝经家，这都表示西汉时期巴蜀的高级文化（虽有张宽受业博士）和东方齐鲁一派，似乎无关。

笔者在别的论文中曾讨论过晚周的神仙术也分为三派：即燕的服食、秦的房中、楚的导引。若从王乔、彭祖来说，又绝不是秦的一派，而与屈原、庄周所称道的相同。王乔、彭祖是屈原庄周所羡称的人，也可以说是蜀影响了楚。《三国志》注引《魏书》说乌丸（桓）"以死者神灵归乎赤山，在辽东西北数千里，如中国人以死者之魂神归泰山也"。顾亭林对泰山都尉治鬼有详考，这里不引了。《蜀王本纪》说："李冰谓汶山为天彭阙，号曰彭门。云亡者悉过其中，鬼神精灵数见。"古时中原说人死后魂魄归泰山，巴蜀说魂魄归彭门，东北方面又说魂归赤山，这都是原始宗教巫师的说法，显然各为系统，从这一点来看，巴蜀神仙宗教之说，不妨是独立的，各自为系。宋玉对楚王问说过客有歌于郢中者，其始曰下里巴人，国中属而和者数千人，这说明巴文化对楚的广大人民有广泛影响。前面说的涂山氏女娲的神话，在秦汉也是有普遍影响的。巴蜀和楚，从文化上说是同一类型，应该是可以肯定的。

在讨论汉代巴蜀的文化，关于星历灾异等许多问题时，落下闳是一个重要对象。因为他是汉代巴蜀研究星历最早又最精的一个人。《史记历书》中说："至今上（武帝）即位，招致方士，唐都分其天部，而巴落下闳运算转历。"《史记》自序中说："太史公学天官于唐都，受易于扬何，习道论于黄子。"唐都是司马谈的前辈，可见唐都、落下闳在汉武帝时，已经是老师宿学了。但是《汉书·律历志》说武帝"元封七年诏其以千年为元年，遂诏大典星射姓等议造汉历……十一月甲子朔旦冬至，日月在建星，太岁在子，已得太初本星度新正，姓等奏不能为算，愿募治历者更造密度，各自增减，以造太初历，乃选治历邓平……及与民间治历者凡二十余人，方士唐都，巴郡落下闳与焉"。

《史记》序招致唐都、落下闳后造太初历改元，然后封泰山，《汉书》序造历招致唐都、落下闳在太初改元之后，显然是颠倒了。应该是班固序述太初改元，从而追序造历的经过，议历造历这一艰巨事件，绝不是一年内就可以完成的。招致唐都、落下闳，应当在太初元年之前，不应反在改元之后。又如《律历志》中说："自汉历初起，尽元凤六年，三十六岁而是非坚定。"由元凤六年上推三十六年，是元封元年（前110），而不是元封七年。可见元封元年汉历是非之争已起，经七年而太初历始成，遂颁行新历，《史记·历书》明言"闳运算转历，然后日辰之度，与夏正同，乃改元，更官号，封泰山"。《史记》自序说："迁仕为郎中，奉使西征巴蜀以南，还报命，是岁天子始建汉家之封，而太史公（司马谈）留滞周南，不得与从事，曰今天子接千岁之统封泰山，而余不得从行。"自序又说："［谈］卒三岁而迁为太史令，五年而当太初元年。"《史记集解》引徐广说："元鼎六年（前111）平西南夷，明年元封元年。"这是解释汉武封泰山在元封元年。司马迁自巴蜀还是在元鼎六年，这和《本纪》相合。《集解》又引李奇说迁为太史令，后五年适为武帝太初元年，可知迁为太史令是在元封三年（前108）。汉武封泰山在太初元年以前六年，造太初历又在封泰山之前，就可证招致唐都、落下闳至少也远在太初以前七八年。不过司马迁为太史令是在元封三年，《儿宽传》和《律历志》都说："太史令司马迁等言历纪坏废。"似乎开始议改造汉历，是在元封三年，是司马迁为太史令以后的事。这也不足为疑，古书常常是称说一个人最后的官，司马迁早已仕为郎中，自可请改汉历，不必定在元封三年为太史令以后，是可以理解的。落下闳在元封前已是老宿，是无疑的。

《汉书·公孙弘传赞》说："汉之得人，历数则唐都、落下闳……后世莫及。"可见唐都、落下闳在当时既是耆宿，而造诣又很精深。射姓等奏不能为算，乃选治历者二十余人，而最后是落下闳"运算转历"，可见他是首屈一指的历数家。落下闳是精通历数的宿学耆老，他的学术显然是有渊源的，《律历志》说他"其法以律起历，与邓平所治同。于是皆观新星度，日月行，更以推算，如闳平法"。就可见他的学问和邓平是同一师承，而这派学术的授受，在巴蜀是早已存在的。吕子方教授说："从楚辞可证太微星是楚人所认定的天庭，以同时间的天部求之，则天市自为蜀人所认定的西天庭。"① 这就说明蜀人在历法上是有贡献的。这绝不是汉以后的观念。

吕子方教授提出落下闳在天文历法上的贡献。（1）他根据《益都耆旧传》说"闳改颛顼历作太初历"可认为太初历是闳所造"射等不能为算"，而落下闳就是"运算转历"的能手。太初历的特点是创造八十一分法替代了旧的四分法，是结合当时所发现的日食周期，为一百三十五个月。用的方法是近代初步的连分数方法，所以新城新藏说"八十一分法考虑及交点月之周期，于理论上极为优良之历法。后四分历就反而把日

---

① 吕子方：《中国科学技术史论文集》，四川科学技术出版社1984年版，下册，第364页。

食割裂开了"①。更卓绝的是，落下闳说"八百岁后、此历差一日，当有圣人定之"。他并不认八十一分法是至精不易之法，而料定后来有更精的历法。（2）根据《晋书·天文志》说："落下闳鲜于妄人等造员仪，以考历度，后贾逵又加黄道，张衡又作浑象以漏水转之，星中出没与天相应。"员仪就是浑天仪，是测天的仪器。《耆旧传》说"落下闳于地下转浑天定时节"，这是天球仪，是浑天象。"地下转浑天"利用水力发动，是精密的漏水法。贾逵、张衡在落下闳的成果上又做出进一步发展，所以近人朱文鑫说："自汉落下闳作浑天仪，始立仪象之权舆。"② （3）根据《旧唐书·天文志》说："武帝诏司马迁等更造汉历，乃立晷仪下漏刻以追二十八宿相距星度与古不同，故唐都分天部，落下闳运算转历，今赤道星度，其遗法也。"考二十八宿沿赤道线广狭不同的度数，定出二十八个基本点。在不同的时间看日在二十八宿中的位置。先把二十八宿相距度数搞清楚，自然对于定季节就精密得多。从历法上来说是进了一步。所以清人齐召南说："角十二亢九云云……此落下闳所度星度只据赤道，《唐志》详言之。……今以此文校之宋皇祐元丰所测，元至元所测，大致不异，则落下闳之术亦神矣。"

总的来说：（1）八十一分法结合了日食周期，于理论上是最优良的历法；（2）浑天仪、浑天象在测天学上，起了推进作用；（3）奠定了二十八宿的基础。吕先生的研究，阐明了落下闳的贡献。二十八宿相距星度，早见于《淮南子·天文》一篇，这是不足为疑的。《旧唐志》认为当时所定的星度"与古不同"，淮南王死在太初颁历之前，就不能和太初历同，那段文字在《淮南子》中仅九十余字，很可能是后人加入的（也许是刘向）。至于分天部是否只是唐都，笔者猜想落下闳如果不参加这一工作，为什么他做浑天仪。如果《淮南子》先测好了，他做浑天仪就毫无意义。《史记》所说《淮南子》所记，都未必可信。吕先生又说："大火析木等十二次名，只见于《左传》《国语》，不见于《吕览》《淮南子》《史记》。而摄提格，单阏十二个名字，只见于《离骚》《吕览》《淮南

---

① 吕子方：《中国科学技术史论文集》，下册，第364—265页。
② 吕子方：《中国科学技术史论文集》，下册，第241页。

子》《史记》，而不见于《左传》《国语》，可能是南北天文之学派别不同。唯《尔雅》《汉书》是两者都有，这是后来混合的著作。浑天思想，本源于道家，落下闳是浑天派，可说他的历学是南方系统。"① 这也说明文翁以前，巴蜀很早就有天文、历数之学，并且属于南方系统，同是浑天一派。而这一学术在东汉可以考见的人更多，此派传授在巴蜀间始终都很盛，这对研究文翁以前的巴蜀文化，其重要性并不亚于司马相如，相如和落下闳的学问，都显然本来就与博士无关。

落下闳自然是当时杰出的历算家，巴蜀在早期若没有这种科学的基础，就不能产生落下闳这样的人才。《史记历书索隐》引姚氏案《益部耆旧传》云："闳字长公，明晓天文，隐于落下（《文选》卷四十九李注引《耆旧传》作明晓天文地理、隐于洛亭），武帝征待诏太史，于地中转浑天，改颛顼历作太初历，拜侍中不受也。"《汉书·律历志》中说："宦者淳于陵渠复覆太初历，晦朔弦望皆最密，日月如合璧，五星如连珠。"吕子方先生认为地下转浑天，这是用水力发动的，是高水平的科学技术工作。新城新藏认为"结合五星，结合日月食，是最理想的历法"②。但三统历仍然把日月食割裂开。落下闳在这显然是超过前人，而又"后世莫及"，他是值得崇敬的科学家。一般都承认太初以前，是中国历法的制定时期，太初是历法成立时期，太初以后是历法改进时期。中国有系统的历法，并使其成为科学，是落下闳的功劳。《寰宇记》八十六中说："落下闳字长公，阆中人，隐于洛亭，武帝征待诏太史，改造太初历。"《舆地纪胜》卷一八五"落下闳"条，即用《寰宇记》原文，唯作"隐于上亭"为异，应该是地名洛下亭，《寰宇记》作洛亭，是脱了"下"字。《纪胜》作"上亭"，是脱了"落"字，而又误"下"为"上"。引《耆旧传》或作"隐于洛下"。是省"亭"字；或脱"下"字。常《志·陈寿传》载："寿遂卒洛下。"又寿"兄子莅字叔度，齐王辟椽，卒洛下"。足知地名本作"洛"下。落下闳是历算天文一派的代表人物，任文公、扬厚、谯周，皆属此派。占候灾异，本来就是从气象和生物的反常变态

---

① 吕子方：《中国科学技术史论文集》，下册，第192页。
② 吕子方：《中国科学技术史论文集》，下册，第133页。

体验出来的，原是一种科学。只是在古代不免夹杂一些荒谬的神秘观念，就不免妖妄了，这也是古代应有的现象。辞赋黄老天文，可以说司马相如、严君平、落下闳是这些文化的杰出代表，他们和秦的迁入，和汉"五经"博士的学术是无丝毫关系的，司马相如、落下闳都可以说时间很早，早在文翁做蜀守以前，落下闳在元封元年已经是老前辈，上距武帝立"五经"博士不过二十五年，他也和文翁无关，这都可以说是巴蜀早期原有的高级文化。它和楚是同一类型，它的语言文字，也必然和楚是共通的，若是文字语言不同，而文化却又显得很高，这种语言文字和文化就是不能磨灭的。尤其是短短百年之间，是不能消失无痕的。

吕子方教授详考《御览》卷二引《桓子新论》曰："扬子云好天文，问之于黄门作浑天老工，曰我少能作其事，但随尺寸法度，殊不达其意。……其言可悲可笑也。"《北堂书钞》卷一三〇"落下闳浑天"条引《桓子新论》："扬子云好天文，问子于黄门作浑天老工，闳曰我少作其事，不达其意。"这两条材料是相同的，只是《书钞》把落下闳转浑天，和黄门作浑天老工的材料，混淆在一起。这是传写遗漏的错误。又于"曰"上误衍一"闳"字。到清代孙冯翼辑桓子新论作"扬子云好天文，问之于洛下黄闳以浑天之说，闳曰……"自注云"《太平御览》又《北堂书钞》一百三十"，这里显然是误收黄门为黄闳，又误增"洛下"二字于黄门上。改"作浑天老工"，为"以浑天之说"，孙星衍也是这样。阮元又依之以作畴人传，也未改正，都是把落下闳和黄门作浑天老工误为一人。这位作浑天老工说："到今年七十乃甫适知。"考《文选注》引家牒，扬雄以［宣帝］甘露元年（前53）生，天凤五年卒，班固说："雄年四十余来游京师，王音（王根之误）荐雄待诏，岁余奏羽猎赋为郎，给事黄门。"《通鉴考异》引雄自序云："郊祀甘泉泰畤，召雄待诏承明之庭，奏甘泉赋，其十二月奏羽猎赋。"事在成帝元延元年（前12）。

从甘露元年到元延元年，适四十一年。扬雄来京师，即从黄门作浑天老工问浑天，最早也不过是在这一年。这位老工年已七十，他就应该生于昭帝始元五年（前82）。从此年上推到太初元年，是二十二年，把作太初历的老前辈落下闳和太初历颁行后二十二年才出生的作浑天老工，说成一个人，这是何等荒谬。吕子方教授这一工作，是突破清代许多考据家的。张介侯（澍）作《蜀典》说："按君山所言，黄闳即撰太初历之洛下闳，是洛下闳姓黄也。颜师古以为'姓洛下名闳'误矣。历世相沿，莫知其非。林宝郑樵辈遂增洛下一姓，直是目不视书者。"又说应劭《风俗通》"落下姓出皋落亦误"。又说"《汉书》落字不从草"而不察《史记历书》《汉书律历志》都从"草"，仅《公孙弘传赞》不从"草"。清人好以类书为学，自矜淹博，而好丑诋宋人，口不择言。张澍《蜀典》亦今世研究四川史者喜读之书，因为落下闳关涉研究巴蜀的早期文化，故不辞烦琐，辨之于此。非吕先生之深思勤究，是不能发二孙、张氏之覆的。好诋宋人如张澍者可以休矣。张澍未参加修《四川通志》，于《通志》成书后作《蜀典》，是专和《通志》作对的，但《蜀典》的错误也太多了，这里不过是因落下闳而谈到他的可笑。

  常《志》中："世俗间横为蜀传者，言……周苌宏之血，变成碧珠。"知旧传蜀事，有苌弘化碧之说，为道将所不取。《庄子·外物》"长弘死于蜀，埋其血，三年化为碧"足见其事本之庄子。《史记·封禅书》说："苌弘以方事周灵王，诸侯莫朝周，周力少，苌弘乃明鬼神事，设射狸首，狸首者诸侯之不来者，依物怪欲以致诸侯，诸侯不从，而晋人执杀苌弘。"《天官书》说："昔之传天数者，殷商巫咸周室史佚苌弘，于宋子韦，郑则裨灶。"《淮南子·氾论训》说："苌弘周室之执数者也。天地之气，日月之行，风雨之变，律历之数，无所不通。然而不能自知车裂而死。"《国语·周语下》说："敬王十年刘文公与苌弘欲城成周，为之告晋，卫彪傒曰苌刘其不没乎？天之所支，不可坏也，其所坏，亦不可支也。……周若无咎，苌叔必为戮。二十八年杀苌弘。"苌弘事亦见《左传》昭公十一年传记苌弘说："蔡凶岁在豕韦，然岁及大梁蔡复楚凶。"哀公三年也有苌弘的记载。这都是说苌弘欲尊周室，与《封禅书》所述意思相同。《淮南子》所说苌弘的学术也和《封禅书》近似，显然和落下闳是一派。苌弘是历法家，他死于蜀，蜀地应该有他的学术传于后代。宋林虙庄子口义说："苌弘被放归蜀，刳肠而死，蜀人以匮藏其血，三年化为碧玉。"这里第二句用的是《庄子》，后二句用的是《吕氏春秋》"被放归蜀"一句，或亦有所本。

  辞赋、黄老、律历、灾祥，是巴蜀固有的文化。司马相如、落下闳，都是值得研究的人物。严君平自然也值得研究。但今天所保存的《道德指归》，不是严君平原来的作品。《四库全书总目提要》依据明代曹学佺《玄羽外篇下·道德指归》说"近刻乃吴中文士所伪作"。唐代的强思齐、宋代的陈景元，所著书中引严君平曰很多，和今存本是完全符合的。曹氏之言，自然不攻自破。《汉书列传》仅说君平"依老子严周之旨，著书十余万言"，可见君平原著有此书，不过无"指归"之名。常《志》说："君平专精大易，耽于老庄，著《指归》为道书之宗。"可见常道将在永和以前，就看见《指归》了。《汉书·司马迁传》、颜师古引《晋灼注》，有两处称"严君平曰"，皆在今本《指归》第七卷书中，由颜说知晋灼为永嘉以前的人。又可见此书在西晋时就已存在。《三国志·秦宓传》说："严君平见黄老作《指归》。"同传李权也说："仲尼君平，会聚众书，以成《春秋指归》之文。"秦宓所说当然是晋灼所见的书。陈寿、常璩都是蜀人，时代和晋灼、秦宓亦相接，他们所说是具有可靠性的。从文体来看，这部书应该是汉魏间的人所作。皇甫谧作《高士传》仅说君平"闭肆下帷，以著书为事"，不言著《指归》。皇琢谧是晋武帝时人，他却未见过《指归》。可能这部书是汉末蜀人所作，仅传于蜀中，尚未流行于别的地方。汉末著《指归》的人，必然见过严君平的原书，他就以严君平的学说为宗旨，书中称"庄子曰"很多，可确定这些就是君平书的原文。后世不知这个"庄子"就是严君平（君平原姓庄，因避汉讳，后人代用严字），而误为是周漆园吏庄周，反疑惑何以《指归》所引庄周的话都不见于今本《庄子》，这是可笑的看法。因为是依据君平原书改作《指归》，用来解释老子，所以秦宓他们仍认它是君平的书。杜光庭分道家为六派，说它是"明理国之道"，这和王弼一派清谈的道家不大相同，这也是值得研究。巴蜀古文化的代表人物，都有学术可寻了。

这篇稿子的完成由于吕子方先生无私的帮助，把他未发表的作品让笔者大量引用。笔者对天文历法，根本不懂，这是笔者深刻感佩的，敬志谢忱于此。

[原载于《四川大学学报》（哲学社会科学版）1959 年第 5 期，收入时有改动]

"新蜀学"史观

——为《重庆商务日报》十周年纪念作

甘蛰仙

一

世界化的新学术之建设，全世界人皆有责任焉。新国学之建设，全国人皆有责任焉。新蜀学之建设，全川人士皆有责任焉。吾今就乡言乡，觉新蜀学之建设，大有及时提倡之必要，而在提倡建设之前；尤有一先决问题，谓须先养成周密深入之观察力，精卓严明之判断力及优美和粹之修养力，而后从事焉，乃可以收建设上之实效也。奚以明其然耶。非明其观察，莫由穷物之理。非精其判断，莫由致吾之知。非有健实之修养，莫由行其所知。起人之信，是故心力之锻炼，实乃一切学之学，一切法之法也。既确立"心力之锻炼"之目标矣；又须博搜客观之资料而鉴别其醇疵，由具象的、个别的事物中推见其抽象的、共通的原理，乃可以通古今之变，而成一家之言。愚固未之逮也，然蜀学在历史上之变迁，为蠡测所及者，正复不妨略述一二，为读者诸君告。

二

由史家眼光观之，我蜀先辈，在两汉两宋明清诸代学术史上，各皆有其当相之位置，西汉司马相如以飘飘凌云之天才，为西蜀文学之导师，在彼时代，诚不愧为唯美主义的文学家矣；然言乎殚见洽闻，饶有科学之精神者，则审是主义的哲学家杨子云，尤足尚也。

杨子默守太玄，本有契于形上之真理，然于客观之资料，仍务极意搜集，而酌施其鉴别力，其言曰："多闻则守之以约，多见则守之以卓，寡闻则无约也，寡见则无卓也。"《扬子法言·吾子》此与孟子"既力目力焉，继之以规矩准绳"《孟子·离娄上》，荀子"兼陈万物而中县衡"《荀子·解蔽》之旨趣，实相共通，即揆诸孔门"博文约礼"之训条，亦觉思过半矣。唐代学者，尚论先秦两汉，往往以荀、杨并举，至谓"因杨氏而孟氏益专"岂偶然哉。

亦有陈子昂、李太白者，在唐代诗坛上极占地位。北宋"三苏"文章，向来为人所乐道；而东坡之慷慨大节，尤可为后进之楷模。南宋时代，南轩先生笃信洛学（程学），鹤山先生深悦闽学（朱学），而皆对东坡公表示相当的敬礼，其显例已。

三

南轩先生讲唯其是，故其哲学之重心点，不偏于唯理派的一极端，亦不偏于经验派的一极端，其言曰："狂者所见高明，而行有未及乎其见，狷者所守坚确，而见有未得其理。"（张栻《癸巳论语解·子路篇》）又曰："专于考索，则有遗本溺心之患，而骛于高远，则有躐等凭虚之忧。——二者皆有其弊也。"（张栻《南轩集·答陆子寿》）其微旨在调和当时尊德性与道问学两学派之冲突，而酌施其消极的补救之方术，以求达其积极的建设之目的，质言之，既谋自建一种中行主义的哲学系统，而乐得狂狷两路之特殊人才，进而裁之于中也，故其言曰："狂者力行以践之，则其见不差；狷者致知以明之，则其守不失，而中可得矣。"（张栻《癸巳论语解·子路篇》）

但"致知"之方，以存良心为前提，"力行"之道，以"奉天职"为要务，此唯心论的宇宙观及天职论的人生观所以有潜体实践之必要也。南轩常言："心也者，万事之宗也。"（张栻《南轩集·静江府学记》）又云："夫人之心天地之心也，其周流而该偏者，本体也。"（张栻《南轩集·桂阳军学记》）此言人心之本体，既宇宙之本体，与西洋唯心主义的形上学极相近，南轩又云："所以收其放而存其良也。"（张栻《南轩集·静江府学记》）则又于唯心论的基础之上，自建一种新道德之规模，而与先哲"本隐之显"之学相共通矣，又云："所以明万事而奉天职也。"（张栻《南轩集·静江府学记》）为天职而奉天职，与康德为义务而尽义务之旨颇相印契。由万殊之事变，以推见其抽象之通宗。与先哲推见至隐之情，尤合符节。故吾谓南轩之人生天职论，乃最纯粹之道德学也。

明乎宇宙观与人生观之两大关键，则介乎其间之知识论，亦可瞭然言下矣。吾尝言唯理派求知之方法，以演绎为主，经验派求知之方法，以归纳为主；由今观之，南轩之"售学"方法论，非高挹唯理主义与经验主义之胜义而谨其折中者，孰能与于斯乎？

四

蜀学自南轩以后，当推魏鹤山为第一人。张魏之学，固皆归于自得，然得助于真师友之讲习者，亦颇不少，南轩师五峰，而友朱陆吕诸子，受晦庵影响尤深，故造诣亦相若，吾昔为北京大学二十五周年纪念撰著论文，盛推吾蜀南轩先生生平行谊，呈新濂洛主义运动之异彩，其观点盖在此。

若鹤山者，天下卓荦，学力淹贯，蔚然与真西山齐名，而不存门户方隅之见，尤妙在穷极问学之根源，以致其亲知。答人书云：

"又见得向来多看先儒解说，不如一一从圣经看来。盖不到地头亲自涉历一番，终是见得不真。来书乃谓只须祖述朱文公。文公诸书，读之久矣，正缘不欲于卖花檐上看桃李，须树头枝底，方见得活精神也。"（魏了翁《鹤山全集·答周监酒》）

鹤山之努力做大规模的、长时间的研究，而卓然有以自树立也如此，可谓深得朱子穷理致知之精意者已！

诚由张魏之航路，力溯洛闽之渊源，而反躬以践其实，必可终身受用弗尽,此吾所敢昌言也。而吾蜀学在宋学史上,占重要位置,益可深长思已。

非独在宋学史上为然也,即在明学史上亦有然。来瞿塘深爱阳明品格之粹美,而其自为学,则于程朱王均不苟同。其学风殆与濂溪康节极相近。此清初夏峰梨洲二曲三大儒,所以称道不置也欤?

五

清初蜀学界,受二曲影响最深者,杨愧庵也。受夏峰影响最深者,费燕峰也。燕峰之特色,在研究历史上学术变迁之迹,能说明宋学所自出。愧庵之特色,在提挈本体,能得王学之受用。亦有唐铸万者,与王崐绳、魏冰叔、顾景范为友。而自为学则宗尚阳明。其自得之乐,与心斋木崖绝相似。而文笔之高古雅瞻则又过之。此吾述论清初蜀学,所为举唐杨费三先生为重要代表也。

道咸以降,濮伯平李申夫皆有可称。顾申夫侧重事功,伯平专宗稼书,犹不能无待于后学之折中也。

晚清有廖季平者,妙造姬汉,蔚然经师。关于今文之学说尤多独到处。若求其制行谨严,而岿然不愧为人师者,其惟刘裴村(光第)先生乎?

六

新蜀学在历史上之演变,略如上述。所望有志之士起,而综覈杨子云、苏东坡、张南轩、魏鹤山、来瞿塘、唐铸万、费燕峰、杨愧庵、濮阳平、刘裴村等……诸先辈之学术及其人品,而兼采其特长,以磨炼自己之心力,而激发其勇猛精进之志气,由淹博以趋于精约,由广师以返于自得,则今兹所理想之二十世纪新蜀学之建设之究极目的,或亦终有能贯彻焉者。惜乎余小子有志斯业,而久未著手,所欲自完其责任心,以报历史上乡先辈之恩我者,仅乃托诸空言也!

《重庆商务日报》驻京记者金君,为十周年纪念,索文于余,再辞不获,辄略抒夙怀以应雅征。如荷读者诸君,鉴兹微尚,痛予鞭策,俾小我之心力,今后益得磨炼以自振拔,则更区区寤寐诚求者已!

一九二四年三月三十日,于北京

蜀学作出过开源性与奠基性贡献

谭继和

蜀学是巴蜀地域文化凝魂聚力的精神内核,其形成、发展、衍变、转型,直至现代的创新性发展,自成体系,逦逦相属,从未失其根柢。

中华传统文化以儒、释、道为主干,三学各有根柢,其根柢皆与蜀学有关。谢无量先生在《蜀学原始论》一文中主张:"蜀有学,先于中国(按:即中土之意)。"① 此诚为卓见。蜀学作为地域文化之一,对传统文化的儒、释、道三大主干之学皆作出过开源性或奠基性贡献,可归纳为"仙源(道源)在蜀""儒学源蜀""菩萨在蜀"三大特点。

一 "仙源在蜀":道的根柢在仙学,仙学起源于巴蜀

道教经典分为仙学、道学、神学三部分,仙学是统率神学和道学的。而仙学,即神仙说,最早起源于巴蜀。

从文献看,蜀王仙化的传说很早,蚕丛、柏濩、鱼凫"此三代皆神化不死,皆得仙道"(《华阳国志·蜀志》)。不仅蜀王"成仙",他们的部族也随王变化为"化民"。望帝春心化为啼血杜鹃,开明王上天成为守昆仑之墟的开明兽,这些如仙如幻的故事是古蜀人仙化想象力的真实记

---

① 谢无量:《蜀学原始论》,载西华大学、四川省文史研究馆、蜀学研究中心主办《蜀学》第五辑,巴蜀书社2010年版,第272页。

载，是古蜀仙道文化流传的真实记录，而那些"化民"则是文献记载中具有仙化想象力的蜀民。他们的"仙化思维"一直在蜀人中传承。用今天的术语讲，就叫作蜀人多浪漫主义，多球形思维，想象与联想力丰富，故西蜀自古多出文宗，显示出巴蜀地区是蜀人最早羽化成仙的文化想象力的起源处。

从考古发现看，"羽化飞仙"的想象力最早源于三星堆和金沙遗址古蜀民的信仰和理念。三星堆与金沙遗址出土了大量鸟形、羽翅形、人鸟形青铜器物以及相关玉器、金箔，细加分析，可找到蜀人"羽化飞仙"思想的渊源和天人合一的实证，看出道经所说"人鸟"观念的诞生与"教人学仙"的"上古之法"的思维来源。

古蜀文化的内涵是重仙、重神器的文化，与中原重礼制、重礼器的文化不同。中原文化重礼，楚文化重巫，巴文化重鬼，蜀文化重仙，这是不同地域的文化想象力、文化创造力与不同思维方式的体现。巴蜀是道教创始地，它是在古蜀仙道基础上形成的，至今已近两千年。巴蜀是仙源故乡，三星堆和金沙人的仙化想象力是蜀人精神家园最早的来源和核心，其精神历代传承，浸润在巴蜀人的生活方式和思维方式中。

对于人类命运的终极思考，是古往今来世界各地区、各民族的人们共同关注的问题。因地域文化的多样性和民族性格特色的差异，对这个问题的回答也就各不相同。中国人的独特话语解释是道，是仙，"道""仙"的文本阐释权集中在道教里，蜀学为道的根柢作出了开源性的贡献。

二 "儒学源蜀""兴于西羌"的大禹为原始儒学之祖

儒家学派是孔子于齐鲁创立的，但儒家思想的渊源久远，其源头为原始儒学。谢无量先生主张："儒之学，蜀人所创，其最古经典，蜀人所传。"[①]

[①] 谢无量：《蜀学原始论》，载西华大学、四川省文史研究馆、蜀学研究中心主办《蜀学》第五辑，巴蜀书社2010年版，第272页。

"五行说"是儒学思想的根源。以"五行"为首的《洪范》九畴，是古人顺应天时地利、重农事重水利的经验上升为天地阴阳宇宙观的理论结晶，是儒学的源头。大禹兴于西羌，是蜀人。他依据"岷山导江，东别为沱"的治水经验，提出顺水之性，作《洪范》九畴；提出"五行"以水为首，以水火木金土为序，也就是"天一生水"，这是儒家观念的来源。大禹也是最早的儒家德行的实践者。

儒与道的源头均在易，蜀地对易学也有特殊贡献。汉代扬雄著《太玄经》，创蜀中世传的"太玄学"，至唐形成李荣重玄学派，至宋明出现苏轼、谯定、来之德的易学，形成蜀易学"学古不法古"的特征，被誉为"易学在蜀"的独特识见、独特风格的蜀学传统。

三 "菩萨在蜀"蜀人对禅宗的中国生活化作出了奠基性的贡献

"菩萨在蜀"是唐代剑南道梓州通泉县的故事。一群巴蜀商人到五台山去拜菩萨，有个和尚告诉他们："菩萨在蜀，你们何必舍近求远？"要他们回蜀中到灵鹫寺去找一位老头陀，他就是活菩萨。这个故事说明巴蜀禅学的独到特色：独拜能利益众生的菩萨，顿渐随缘，佛在心中，心性合一。

巴蜀是佛教南传和北传的交会地。唐代高僧智诜与禅宗南宗六祖惠能同师弘忍，他在蜀中创净众、保唐禅系，融合南北顿渐二宗，"别开一宗"。其弟子无相禅师创禅茶一味，主张"无念无妄无住"。其后，什邡人马祖道一倡导"平常心是道"，建立丛林和农禅制度，使禅学进一步人间化、生活化、社会化，为禅宗变为人间佛教作出了奠基性的贡献，开创临济宗、沩仰宗。华严宗、贤首宗则由华严第五祖西充人圭峰宗密宏大。总之，诸派兴于蜀中，圆激通辩，形成兼容南北二宗，似南非南，似北非北，自成一系的巴蜀禅系。

由此可见，禅宗虽由六祖惠能所创，但马祖道一结合巴蜀禅系的生活化与兼容性特色，为其光大奠基，使禅宗变为最大的佛教教派。其他如禅月贯休、圆悟克勤、楚山绍琦、破山海明、丈雪通醉等巴蜀禅学大师对禅宗发展也有贡献，使四川成为中国禅学中心之一，故有"言蜀者不可不知禅，言禅者犹不可不知蜀"之说。蜀学为中国化禅宗作出了奠基性贡献。总括而言，对儒道释三学，蜀学作出了开源性与奠基性的贡献。

两千多年来，中华传统文化始终以儒家文化为主体，以儒释道三学为主干，包容百家，从未失其根脉，又长葆特色，新质旧因，变动不居，各家汇通一起，构成中华传统文化的灵魂和精神支柱。

蜀学是中华传统地域学术文化中不可或缺的一朵精神文明的奇葩。它既为传统文化儒释道三学作出了特殊的贡献，同时在其发展演变过程中及中华传统儒释道三学的熏陶、指引和影响下，逐步成为以中原文化为凝聚核心的国学地域文化的一部分。两千多年前蜀学土著学术起源期，为传统文化儒道之源作了特殊贡献。两千多年以来，蜀学又努力将土著地方学转型到正统儒学中来。以心向京师、心向中原正统儒学的心态，以中原文化为民族向心凝聚力中心的文化自觉，以"蜀学比于齐鲁"的文化自信，将蜀学加以创新性发展，使蜀学成为传统儒学体系内具有独立精神、独到识见的学术传统，以文史并重、兼综百科的"通儒"之学为主线，世代传承"包括宇宙，总览人物，控引天地，错综古今"的宏观统体汇通思维，成为以文辞显于世为独到特色和独特风格的蜀学。

（原载于《中国社会科学报》2016年8月19日）

论蜀学的特征

谢桃坊

四川的学术是在西汉初年开始发展的，它在渊源、体系、思想和方法等方面都属于中国学术的一部分，但因四川特殊的地域文化和历史条件，又使四川的学术形成某种地域特色，在中国学术史上被称为"蜀学"。[①] 蜀学的传统颇为悠久，在近代又吸收了新学而获得新的活力，其文化特征亦日益显著。关于蜀学的特征，在学术史上虽有对蜀中某位学者或某个学术群体的评论，然而却缺乏总体的认识。

1912年，蜀中学者谢无量、吴虞谈到"四川人自称绝学者多"，当时刘师培在成都，亦以为然。[②] 1918年，章太炎在四川考察后说："余观四川文化，通儒特起能名其家者不如下江，然人尽读书，鲜有不识字之子，亦视下江为优。近世棒客（强盗）横行，略及军旅，行商大吏多受攻钞，然爱慕儒先，相戒勿劫教员，化亦美矣。"[③] 谢无量和章太炎之论属于直觉的经验，具有片面性质，缺乏理性的概括。近世全面而认真探讨蜀学特征的是蜀中国学大师刘咸炘。他于1926年著的《蜀学论》追溯了蜀学的历史与成就，以为"吾蜀介南北之间，折文质之中，抗三方而屹""蜀学崇实而不虚也""统观蜀学，大在文史，寡戈矛之攻击，无门户之眩

[①] 参见谢桃坊《蜀学的性质与文化渊源及其与巴蜀文化的关系》，载《蜀学》第一辑，巴蜀书社2006年版。

[②] 参见《吴虞日记》，四川人民出版社1984年版。

[③] 章太炎：《自定年谱》，《章太炎年谱长编》，中华书局1979年版，第582页。

眯"。① 他于同年的《自述》中关于蜀中学者说:"蜀中学者多秉山分阻险之气,能深不能广,弊则穿凿而不通达。"② 以上认识可以启发我们对蜀学特征做进一步探讨。蜀学的特征是蜀学在发展过程中形成的学术传统所体现的,它必然受到中国学术思潮的影响。我们探讨这个问题是非常困难的,很难处理学者个性与学术共性之间的关系,也难脱离中国学术思潮而孤立地论及学术的地域性。当我们以为蜀中学者自称绝学者多时,而在中国其他地域也有这种情形;若以为通儒特起者少,则又可举出如扬雄、苏轼、杨慎、刘咸炘、郭沫若等学者而予以否定;若以为崇实而不虚,则又有许多长于理性思辨的学者,尤其晚清以今文经学在蜀中特盛。因此我们归纳的学术特征在中国学术和中国地域学术之中仅具有相对的意义,即某个特征可能在蜀学中存在其对立面而易被否定,也可能存在于中国其他地域学术之中,并非绝对的。然而若从中国学术发展过程来审视蜀学,则那些最具独创性的并提供新的思想或方法的学者,他们在一定程度上呈现某些共同的特点,由此显示了某些地域性的特征,我们归纳这些特征则又是可能的。自两汉以来,蜀中古今学者众多,我们只能选择最具典型意义的学者进行粗略的考察。

一

　　四川位于中国西南隅,四面险阻,却自然条件良好,物产丰饶,故被称为"天府之国"。它远离中国政治、经济、文化中心,与时尚文化和学术新潮保持很大的距离;其文化与学术均呈现滞后的特点,因而与主流文化相较是有一定差异的,这由地域特点所致。时尚文化是不断变化的,此起彼伏,追新务奇,以此推动主流文化向前发展。每当中国学术思潮处于转型或出现某种偏离传统的倾向时,蜀中学者一到京都崭露头角,即以一种维护传统的态势力矫时弊,大胆革新,迅即成为新思潮的倡导者,有的竟主盟文坛,被誉为一代文宗。这些蜀中学者因其接受较

---

① 刘咸炘:《蜀学论》,《推十书·推十文集》卷一,成都古籍书店1996年影印本。
② 刘咸炘:《自述》,《推十书·推十文集》,成都古籍书店1996年影印本。

为恒定的学术传统，能够客观地、冷静地看待时尚文化，易于发现时尚新奇表象所掩饰的弊端。任何时代的统治集团总是在本质上坚持某种文化传统，所以当蜀中学者指出时弊便可能得到统治集团的支持而发生学术思潮的重大变化。我们可见到蜀中学者司马相如、陈子昂、李白、苏轼、魏了翁、杨慎、吴虞等都具有坚持学术传统并时居前沿，引导一代思潮的特点。

蜀中第一位学者当推司马相如，他活动于西汉初年，自幼在成都接受了中原文化。他是辞赋大家。其《子虚赋》《上林赋》和《大人赋》因辞藻瑰丽，气势宏伟，受到雄才大略的汉武帝赏识，成为汉赋的典范作品，对后世辞赋的发展产生了深远的影响。《汉书·艺文志》著录其赋二十九篇，重要作品今存。他的辞赋虽然夸饰铺陈，但深寓现实的讽喻意义，归于"正道"，而且表现出丰富的学识与文学的天才，开创了一代文风。唐代初年，文风趋于浮艳靡丽，这与唐王朝的国势逐渐强大不相适应。光宅元年（684）武则天临朝称制，这时蜀中射洪陈子昂二十六岁，虽已登进士第而未入仕。他以"草莽臣"的身份呈上《谏灵驾入京书》，武则天虽未接受这个建议，却发现陈子昂卓越的政治见识，迅即召见，擢为麟台正字。陈子昂感到"得非常之时，遇非常之主"，由此可展王霸之才，又上了《谏政理疏》，发表关于调养国家元气的见解。他虽然具有政治和军事才能，但历史定位其仍是文学家。其友人卢藏用说："道丧五百年而得陈君，君讳子昂，字伯玉，蜀人也。崛起江汉，虎视函夏，卓立千古，横制颓波。天下翕然，质文一变。"（《陈伯玉集序》）陈子昂关于文学改革的思想，见于其《修竹篇并序》。他以为自晋以来"文章道弊"，希望继承"风雅"传统，提倡"兴寄"，以发扬"汉魏风骨"。这实即在新的文化条件下，以恢复儒家诗教为号召，使文学关注社会现实，发挥应有的社会功能。他的文学革新主张是服从其政治观念的，而且在创作中得以实现。

从唐代文献来看，陈子昂在文学上的影响还不是《修竹篇并序》，而是其系列的政论文和三十八首采用"兴寄"的具有"汉魏风骨"的《感遇诗》。他的文学见解与创作虽然以复古面貌出现，而实有创新意义。然而，中国诗史上有盛唐气象的代表者应是天才的诗人李白。他属于汉代李陵之后，出生于中亚碎叶（吉尔吉斯的托克马克附近），五岁时随父迁居绵州昌隆县（彰明，今四川江油），天宝元年（742）秋李白应诏入京，当贺知章读到其《蜀道难》时即叹其为"谪仙"。他的浪漫的传奇故事，只有在唐代开放的文化政策下才可能出现。他的诗歌豪迈飘逸，气魄雄伟，表现出一种积极的、狂放的精神，为中国诗歌建立了新的范式。李白是继陈子昂之后的文学革新者，在组诗《古风》五十九首中感叹"《大雅》久不作，吾衰竟谁陈"，提倡"清真""天真"，反对"绮丽""雕琢"。他晚年在《经乱离后天恩流夜郎忆旧游抒怀赠江夏韦太守良宰》中表达了"清水出芙蓉，天然去雕饰"的美学理想。清人赵翼说："其眼光所注，早已前无古人，后无来者，直欲于千载后上接风雅。盖自信其才分之高，趋向之正，足以起几代之衰；而以身任之，非徒大言欺人也。"（《瓯北诗话》卷一）陈子昂改革文学的主张未得到文坛的响应，李白以创作实践改变了一代诗风，真正体现了盛唐气象。唐代中期由韩愈、柳宗元发起的古文运动并未完成它的历史任务，晚唐五代浮艳的文风至北宋犹有影响，而新的西昆体和太学体又甚为流行。

天圣七年（1029）五月宋仁宗试图通过科举考试的途径革除文弊，特发诏令云："朕试天下之士，以言观其趋向，而比来流风之敝，至于荟萃小说，磔裂前言，竟为浮夸靡曼之文，无益治道，非所以望于诸生也。礼部其申饬学者，务明先圣之道，以称朕意焉。"（《续资治通鉴长编》卷一〇八）嘉祐二年（1057）欧阳修以翰林学士尚书吏部郎中知礼部贡举，以新的散文标准取士，而蜀中眉山的苏轼、苏辙兄弟中进士第。《宋史》卷三三八《苏轼传》称他"弱冠，父子兄弟至京师，一日名声赫赫然，动于四方"。苏轼遂以雄视百代之才出现于文坛。欧阳修从历史经验中看到文学的权威人物主持文坛操持文柄的重要性，将主盟的重任托付苏轼。这样，苏轼成为北宋古文运动后期的盟主，巩固了胜利，完成了历史任务。苏轼在学术、诗歌、散文、词体、书法、绘画等方面均是开宗立派的人物，对宋代文化的发展作出了重大贡献。

南宋的文化主潮是理学，但理学的命运却是坎坷的，它遭到排斥，庆元元年（1195）韩侂胄执政，攻击道学（理学）之论渐起，次年八月朝廷宣布禁黜道学，称之为"伪学"，道学家们受到政治迫害。在理学上升为中国统治思想的过程中，魏了翁起到了重要的作用。魏了翁于庆元五年（1199）登进士第，嘉定五年（1212）丁父忧在家乡蒲江创办鹤山书院，开门授徒，讲义理之学。嘉定八年（1215）他上疏朝廷《奏乞为周濂溪赐谥》，认为北宋理学创始人周敦颐为儒学之正传，程颢、程颐亲得其传，"俱倡明绝学，有功于斯道"，朱熹和张栻又得濂洛之传，为弘扬儒学，倡明圣道，请为他们赐谥。他的建议得到朝廷的采纳，遂使庆元禁伪学以来，理学得以恢复名誉。魏了翁又不断提倡理学，阐明理学道统，于《成都府学三先生祠堂记》中说："周先生奋乎千有余载之下，超然自得，建图著书，本于《易》之太极，子思之诚，以极乎阴阳五行造化之赜，而本之以中正仁义，贯显微，该体用。二程先生亲得其传，相与阐发精微。凡尧、舜、禹、汤、文、武，至孔子、子思、孟子授受之道，至是复暾然大白于天下，使学者皆得以求端用力斯焉。"（《鹤山集》卷三十八）从此，理学为统治者所重视，成为此后数百年中国的统治思想。

蜀中最渊博的学者当推杨慎。新都杨氏为大家族，杨慎虽然出生于京都，但多次回到故居看望祖辈，祭扫祖墓，家室亦留祖地。其学涉及经学、小学、诸子学、史学、地理学、金石学、文献学、生物学、艺术学、诗学、词学，今存著述百余种。杨慎学识博杂，富于创新，破除门户之见，具有求真穷理的态度。梁启超谈到清代学术思想说："清代思潮果何物耶？简单言之，则对于宋明理学之一大反动，而以复古为其帜志者也。……其启蒙运动之代表人物，则顾炎武、胡渭、阎若璩也。其时正值晚明王学极盛而敝之后，学者习于'束书不观，游谈无根'，理学家不复能系社会之信仰，顾炎武等乃起而矫之，大倡'舍经学无理学'之说，故学者脱宋明儒羁勒，直接反求之于古经；而若璩辨伪经，唤起求真观念，渭攻'河洛'，扫架空说之根据，于是清学之规模立焉。"[①] 这种求实学风的兴起，如果追溯渊源则应始于杨慎。他治经学以小学的文字、音韵、训诂为途径，兼采文史杂书，攻击宋明理学，同时亦不墨守汉学。周中孚说："升庵精于考证，说经之书，俱能引据确凿，独申己

---

① （清）梁启超：《清代学术概论》，商务印书馆1944年版，第3页。

见，殊胜于株守传注，曲为附会者。"(《郑堂读书记》卷二)杨慎评明代学术云："今之学者循声吠影，使实学不明于千载，而虚谈大误于后人也。"(《升庵文集》卷七十五)他大力提倡实学，发清代实学之先声。因杨慎是在谪戍的困难条件下著述的，学术范围广阔，考证偶有失误，在明代即遭到陈耀文和胡应麟的攻击，然如周中孚所评："二家所驳，亦互有得失，由所学在升庵之下，故未能平心考检，以折其角也。"(《郑堂读书记》卷五十五)杨慎在解放学术思想，转变一代学风方面是起了作用的。

中国近世戊戌变法之后，吴虞是"成都言新学之最先者也"[①]。吴虞，字又陵，新繁人。青年时代在成都尊经书院学习，1905年留学日本，学习法学与经济学。他回国后在成都发表多篇批判儒学的论文，1917年1—7月在《新青年》杂志连续发表了《家族制度为专制主义之根据论》《礼论》《儒家主张阶级制度之害》《儒家大同主义本于老子说》《读荀子书后》和《消极革命之老庄》；1919年于《新青年》第六卷六号发表《吃人与礼教》，从史实到理性批判，揭露了封建礼教的罪恶。这使他成为新文化运动的激进人物。胡适称他为"四川省只手打孔家店的老英雄"，并概括其历史意义说："他的非孔文章大体都注意那些根据孔道的种种礼教、法律制度、风俗。他先证明这些礼法制度都是一些吃人的礼教和一些坑害人的法律制度。他又从思想史的方面，指出自老子以来，也有许多古人不满意于这些吃人的礼制，使我们知道儒家所极力拥护的礼制在千百年前早已受到思想家的批评与攻击了，何况在现今这种大变而特变的社会生活之中呢?"[②] 我们从蜀中的司马相如、陈子昂、李白、苏轼、魏了翁、杨慎、吴虞等文学家和学者对中国文学思潮和学术思潮的转变所发生的作用来看，蜀学是具有固守传统而又时居学术前沿的。

[①] （清）廖平：《骈文读本序》，《蜀报》第一卷第二期，1910年9月。
[②] 胡适：《吴虞文录序》，《胡适文集》(2)，北京大学出版社1998年版，第609页。

二

公元前316年秦国灭蜀,古代巴蜀文化消失,秦王朝向西蜀大量移民,建立郡县制,移植中原文化。四川在学术思想渊源方面具有三个特点:第一,因远离中原王朝,每个时代的统治思想在此地域都相对薄弱,与主流文化保持着较大的距离;第二,自西汉初年儒家经典在文翁兴学后传入西蜀,儒学毕竟缺乏牢固的根基,因而历史上除了魏了翁等极少数外,纯正的儒者甚为罕见;第三,西蜀是中国道教的发源地,道家思想给予学者很大的影响,以致常见阳儒阴道的现象。在如此的学术土壤里,四川学术史上常见一些学者具有杂学的特点和异端的色彩,甚至以绝学自矜,例如扬雄、谯周、赵蕤、龙昌期、苏洵、唐甄、李宗吾等。他们的思想与学说往往遭到正统学者的批判与否定,或受到统治阶级的排斥与扑灭,但我们追寻历史留下的线索仍可以见到它们的思想光辉。

西汉末年的扬雄,其先世于元鼎(前116—前111)间由中原迁居西蜀郫县。他虽然以辞赋见知于汉成帝,而历史的定位其应是一位大学者,著有《法言》《方言》《蜀王本纪》和《太玄经》,涉及若干专门学科。其最重要的著作是今存的《太玄经》十卷。这是一部奇书,《四库全书》列入术数类。全书由经与传组成,经部分为八十一首,每首四重,称为方、州、部、家;每首九赞,为七二九赞,加踦、嬴两赞,共为七三一赞;两赞为一日,计为三六五日又二分之一日,相当于一年的时间;关于八十一首的解释为"玄首都序"。"玄"是最高的哲学范畴,包含了天地人及万物之本源,其演绎以复杂的数序和谐排列,又具有高深微妙的哲理思辨。自汉代以来,不少学者对《太玄经》做过研究,但都难以读懂。唐人王涯说:"当世俗儒,拘守所闻,迷忽道真,莫知其说,遂令斯文幽而不光,郁而不宣,微而不显,师法殆绝。道之难行也若是,上下千余载,其间达者不过数人。"① 《太玄经》虽是用于占卜的,但并非沿袭《周易》,而是另有创意;其占卜方法、数理逻辑结构及所蕴含的玄妙

---

① 王涯:《说法》,《太玄经》卷首附。

哲理，学者们至今难以理解。

三国蜀汉学者谯周，西充县人，耽古笃学，精研六经，兼知天文；著有《法训》《五经论》《古史考》《论语注》《五教志》等均佚。蜀汉后期谯周提出两项政治主张皆遭到许多史家的批评，这就是反对北伐中原和劝刘禅迎降。北伐中原以求蜀汉政权的生存，此乃诸葛亮所定的战略，但多年的战争以致蜀中百姓凋瘵。谯周为此与尚书令陈只辩论，特作《仇国论》，以为"智者不为小利移目，不为意似改步，时可而后动，数合而后举，故汤、武之师不再战而克，诚重民劳而度时审也。如遂极武黩征，土崩势生，不幸遇难，虽有智者将不能谋之矣"（《三国志》卷四十二）。蜀汉景耀六年（263），曹魏大军攻入蜀境，邓艾前军已入阴平，后主刘禅召群臣会议以定计，谯周反对降吴与入南，讲明时事利害关系；最终刘禅接受谯周的建议而降魏。晋人孙绰评云："先君正魏之篡，不与同天矣。推过于其父，佹首而事雠，可谓苟存，岂大居正之道哉？"（《三国志》卷四十二注引）从历史来看，割据蜀中的王国必然是在中原战乱之际，而当中原出现统一全国之势时，蜀中的偏安政权是不可能独立存在的，统一是历史的必然。谯周能审时度势，表现出的政治远见，为后来西蜀处理与中原王朝的关系留下了非常有益的史鉴。

唐代开元四年（716），蜀中盐亭学者赵蕤向唐明皇进呈其著作《长短经》九卷，自称"唐梓州郪县长平山安昌岩草莽臣"。古代《战国策》乃记录纵横家史事，此书曾又名"长短"。赵蕤之著乃讲治国安邦的谋略，有纵横家之意，故名"长短经"。其《儒门经济长短经序》是一篇杰出的政论文，言其著述之旨云："然作法于理，其弊必乱，若至于乱，将焉救之？是以御世理人，罕闻沿袭。三代不同礼，五霸不同法，非其相反，盖以救弊也。是故国容一致，而忠文之道必殊；圣哲同风，而皇王之名或异。岂非随时设教沿乎此，因物成务牵乎彼。沿乎此者，醇薄继于所遭，牵乎彼者王霸存于所遇。故古之理者，其政有三：王者之政化之，霸者之政威之，强国之政胁之。各有所施，不可易也。……夫霸者，驳道也，盖白黑杂合，不纯用德焉，期于有成，不问所以，论于大体，不守小节，虽称仁引义，不及三王，扶颠定倾，其归一揆。"（《长短经》自序）他主张治国应随时设教，实行霸者之政，才能起到有效的治理作用。他虽自称"儒门经济",实为道家、法家与纵横家之混合的政治思想,尤其讲究统治的权术,具有深远而实际的识见。他在《长短经》中每论一事,皆先引诸子之说,证以古代史事,最后将历史经验上升到政治的高度,展示了经世之才。《四库全书·长短经提要》评云:"虽因时制变,不免为事功之学,而大旨主于实用,非策士诡谲之谋。"这应是蜀中经世之学的渊源。后魏关朗作有《易传》,赵蕤为之作注,今存《关氏易传注》一卷。赵蕤的思想直接影响了诗人李白。

北宋初年西蜀出现了一位有异端思想的学者龙昌期。他是西蜀陵州(四川仁寿)人,著述甚多,计有《周易祥符注》《尚书注》《春秋正论》《论语注》《政书》《道德经注》《阴符经注》《八卦图精义》《帝王心鉴》《入神论笺书》《三教圆通论》等,均佚。其学涉及儒家、道家、兵家、数术、史学,极为广博。名臣文彦博在少年时代随父游宦蜀中,曾从学于龙昌期。他后来在《送龙昌期先生归蜀序》里说:"君平先生,陵阳人也。藏器于身,不交世务,闭关却扫,开卷自得。著书数万言,穷经二十载,浮英华而沈道德,先周、孔而后黄、老,杨、墨塞路,辞而辟之,名动士林,高视两蜀。遂不远万里,上书公车,累叩天阍,久而不报,乃喟然叹曰:'道未亨矣,吾其归欤!'"(《文潞公集》卷十一)嘉祐四年(1059)龙昌期已是八十九岁高龄,将著述百余卷进呈朝廷,仁宗皇帝召朝臣审阅。朝臣认为龙昌期诡诞穿凿,竟指周公为大奸,要求下令益州,毁其版本。朝廷因文彦博之力谏,赐龙昌期五品服并绢百匹。龙昌期携弟子十余人到阙辩解,但遭到欧阳修和刘敞弹劾,于是朝廷追还所赐,遣归西蜀。① 龙昌期被视为有异端思想的罪名主要有两点:一是以周公为大奸;二是以"六经无皇道"。刘敞《上仁宗治龙昌期学术乖僻疏》云:"臣等观其穿凿臆说,诡僻不经,甚至毁訾周公。"(《公是集》卷三十二)在《尚书·金縢》里记述周武王疾甚,周公告诉先王,许讫其身自代武王摄政,祝辞藏于金匮中。管叔、蔡叔流言诽谤,周公遂避居东都,与成王产生矛盾;后来成王见到祝辞,甚为感动,迎归周公。

---

① 参见吴天墀《龙昌期——被埋没了的异端学者》,《吴天墀文史存稿》,四川大学出版社1998年版。

龙昌期认为这是周公为了专政而玩弄的欺诈之术，所以周公是大奸。"三皇"是中国古代传说中的伏羲、神农、黄帝。北宋时邵雍认为《周易》中存在"三皇"之道，于是"六经"中有皇道存在。龙昌期从古史的观点以为《尚书》中没有记载尧、舜以前的事，故"六经无皇道"（《嵩山文集》卷十三）。我们若从学理和史实来看，龙昌期的态度是求实求真的，但在当时被视为异端，并对之进行扑灭。

约略同时的苏洵也有异端倾向，他却较为幸运。嘉祐元年（1056）眉山人苏洵携二子——苏轼、苏辙入京，将所著书二十二篇由翰林学士欧阳修进呈朝廷；次年其二子举进士皆在高第，"父子名动京师，而苏氏文章擅天下"（《渑水燕谈录》卷四）。苏洵通晓六经及诸子百家之学，虽名列古文大家，而实为特出的学者。今存《嘉祐集》十六卷，其中以《权书》《衡论》和《几策》称著。《权书引》中云："人有言曰，儒者不言兵，仁义之兵无术而自胜。使仁义之兵无术而自胜也，则武王何用乎太公，而牧野之战四伐、五伐、六伐、七伐乃止齐焉，又何用也？权书，兵书也，而所以用仁济义之术也。吾疾夫世人之不究本末，而妄以我为孙武之徒也。夫孙氏之言兵为常言也，而我以此书为不得已而言之之书也。故仁义不得已，而后吾权书用焉，然则权者为仁义之穷而作也。"（《嘉祐集》卷二）他谈兵不同于儒家，也不同于兵家，在更高的理论层次论述用兵之道。其《衡论》探讨远虑、御将、任相、重远、良才、用法、议法、兵制、田制，为执政者提供经世的权术。因而苏洵具有古代纵横家的学风，并非一般的学者。他对儒学是有深厚修养的，但采取了批判的态度。《周易》为儒家经典之首，为什么古代圣人要著这部书呢？苏洵以为："圣人惧其道之废，而天下复于乱也，然后作《易》，观天地之象以为爻，通阴阳之变以为卦，考鬼神之情以为辞，探之茫茫，索之冥冥。童而习之，白首而不得其源。故天下视圣人如神之幽，如天之高，尊其人而其教亦随而尊。"（《嘉祐集》卷六《六经论·易论》）原来圣人是故弄玄虚的，因其道之神秘莫测，无法理解，遂使人们以为神圣，儒家之道也就被人们尊崇了。这是在理论上对儒家之道的真相的揭示，也是对其基础的颠覆。自儒家亚圣孟子以来最重视义利之辨。《周易·乾卦》里说"利者义之和"，苏洵阐释说："义者所以宜天下，而亦所以拂天下之心，苟宜也，宜乎其拂天下之心也。求宜乎小人邪，求宜乎君子邪？求宜乎君子也，吾未见其不以至正而能也，抗至正而行，宜乎其拂天下之心也。然则义者，圣人戕天下之器也。……利在则义存，利亡则义丧。"(《嘉祐集》卷九《利者义之和论》)什么是"义"，它实即统治者的价值观念，在它之上还有公平，因而片面强调统治阶级的大义必然有违公平而违背天下之心；所以苏洵竟以为"义"是圣人用来戕害天下民众的工具，而实际上"利"重于"义"。我们细究苏洵的论著，纵横家之风是其表象，而其思想是含有异端性质的。当时仁宗皇帝和欧阳修、韩琦等重臣对苏洵十分宽容，可能因其二子名望甚高而未追究。

清代初年四川达州出现了一位思想家唐甄。他一生式微，贫困以终，著有《春秋述传》《毛诗传笺合义》均佚；今存《潜书》九十七篇。关于《潜书》之旨，唐甄说："甄虽不敏，愿学孟子焉。四十以来，其志强，其气锐，虽知无用于世，而犹不绝于愿望。及其用于远游，厄于人事，凶岁食其糠粞，奴仆离散，志气消亡，乃喟然而叹曰：莫我知也夫！不忧世之不我知，而伤天下之民不遂其生。郁结于中，不可以已，发而为言。有见则言，有闻则言。历三十年，累而存之，分为上下篇：言学者系于上篇，凡五十篇，言治者系于下篇，凡四十七篇；号曰《潜书》。上观天道，下察人事，远正古迹，近度今宜，根于人心而致之行，如在其位而谋其政，非虚言也。"(《潜书·潜存》)唐甄的文笔流美，结合自己的人生体验，进行深邃的理性思辨，表现出尖锐的政治批评和真切的人生感悟。他是主张事功之学的，批评新儒学者说："儒者不言豆苗，以为外务。海内之兄弟死于饥馑，死于兵革，死于虐政，死于外暴，死于内残，祸及君父，破灭国家。当是之时，束身锢心，自谓圣贤，世既多难，己安能独贤？"(《潜书·良功》)这从儒者个人与群体的关系立论，指出所谓"独善其身"的自私与不可能。国君被尊为"天子"，至高至圣，但唐甄指出："治天下者惟君，乱天下者惟君。治乱非他人所能为也，君也。小人乱天下，用小人者谁也？女子寺人乱天下，宠女子寺人者谁也？"(《潜书·鲜君》)中国高度的中央集权集于君权，因而国君既可能是治天下者，也可能是乱天下者。古代史家将乱天下的责任往往归于权臣、小人、女子、太监，而他们正是国君所信赖的。这对于认识中国封建集权的本质及历史教训是有深远意义的。"自秦以来，凡为帝王者皆贼也"，这是唐甄纵观古今历史后做出的判断，他解释说："杀一人而取其匹布斗粟，犹谓贼，杀天下之人而尽有其布粟之富，而反不谓之贼乎？三代以后，有天下之善者莫如汉，然高帝屠城阳，屠颍阳；光武帝屠城三百。使我而事高帝，当其屠城阳之时，必痛哭而去之矣；使我事光武帝，当其屠一城之始，必痛哭而去之矣。吾不忍为之臣也。"（《潜书·室语》）他有此认识，所以在顺治十四年（1657）中举后曾任山西潞安府长子县知县仅十月即被革职为民。《潜书》的内容丰富，思想深刻，其许多见解"皆人所不及见，不敢言者，先生独灼见而昌言之"（潘耒《潜书序》）。自《潜书》于康熙十八年（1679）初刊之后，被诋毁为"纵横长短之文"，但又经修订增补而终于流传，可见其思想光辉是难掩的。

近世四川富顺出了一位学者——李宗吾，他创立了"厚黑学"，自称"厚黑教主"。自 1912 年他发表一篇文章名为"厚黑学"，一时引起轰动；1934 年《厚黑学》在北平刊行后即广为畅销；1935 年 8 月 1 日至 1936 年 3 月 4 日又在成都《华西日报》陆续发表《厚黑丛话》，影响日益扩大。李宗吾说："我读中国历史，发现了许多罅漏，觉得一部二十四史的成败兴衰，和史臣的论断是完全相反的；律以圣贤所说的道理，也不符合。我很为诧异，心想古来成功的人，必定有特别的秘诀，出乎史臣圣贤之外。我要寻它这个秘诀，苦求不得，后来偶然推想三国时候的人物，不觉恍然大悟，古人成功的秘诀，不过是脸厚心黑罢了。"[①] 李宗吾生活于中国的乱世，使他对中国文化产生怀疑并进行批判，揭示古圣先贤及帝王的阴险虚伪，以事例说明他们人格的卑劣，尤其是历史上的成功人物都是脸厚心黑的。在厚黑学下汇聚中国大奸于一堂，让人们认清他们的本来面目。同时李宗吾教导在社会中为生存而斗争的人们以厚黑学作为适应现实、取得成功的经验。厚黑学从荀子的性恶论出发，以利己的观点，使用简单的手段，最有效地达到个人的目的，因而它易于迷惑人们。李宗吾是以随笔方式论述其学的，通俗而乏学理。我们从中国权术来看，

---

① 李宗吾：《厚黑大全》，今日中国出版社 1997 年版，第 31 页。

它属于权术的表层现象；从个人取得成功的经验来看，它仅属于简单的细枝末节。因此他在批判中国传统文化之后提出的厚黑学，是传统权术的糟粕，是应予抛弃的。自20世纪80年代以来，厚黑学又在东南亚及中国大陆作为一种通俗文化而流行。我们从蜀学的发展来看，厚黑学之产生在四川，它无疑是有着杂学异端传统的。我们若将扬雄、谯周、赵蕤、龙昌期、苏洵、唐甄、李宗吾等蜀中学者并观，则他们的学术思想都有偏离正统的特点，并有异端的性质。历史上的异端思想，它们的个体性质是不同的，其学术价值也是不同的，这还有待具体的评价。

三

中国学术探讨纯粹理性之学以魏晋玄学和宋明理学为著，但它们在蜀中并无多大影响，即没有出现以思辨见长的玄学家和理学家。中国实学主要体现在以名物训诂见长的儒家古文经学派，其极致则为清代乾嘉的考据学派，但这两种治学方法在蜀中亦无显著影响，即没有出现过著名的古文经学大师和考据学家。我们纵观蜀学的历史，大多数学者是崇实而富于思辨的，往往通过对史实的考察而进入理性的探讨，故有实而能虚的特点。西蜀因地域的偏远与固守学术传统，所以中原时尚文化所体现的学术思潮在此地的反响甚微。蜀中学者习惯采用由实到虚，虚实结合的一般的治学方法，这在常璩、吴缜、任渊、廖平、刘咸炘、郭沫若与贺昌群等学者的著述中有很明显的表现。

晋代蜀郡江原县（四川崇州）史学家常璩的《华阳国志》十二卷，记载晋以前的四川、云南、贵州及甘肃、陕西、湖北部分地区的历史和地理状况，是富于首创意义的地方史志，提供了古代华阳地域的古史、政治、经济、民族等极为珍贵的史料。常璩以史学家的态度，忠实于史实的叙述，对传说、神话、史料等皆做了客观的处理。特别是关于巴蜀古史的传说，他虽然在《巴志》和《蜀志》里做了较详而系统的叙述，但最后在《序志》辨析说："《蜀纪》言：'三皇乘祇车出谷口。'秦宓曰：'今之斜谷也。'及武王伐纣，蜀亦从行。《史记》：周贞王之十八年，秦厉公城南郑。此谷道之通久矣，而说者以为蜀王因石牛始通，不然也。

《本纪》既以炳明，而世俗间横有为蜀传者，言蜀王、蚕丛之间周回三千岁。又云荆人鳖灵死，尸化西上，后为蜀帝；周苌弘之血变为碧珠；杜宇之魄化为子鹃。……蚕丛自王，杜宇自帝，皆周之叔世，安得三千岁？且太素资始，有生必死，死，终物也。自古以来，未闻死者能更生当世；或遇有之，则为怪异，子所不言，况能为帝王乎？碧珠出不一处，地之相距动数千里，一人之血，岂能致此？子鹃鸟，今云是嶲，或曰嶲周，四海有之，何必在蜀？"（《华阳国志》卷十二）这对相传的扬雄《蜀王本纪》所记古蜀传说做了理性的分析，以证其伪。由此可见，常璩不仅记述史事，而且对它们有理性的认识。

北宋中期西蜀成都有一位特殊的年轻的史学家吴缜。宋人王明清记其事云："嘉祐中诏宋景文、欧阳文忠请公重修《唐书》，时有蜀人吴缜者初登第，因范景仁而请于文忠，愿预属官之末，上书文忠，言甚恳切。文忠以其年少轻佻，拒之。缜鞅鞅而去，逮新书之成，乃从其间指摘瑕疵，为《纠谬》一书。至元祐中，缜游宦蹉跎，老为郡守，与《五代史纂误》俱刊行之。"（《挥麈后录》卷二）吴缜是很有史学才华的，他指摘欧阳修编的《新唐书》而著成《新唐书纠谬》二十卷，又指摘欧编《新五代史》而著成《五代史纂误》三卷。此两著皆是治史和治五代史者必读的。元祐四年（1089）吴缜作的《新唐书纠谬序》云："《唐书》自颁布行，迄今几三十载，学者传习，与迁、固诸史均焉。缜以愚昧，从公之隙，穷尝寻阅《新书》，间有未通，则必反复参究，或舛驳脱谬，则笔而记之，岁时稍久，事目益众。深怪此书抵牾穿穴，亦已太甚。揆之前史，皆未有如是者。推本厥咎，盖修书之初，其失有八：一曰责任不专，二曰课程不立，三曰初无义例，四曰终无审覆，五曰多采小说而不精择，六曰务因旧文而不推考，七曰刊修者不知刊修之要而各徇私好，八曰校勘者不举校勘之职而惟务苟容。"（《新唐书纠谬》卷首）此著二十卷，即将《新唐书》之谬误归纳为二十种情况，如"以无为有""似实而虚""书事失实""自相舛违""纪志表传不相符合""一事两见而异同不完"等。吴缜不仅精研史实，尤其采用了校雠学方法，从而取得杰出的学术成就。他的这两部著作在中国文献学史上被誉为"校史的巨著"，文献学家王欣夫说："吴缜所举其失有八，就是没有组织，没有计划所造成的，历史记载的是事实，事实是不容许有纷歧脱误的，倘然发现了纷歧脱误，便要参互考订以求其真是。吴缜就是用这个方法来校正《新唐书》的，不同于一般的根据众本。"① 如果当时欧阳修发现吴缜的史才并吸收他参加修史工作，可能会避免许多失误。吴缜不仅具有史才，且有史识，而且特具学术的锐气与批判精神，以致学术权威们无法压制他。

北宋末年蜀中新津人任渊是一位沉潜朴实的学者，他极有文才，学识丰富，自北宋政和元年（1111）开始注黄庭坚诗集，迄于南宋绍兴二十五年（1155）完稿，共四十年。北宋江西诗派领袖黄庭坚作诗讲究出处，以学为诗，艰涩难懂，为之作注释需要非常广博的知识。任渊不仅详尽而确切地遍为注释，尤其对作品进行了编年考证，征引史实，探究句意和篇意。清代诗学家许印芳说："任注黄诗，于目录每条之下总挈大纲，使读者考其岁月，知其遭际，因以推求作诗之本旨。此其可以为善本也。任氏之注，于诗中意旨亦能逐处发明。"② 因此任注自问世便被学界推许，影响到稍后史容为《山谷别集》作注、李壁为《王荆公诗》作注，它们皆为蜀中学者的名注本。任渊对作品的理解是透彻的，远非一般平庸注家可能比拟。任渊除《山谷内集诗注》二十卷外，尚有《后山诗注》十二卷传世，其《沂庵集》四十卷已佚。

晚清光绪元年（1875）成都创建尊经书院，光绪四年（1878）十二月今文经学大师王闿运受聘为书院主讲；自此今文经学在蜀中传播。四川井研县廖平以秀才调尊经书院学习，遂成为清代今文经学的终结者。廖平以治经学为主，思想复杂而多变。他在光绪二十八年（1902）作的《知圣续篇自序》里即构想了一个宏大的学术宗旨，"此篇之作，所以开中士之智慧，收异域之尊亲。所谓前知微言者，不在斯欤？将来大地一统，化日舒长，五历周流，寒暑一致。至圣之经营，与天地同覆帱。六艺《春秋》小始，《易象》大终。由采甸以推六合者，其说皆具于《周

---

① 王欣夫：《文献学讲义》，上海古籍出版社 1986 年版，第 389 页。
② 许印芳：《律髓辑要》，载《瀛奎律髓集释》，上海古籍出版社 1986 年版，第 137 页。

礼》。正浮海洋，施之运会，验小推大，俟圣之义始显"①，这是很典型的今文经学家的理想。今天经学家旨在阐发儒家经典的微言大义，长于思辨，而所发挥的"大义"有时竟可能达到荒诞的境地。廖平虽沿今文经学，但他于小学的训诂及考据之学甚有功底。他于《四益馆经学四变记》中云："四益原以宋学为主，及入尊经［书院］，泛滥于声音、训诂、考据、校勘，江、浙、直、湖各学派后，乃自立门户。"其所著的《谷梁古义疏证》《左氏古经说》《公羊补正》等书皆有朴学传统。廖平在学术界最受称许的是光绪十一年（1885）刊于成都的《今古学考》。自东汉以来关于儒家经典，因文字书写有秦以来的"今文"和"古文"两种，文字与篇目互有差异，师法传授亦有分歧，于是形成今文经学与古文经学之争，后来衍为儒学的两个派系。这段历史公案复杂纷纭，虽然两派互不兼容，而于其源流、争议的内容和两派的基本特点，却缺乏系统的考察与研究。廖平解决了这个学术难题，他以系统的、细密的考证著成《今古学考》，在大量史料的基础上进行分析梳理，辨伪存真，考镜源流，以简明的方式表示。廖平更长于思辨，虽然其学自"四变"开始究天人之学而趋于神秘怪诞，但他早年的学术思想曾对近代政治思想家康有为产生了重要影响。廖平的《辟刘篇》和《知圣篇》于光绪十四年（1888）完稿，前者改订为《古学考》刊于光绪二十四年（1898），后者刊于光绪二十八年（1902）。此两著为康有为《新学伪经考》和《孔子改制考》改良理论的根据。廖平在《经话甲编》卷一记述云："广州康长素（有为）奇才博识，精力绝人，平生专以制度说经。戊己（1888—1889）间从沈君子丰处得《学考》，谬引为知己。及还羊城，同黄季度过广雅书局相访，余以《知圣篇》示之，驰书相戒，近万余言，斥为好名骛外，轻变前说，急当焚毁。当时答以面谈，再决行止。后访之城南安徽会馆，黄季度以病未至。两心相协，谈论移晷。明年（1891）闻江叔海得俞荫老书，而《新学伪经考》成矣。"②康有为弟子梁启超也承认这个事实，他说："今文学运动之中心，曰南海康有为……后见廖平所著书，乃尽弃

---

① 李耀仙主编《廖平学术论著选集》（一），巴蜀书社1989年版，第224页。
② 李耀仙主编《廖平学术论著选集》（一），第447页。

其旧说。"① 我们从廖平的治学,可见他有实学的根柢而又富于思想创新。

廖平卒于1932年,享年八十岁。此年一位天才学者刘咸炘亦卒,年仅三十六岁。刘咸炘祖籍四川双流,出生于成都,终身从事讲学与著述,治学范围极广,涉及经学、哲学、史学、文学、文献学,著述达二百余种。其学渊源颇为特殊,他传承了祖父槐轩先生刘沅的经学,崇尚章学诚的史学,又吸收了近代西方学术。他自述:"吾之学,《论语》所谓学文也。学文者知之学也,所知者事物之理也,所从出者家学。祖考槐轩先生私淑章实斋先生也。槐轩言道,实斋言器。槐轩之言,总于辨先天与后天;实斋之言,总于辨统与类。凡事物之理,无过同与异,知者知此而已。先天与统同也,后天与类异也。槐轩明先天而略于后天;实斋不知先天,虽亦言统,止明类而已,又止详文史之本体,而略文史之所载。所载广矣,皆人事之异也;吾所究即在此。故槐轩言同,吾言异;槐轩言一,吾言两;槐轩言先天,吾言后天;槐轩言本,吾言末而已。"② 刘咸炘与章学诚比较,则更重视文史的事实;他与祖父刘沅比较,更重视经验之学。因他治学是以史学为基础的,尤长于史学理论、史学史和学术思想史的研究;所著《太史公书知意》六卷、《史学述评》五卷、《续校雠通义》二卷、《校雠述林》四卷、《目录学》二卷等,均在学理上超越了章学诚。刘咸炘的整个治学倾向是"即实求虚"的,所以其目的在于建立一个宏伟的学术思想体系。其《中书》取儒家中庸之义,治学守中;《左书》探讨儒家、道家和理学家的理论;《右书》论述伦理道德,包括礼制、政治;《内书》论自我修养和知行关系;《外书》进行中学与西学的比较研究;《浅书》谈国学教育与教学。他经过如此的探讨,试图解决若干认识的矛盾对立的范畴,以求同一,即"阴阳","虚实","源流","始终""古今","来往","南北","东西","同异","公私","推十合一,执两用中",故其整个著述名为"推十书"。刘咸炘之学"即实求虚",其中含有许多合理因素。

中国现代蜀中学者当以乐山郭沫若的成就最突出,其著述宏富,才

---

① (清)梁启超:《清代学术概论》,第46页。
② 刘咸炘:《自述》,《推十书·推十文集》,成都古籍书店1996年影印本。

华横溢,富于创新精神,不仅是蜀学大家,还是一代文化巨人。这里我们仅以他于20世纪40年代在重庆著的《十批判书》为例,以考察其治学方法。《十批判书》初版于1945年,由重庆群益出版社印行,除其"自我批判"之外,是对影响中国传统思想的孔墨、儒家八派、稷下黄老学派、庄子、荀子、名辩思潮、前期法家、韩非子和吕不韦的批判。这是郭沫若关于古代社会研究的集大成之作,他采用了历史唯物主义的方法,将先秦诸家思想置于特定的历史背景、政治经济结构中予以考察。在此之前他完成了殷墟卜辞、殷周青铜金文、古器物中所见殷周关系的新资料的考释,并对殷代的生产状况、西周的生产状况、封建制、井田制、工商分化和奴隶制等问题,做了史实与理论的探讨,形成了许多成果。他在研究中很重视文献资料的搜集与辨伪的工作,以为"无论作任何研究,材料的鉴别是最必要的基础阶段。材料不够自然大成问题,而材料的真伪性或时代性如未规定清楚,那比缺乏材料还要危险。因为材料缺乏,顶多得不出结论而已,而材料不正确便会得出错误的结论。这样的结论比没有更要有害。研究中国古代,大家感受最棘手的是仅有的一些材料却都真伪难分,时代混乱,不能作为真正的科学研究的素材"①。他在撰写此著时广泛搜集了汉代以前的资料,涉及考古学的、文献学的、文字学的、音韵学的范围,由此发表了大胆的新见解。郭沫若在《十批判书》后记中云:"我比较大胆,对于新史学阵营里的多数朋友们每每提出了相反的意见。我坚持着殷、周是奴隶社会,重新提出了更多的证据和说明。我对于儒家和墨家的看法,和大家的见解也差不多形成了对立。我自然不敢认定我的见解就是绝对的正确,但就我们能运用的材料和方法上看来,我的看法在我自己是比较心安理得的。"② 因为他使用了经过考辨的材料和科学的方法,尽管意见新奇或偏颇,均在学理上可以自成一家之说。

郭沫若同时的史学家还有西蜀马边的贺昌群。20世纪20年代,他在

---

① 郭沫若:《古代研究的自我批判》,《郭沫若全集·历史编》第2卷,人民出版社1982年版,第3—4页。

② 郭沫若:《十批判书后记》,载《郭沫若全集·历史编》第2卷,第467—468页。

《元曲概论》里从西域乐舞来探讨戏曲的起源。此后研究西北史地，著有《流沙坠简校补》《敦煌佛教的艺术系统》《魏晋清谈思想初稿》，展示了其学贯中西和文史兼治的特点。1943年1月7日，他在重庆《大公报》发表了《敦煌千佛洞应归国有赞议》，认为："在政府未决定统一管理之前，我们以为目下对于敦煌千佛洞的当务之急，应由政府（教育部会同内政部）迅速指定纯学术机关如'中央研究院'或'中央博物院'负保管之责，保管费当另由政府酌拨。此事之实现愈早，千佛洞之劫运或犹挽救于万一。总之，千佛洞之应归国家管理，当已不成问题。我们万分希望政府与社会人士早日促其实现，岂仅是学术界之幸而已。"① 因有此赞议，1944年年初，"中国国立敦煌艺术研究所"正式成立，这是敦煌学史上的一件大事，早在1930年陈寅恪为《敦煌劫余录》作序时说："一时代之学术，必有其新材料与新问题。取用此材料，以研究问题，则为此时代之新潮流。治学之士，得预此潮流者，谓之预流。其未得预者，谓之未入流。此古今学术史之通义，非彼闭门造车之徒，所能同喻者也。"② 这里特别强调研究新材料的意义，可体现时代学术的新潮流。因为当时新的史料文献不断地被发现，许多学者注意研究新材料，故此论对学术界产生了很大的影响。但如此理解新潮流是颇为片面的。1936年1月，贺昌群发表《历史学的新途径》，他批评说："大抵一时代有一时代的学风，一番新史料的发现，必有一番新学问的领域，能够站在新学问的领域中利用这番新材料，就是学术上的前驱者，陈寅恪先生称此为'入流'，反乎此而不闻不问，自以为坐井观天者，谓之'未入流'。但我想入流与不入流，有时亦不在以能获得新材料为目的，近来学术因为争取发表新材料的优先权，往往令人有玩物丧志之感。所以尤在要明了学术研究的新趋向，然后才知所努力，在思辨上有深刻的眼光，文字上有严密的组织，从习见的材料中提出大家所不注意的问题，所以学术的思考上也有入流与不入流之别。"③ 中华人民共和国成立后，贺昌群调任中

---

① 吴泽主编：《贺昌群史学论著选》，中国社会科学出版社1985年版，第101页。
② 陈寅恪：《敦煌劫余录序》，《金明馆丛稿》二编，上海古籍出版社1980年版，第236页。
③ 吴泽主编：《贺昌群史学论著选》，第531页。

国科学院历史研究所研究员，以历史唯物史观研究中国封建土地所有制，发表多篇论文，结集为《汉唐间封建土地所有制形式研究》，成为这一时期的重要史学成果。贺昌群有扎实的考据基础，兼有新的历史观，其论著在材料的使用与学术创见方面皆达到很高的水平。从上述几位蜀中学者的治学道路与治学方法，我们可见到他们能实能虚，由实到虚，多有创获，往往臻于学术的高境。

  我们在众多蜀中学者里选择了颇具个性的和代表性的司马相如、扬雄、谯周、常璩、陈子昂、赵蕤、李白、龙昌期、苏洵、苏轼、吴缜、任渊、魏了翁、杨慎、唐甄、廖平、吴虞、刘咸炘、李宗吾、郭沫若、贺昌群二十一位学者进行分类考察。从他们的学术思想和治学方法，可见存在某些特点，例如固守传统而又时居学术前沿，以杂学见长而时有异端倾向，崇实而又富于思辨。这些特点分别体现在某些学者的著述里，我们将它们概括起来，则构成蜀学的基本特征。当然这些特征，我们也可在其他地域学术中见到，但它在蜀学中是相对地较为突出的。如果以为上述关于若干个案的分析是可以成立的，则如此的概括应基本符合蜀学的实际了。当然蜀中学者除我们所举的之外，尚有许多很有成就和影响的，他们也可能表现出与上述相异或相反的某些特征，但他们未显示出蜀学的主要倾向而只得从略了。我们探讨蜀学的特征，并不意味着便是对蜀学在中国学术史地位的评价。蜀学毕竟受到历史条件与地域条件诸多因素的影响，若与中原、齐鲁、江浙、湖湘、安徽等学术相比较，在某个时期或某个方面仍是较为滞后的，而因其学术特征的突出，并有时曾对中国学术的发展作出了重大贡献，故能在中国学术史上具有一席合理的地位。

（原载于《蜀学》第二辑，巴蜀书社 2007 年版）

蜀学的性质与文化渊源及其与巴蜀文化的关系

谢桃坊

一

在中国学术发展的过程中，四川的学术具有某些地域的特色，而且它与齐鲁之学、关学、洛学、闽学、楚学、徽学等相比较尤有独特的个性而形成了蜀学。从公元前2世纪中叶蜀学的兴起迄于20世纪初，其概念的内涵逐渐丰富和发展，最终成为现代学科之一，此间经历了三个发展阶段。

四川在西汉为益州，统辖八郡，其中在川境者计有蜀郡、巴郡、广汉郡、犍为郡、越巂郡。蜀郡之治所为成都。以上五郡统称蜀地。西汉初年蜀地与中原文化相较是极其落后的，汉景帝末年（前146—前141）蜀郡郡守文翁治蜀时始采取系列文教措施以改变原有的状况。《汉书》卷八十九《循吏传》记文翁于蜀兴学之事：

> 景帝末，［文翁］为蜀郡守，仁爱好教化。见蜀地僻陋有蛮夷风，文翁欲诱进之，乃选郡县小吏开敏有材者张叔等十余人亲自饬厉，遣诣京师，受业博士，或学律令。减省少府用度，买刀布蜀物，赍计吏以遗博士。数岁，学生皆成就还归，文翁以为右职，用次察举，官有到郡守刺史者。又修起学官于成都市中，招下县子弟以为学官弟子，为除更繇，高者以补郡县吏，次为孝弟力田。常选学官

童子，使在便坐受事。每出行县，益从学官诸生明经饬行者与俱，使传教令，出入闺阁。县邑吏民见而荣之，数年争欲为学官弟子，富人至出钱以求之，繇是大化，蜀地学于京师者比齐鲁焉。

文翁以中原文化的眼光见到蜀地仍存"蛮夷之风"，为改革此种情况，特派遣优秀子弟到京都从博士学习儒家经典，学成后回蜀地大力传播儒学。这在中国历史上首创郡国立学官之制，培养地方人才，给文人学士以广阔的政治出路；由此促进社会文化的发展，使蜀地文化在整个汉代文化系统中后来居上，出现了司马相如、王褒、严遵、扬雄等文人学者，时有蜀文冠天下之说。晋代蜀中史学家常璩在《华阳国志》卷三《蜀志》里叙述此段史事云：

孝文帝末年，以庐江文翁为蜀守，穿湔江口，溉灌繁田千七百顷。是时世平道治，民物阜康，承秦之后，学校陵夷，俗好文刻。翁乃立学，选吏子弟就学，遣隽士张叔等十八人东诣博士受《七经》，还以教授。学徒鳞萃，蜀学比于齐鲁。

《华阳国志》所记当依据《汉书》之史料，但比较二者，颇有差异。关于文翁为蜀郡守的时间，常璩以为是汉文帝末年，应以《汉书》为景帝末较为恰当。关于遣张叔等十余人诣京师受业，汉武帝建元五年（前136）设置"五经"博士，"五经"指《周易》《尚书》《诗经》《仪礼》《春秋》，至东汉始有"七经"之称，故常璩所记受"七经"乃误。关于"蜀学比于齐鲁"，据《汉书》所记应理解为蜀地弟子在京师求学者之众，可与齐鲁相侔，常璩则表述为张叔等学成后，回蜀中教授子弟，弟子众多，以致蜀中学术之盛可比于齐鲁了。常璩的记述虽有失误之处，但西汉时蜀地之文教事业可比齐鲁应是事实，而最重要的是他提出了"蜀学"的概念。这里的"蜀学"是指蜀地文教事业的兴盛和儒学的传播，表明蜀地接受并发展了中原的传统文化。

四川学术真正开始呈现地域的特色是在两宋时期。唐末五代时，中原长期战乱，衣冠士族纷纷入蜀避难，前后蜀国获得和平发展的机遇，故至北宋时文教事业极盛。皇祐二年（1050）田况守蜀时在成都建立经史阁以弘扬学术，吕陶《经史阁记》中载："蜀学之盛冠天下而垂无穷者，其具有三：一曰文翁之石室，二曰高公之礼殿，三曰石壁之《九经》。"（《成都文类》卷三十）吕陶认为西汉成都文翁石室未经兵火战乱的破坏；东汉末高朕补修石室作为文庙，规模宏伟；五代后蜀将《周易》《诗经》《尚书》《春秋》《周礼》《礼记》刻于文庙石壁，田况守蜀时又补刻《仪礼》《春秋公羊传》和《春秋谷梁传》，这样使儒家经典"九经"完备。因此一千二百余年来，虽然社会历经变革，但蜀中三个神圣遗迹保存完好，它们是蜀学繁盛的标志。吕陶将蜀学理解为蜀中儒学。北宋元祐时期（1086—1093）朝廷中形成三个政治集团，即以苏轼、吕陶、上官均为主的蜀党，以程颐、朱光庭、贾易为主的洛党，以刘挚、梁焘、王岩叟为主的朔党。他们相互进行政治斗争，而蜀党和洛党之间的斗争最为激烈，史称"洛蜀党争"。南宋之初统治集团在总结北宋灭亡的历史教训时清算了王安石变法的政治路线，革除蔡京余党，恢复元祐政治，曾被列入元祐党籍的洛党和蜀党诸公均得以平反昭雪。这时洛党和蜀党已不具政治集团性质，而程颐和苏轼的思想对学术界的影响极大，故程学与苏学同时盛行。绍兴六年（1136）朝廷开始禁黜程学，被视为伪学，而使苏学居于尊崇的地位。[①] 南宋中期学术界称"苏学"为"蜀学"。蜀中学者李石《苏文忠集御叙跋》中载："臣窃闻之，王安石以新说行，学者尚同，如圣门一贯之说，僭也。先正文忠公苏轼首辟其说，是为元祐学人谓蜀学云。"（《方舟集》卷十三）苏轼父子治儒家经学，又杂于纵横之学，在北宋古文运动中起到重大作用，而以文学成就著称。他们不同于传统的儒者，既是王安石新学的反对者，又是濂洛理学的否定者，在宋代学术中保持着独立自由的品格与蜀地的学术特色。清代学者全祖望谈到宋代新学与蜀学说："荆公《淮南杂说》初出，见者以为《孟子》。老泉文初出，见者以为《荀子》。已而聚讼大起。《三经新义》累数十年而始废，而蜀学亦遂为敌国。上下学案（《新学略》与《蜀学略》）不可不穷其本末也。且荆公欲明圣学而杂于禅，苏氏出于纵横之学

---

① 参见谢桃坊《关于苏学之辨——回顾朱熹对苏轼的批评》，《孔孟月刊》（中国台湾），1997年第36卷第2期。

而亦杂于禅,甚矣,西竺之能张其军也。"(《宋元学案》卷九十八)因此从南宋以来,蜀学已是具有地域特色的学术思想了。

近代以来,蜀学继宋代之后又呈后兴之势,尤以今文经学之盛并与维新思潮相结合为特点。1898年,戊戌变法之际,刘光第和杨锐联合在京师的四川爱国官绅傅增湘、谢绪纲、王晋涵、李塨等在四川会馆观善堂旧址成立蜀学会,同时创办蜀学堂,主张"讲新学,开风气,为近今自强之策"。入会者七十三人,他们讲求新学,学习西方先进经验,议论时务。① 此年宋育仁到成都任尊经书院山长,同成都学者杨道南、吴之英、廖季平等创办《蜀学报》附刊《蜀学丛书》,介绍国内外政治经济形势,批评时局,宣传维新思想,提出社会改革方案。1898年5月,宋育仁等在成都创设蜀学会,在四川各地设置分会。学会的活动以集讲为主,内容为伦理、政事和自然科学知识。② 这些蜀中学者大都属于今文经学派,思想活跃,长于思辨,富于理论创新。由于蜀学会促进蜀学的复兴,以致中国新文化运动以来蜀学仍引起中国学术界的兴趣与关注。姜亮夫回忆在20世纪20年代末,他给清华大学国学研究院导师梁启超写信,要求补考,征得同意后:

> 任公先生亲自接见,问我:"松坡先生是你什么人?"我说:"是我父亲的上司,我父亲曾在松坡先生底下做事。"他又说:"廖季平先生是不是你老师?"我说:"是的。"他问还有哪些老师,我就约略地说一下,他都晓得。他说:"这些先生都很好,你为什么不在成都高师读下去?"我回答说:"成都高师我已经毕业了。"他说:"好,我就让你补考吧!"接着就给我出了题目:"试述蜀学",当即我就写了二三千字的文章交上去了。任公先生一边看一边微微地笑着,有时点点头。③

---

① 参见隗瀛涛《四川近代史稿》,四川人民出版社1990年版。
② 参见隗瀛涛、曾绍敏等《四川近代史》,四川省社会科学院出版社1985年版。
③ 姜亮夫:《忆清华园国学研究院》,《学术集林》卷一,上海远东出版社1994年版,第232—233页。

此后成都学者刘咸炘在《蜀学论》里追溯了蜀学的历史①，继而蒙文通在《议蜀学》里倡导说：

> 夫伊洛当丧学绝之后，犹能明洙泗之道，绍孟学之流，以诏天下。蜀人尚持其文章杂漫之学以与朔洛并驱。自顾以迄于今，其道已弊。吴越巨儒，复已悔其大失，则蜀中之士独不思阐其乡老之术以济道术之穷乎！是则承学之士所宜熟思而慎择者也。②

中国学术的发展自西学东渐之后发生了新的变化，回顾宋代的苏学，其缺失已经显露，因而如何弘扬蜀学传统是宜慎重考虑的。这是蒙文通对于蜀学事业的关切与希望。

从"蜀学"概念内涵的演变，可见它由引进接受中原儒学以发展文教事业，逐渐形成以苏学为代表的地域学术特色而在学术史上产生重大影响，迄于近代它又吸收新学而获得新的活力。蜀学从西汉绵延至今，形成了颇具特色的传统。纵观蜀学的发展，其主要成就在文学、史学、哲学和经学方面，其学术思想既体现了中原学术传统，又有相异之处；既有时影响着主流文化，又往往遭到正统学者的批评；既有地方学术的滞后性，又比时尚文化更富于传统精神。我国新时期以来学术昌明繁盛，地域文化发展迅猛，蜀学成为现代学科的条件已经成熟。它以四川自西汉迄今的学术为研究对象，重点是经学、哲学、史学和文学，而以它们体现的学术思想的研究为核心，包括蜀学理论、蜀学史、蜀中学者、蜀学文献等方面的研究，是四川文化中高层次的理论研究。"文化的中心是思想或哲学，举凡政治、历史、文艺等无一不受其影响。哲学固然是思想，而文学、史学、宗教之类，无一不具有鲜明的思想性"，"中国传统文化，即中国固有文化，其重点是指中国古代的学术思想"。③ 为适应新的学术发展趋势，近年"中国学术文化史"作为一个新兴的学科已受到

---

① 参见刘咸炘《推十书·推十文集》卷一，成都古籍书店1996年影印本。
② 蒙文通：《议蜀学》，载廖幼平编《廖季平年谱·附录》，巴蜀书社1985年版，第179页。
③ 蔡尚思：《蔡尚思自传》，巴蜀书社1993年版，第117—118页。

学界的重视,有着广阔的前景,将推动中国传统文化研究的深入。蜀学即中国学术文化史的一个分支学科。

二

  学术属于社会的上层建筑,它必然是在人类社会文明达到一定程度后才产生的。中国的学术思想发端于《周易》,它乃儒家"六经"之首,约产生于西周初年(前1027),此后春秋战国时期相继出现了道家、儒家、墨家、法家学说,构成丰富多彩的中国文化。中国古代巴蜀远离中原文明社会,处于闭塞的蒙昧状态,距学术的产生尚十分遥远。蜀学的文化渊源绝非来自古代的巴蜀。

  战国时期秦国强大,惠文王后元九年(前316)遣司马错率大军自石牛道——由陕西眉县、斜谷、勉县、阳平关、四川青川、广元、昭化、剑门关——伐蜀,冬十月灭蜀。《华阳国志》卷三《蜀志》中记载:"周慎王五年秋,秦大夫张仪、司马错、都尉墨等从石牛道伐蜀,蜀王自于葭萌(四川广元西南)拒之,败绩。王遁走,至武阳(四川彭山东北)为秦军所害。其相、傅及太子退至逢乡,死于白鹿山(四川彭县西北六十里),开明氏遂亡。凡王蜀十二世。"周赧王元年即秦惠文王后元十一年(前314)秦王封公子通于蜀,以陈壮为相,置巴郡,以张若为蜀守。周赧王三十年即秦昭襄王二十二年(前285),秦王诛蜀侯绾,仅置蜀守,秦之郡县制在蜀地完全建立。① 秦国灭蜀后,为巩固其统治,曾经数次大量移民。秦国在蜀地初建政权,除政府官员及家属、驻军等入蜀者之外,又移民万户以填实②,这是第一次移民。秦始皇九年(前328)信侯嫪毐作乱,被诛杀,其党羽四千余家,迁于益州部汉中郡房陵(湖北房县),由此再分迁蜀中各地。十二年(前235)文信侯吕不韦死,其党羽及悼亡哭临者万余家迁蜀之房陵并继分迁蜀之各地。十九年(前228)秦国灭赵,赵国贵族及富户被迁于蜀地。《史记》卷一二九《货殖列传》记载:

---

① 参见(晋)常璩撰,刘琳校注《华阳国志校注》,巴蜀书社1984年版。
② 参见马非百《秦集史》,中华书局1982年版。

"蜀卓氏之先，赵人也，用铁冶富。秦破赵，迁卓氏。卓氏见虏略，独夫妻推辇，行诣迁处。诸迁虏少有余财，争与吏求近处，处葭萌。惟卓氏曰：'此地狭薄，吾闻汶山之下沃野下有蹲鸱，至死不饥。民工于市，易贾。'乃求远迁。致之临邛（四川邛崃），大喜，即铁山鼓铸，运筹策，倾滇蜀之民，富至僮千人，田池射猎之乐，拟于人君。"临邛的程郑氏是由山东来的移民，亦因冶铁致富。从司马迁的记述，可知入蜀的移民在迁徙过程中可以贿赂将吏而选择居住地。《华阳国志》卷三汇列蜀中各地的大姓有柳、林、张、赵、郭、扬、何、罗、常、陈、刘、朱、李、翟、马、史、郑、汝、彭、段、康、古、袁、杨、谢、费、吴、隗、楚、石、薛、相、程、姚等，从姓氏的来源考察，它们皆为中原的氏族。我们可以断定：在公元前206年汉王朝建立时，中原的移民已成为蜀地居民，而古代巴蜀的原住居民因杀戮、逃亡或同化，靡有孑遗了。在蜀地归并秦国时，即以行政的方式推行中原的政治制度、文字、习俗、语言、文化，所以才可能于汉代初年孕育出大文学家司马相如。关于司马氏的氏族来源，司马迁在《太史公自序》里说：

> 昔在颛顼，命南正重以司天，北正黎以司地。唐虞之际，绍重、黎之后，使复典之，至于夏商，故重黎氏世序天地。其在周，程伯休甫其后也。当周宣王时，失其守而为司马氏。司马氏世典周史。惠、襄之间，司马氏去周适晋。晋中军随会奔秦，而司马氏入梁。自司马氏去周适晋，分散，或在卫，或在赵，或在秦。夫在卫者，相中山。在赵者传剑论显，蒯聩其后也。在秦者名错，与张仪争论，于是惠王使错将伐蜀，遂拔，因而守之。（《史记》卷一三〇）

司马是以周代职官名命氏的，《周礼》夏官大司马之属有军司马、舆司马、行司马。其子孙自周分迁于中原各地及秦国。秦国的著名人物有司马错、司马靳雳、司马庚、司马康等。司马氏是随司马错伐蜀而徙居蜀地的。司马相如即出自此支司马氏之后，因久居成都而称成都人了。《汉书》卷五十七《司马相如传》云：

> 司马相如字子卿，蜀郡成都人也。少时好读书，学击剑，名犬子。相如既学，慕蔺相如之为人也，更名相如。以訾（赀）为郎，事孝景帝，为武骑常侍，非其好也。会景帝不好辞赋，是时梁孝王来朝，从游说之士齐人邹阳、淮阴枚乘、吴严忌夫子之徒，相如见而悦之，因病免，客游梁，得与诸侯游士居，数岁，乃著《子虚赋》。

可见司马相如青少年时代是在成都求学的，长于流行的辞赋。其所作辞赋的文字、体制、词语、事典、风格，皆属中原文化范畴，而且这皆在文翁兴学之前，表明成都与中原主流文化是相通的，虽然文教事业尚未发展起来。西汉后期的扬雄是第一位蜀学大师，其家世亦出自中原。《汉书》卷八十七上《扬雄传》云：

> 扬雄字子云，蜀郡成都人也。其先出自周伯侨者，从支庶，初食采于晋之扬，因氏焉，不知伯侨周何别也。扬在于河、汾之间，周衰而扬氏或称侯，号曰扬侯。会晋六卿争权，韩、魏、赵兴而范、中行、知伯弊。当是时，逼扬侯，扬逃于楚巫山，因家焉。楚汉之兴也，扬氏溯江上，处巴江州，而扬季官至卢江太守。汉元鼎间避仇复溯江上，处岷山之阳曰郫（四川郫县），有田一廛，有宅一区，世世以农桑为业。自季至雄，五世而传一子，故雄无它扬于蜀。

汉成帝时扬雄四十岁始离蜀游京师，其学已成，辞赋学司马相如，《法言》仿《论语》，《太玄》效《周易》。我们追溯其辞赋、经学和小学的学术渊源，它们皆出自中原学术。此外西汉的蜀中学者如赵宾传孟喜易学，严遵精于《周易》《老子》和《庄子》，何武治《周易》，张宽著有《春秋章句》，胥君安精于《春秋》，杨宣受天文图谶之学，王褒为辞赋名家，落下闳造《太初历》，任永长于历数①，他们直接传承着中原学术。

---

① 参见王文才《两汉蜀学考》，《巴蜀文化论集》，四川民族出版社1999年版。

每个时代的统治思想都是该时代的统治阶级的思想。当巴蜀地域成为中国王朝疆土的一部分时，其文化必然是主流文化的一部分。蜀学兴起于西汉初年，它无论在学术体系、学术思想和学术方法等方面均是中国学术的一部分。当然因地域文化的差异，某些地域的学术可能呈现一些特色，但最初的蜀学仅是中国学术在蜀地的移置，地域特色尚未表现出来。

三

20世纪初的中国新文化运动为中国史学开辟了新的道路，新史学家们以科学的方法重新研究中国历史。怎样科学地看待上古历史和辨析相关史料成为二三十年代史学界最关注的新问题，因而出现了"古史辨"学派，这无疑是新史学的良好开端。

中国历史的起点在什么时候？在哪里？中华民族是否有五千年的文明，或者上溯到盘古开天辟地的更为荒远的年代？司马迁虽然记述了《五帝本纪》，以黄帝为中国历史的发端，其叙述极为审慎而简略，因"五帝"——黄帝、颛顼、帝喾、帝尧和帝舜的年代均不可考，所以他最后表示怀疑："学者多言五帝，尚矣。然《尚书》独载尧以来；而百家言黄帝，其文不雅驯，荐绅先生难言之。孔子所传《宰予问五帝德》及《帝系姓》，儒者或不传。"司马贞《索隐》："《五帝德》《帝系姓》皆《大戴礼》及《孔子家语》篇名。以二者皆非正经，故汉时儒者以为非圣人之言，故多不传学也。"（《史记》卷一）从近世甲骨文字的发现，可以考知殷商王朝的世系，中国的历史可以追溯到公元前1600年。《史记·十二诸侯年表》纪年始于西周共和元年，即公元前841年，自此中国历史始有准确的年代。"古史辨"派的研究"可以说明一种极重要的事实，就是《诗经》和《书经》除出后人伪造的几篇东西以外，并未讲到尧舜。同样在纪年的序次上面还有更早的神农，他被人知道是在孟子讲到他之后，至于黄帝，直到秦朝才出现；中国的始祖盘古则在汉朝以前简直无人知道"①。因此在殷商王朝以前的历史属于神话传说性质,并非信史。由此我们回顾巴蜀古代的历史,便不至于将神话传说与信史混淆起来。

殷墟卜辞中"蜀"字有十一条,如"蜀受年""征蜀",此"蜀"乃在鲁地。《春秋左传·宣公十八年》"楚于是乎有蜀之役"。杜预注:"蜀,鲁地,泰山博县西北有蜀亭。"所以关于近年周原出土的甲骨文中"伐蜀""克蜀"等,李学勤亦以为此"蜀"皆在鲁地。② 文献中关于巴蜀的记载见于《史记》卷七十《张仪列传》:"苴蜀相攻击,各来告急于秦。秦惠王欲发兵伐蜀。"司马贞在《索隐》中云:"苴音巴。谓巴、蜀之夷自相攻击也。"《史记》之《秦本纪》和《张仪列传》已述秦灭蜀之史事极为简略,并未提到蜀王为谁。模仿古代文体和典籍的叙述方式进行撰著,这是扬雄的一种思维习惯。他仿《五帝本纪》而作《蜀王本纪》,拟构了蜀王的世系。《蜀王本纪》早佚,今存两则重要佚文是:

> 蜀王之先名蚕丛、柏濩、蒲泽、开明。是时人萌,椎髻左言,不晓文字,未有礼乐。从开明上到蚕丛,积三万四千岁。(《文选》卷四《蜀都赋》刘逵注引)

> 蜀之先称王者曰蚕丛、柏灌、鱼凫、开明。是时椎髻左衽,不晓文字,未有礼乐。从开明上至蚕丛,凡四千岁。(《太平御览》卷一六六引)

第一则佚文引用的时间较早,文意完整连贯;第二则为宋人转录,有错字和脱落。司马迁叙述了关于"五帝"的传闻后从史学的角度表示怀疑。扬雄是否在叙述蜀王故事之后表示学者的怀疑呢?可惜因其散佚而不可知了。扬雄所排列的蜀王世系的根据是什么?此前历史文献中并无这个世系及蜀王名称,文献不足征也。那么他是根据巴蜀故老的口述史料?

---

① 王师韫译:《中国史学家研究中国古史的成绩》,载《古史辨》,上海书店1930年版,第2册,第448页。
② 参见林向《巴蜀考古论集》,四川人民出版社2004年版。

然而这也是不可能的,因为从秦灭蜀至西汉末已历经泊余年,巴蜀土著早已不存,而当时的"故老"已是中原的移民,他们怎么会知道古蜀茫昧的世系。因此,这个蜀王世系当是出自扬雄的杜撰。如果真如他所说"从开明上到蚕丛,积三万四千岁",则巴蜀的历史早于中国的"五帝"了。

今存《蜀王本纪》佚文尚有关于古蜀的故事,如《文选》卷十五《思玄赋》李善注引:"望帝治汶山下邑曰郫,积百余岁。荆地有死人名鳖令,其尸亡,随江水上至郫,与望帝相见。望帝以鳖令为相,以德薄,不及鳖令,乃委国授之而去。"关于秦伐蜀,《艺文类聚》卷九十四引《蜀王本纪》云:"秦惠王欲伐蜀,乃刻五石牛,置金其后。蜀人见之,以为牛能大便金。牛下有养卒,以为此天牛也,能便金。蜀王以为然。即发卒千人,使五丁力士拖牛成道,致三枚于成都。秦得道通,石牛力也。后遣丞相张仪等随石牛道伐蜀。"这两则记述,一属超自然的神话;另一属怪异的传奇故事。常璩依据《蜀王本纪》等资料在《蜀志》里将蜀王世系表述为:蜀之立国始于人皇,黄帝之子昌意娶蜀山之女,生子高阳是为帝喾,封其支庶于蜀;春秋时蜀侯蚕丛称王,次为柏濩,继为鱼凫,至杜宇号称蜀主,教民务农;七国称王,杜宇称帝,是为望帝,禅位于开明;开明号丛帝,移治成都。常璩在记述中插入了扬雄讲的许多神话,但实际上他对这些故事是持否定与怀疑态度的,故于《华阳国志》卷十二《序志》中载:

> 《史记》周贞王之十[八]年,秦厉公城南郑。此(斜)谷道之通久矣,而说者以为蜀王因石牛始通,不然也。……蚕丛自王,杜宇自帝,皆周之叔世,安得三千岁?且太素资始,有生必死;死物终也。自古以来,未闻死者能更生当世;或遇有之,则为怪异,子所不言,况能为帝王乎?碧珠出不一处,地之相距动数千里,一人之血岂能致此?子鹃鸟今云是巂,或曰巂周,四海有之,何必在蜀?

因此《蜀志》述蜀王世系等事,我们应该视为神话传说。此后探索巴蜀古代社会的学者们依据《蜀王本纪》《华阳国志》以及《水经注》和地方志等资料，以拟构蜀王十二世的世系，论证其各阶段的社会发展性质，划分各王朝的历史时期，考察其疆域，再以蜀地近世出土之文物与发现之远古遗址做种种联想比附，以为古蜀王国已经是一个在中央集权统治之下的高度复杂的分层社会，已出现了颇具规模的城市和结构复杂的宫殿，而某些器物图纹符号即巴蜀古文字，其社会已达相当高度的文明程度了。这样以《蜀王本纪》的神话故事为基础，经过两千余年的层层堆积，古代巴蜀社会的历史丰富了，它的文明被发扬光大；可是这些层积是出自想象、猜测或推论，因其所据之文献不可靠，遂使考古而得材料之比附缺乏坚实的基础，以致诸种结论远离了古代巴蜀社会的真实。

扬雄所拟的蜀王世系是无根据的，但他以为古蜀社会"是时人萌，椎髻左言，不晓文字，未有礼乐"，这一判断较符合其社会性质。古蜀保存着初民的部族习惯，语言特殊，没有货币，没有文字，没有礼乐制度，是一个蒙昧的社会。无论从历史文献、成都平原出土的上古文物与发现的遗址来看，迄今确实未发现巴蜀有自己的文字，而且也无中原的文字；什么蚕丛、鱼凫、杜宇来历不明，亦不可考；也未发现存在什么姓氏，更未出现人口、生产资料、商品和消费集中的城市。因此，古代巴蜀尚不具备文明社会的条件，而是处于人类社会的野蛮阶段的后期，所以张仪和司马错皆称之为"夷翟"。当秦国军队入侵时，它根本无法对抗文明强国而迅即彻底溃败并被彻底消灭。巴蜀处于四川盆地，具有发展农业的良好条件；又因其四周的崇山峻岭而形成的险阻，使之与中原隔绝，处于封闭的状态。这样固然可使巴蜀的初民如传说中的"赫胥氏之时，民居不知所为，行不知所之，含哺而熙，鼓腹而游"，既无自然环境的挑战，亦无外敌的侵扰，然而却非常不利于他们的发展。英国史学家汤因比在论及中国古代文明的起源时说：

> 古代中国文明的祖先们，从种族上来看，好像同南方和西南方广大地区的居民——从黄河到雅鲁藏布江之间，从西藏高原到东海和南海——没有什么差别。如果说在这样一片广大的人群当中，有一部分人创造了文明，而其余的人在文化上却毫无所有，我想这个

理由也许是他们虽然有潜伏的创造才能，可是由于某些人遇到了一种挑战，而其余人等却没有遇到的缘故。①

中国古代居住在黄河流域的先民们，其自然环境相对艰难，曾遇到种种挑战，却促成了他们成为中国古代文明的创造者。古代巴蜀的先民未遇到严酷的环境挑战，以致在很长的时期内社会停滞不前，没有创造历史，没有成为社会发展的主体力量，没有创造文明。秦灭蜀后，古代巴蜀消失了，未留下任何有意义的东西。这是文明战胜愚昧的必然结果。

蜀学与巴蜀文化有无关系呢？我们从蜀学的文化渊源来看，它与巴蜀文化是毫无关系的。巴蜀文化本是考古学的概念。自20世纪20年代开始，在成都外西白马寺的附近陆续发现了一些青铜器，抗日战争时期入蜀的考古学者在收藏家和古玩店里见到这些器物，经过勘察出土地点，以后又见到四川其他地方出土的器物，它们在形制与纹饰等方面皆具地方特色，于是引起关于它们的真伪及年代的讨论。1942年，在重庆出版的《说文月刊》第3卷第7期为"巴蜀文化专号"。"巴蜀文化"的概念即源于此。考古学上的"文化"是指同一历史时期不以分布地点为转移的遗迹、遗物的综合体；同样的工具、用具，同样的制造技术等是同一文化的特征。近数十年间成都平原所发现的若干上古遗迹与遗物皆属于巴蜀文化。赵殿增说："考古学所说的巴蜀文化包括属于四川一带的两个民族产生、发展、繁荣、逐步衰落，直至形成新的文化以前的整个历史过程中所遗留下来的具有独自特征的全部遗迹和遗物。"② 蜀学不仅与巴蜀文化无联系，而且古代巴蜀的遗迹和遗物也非蜀学研究的对象。

中国新时期以来，在改革开放政策的鼓舞下，区域经济迅速发展、区域自主权扩大，由此推动区域的文化建设。在区域文化建设的同时，强调地域文化的独立发展，建构地域文化系统。在此文化背景下，四川的一些学者遂将"巴蜀文化"概念的原有性质改变，扩展其外延，丰富

---

① ［英］汤因比：《历史研究》，曹未风等译，上海人民出版社1986年版，第92页。
② 赵殿增：《巴蜀原始文化研究》，徐中舒主编《巴蜀考古论文集》，文物出版社1987年版，第1页。

其内涵，于是拟出一条从古代巴蜀社会到四川现代文明社会发展的锁链。它是古代巴蜀的延续，从未中断过，并未因秦以来汉文化的融入而消失；它的早期即认同和融入华夏文化，秦汉时期仅是其结构变化而已。巴蜀文化从采集和狩猎时代到农耕时代积累了文明因素，以优越的农耕文明融入汉文化但又延续和保持着自己的生活方式和地域特色。这样巴蜀的历史可以上溯到距今四千五百余年的宝墩文化和三星堆文化，绵延到现代化时期。所以巴蜀的历史极为古老，同中国的历史一样始于"人皇"，由此可见其悠久与辉煌。巴蜀文化等同于四川文化，它在中国历史文化发展中起到了何其重要的作用！这是从地域的观念的自我认定，若从中国文明的起源来看，以及从它对中国整个文化史的影响来看，可以得出不同的结论，因为无论如何它是不可能与中原文化、齐鲁文化和楚文化的意义相比拟的。这正如古代夜郎一样，并未冷静地、客观地认识自己在中国文明史上的实际地位。如果将四川文化等同于巴蜀文化，仅是一种地域文化观念当然蜀学应包含在其中，并且是其核心，但巴蜀文化毕竟与考古学的概念淆混，而且将导致强调四川文化与古代巴蜀的亲缘关系而对历史产生误解。蜀学对这种巴蜀文化在理论上是不能接受的。

［原载于《西华大学学报》（哲学社会科学版）2009年第4期］

蜀学浅议

查有梁

一 巴蜀文化的精华是蜀学

什么是文化？文化的内核是思维方式，文化的中介是交流方式，文化的外壳是生活方式。文化是一个相当广泛的概念，文化包括了人们的"思维方式、交流方式、生活方式"。巴蜀文化是中华文化的"子文化"。巴蜀文化的"内核"是巴蜀人民的思维方式；巴蜀文化的"中介"是巴蜀人民的交流方式；巴蜀文化的"外壳"是巴蜀人民的生活方式。蜀学是巴蜀文化中的精华，是巴蜀文化内核中的学术成就和学术思想。蜀学是中华学术思想大集合中的一个"子集"。

"蜀学"这个词，在历史上出现得很早：例如，"学徒鳞萃，蜀学比于齐鲁"（《华阳国志·蜀志》）。又如"三苏蜀学"，是指苏轼父子三人（苏洵、苏轼、苏辙）的学术思想等。这是狭义的"蜀学"。广义地说，"蜀学"是指巴蜀人民的学术思想，是指巴蜀的学者们在人文科学、社会科学、自然科学、思维科学领域的学术成就和学术思想。人文科学中的主要部分是"文、史、哲"，即文学、史学、哲学。当然，还应当有"音、美、艺"，即音乐、美术、艺术。社会科学中的主要部分是"政、经、社、教"，即政治学、经济学、社会学、教育学等。自然科学中的主要部分是"天、地、生"，即天文学、地理学、生物学等，当然还应当有"理、化、农、医"等，即物理学、化学、农学、医学等。严密地分类，还应有思维科学,其主要部分是"数、语、逻",即数学、语言学、逻辑学等。

四川大学胡昭曦教授认为:"中华文化历史悠久,辉煌灿烂。蜀学是中华文化的重要组成部分,是源远流长、特色突出并具有全国影响的地域文化。传统的蜀学是以儒学为主的学术文化。今日所说的蜀学,是指四川地区的学术,其重点在文、史、哲,其核心是思想、理论,它是中国重要的地域学术文化。蜀学研究是以具有蜀学学术特色和与四川学者有学术联系为范围,其时间上限为古蜀文化和巴文化,其下限及于当今。加强蜀学研究,可以丰富和加深对我国历史文化的认识,有助于培育民族精神,促进我国经济文化的发展。"[①] 在蜀学中,从古至今研究得较多的学术领域主要还是在人文科学领域内,即"文、史、哲"。在这些领域里,巴蜀学者的成就较为突出。在"天、数、易"的领域内,蜀学成就也很大。所以,才有"天数在蜀""易学在蜀"的说法。当然,在其他领域里,随着研究的深入和时代的发展,蜀学将会有新的进展。

二 李冰、文翁为蜀学奠定了基础

三星堆、金沙遗址的出土文物告诉我们:远在距今大约四五千年前,即公元前 2500 年左右,在成都平原已出现了相当繁荣的古蜀文化。以"三星堆—金沙"出土文物为标志的古蜀文化,大约持续了数百年左右。但是,繁荣的古蜀文化经不起千年不遇的大洪水。"三星堆—金沙"的灿烂文化,很可能是在千年不遇的大洪水的冲击下,"付之于东流",沉没地下。

传说大禹治水是从岷江开始,为蜀人留下"岷山导江,东别为沱",形成疏导流水的"扇形水系"的治水经验。李冰治水,修建都江堰水利工程,则已记载于《史记》《汉书》等经典历史文献之中。约在公元前 256—前 251 年,李冰父子组织民工分岷江为内、外二江,修堤作堰,清除水患。2500 多年以来,"蜀沃野千里,号为陆海。……水旱从人,不知

---

① 胡昭曦:《蜀学与蜀学研究刍议》,《天府新论》2004 年第 3 期。

饥馑,时无荒年,天下谓之天府也"(《华阳国志·蜀志》)。都江堰水利工程,经受了两千多年的考验,证明是科学的、实用的、有效的。

　　成都平原的自然条件虽然优美,在古代,仍经受不起"千年不遇"的大洪水;但是,自从修建了都江堰,建构了系统的水利工程,成都平原现已平安、稳定地度过了2500多年。成都平原的"自流灌溉"系统,使农业连年丰收,人民丰衣足食。衣食足而礼义兴,礼义兴而文教盛,文教盛而学术成。所以,在"李冰治水"的基础上,才有"文翁兴学"。在巴蜀大地上,由于大办学校,于是才可能有人才辈出,其中必然涌现出各类杰出人才。这些人才,不愁吃穿,不烦生计,一心钻研学问,才会有卓越的学术成就,从而才有蜀学。

　　除了自然条件的改善之外,从更大的时空范围看,四川盆地的社会环境相对安全。从秦汉、唐宋到元明清,在中国大地上,大多数战乱都发生在中原和边境,才有"逐鹿中原""烽火边关"的各种描述。当辽阔的华北大平原上"放不下一张平静的书桌"时,在川西坝子里的学校,学生们仍可以"书声琅琅"。从事学术研究,无论哪一门学科,学者都必须聚精会神,全力以赴,持续数年,方有成就。蜀学之开创、兴盛、发展,实与巴蜀大地的自然条件、社会环境、经济状况有着密切关系。由此可见,正是"李冰治水""文翁兴学"为蜀学的发展奠定了坚实的基础。这正是:一方水土养一方人士,一方人士创一方学问。

三　蜀学的第一个里程碑

　　在中华大地上,虽然产生过诸子百家,但真正有重大影响的则有"三家":产生于华夏大地,完成于西周时期的《易经》所形成的易学(或称"易家");春秋时代,产生于齐鲁的儒学(或称"儒家");以及春秋时代产生于中原的道学(或称"道家")。《易经》又称"周易",它是产生于西周时代的一部论述变化模式的哲学著作。《周易》是全世界公认的最玄妙的书,内容丰富而深刻。相传,《周易》的作者是伏羲、文王。从古代至现代,从中国到外国,已有许多人在研究《周易》。儒学、道学都深受易学的影响。《周易》通常归类于哲学。但其实属综合学科,其中天文、地理、数学、哲学、社会学、心理学、预测学，等等。皆有之，是一门很独特的学问。

现代有人批评《易经》，说难道通过占卜就真的能预测未来的凶吉吗？当然不是！古人就已知道占卜并不是预测未来，而是帮助你做出选择，特别是受到心理上的启迪。《荀子》中明确写道：

> 卜筮然后决大事，非以为得求也，以文之也。故君子以为文，而百姓以为神。以为文则吉，以为神则凶也。

这句话的意思是：卜筮之后才做出重要的决策，并不是需要从卦中求得，而是受到心理上的文化启迪，帮助你做决策。学者认为这是文化，这种看法是正确的；而有人以为这是神仙，这种看法是错误的。如果我们持这种观点来理解《易经》，就不至于使自己陷入"迷信"的深渊。至于用《周易》来"骗人骗钱"搞"伪科学"，那并不是《周易》的真谛，绝不能因此而将《周易》打成"伪科学"。

在汉代，巴蜀杰出的学者严君平以及他的学生扬雄等人，他们的学术成就的突出特点是：在深入研究《周易》的基础上，包容儒学和道家，从而使似乎有对立的儒道两家融合起来。严君平精于《周易》，但又耽于《老子》《庄子》。扬雄则效法《周易》，新作《太玄》，效法《论语》新作《法言》，同时还新创了一本研究语言学的《方言》。两千多年来，学术界常说扬雄的著作是"模仿"，似乎"独创"很少。这实有很大的偏见和误解。从整体看，融合就是创新。例如，关于心性根源，扬雄写道："人之性也善恶混。修其善，则为善人。修其恶，则为恶人。气也者，所以适善恶之马也。"（《法言·修身》）这种看法将孟子的"性善"，荀子的"性恶"综合、整合起来。不是"非此即彼"，而是"亦此亦彼"，这当然是有创新的。由此可见，在汉代形成了蜀学的第一个里程碑：易学、儒学、道学三者融合。

四　蜀学的第二个里程碑

在宋代，巴蜀出现了一大批有全国影响的学者。当时国内一流学者，如周敦颐（1017—1073）、程颢（1032—1085）、程颐（1033—1107）都先后入蜀交流学术思想。成都华阳人，学者范祖禹（1041—1098）对道学的认同；以及汉州绵竹人，学者张栻对经学的发展；邛州蒲江人，学者魏了翁（1178—1237）对理学之集大成，这些学者都对后世产生了深远影响。蔡方鹿教授指出："魏了翁自幼研读《二程遗书》及《伊川易传》，他以二程洛学（因程颢、程颐是洛阳人，所以称为洛学）传人的身份融合苏、程，会通蜀、洛。儒、佛、道三教合一是三苏蜀学的特点。"[①]"魏了翁思想的特点之一是集众家之长，他汲取了朱熹理学、陆九渊心学、叶适功利学以及三苏蜀学的有关思想，并融会贯通，结合时代发展的要求，加以综合创新。"[②] 由此可见，在宋代形成了蜀学的第二个里程碑：易学、儒学、道学、佛学四者融合。

五　蜀学的第三个里程碑

1840 年开始，直至今日，蜀学正在从第二个里程碑，走向开创第三个里程碑：易学、儒学、道学、佛学、西学五者大融合。第三个里程碑尚未完成。所谓"西学"，泛指西方的以自然科学、社会科学的发展而创新甚多的各门学科。最有代表的学术成就有：欧几里得的几何学、牛顿的力学原理、麦克斯韦的电磁理论、达尔文的进化论、马克思的唯物史观、爱因斯坦的相对论、弗洛伊德的精神分析、皮亚杰的认知学说，等等。近现代的巴蜀学者对于西学不持排斥态度，相反，积极地融会贯通。例如，陈德述教授指出："廖平（1852—1932）以公羊三世说的变易思想

---

① 四川省社会科学院哲学研究所编《巴蜀文化的多维视野》，四川人民出版社 2002 年版，第 48 页。

② 四川省社会科学院哲学研究所编《巴蜀文化的多维视野》，四川人民出版社 2002 年版，第 48 页。

为中心，同时吸收了西方的进化论思想，形成自己的变易哲学和进化的历史观。"① 郭沫若（1892—1978）的学术成就，正在于他开创了应用马克思主义的观点研究中国传统学术的思维方式。在现代，郭沫若是尝试将易学、儒学、道学、佛学、西学融会起来的杰出学者。纵观两千年蜀学的发展，其突出成就是：融合诸子之学，整合中外之术，综合百家之论，通过融合、整合、综合来创新。蜀学的审美视点正是追求"多样中求统一"，即在发展中求融合，在生成中求整合，在分析中求综合。

六　蜀学特点与蜀学精神

蜀学是许多巴蜀学者的学术成就之总称。"蜀学特点和蜀学精神"当然是从整体上鸟瞰蜀学，并非特指某一学者、某一学科、某一时期、某一学派的特点和精神。蜀学的显著特点是：重人文，崇实用。人文科学主要是文学、史学、哲学。重人文，即在文学、史学、哲学这些领域内，蜀学有较大学术成就。西蜀学者刘咸炘（1896—1932）在《蜀学论》中写道："统观蜀学，大在文史"，又写道："蜀学崇实，虽玄而不虚也。"②"李冰治水"的两大经验："深淘滩，低作堰"，其科学精神，就在于道法自然，讲究实效；"文翁兴学"的两大经验："师资高，学风严"，造就巴蜀学者的治学严谨，不尚空谈，"崇实用"的学术思想深入民间。人们常说："黑猫白猫，捉住老鼠才是好猫。"邓小平用此老百姓的话，说明要以"实践检验为标准""要能解决问题"。人们概括为"猫论"；又将邓小平说过的"摸着石头遇河"这句话，概括为"摸论"。"猫论"和"摸论"，就是要讲实用，要有效、要可靠，要能真正解决问题，这正是蜀学特点的形象表述。

蜀学的突出精神是：重开放，贵包容。四川是一个盆地，周围都是高山，所以"蜀道难"。古代巴蜀的先民们，既会利用"长江水路"与外交流，同时，还花了很大的力气"修栈道"，走出盆地。长江水路上，顺

---

① 四川省社会科学院哲学研究所编《巴蜀文化的多维视野》，第7页。
② 参见《蜀学》第一辑，巴蜀书社2006年版，第160页。

水顺风之时，当然可以"朝辞白帝彩云间，千里江陵一日还"。但是，逆水逆风之时，就只有船工们高唱着"川江号子"，拉着粗长粗长的纤，一步一个脚印，爬地而行。这难道不是重开放的大无畏精神吗？"茶马古道""丝绸之路"都反映了巴蜀人民的"开放"精神。"文翁兴学"首先就是派人"留学"京城，虚心学习儒学，这正是重开放。

此外，巴蜀先民，从古至今，移民占了大多数。这些外来移民，本具开放意识，不故步自封，不盲目排外。重开放的意识，必然引导到在学术上贵包容。这就使蜀学的发展有了三个里程碑：从"易、儒、道"的融合，走向"易、儒、道、佛"的整合，进而走向更大的"古、今、中、外"的大综合。

（原载于《蜀学》第二辑，巴蜀书社2007年版）

蜀学的特征与贡献

舒大刚　胡游杭

蜀学诞生于巴蜀大地，带有巴蜀文化兼收并蓄、集杂成醇等鲜明特色，长期与中原学术相互推动发展。蜀学一向涵容巴、蜀、华，相容儒、释、道，蕴含经、史、子，尊道贵德，体用兼赅，具有极强的包容性、开放性和创新性。蜀学上起先秦，迄于当下，源远流长，高潮迭起，名家辈出，成果众多。纵观蜀学发展史，其在易学、史学、文学、道教、禅学、小学、数术、方技等方面，均有不凡造诣和创新，取得了引人注目的优异成就，总体呈现出诸学共治、儒道融合、集杂成醇、开放包容、锐意革新的突出个性和优良风格。

历史上的蜀学，其成就是多方面的，举凡政治、经济、军事、哲学、史学、文学、宗教、伦理、科技等领域，都代有其人，人有其书，书成其学，俨然一大源远流长的学术流派，蔚为中国学术史之大观。对于蜀学的分科叙事，目前已有多种著述讨论和述评[1]，特别是即将出版的22卷本《巴蜀文化通史》（内分哲学、宗教、文学、史学、科技、语言、艺术、文艺等卷）更将完整地展现这一切。这里，拟根据我们所理解的中华传统文化的学术体系和话语体系，从制度、经典、学术、信仰和价值观等层面归纳介绍蜀学的主体内容和特征。

---

[1] 20世纪80年代，四川人民出版社出版"巴蜀文化研究丛书"，收录顾颉刚、徐中舒、蒙文通、缪钺等人著作；21世纪初，巴蜀书社出版"巴蜀文化系列丛书"，内有古史、文学、哲学、科技、川剧等卷。

一 制度创新：文翁石室、周公礼殿、蜀刻石经

制度建设是影响学术文化发展最为持久的深层次建设。古代巴蜀，保障学术之树长青，甚至领先全国的制度设施主要有三：文翁石室、周公礼殿和蜀刻石经。宋人吕陶在《府学经世阁落成记》中说："蜀学之盈，冠天下而垂无穷者，其具有三：一曰文翁之石室，二曰周公之礼殿，三曰石壁之九经。"（《净德集》卷十四）文翁石室是全国最早的一所地方郡学，为西汉景帝末年蜀守文党所创建，《汉书·循吏传》中载："文翁……景帝末，为蜀郡守。仁爱好教化，见蜀地僻陋，有蛮夷风，文翁欲诱进之。乃选郡县小吏开敏有材者张叔等十余人……遣诣京师……数岁，蜀生皆成就还归，文翁以为右职，用次察举，官有至郡守、刺史者。又修起学官于成都市中，招下县子弟以为学官弟子……高者以补郡县吏，次为孝弟力田。常选学官僮子，使在便坐受事。每出行县，益从学官诸生明经饬行者与俱……县邑吏民见而荣之。数年，争欲为学官弟子……繇是大化，蜀地学于京师者比齐鲁焉。至武帝时，乃令天下郡国，皆立学校官，自文翁为之始云……至今巴蜀好文雅，文翁之化也。"《汉书·地理志下》中又说："景、武间，文翁为蜀守，教民读书、法令……后有王褒、严遵、扬雄之徒，文章冠天下，繇文翁倡其教，相如为之师。"文翁此举意义重大，一是首开地方政府办学先例，不仅促进"有蛮夷风"在巴蜀迅速儒化，还为后来汉武帝尊崇儒术、推行教化（"令天下郡国皆立学校官"）树立了榜样。唐人裴铏有诗："文翁石室有仪刑，庠序千秋播德馨。"（《全唐诗》卷五九七《题文翁石室》）北宋田况《进士题名记》也说："蜀自西汉教化流而文雅盛，相如追肩屈、宋，扬雄参驾孟、荀，其辞其道，皆为天下之所宗式。故学者相继，谓与齐鲁同俗。"（《成都文类》卷三十）二是首开通过文化成绩入仕做官的先河，在汉初以来以军功、察举孝廉、恩荫和纳赀等方式选士之外，首开文化知识入仕的途径，实现了儒家"学而优则仕"的理想，也为后来汉武帝实施开太学，置博士弟子员，按课试成绩选拔人才，探索和积累了经验，在一定意义上开启了人类政治制度上文官制度的先河。清吴省钦《重修锦江书院讲

堂碑记》中记载："以景帝之不任儒，又郡国向未立学，[文]翁振厉绝业，所举向风，固宜为循吏首。"（《儒藏》史部第246册《锦江书院志略》）杨慎《全蜀艺文志·序》称："昔汉代文治，兴之者文翁。……文之有关于道若此，文翁之功不可诬也。"

周公礼殿是东汉末年蜀郡太守高眹在文翁石室旁修复重建的。北宋重臣席益在《府学石经堂图籍记》中说："蜀儒文章冠天下，其学校之盛，汉称石室、礼殿，近世则石九经，今皆存焉。自孝景帝时，太守文公始作石室。至东汉兴平元年，太守高眹作周公礼殿于石室东，图画邃古以来君臣圣贤，然亦有魏晋名流。"（《全蜀艺文志》卷三十六）由此可见，高公时的石室，既是学校，是教育后生学子的知识殿堂；又是礼殿，是用来祭祀和缅怀先圣先贤、寄托心灵企仰的精神家园，是中国第一个"庙学合一"的文化创设，比中原王朝（北魏定都洛阳后）实行相同的建制早约400年。①

蜀刻石经是由五代孟蜀宰相毋昭裔发起镌刻的儒家石经，该石刻经注并存，碑逾千数，规模宏大，宋人赵希弁、曾宏父在逐经著录"蜀石经"的书名和字数后，还说，"以上《石室十三经》，盖孟昶时所镌"② 云云，说明"蜀石经"不仅汇刻完成了十三部经书，而且还冠以"石室十三经"总名，最终促进儒家经典"十三经"体系的形成。③

以上三项制度都属巴蜀首创，对巴蜀文化的改观和发展具有非常重大的影响；也对儒学的发展，特别是经典定型、义理阐释和文化普及，具有重大影响。故吕陶、席益都以"冠天下"和"垂无穷"来形容和称赞之。

---

① 参见舒大刚、任利荣《庙学合一：成都文翁石室"周公礼殿"考》，《四川大学学报》（哲学社会科学版）2014年第5期；舒大刚《蜀学三事：成都文翁石室全考》，《孔学堂》2015年第3期。

② （宋）曾宏父：《石刻铺叙》，载文渊阁《四库全书》第682册，台北：台湾商务印书馆1986年影印本，第40页；（宋）赵希弁：《读书附志》，附《郡斋读书志》卷五，载文渊阁《四库全书》第674册，台北：台湾商务印书馆1986年影印本，第303页。

③ 参见舒大刚《"蜀石经"与〈十三经〉的结集》，《周易研究》2007年第6期。

二 学术贡献：易学、史学、文学、方技、数术等

学术成就是一方学术赖以成立的主体，蜀学在学术贡献上也成绩不菲。刘咸炘在《论蜀学》中曾概括蜀学的成就说："统观蜀学，大在文史。"① 认为蜀学的主要成就在于文学和史学。其实，如果展开一点，蜀学在易学、子学，以及数术、方技，甚至道学、禅学等领域，都有特别的贡献。

第一，易学是巴蜀的重要特色，北宋程颐曾有"易学在蜀"之语②，刘咸炘亦云："《易》学在蜀，犹诗之有唐。"刘在《蜀学论》中列举了许多巴蜀易学名家：商瞿（受业孔子，传其易学）、赵宾（授孟喜）、严君平（传扬雄）、扬雄（仿《易》作《太玄》）、任安（传孟氏易）、景鸾（传施氏易）、卫元嵩（撰《元包经》）、李鼎祚（著《周易集解》）、谯定（传程氏易）、冯时行（传谯定之学）、张行成（撰《皇极》书）、房审权（集百家《易》解成《义海》）、来知德（撰《周易集注》）等。除刘氏所举，巴蜀的知名《易》家和《易》著还有：晋代范长生（著《蜀才易传》，其经文在汉《易》和王弼《易》外，自成体系）；苏轼（撰《东坡易传》，融合《易》、玄及佛学）、魏了翁（汉宋并重，删削《周易正义》成《周易要义》，还辑《周易集义》，汇集北宋理学《易》成果）；元代黄泽（有《易学滥觞》）、王申子（有《大易缉说》）、赵采（著《周易程朱传义折衷》）等；明代有熊过（著《周易象旨决录》）、杨慎（著《经说》，有"易说"）等；清代以后巴蜀地区的易学家更多，如李调元、刘沅、何志高、范泰衡、杨国桢、尹昌衡、廖平、段正元、刘子华、郭沫若等学者，皆各有易学著述。

第二，史学也是巴蜀人所擅长的。刘咸炘说："史氏家法，至唐而斁。隋前成书，仅存十数，蜀得其二。"所谓"隋前"的"蜀得其二"，

---

① 刘咸炘：《论蜀学》，《推十书·推十文集》卷十，成都古籍书店1996年影印本。
② 程伊川与其兄幼时于成都得一箍桶匠点拨《周易》之"既济""未济"二卦。后对前来请教易学的袁滋说："《易》学在蜀尔，盍往求之？"袁滋入蜀，在眉、邛之间得"卖酱薛翁"点拨易学。今重庆涪陵仍有程子"点易洞"。

即晋陈寿著《三国志》和常璩著《华阳国志》。之后，他列举了孙光宪（五代，著《北梦琐言》）、苏洵（宋，著《谥法》《太常因革礼》）、勾延庆（宋，著《锦里耆旧传》）、张唐英（宋，著《蜀梼杌》）、范祖禹（宋，助编《资治通鉴》，自著《唐鉴》）、费枢（宋，著《廉吏传》）、王称（宋，著《东都事略》）、李心传（宋，著《建炎以来系年要录》《朝野杂记》《旧闻证误》《道命录》等）、李焘（宋，著《续资治通鉴长编》）、王当（宋，著《春秋列国诸臣传》）、杜大珪（宋，著《名臣碑传琬琰集》）、吴缜（宋，著《新唐书纠谬》《五代史记纂误》），其中很多著作具有开创性和总结性意义，尤其是对于宋代历史的记录和研究，蜀人的贡献独多，功不可没。故刘咸炘说："盖唐后史学，莫隆于蜀。"

第三，在文学成就上则号称"冠天下"。刘咸炘说："二南分缉，西主召公，蜀士之作，固已弁冕于《国风》；盛汉扬声，相如、[王]褒、[扬]雄，分国华之半，为词苑所宗。"将巴蜀文学溯自《诗经》，其开篇《周南》《召南》中反映江汉风情的诗篇，已见蜀人之作。此后司马相如作赋成名，王褒、扬雄效之，因而"汉赋四大家"有三人是蜀人。之后，刘氏还列举了多位文学家，如东汉李尤、杨终，唐代的陈子昂、李白，宋代"三苏"、唐庚，元代虞集，明代杨慎等，都是当时文坛的豪杰。

第四，在子学方面，巴蜀学人的原创成果不及其他地区，但对于子学研究成就还是颇为丰硕的。如《老子》研究，西汉便有严遵《道德指归》（亦称"老子指归"），是现存较早且可靠的研究《老子》的著作。此后，巴蜀历代研究《老子》的著述比比皆是，据明代曹学佺《蜀中广记·著作记》著录有8种，清朝《四川通志·经籍志》著录11种，吴福连《拟四川艺文志》著录21种，严灵峰《先秦诸子知见录》则著录巴蜀《老》学著作30余种。至于晚近以来，巴蜀学人研究诸子者更多。如王利器，对很多子书都做了非常翔实的疏证（如《新语校注》《盐铁论校注》《风俗通义校注》《颜氏家训集解》《文心雕龙校证》《文镜秘府论校注》等）。至于张道陵入蜀创立并推行道教，马祖道一、宗密等奉行并完善禅法，已经成为宗教领域人所共知的成就，兹不复述。

第五，在方技（医药）、数术（科技）等方面，巴蜀人的成就也十分夺目。如唐代蜀医昝殷撰《经效产宝》，是人类历史上第一部妇产学专著；严龟《食法》、昝殷《食医心鉴》则是最早的食医著作；梅彪《石药尔雅》仿《尔雅》之例解释中药性味；祖籍波斯定居蜀中的李珣撰《海药本草》，是第一部海外药物学专著；孟蜀韩升《蜀本草》首创给药物配图的方法。至宋，唐慎微在前述诸书基础上撰《证类本草》，成为第一部将药物学与方剂学结合的医书，为李时珍著《本草纲目》树立了典型；宋真宗时，峨眉女医还发明了人工接种流痘预防天花（见《医宗金鉴》卷六十）技术。在科技上，公元前3世纪李冰主持修建的都江堰水利工程，因地制宜，消除水患，造就了水旱从人、沃野千里的"天府之国"，可谓举世无双；西汉落下闳研制《太初历》，扬雄推衍"浑天说"，于时皆为最优方法；东汉时期巴蜀地区已发明深井钻探引流盐泉的技术，魏晋时期进而引取天然气来熬制井盐（张华《博物志》）；晚唐时期在成都已广泛推行雕版印刷术，开启了人类文明迅速传播的广袤空间①；宋王灼《糖霜谱》是世界上第一部记载甘蔗制糖工艺的专著；秦九韶《数书九章》的"大衍求一术""正负开方法"，皆领先世界同领域（高斯、霍纳）各500年。

对于蜀学的评价，比刘咸炘稍早的谢无量先生，1917年在《蜀学会叙》中，提出蜀人"制作侔天地"，"天下有学，盖由蜀云"，"若夫其学不自蜀出，得蜀人始大"②等论断，笔者已有专文讨论，滋不赘叙。③

三 信仰体系：三才皇、五色帝、礼殿崇祀

信仰是文明和文化成熟的表现，是人们的情感皈依和精神家园。"三皇五帝"崇拜就是中华民族圣贤崇拜和祖先崇拜的集中体现，有关"三

---

① （宋）朱翌：《猗觉寮杂记》卷下："雕印文字，唐以前无之，唐末益州始有墨板。"又，宋《国史艺文志》也说"唐末益州始有墨板，多术数、字学、小书"。[见（宋）王应麟：《困学纪闻》卷八引，上海古籍出版社2015年版，第289页]。

② 谢无量：《蜀学会叙》，中国国家图书馆藏油印本。

③ 参见李冬梅、舒大刚《蜀学"五事"论稿——重读谢无量先生〈蜀学会叙〉札记》，《湖南大学学报》（社会科学版）2015年第6期。

皇五帝"的历史叙事也是中华民族对于共同始祖的文化认同和集体追忆。然而,关于"三皇五帝"的具体人物的传说和解释,巴蜀与中原却并不一致。

"三皇五帝"一语最早见于儒家经典《周礼》,但其只是一个集合名词,并没有具体的指向,到汉代才衍生出各种具体解释。关于"三皇",通常被认为是伏羲、燧人和神农(《尚书大传》);另外还有:伏羲、女娲、神农(《春秋运斗枢》),伏羲、神农、祝融(《白虎通义·号》),伏羲、神农、黄帝(《帝王世纪》)等说法。巴蜀则不然,其"三皇"分别为天皇、地皇和人皇(见于《世本》和《蜀王本纪》)。"中原三皇"通常以生产方式命名,且多以单个的人名出现,可称为"三人皇";而"巴蜀三皇"则以天、地、人("三才"一统)来称名,即所谓"三才皇"。此后道教将中原和巴蜀的"三皇"结合起来,视"中原三皇"为"后三皇","巴蜀三皇"为"中三皇",再加上盘古、混沌等远古神话人物为"前三皇",建构起"九皇"的宗教信仰体系。此体系在唐玄宗时还为中央王朝所采纳,在中央设立同时祭祀三人皇和三才皇的寺庙,为天下一统、三教合一树立了典范。

巴蜀的"五帝"信仰也与中原颇为不同。中原的"五帝"至少存在神农、黄帝、颛顼、帝喾、尧(《吕氏春秋·尊师》),少昊、颛顼、帝喾、尧、舜(伪孔安国《尚书序》)等多种说法。巴蜀的"五帝"除了《蜀王本纪》所载的"五主"(蚕丛、柏濩、鱼凫、蒲泽、开明)之外,还有五色帝的信仰。据《华阳国志·蜀志》载:"[开明王]未有谥列,但以五色为主,故其庙称青、赤、黑、黄、白帝也。"(《华阳国志》卷三《蜀志》)所谓五色帝代表的是一种五行观念。巴蜀有尚五传统,相传大禹所传、箕子所述的《洪范》在关于政教设施的方面多以五为组合。刘邦在称帝时也采用了巴蜀"五色帝"概念,在秦人四色帝祭祀基础上,说"待我而五"[①],设立五色帝庙予以祭祀,这些无疑与巴蜀特殊的古史

[①] (北魏)郦道元著、杨守敬疏《水经注疏》卷一八《渭水中》:"汉高帝问曰:'天有五帝,今四何也?'博士莫知其故。帝曰:'我知之矣,待我而五。'遂立北畤祀黑帝焉。"江苏古籍出版社1992年版,中册,第1533页。

传承体系和特有的"三才"和"五行"观念有密切关系。①

巴蜀在汉代也形成了既与中原相关又有自己特色的祭祀体系。在文翁治蜀时期，石室里就画有以供祭祀的先圣先贤图像。东汉后期，高朕又重新修建礼殿，绘制系列人物图画。这个图画祭祀体系一直传承下来，续有增补，直到宋代、元代还可考者多达200余人。②文翁石室的图画包括四大系统：第一是政统体系，包括历代的贤君圣王（如尧、舜），包括远古神话传说人物（如盘古、女娲、黄帝等）；第二是儒家体系，孔子及其弟子（在文翁时已有，而且收录最全、记录较早，司马迁著《史记·仲尼弟子列传》就有参考）；第三是属于贤臣体系，如周公、萧何、张良等；第四是巴蜀乡贤、名宦，像李冰、文翁等。

这是一个极其庞大且开放的祭祀体系，而不是完全拘于儒家一派。这个祭祀体系对于我们重新构建当今蜀学的信仰家园具有重大的参考价值，尤其是以绘画的形式展现，既具有艺术性，又节能环保，比之于塑像或者其他形式的效果应该更好。③

四 经典体系："七经""十三经""十八经"注疏

经典是学术文化赖以开启和传承的核心载体。儒家经典体系在历史上有一个不断演进和扩充的过程，在这一过程中蜀学也曾起到过重要的推动作用。

西周乐正教国子有"四经"（即《诗》《书》《礼》《乐》），孔子初期即继承"四经"体系"以《诗》《书》《礼》《乐》教弟子"（《史记·孔子世家》），到了晚年赞《易》修《春秋》，才形成了"六经"的体系。

---

① 参见舒大刚等《"三才皇"与"五色帝"——巴蜀的古史体系与古老信仰》，《西南民族大学学报》（人文社会科学版）2017年第1期。

② 宋代曾在蜀地任职的王刚中，考出"可辨识姓名者一百七十三人，今貌像宛然者一百四十九人，仅存仿佛者三十二人，姓名存者六十五人"。见（元）费著《成都周公礼殿圣贤图考》，（明）曹学佺《蜀中广记》卷一〇五"画苑记第一"引，载文渊阁《四库全书》第591册，台北：台湾商务印书馆1986年影印本。

③ 参见舒大刚《"庙学合一"：成都汉文翁石室"周公礼殿"考》，《四川大学学报》（哲学社会科学版）2014年第3期。

西汉时期，博士只传"五经"(《诗》《书》《礼》《易》《春秋》)。但是文翁在蜀所修石室学宫，却突破中央的"五经"教学体系而传授"七经"(在"五经"之外加《论语》与《孝经》)。虽然当时中原也传《论语》《孝经》，但都不称"经"而只称其为"传"，说明当时在人们心目中《论语》《孝经》地位不是很崇高，只是普及性读物。蜀人也许是看重其倡导伦理、敦厚道德、文字浅显、便于推广等特征，将《论语》《孝经》也纳入"经典"范围，大力传播，对于改变巴蜀当时的蛮夷之风显然具有重要作用。"七经"体系到了东汉被普遍承认，如郑玄"遍注群经"，汉朝廷所刻"熹平石经"，都有《论语》《孝经》二书。说明蜀人"七经"体系得到中原的承认。

到了唐代，科举考试的经典是"九经"(《诗》、《书》、《易》、"三礼"、"三传")，即使"开成石经"刻了十二部也不唤作"十二经"，而仍称"九经"，因为当时把《论语》《孝经》《尔雅》只作为普及性的"兼经"来对待。这一比较保守的体系也是由蜀地的创制打破的。始镌于五代孟蜀、续成于北宋的"蜀石经"，一共刻了十三部儒家经典(在唐代《开成石经》十二部基础上，补刻《孟子》入经)，因此称"石室十三经"或"蜀刻十三经"，"十三经"的概念由此形成。① 当时的"石室十三经"都带有注文，所以石碑非常多，宋代校勘、拓印过该石经的晁公武称其为"石逾千数"②。"石室十三经"的校勘价值极大，朱熹撰《四书章句集注》时即有过参考。"蜀石经"系由当时蜀中著名书法家书写上石，艺术价值非常高，原石大致毁于宋末元初，拓片则从宋代开始已为历朝国家书目著录。到了晚清，由于内阁大库散佚，原拓才不知所终。③ 特别是其刻《孟子》入经，因应了《孟子》经典化的需要，也加快了宋儒"四书"体系形成的进程。

---

① 参见舒大刚《"蜀石经"与〈十三经〉的结集》，《周易研究》2007年第6期。
② 参见(宋)晁公武《石经考异序》，载范成大《石经始末记》引，《全蜀艺文志》卷三十六，线装书局2005年版。
③ "蜀石经"当时立于文翁石室，后来原碑被毁仅以拓本传世。1965年，有人在香港古董市场发现刘体乾所藏"蜀石经"拓片要拍卖，于是上报周恩来拨款购回才失而复得。现有8册加题跋9册藏在中国国家图书馆。

蜀人对儒家经典体系时有拓展，汉代文翁石室教学将"五经"拓展到"七经"，五代孟蜀倡刻"蜀石经"，又将"九经"拓展到"十三经"。南宋史绳祖《学斋占笔》还载，时人想把与《礼记》同时产生，且具有相同性质的《大戴礼记》也列入经典，欲将"十三经"扩大到"十四经"。晚清的廖平严格区分今文经学和古文经学，想按今文、古文两个系统来诠释儒家经典，欲将"十三经注疏"扩大到"十八经注疏"。可见蜀人一直在努力尝试充实经典体系，为儒家经典的嬗替和奠定作出了重要贡献。

五　核心价值：道德仁义礼

从古至今，凡成家成派者都有着自己的基本价值理念和核心思想体系。如先秦诸子，其学术便各有所主"老聃贵柔，孔子贵仁，墨翟贵廉（兼），关尹贵清，子列子贵虚，陈骈贵齐，阳生贵己，孙膑贵势，王廖贵先，儿良贵后"（《吕氏春秋·审分览·不二》）等。

与上述诸家更为注重实践性的价值稍异，孕育于巴蜀大地的古代蜀学，将儒家与道家思想结合起来，创造性地构建起了道德仁义礼的价值组合。这个以道、德为统帅，以仁、义、礼为贯彻的思想体系，正好体现了巴蜀儒道结合的学术特征。

西汉王褒便主张"冠道德，履纯仁，被六艺，佩礼文"①。将"道德"置于"仁""艺""礼文"之前，初步形成了"道德仁艺礼"的基本架构，这无疑是对孔子"志于道，据于德，依于仁，游于艺"《论语·述而》修学方法的直接继承。稍后严遵有曰："故有道人，有德人，有仁人，有义人，有礼人。虚无无畏，开导万物，谓之道人；清静因应，无所不为，谓之德人；兼爱万物，博施无穷，谓之仁人；理名正实，处事之义，谓之义人；谦退辞让，敬以守和，谓之礼人。凡此五人，皆乐长

---

① （汉）王褒：《四子讲德论》，《文选》卷五十一，中华书局1997年版，第715页。

生。"① 严遵这一"五德并育论",修补了《老子》"失道而后德,失德而后仁,失仁而后义,失义而后礼"的"五德衰退观",矫正和调和了当时儒、道相反对立的状态,从理论上构建起道德仁义礼的核心价值理念,成为后世蜀学乃至道教所传承的独特体系。

师承严遵的扬雄亦在其《法言》中多次提到道德仁义礼。如《序》中曰:"事系诸道、德、仁、义、礼。"《问道》中曰:"道、德、仁、义、礼譬诸身乎?夫道以导之,德以得之,仁以人之,义以宜之,礼以体之,天也。合则浑,离则散。"②扬雄的"五德兼修论"认为,道是天道对人的引导,德是人禀受于天的德行,仁是待人的善心,义是处世的原则,礼是行事的规矩,一个人想要成为君子或者圣人就不能缺少这五种德行。

李白之师、唐代赵蕤博观杂取,融通百家,著成的《长短经》,又从人类行动角度阐释了道德仁义礼的重要性和相互关系。曰:"夫道者人之所蹈也,居知所为,行知所之,事知所乘,动知所止,谓之道;德者人之所得也,使人各得其所欲谓之德;仁者爱也,致利除害、兼爱无私谓之仁;义者宜也,明是非、立可否谓之义;礼者履也,进退有度、尊卑有分谓之礼。"③道通蹈,即人居、行、事、动的方向;德通得,即各得其所、各得其欲;仁即爱,兴利除弊、兼爱无私;义通宜,辨明是非、确定可否;礼通履,即行动有准绳,尊卑有分寸。道德仁义礼智信包含了人类知、行的各个方面,是人类举止行动的根本保障,可称为"五德并重论"。

北宋张商英继承了赵蕤的基本思路并有所突破。他在其所传《素书·原始章》中说:"夫道、德、仁、义、礼,五者一体也。道者,人之所蹈,使万物不知所由;德者,人之所得,使万物各得其所欲;仁者,人之所亲,有慈惠恻隐之心,以遂其生成;义者,人之所宜,赏善罚恶,

---

① (汉)严遵:《道德指归》卷一"上德不德"篇,明《津逮秘书》本;又有王德友整理本,中华书局出版。
② (汉)扬雄著,韩敬注:《法言注》,中华书局1992年版,第74页。
③ (唐)赵蕤:《长短经》卷八《定名》,《巴蜀全书》编纂组重印宋刊本。

以立功立事；礼者，人之所履，夙兴夜寐，以成人伦之序。"① 在此，道还是蹈，但增加了神秘感和玄妙感；德还是得，但将范围扩大到了万物；仁还是亲，而赋予了功效和价值意义；义还是宜，更推进到了赏罚立功成事的积极层面；礼还是履，还增加了调剂人际伦理的内容，这无疑是"五德普适"的典型。

此后的"三苏"、杨慎、来知德等人对道德仁义礼也有着不同的表达与论述。从王褒照搬孔子"志道据德、依仁游艺"，到严遵修正《老子》"五德衰退说"而形成"五德并育"，扬雄的"五德兼修"、赵蕤的"五德并重"、张商英的"五德普适"的演进，不难发现，蜀人在使用"道德仁义礼"这一概念时是自觉的和有意识的，这一体系是互相连贯、互相继承、层层推进、每变愈上的。蜀人的这个结构实现了道家（重道）与儒家（重德）的和谐统一，弥补了儒家对本体性终极关怀和道家对实践性现实关怀皆各有所缺的不足，实现了形而上与形而下的统一，还实现了理论与实践的统一，务虚与务实的结合。这对于促进儒道互补、知行合一的新儒学体系的构建有着重要的借鉴意义。

六　结语

蜀学在长期的历史发展中，不仅名家辈出，成果众多，而且与中原学术互补互动，相得益彰。先秦时期形成的"三才皇""五色帝"观念，汉代形成的周公礼殿的庙学合一、画像崇祀等规制，代表了巴蜀地区独特的古史传承体系和丰富的信仰资源。西汉文翁兴办石室学宫，首开汉代郡国之学和以文取士的教育制度和用人制度。文翁石室在汉中央所传"五经"之外，率先传授"七经"；五代孟蜀石经在唐代"九经"之外，又形成"十三经"结构；晚清廖平在传统"十三经注疏"之外，还倡修"十八经注疏"，都对儒家经典体系的构建产生了助推作用。自西汉王褒、严遵、扬雄以下形成的道德仁义礼核心价值，融合道家思想和儒家精华，实现了形而上与形而下的结合、理论与实践的统一，较之仁义礼智信偏

---

① （旧题汉）黄石公撰，（宋）张商英注：《素书》不分卷，明《汉魏丛书》本。

重形下实践的单一结构，更具有开发和引申的空间。在易学、史学、文学、数术、方技等领域，历代蜀人也贡献多多，成就不凡，有如扬雄、李鼎祚、苏轼、来知德之于易学，陈寿、常璩、范祖禹、李心传、李焘之于史学，司马相如、陈子昂、李白、"三苏"、杨慎之于文学，落下闳、唐慎微、秦九韶之于科学，皆卓尔不群，名垂古今，历史上因有"易学在蜀""天数在蜀""蜀儒文章冠天下""唐后史学莫隆于蜀"之赞，以及"川药""蜀医"之称，这些成就，自然与中原学术的传入影响分不开，也与巴蜀地区特有的自然条件和文化氛围的孕育分不开，特别是历代蜀士们善于革故鼎新、异军突起、别开生面的作为不可低估。当代学人正当继承蜀学的优良传统，重教兴文，大度包容，敢为天下先，勇为天下创，重温圣贤教诲，重阐儒家经典，重树巴蜀信仰，重操儒道合治、诸学并举的方法，为重新构建新时代"新蜀学"的学科体系、学术体系、经典体系、信仰体系和话语体系，实现传统文化的创造性转化和创新性发展，再扬风帆，破浪前行。

（原载于《中国哲学史》2017 年第 4 期）

蜀学之形神与风骨综论

——以文史哲或经史子集为考察对象

彭 华

引 子

大儒荀子云:"天职既立,天功既成,形具而神生。"(《荀子·天论》)哲人范缜(约450—515)云:"神即形也,形即神也。是以形存则神存,形谢则神灭也。"(《神灭论》)梁人刘彦和(约465—约532)云:"是以怊怅述情,必始乎风;沉吟铺辞,莫先于骨。故辞之待骨,如体之树骸;情之含风,犹形之包气。结言端直,则文骨成焉;意气骏爽,则文风清焉。"(《文心雕龙·风骨》)近人章太炎(1869—1936)云:"余常谓文不论骈散,要以气骨为主。"① 本文标题所用"形神"与"风骨"二语,渊源于此。今不揣浅陋与锢蔽,谨对蜀学之形神与风骨略加综论,敬祈方家指正与赐教。

众所周知,早在先秦时期,巴蜀文化业已与中原、齐鲁等并列为中国七大文化区。② 中历汉魏,降至两宋;辉煌青史,沾溉百世。元明兵燹,无可兴焉;肇及晚清,始得勃兴。晚清以来,蜀学贞下起元,与湘

---

① 章太炎:《国学讲演录》,华东师范大学出版社1995年版,第248页。
② 参见李学勤《东周与秦代文明》(增订本),文物出版社1991年版。

学一度跃居为中国学术的"两大中心"①。唯其如此，故本文所着重考察的时段，是蜀学发展的三大高峰（汉魏、两宋、晚清民国）。质言之，此三阶段之蜀学，可以三言以蔽之：巍然高峰，蔚然表率，伟然仪型。

举凡某学（流）派（如儒家、道家、佛家等），举凡某区域文化（如齐学、鲁学、蜀学、湘学等），之所以能源远流长、一脉相承，端在有"学"可以绍述，有"学"可以皈依，有"学"可以践履，有"学"可以发扬；而"学"之绍述与弘扬、皈依与践履，端在有"书"留焉，有"人"存焉。诚如宋人郑樵（1104—1162）所云："有专门之书，则有专门之学。有专门之学，则有世守之能。人守其学，学守其书，书守其类，人有存没而学不息，世有变故而书不亡。"② 准此，本文所引以为证的对象，主要是蜀学的代表人物及其代表作品，尤其是堪称大师级的蜀学英杰及其经典名作。

纵览巴蜀文化之史，最能代表蜀学或体现蜀学之形神与风骨者，有汉之扬雄（前53—18）、唐之李白（701—762）、宋之苏轼（1037—1101）、明之杨慎（1488—1559）以及近现代之蒙文通（1894—1968）与郭沫若（1892—1978）六人。除此六位大师巨匠外，在儒释道三教之中，在经史子集四部之内，在文史哲三科之列，尚多英杰俊彦，诚然堪为典范。

一　哲学：深玄之风，玄而不虚

哲学是时代思想的精华，也是民族文化的精华。黑格尔（Georg Wilhelm Friedrich Hegel，1770—1831）指出：一个没有哲学的民族，就像一

---

① 李学勤说："从晚清以后，中国传统文化发展的中心位置有所转移。当时迁移的重心，我认为，一个是'湘学'，一个是'蜀学'。'湘学'与'蜀学'是在那时新形势下形成的人文学术的两大中心。"［李学勤：《弘扬国学的标志性事业》，《西南民族大学学报》（人文社会科学版）2005年第9期］

② （宋）郑樵撰，王树民点校：《通志二十略》，中华书局1995年版，第1804页。

座神庙里没有神像。① 恩格斯（Friedrich Engels，1820—1895）断言，"一个民族想要站在科学的最高峰，就一刻也不能没有理论思维"②。

今人指出，"蜀学"一名而含三义——学人、学校、学术③；蜀学之"学"主要是学术，其重点在文、史、哲（含宗教学），其核心是思想、理论。④

纵观蜀学之发展历程，尤其是其思想之发展历程，便可发现，蜀学向有"哲思传统"。这是近现代巴蜀学人的共识，堪称"英雄所见略同"。于此，谨举二三子之说为例。

根据萧萐父（1924—2008，四川井研人）回忆，贺麟（1902—1992，四川金堂人）曾与蒙文通（四川盐亭人）等人在聚会中谈论过蜀学，"五十年代中，蒙文通师偶赴京，贺师为之设宴于颐和园，招［汤］一介和我侍坐。贺师论及蜀学有哲思传统，蒙师举严遵之后续以扬雄为例应之，又论巴蜀学风与荆楚学风之异同等"，故萧萐父有"蜀学玄莹美，君平续子云"之句。⑤ 就客观而言，蒙文通、贺麟、萧萐父谓"蜀学有哲思传统"，与刘咸炘所论如出一辙。刘咸炘（1896—1932，四川双流人）认为，蜀学有"深玄之风"；但他同时又指出，"蜀学崇实，虽玄而不虚"⑥。当今学人亦云，巴蜀哲学的特点之一是"长于思辨"，此乃"蜀学之魂"。⑦ 至于刘咸炘所云"蜀学崇实""玄而不虚"，个人的体会是：蜀人所进行的哲理思辨，并非全然出于纯理论、纯逻辑的推演与构建（西方哲学家大多如此），而是以史实和文献为基础（"经史为基"），故蜀地向有注重"文献之传"的传统；由此，进而"通观明变"，即从思辨

---

① 黑格尔说："一个有文化的民族竟没有形而上学——就像一座庙，其他各方面都装饰得富丽堂皇，却没有至圣的神那样。"［德］黑格尔：《逻辑学》上卷，杨一之译，商务印书馆1966年版，第2页。
② 《马克思恩格斯选集》第3卷，人民出版社1972年版，第467页。
③ 参见舒大刚《晚清"蜀学"的影响与地位》，《社会科学研究》2007年第3期。
④ 参见胡昭曦《浅议蜀学与巴蜀哲学》，《旭水斋存稿》，四川大学出版社2012年版。
⑤ 萧萐父：《吹沙二集》，巴蜀书社1999年版，第739页。
⑥ 刘咸炘：《蜀学论》，载《推十书·推十文集》卷一，成都古籍书店1996年影印本。
⑦ 蔡方鹿、刘俊哲、金生杨：《巴蜀哲学的特点、历史地位和影响》，《四川大学学报》（哲学社会科学版）2012年第4期。说明：本文在论述巴蜀哲学时，该文是重要的参考论文之一，但在理解与表述上则有所不同。

与研究中求其大要与指归,并且力求可资"经世致用"(相关论述,详见下文)。

巴蜀之地第一位有著述传世的哲学家,是西汉后期的严遵(字君平,四川成都人)①。严遵"雅性淡泊,学业加妙。专精《大易》,耽于《老》《庄》"(《华阳国志·先贤士女总赞论》),著有《老子注》二卷(已佚)、《老子指归》(今存七卷),使道家学说更加条理化、哲理化。在严遵身上,实已开启会通儒道之风(以《周易》与《老子》为代表);即融通《周易》与《老子》,以兹为深玄、思辨之助。就全国而言,魏晋之谈"三玄"(《周易》《老子》《庄子》),实可追溯于严遵;就巴蜀而言,严遵之佳弟子扬雄(四川成都人),实深得乃师之神韵。

扬雄所著《太玄》《法言》,虽系拟经而成,实则糅合儒道,且有所发展。比如说,扬雄将《周易》之"一分为二"思想发展为"一分为三"思想(如《太玄·玄数》所云"天以三分"),便颇获后人赞誉(如庞朴)。②王充(27—约97)说"扬子云作《太玄经》,造于助(眇)思,极窅冥之深,非庶几之才,不能成也"(《论衡·超奇》),洵非虚誉。

降而及于中古,在煌煌可观的哲学苑囿,巴蜀亦可谓"代有其人",并且广布于儒释道三教领域;而其哲理思维之缜密、思辨层次之高迈,已然高出两汉。

以道门而言,四川是早期道教两大流派之一的五斗米道的发祥地,历来不乏玄门精英。比如说,有合理会通天竺中观学派与华夏道教学派,融会冶炼而成"重玄学派"的李荣(四川绵阳人,与成玄英齐名)③,在当时被推为"老宗魁首";其思想在道教中独树一帜,最富思辨性和理论

---

① 说明:本文在标注历史人物之籍贯时,为便于阅读,未能明示其时之州郡县名,而直接写作今日之省市县名。

② 参见庞朴《三分诸说试释》,《庞朴文集》第4卷《一分为三》,山东大学出版社2005年版。

③ 李荣著有《道德真经注》等,但其书业已亡佚。蒙文通爬梳钩稽,多有所得,详见蒙文通《道书辑校十种》,《蒙文通文集》第6卷,巴蜀书社2001年版。另外,蒙文通又命笔撰文,先后写成《辑校〈老子李荣注〉叙录》《校理〈老子成玄英疏〉叙录》等文,详见蒙文通《佛道散论》,商务印书馆2011年版。蒙文通对重玄学派著述之钩稽、思想之表章,可谓筚路蓝缕、导夫先路;但令人遗憾的是,今人在评说重玄学派时,似乎早已"数典忘祖"。

性,使道门思想"更上一层楼",使道教哲学日趋精微,可谓幡然创新。

其余诸人,如唐代之王玄览(626—697,四川绵竹人)、五代之彭晓(?—954,四川崇州人),以及当代之易心莹(1896—1976,四川遂宁人)、傅圆天(1925—1997,四川简阳人)等,在此不表。

以佛门而言,兹仅以宗密、马祖道一为例。圭峰宗密(780—841,四川西充人),华严宗五祖。少通儒书,后入佛门,故主张"儒佛一源";精研华严诸经,承受菏泽禅法,故主张"禅教一致"。宗密对"遮诠"与"表诠"妙义与奥旨的畅论与思辨(详见《禅源诸诠集都序》卷下之一等),可谓深得"辩证思维"之个中三昧。今人指出,宗密之思想集隋唐佛学之大成,"代表了中国佛家最高峰的思想"①。又如马祖道一(709—788,四川什邡人),在佛教理论等方面做了革新,全面确立禅宗"不立文字,教外别传,直指人心,见性成佛"的风格,从而实现了佛教中国化。与马祖道一相关之话头,如"磨砖作镜""一口吸尽西江水"(均见《古尊宿语录》卷一),不但是禅家慧思的体现,也是思辨智慧的展示。②

其余诸人,如宋代之圆悟克勤(1063—1135,四川彭州人)、明代之破山海明(1597—1666,四川大竹人),以及当代之万慧法师(1889—1959,四川乐至人)、王恩洋(1897—1964,四川南充人)、隆莲(1909—2006,四川乐山人)等,在此不表。

以儒门而言,则堪称蔚然大观。于此,仅以宋代之张栻(1133—1180,四川绵竹人)、魏了翁(1178—1237,四川蒲江人)与现代之贺麟(1902—1992,四川金堂人)③、唐君毅(1909—1978,四川宜宾人)为例。

关于张栻与魏了翁,今人指出,张栻不仅为宋代理学的发展作出了

---

① 吕澂:《华严原人论通讲》,《社会科学战线》1990年第3期。
② 参见彭华《中国传统思维的三个特征:整体思维、辩证思维、直觉思维》,《社会科学研究》2017年第3期。
③ 关于贺麟之生平与学行,可参看笔者以下二文:(1)《贺麟年谱新编》,《淮阴师范学院学报》2006年第1期;后全文收入《现当代学人年谱与著述编年》,上海三联书店2007年版,第303—332页;(2)《贺麟先生学术年表》,附录于贺麟《近代唯心论简释》,商务印书馆2011年版,又附录于贺麟《文化与人生》,商务印书馆2015年版。

突出贡献，而且直接促进了理学之集大成者朱熹（1130—1200）思想的形成与确立；其后，魏了翁继承并发展了张栻、朱熹的思想，而又倾向于"心学"，预示着理学及整个学术发展的趋向，并在确立理学正统地位的过程中发挥了重要作用，显示出魏了翁在中国哲学史上所具有的重要地位和影响。① 关于张栻，在此尚可补充或强调两点。（1）张栻是沟通蜀学与湘学的关键人物之一。张栻以蜀中学者身份，深受蜀学熏陶，引蜀学入湖湘，从而集湘学、蜀学之长，最终创立南轩之学，这既奠定了湖湘之学的规模，同时也使张栻成为"湖湘学的领袖"②。换句话说，张栻的所作所为，在当时实际上起到了桥梁作用。（2）张栻之学思深邃，但又玄而不虚。具体而言，张栻亲历时势变迁，目睹国运艰危，故能自觉结合治学与治国，从而摆脱易学玄虚的锢禁，身体力行，学以济用。

贺麟与唐君毅，均为现代新儒家之杰出代表，并且其思想皆自成体系；同时，又能会通中西印，融冶儒释道。在中国哲学史上，贺麟起到了一种会通、融合的作用（融通中西文化、打通理学心学）；在哲学方法上，贺麟自觉地把儒家思想方法与黑格尔的辩证法结合起来，从而形成了一个将直觉方法与抽象方法相结合的方法论系统。③ 换句话说，在贺麟身上，蜀学的深玄之风得到了体现与彰显，而蜀学的"哲思传统"也得到了继承与弘扬。④ 举例来说，贺麟和陈寅恪（1890—1969）圆融古今、中西思想资料而倡导和践履的"同情的理解"一说，堪称进入古人心灵世界、精神殿堂的无上法宝、不二法门，闪烁着迷人而睿智的智慧之光。⑤

---

① 参见蔡方鹿、刘俊哲、金生杨《巴蜀哲学的特点、历史地位和影响》，《四川大学学报》（哲学社会科学版）2012年第4期。

② 胡昭曦、张茂泽：《宋代蜀学刍论》，《四川大学学报》（哲学社会科学版）1993年第4期。

③ 参见彭华《贺麟的文化史观》，《湖南科技学院学报》（社会科学版）2006年第3期。

④ 参见彭华《贺麟与蜀学——关于现代蜀学的梳理与思考》，《西华师范大学学报》（哲学社会科学版）2013年第4期。

⑤ 参见彭华《"同情的理解"略说——以陈寅恪、贺麟为考察中心》，《儒藏论坛》第五辑，四川文艺出版社2010年版。

唐君毅被牟宗三（1909—1995）誉为"文化意识宇宙中之巨人"①，并被西方有的学者誉为"中国自朱熹、王阳明以来的杰出哲学家"②。在哲学理路上，唐君毅旗帜鲜明地提出"即哲学史以研究哲学，或本哲学以言哲学史"；亦即研究中国哲学史是唐君毅的治学中介，构筑自己的哲学体系才是唐君毅的终极旨归。换言之，哲学史家是唐君毅的外在表象，哲学家才是唐君毅的内在本色，这是唐君毅思想和学术的两个向度、两个层面。③ 比较贺麟与唐君毅，我们可以发现，二人既有颇多惊人的相似之点，也有巨大的差异之处。④

但是，无论如何，在贺麟与唐君毅身上，我们都能感受到、体会到蜀学在哲学层面上的一大韵味：既有"深玄之风"，但又"玄而不虚"。

二 史学：文献之传，通观明变

古之中国，有所谓"四部之学"。在其排行榜上，史学赫然榜上有名，并且仅次于经学而位列第二。晚清以来，"莽莽欧风卷亚雨"（梁启超《奉酬星洲寓公见怀一首次原韵》），"泰西之学"强势入渐中土；其后，国人遂以西土"七科之学"肢解、格义中土"四部之学"，故又有所谓文史哲诸科之分。其实，在国学大师王国维（1877—1927）看来，举凡古今、中西之学，实可划归为三大门类——科学、史学、文学，"凡记述事物而求其原因、定其理法者，谓之科学；求事物变迁之迹而明其因果者，谓之史学；至出入二者间而兼有玩物适情之效者，谓之文

---

① 牟宗三：《悼念唐君毅先生》，《唐君毅全集》第30卷，台北：台湾学生书局1991年版，第26页。

② 《简明不列颠百科全书（汉译本）》第7卷，中国大百科全书出版社1985—1986年版，第677页。

③ 参见彭华《唐君毅的中国哲学史研究——关于方法论的讨论与比较》，《宜宾学院学报》2001年第1期。

④ 参见彭华《贺麟与唐君毅——人生经历、社会交往与学术思想》，《宜宾学院学报》2006年第8期。

学。……古今、东西之为学，均不能出此三者"①。无论如何，史学尚属"硕果仅存"——相对于经学和子学而言。此乃华夏文化之幸，亦属巴蜀文化之幸。

关于巴蜀之古代史学，刘咸炘的整体判断与总体评价是，"唐后史学，莫隆于蜀"，"隋前存书有二（按：即《三国志》《华阳国志》），唐后莫隆于蜀"。②当然，刘咸炘如若能补充晚清民国一环，则其判断与评价愈益全面；惜乎天不假年，刘鉴泉英年早逝。于此，踵武其说，接续其论。

陈寿（233—297，四川南充人），师事谯周（200—270，四川阆中人），研习《尚书》《春秋》"三传"，精通《史记》《汉书》。著述颇丰，今存《三国志》六十五卷。南朝梁刘勰《文心雕龙·史传》中云："及魏代三雄，纪传互出，《阳秋》《魏略》之属，《江表》《吴录》之类，或激抗难徵，或疏阔寡要。惟陈寿三志，文质辨洽，荀、张比之于迁、固，非妄誉也。"后人将《三国志》与《史记》《汉书》《后汉书》合称"四史"，可见其在中国史书中地位之崇高。

常璩（约291—361，四川崇州人），所著今存《华阳国志》十二卷等。《华阳国志》是我国现存最早的一部比较完整的方志史书，是后世地方志的创始之作。唐人刘知几（661—721）云，"郡书者，矜其乡贤，美其邦族……其如常璩之详审……而能传诸不朽、见美来裔者，盖无几焉"（《史通·杂述》）。宋人吕大防（1027—1097）亦云，"蜀记之可观，未有过于此者"（《华阳国志序》）。《华阳国志》所采取的地理志、编年史及人物志三者结合的形式，是其写作体例上的一个显著特点，也是中国方志编纂史上的一个创举。③

唐后史家，于蜀有宋之范祖禹（四川成都人）、史炤（约1092—约1161，四川眉山人）、李焘（1115—1184，四川丹棱人）、李心传

---

① 王国维：《国学丛刊序》（1911年），详见谢维扬、房鑫亮主编《王国维全集》第14卷，浙江教育出版社、广东教育出版社2009年版，第129—130页；彭华选编《王国维儒学论集》，四川大学出版社2010年版，第334页。
② 刘咸炘：《蜀学论》，《推十书·推十文集》卷一，成都古籍书店1996年影印本。
③ 参见刘琳《华阳国志校注》，巴蜀书社1984年版，"前言"。

(1166—1244，四川井研人)、王称（一作王偁，四川眉山人）等。于此，姑且以李焘为例（兼及李心传、王称）。

李焘学识渊博，善于为文，长于经学，精于史学，有"蜀中史学之首号"的美誉（韩淲《涧泉日记》卷中）。著有《续资治通鉴长编》九百八十卷（今存五百二十卷）、《巽岩文集》五十卷、《李文简诗集》等。有子七人，皆学有所成，其中尤以李壁（1159—1222）、李塘（1160—1238）为优；父子三人，不但覃研经史，而且长于为文，"皆以文学知名，蜀人比之三苏"（《宋史》卷三九八《李壁传》）。不过，总的来看，李氏家族尤其擅长的还是史学，是以史学名世的，堪称"史学传家"的名族。① 《续资治通鉴长编》仿司马光（1019—1086）《资治通鉴》例，取材广博，考订精核，实为治宋史之要典。叶适（1150—1223）称，"《春秋》以后，才有此书"（《水心集》卷十二）；四库馆臣谓，是书"淹贯详赡，固读史者考证之林"（《四库全书总目提要》卷四十七）。今人蒙文通云："李焘《续资治通鉴长编》，搜罗既富，考证亦精，为宋代记注之良书。"② 至于李心传《建炎以来系年要录》二百卷、王称《东都事略》一百三十卷，亦是斐然可观，"宋人私史卓然可传者，唯称与李焘、李心传之书，固宜为考宋史者所宝贵矣"（《四库全书总目提要》卷五十）。

晚清以来，巴蜀之地史家辈出，如张森楷（1858—1928，重庆合川人）、郭沫若（1892—1978，四川乐山人）、蒙文通（1894—1968，四川盐亭人）、刘咸炘（1896—1932，四川双流人）、李思纯（1893—1960，四川成都人）、蒙思明（1908—1974，四川盐亭人）等。

特别可贵的是，巴蜀之地的史家往往能自觉担当"文献之家"，尤其注重"文献之传"；准此，故巴蜀之地有不少文献学家。如清代之李调元（1734—1803，四川罗江人），近代之王秉恩（1845—1928，四川双流

---

① 参见胡昭曦、刘复生、粟品孝《宋代蜀学研究》，巴蜀书社1997年版。
② 蒙文通：《治学杂语》，载蒙默编《蒙文通学记》（增补本），生活·读书·新知三联书店2006年版，第48页。

人)①、傅增湘（1872—1949，四川江安人）②，以及当代之王利器（1912—1998，重庆江津人）、杨明照（1909—2003，重庆大足人）、王叔岷（1914—2008，四川简阳人）等。又，四川大学之主持编纂《全宋文》《儒藏》《巴蜀全书》，岂非"绍先哲，起蜀学"者乎？③

最为难能可贵的是，巴蜀之人不但注意史料之保存、注重文献之整理，而且力求勾勒历史之思想、探索史学之精神；即通过对历代兴衰治乱、成败得失之迹的考察，从而揭示个中所蕴含的宏深义理，并且上升为哲理层面的形而上思考。

先以范祖禹为例。范祖禹一生的主要贡献，在于修史与政论二端；相较而言，范祖禹在修史方面用力最勤。范祖禹尝与司马光等合著《资治通鉴》《神宗实录》，个人著作有《唐鉴》《帝学》等。贯穿《帝学》一书的中心主旨，是"以史为鉴"四字；而《唐鉴》一书，除了鲜明的"以史为鉴""经世致用"特点外，还具有"以理入史"的特点。范祖禹曾经在《进唐鉴表》中自白，"稽其成败之迹，折以义理，缉成一书"（《范太史集》卷十三《进唐鉴表》）。显然，这是宋代"义理史学"的代表，也是四川"义理史学"的典范。④ 故《唐鉴》书成之后，深得宋人好评。宋人楼钥（1137—1213）认为，范祖禹《唐鉴》堪与程颐《易传》相媲美，"范太史之《唐鉴》，心平气和，理正词直，然后为文之正体，可以追配古作"（《攻媿集》卷六十六）。程颐（1033—1107）认为，"自三代以后，无此议论"（《伊洛渊源录》卷七）。朱熹晚年盛赞《唐鉴》，称之为"不易之论"（《四库全书总目提要》卷八十八）。

再以眉山"三苏"之蜀学为例。苏洵作有《太常因革礼》一百卷，苏辙作有《古史》六十卷，此乃其重视"文献之传""史学之传"之明

---

① 关于王秉恩的生平及其著述，可参见彭华《华阳王秉恩学行考》，《中国典籍与文化》2011年第3期。

② 关于傅增湘的基本情况，可参见彭华《文献大家傅增湘》，《巴蜀文献》第二辑，四川大学出版社2015年版。

③ "绍先哲，起蜀学"二语，出自张之洞《四川省城尊经书院记》。

④ 更详尽的论述，可参见胡昭曦、刘复生、粟品孝《宋代蜀学研究》，巴蜀书社1997年版。

证;于此,二程之"洛学"、荆公之"新学",均不足与之同日而语。尤为可贵的是,"三苏"于其中灌注了历史思想与史学精神。蒙文通曾经鞭辟入里地指出,"北宋三家(洛学、新学、蜀学),惟苏氏能不废史学。二苏自述家学,皆谓以古今成败得失为议论之要。故所作史论,固多明烛情状之言。……苏氏延北宋一线史学之传,俾蜀之史著,风起云蔚,其为教亦宏矣"①。

对于巴蜀学人的文献关怀与史学精神,蒙文通一再表彰、多所褒扬,并且身体力行。孟子云:"观水有术,必观其澜。"(《孟子·尽心上》)蒙文通云:"观史亦然,须从波澜壮阔处着眼。……读史也须能把握历史的变化处,才能把历史发展说个大概。"② 今人将蒙文通的学术精神与治学领域概括为"通观明变,百川竞发"③,认为"大势变迁论"是蒙文通历史著作的"一个主干"④,良有以也!

准此以往,故而蒙文通对于两汉之经学、两宋之史学,其看法与陈寅恪不同,实乃势所必然,"而余意则不与同,以汉人经学当以西汉为尤高,宋人史学则以南宋为尤精,所谓经今文学、浙东史学是也"⑤。蒙文通又尝"夫子自道":"几十年来,无论是讲课、写文章,都把历史当作哲学在讲,都试图通过讲述历史说明一些理论性问题。唐君毅说:'你每篇文章背后总觉另外还有一个道理。'丁山说:'你每篇考据文章都在讲哲学。'这虽显有推崇之意,却也符合实际。"⑥ 直白而言,蒙文通又有语云,"懂哲学讲历史要好些,即以读子之法读史,这样才能抓得住历史的生命,不然就是一堆故事"⑦,"以虚带实,也是做学问的方法。史料是

---

① 蒙文通:《经史抉原》,《蒙文通文集》第3卷,巴蜀书社1995年版,第317—319页。
② 蒙文通:《治学杂语》,载蒙默编《蒙文通学记》(增补本),第1页。
③ 刘复生:《通观明变,百川竞发——读〈蒙文通文集〉兼论蒙文通先生的史学成就》,《四川大学学报》(哲学社会科学版)2004年第6期。
④ 王汎森:《从经学向史学的过渡——廖平与蒙文通的例子》,《近代中国的史家与史学》,复旦大学出版社2010年版,第70页。说明:该文原载《历史研究》2005年第2期;后经修改,收入蒙默编《蒙文通学记》(增补本),生活·读书·新知三联书店2006年版。
⑤ 蒙文通:《治学杂语》,载蒙默编《蒙文通学记》(增补本),第44页。
⑥ 蒙文通:《治学杂语》,载蒙默编《蒙文通学记》(增补本),第5页。
⑦ 蒙文通:《治学杂语》,载蒙默编《蒙文通学记》(增补本),第51页。

实,思维是虚。有实无虚,便是死蛇"。① 于此,或可谓:小学是工夫,文献是基础,思想是灵魂。

三 文学:但开风气,表仪一时

历览巴蜀2100余年文学之史,文学之士可谓灿若群星,文学之作可谓浩如烟海;尤其难能可贵的是,巴蜀文苑的超迈人士往往能开创一代风气,其文学理念与创作实践往往能引领时代风尚,成为表仪一时的辉煌典范。于此,或可谓"但开风气又为师"。近人刘咸炘综析巴蜀文化,"统观蜀学,大在文史";唐宋以来,"文则常开天下之先"(《蜀学论》)。刘氏所云,高屋建瓴,切当之评。

近人王国维云:"凡一代有一代之文学。楚之骚、汉之赋、六代之骈语、唐之诗、宋之词、元之曲,皆所谓一代之文学,而后世莫能继焉者也。"(《宋元戏曲史·序》)② 于此,仅以两汉大赋、唐宋诗词、现代文学为例。

(一) 两汉大赋

如人所闻:汉赋之彪炳青史者,前后约计四人③;叹为观止的是,四人之中,蜀人竟有其三(司马相如、王褒、扬雄)④。扬雄与司马相如(前179—前117),世称"扬马"(梁刘勰《文心雕龙·练字》、清王士禛《香祖笔记》卷三等);王褒(?—前61,字子渊,四川资中人)与扬雄,或谓"渊云"(汉班固《西都赋》、晋潘岳《西征赋》、宋王禹偁《谢除翰林学士启》等)。唐人韩愈(768—824)在《进学解》中云:

---

① 蒙文通:《治学杂语》,载蒙默编《蒙文通学记》(增补本),第1—2页。
② 谢维扬、房鑫亮主编:《王国维全集》第3卷,浙江教育出版社、广东教育出版社2009年版,第3页。
③ 关于"汉赋四大家",历来说法不一。或谓司马相如、王褒、扬雄、班固,或谓司马相如、扬雄、班固、张衡。本文取前一说法。
④ 晋人左思《蜀都赋》中云:"近则江汉炳灵,世载其英。蔚若相如,皭若君平。王褒韡韡而秀发,扬雄含章而挺生。"(梁)萧统编,(唐)李善注:《文选》卷四,上海古籍出版社1986年版。左思赋语之所云,即司马相如、严君平、扬雄、王褒。

"子云相如,同工异曲。"揆诸旧史,此非虚文。

以两汉大赋而言,司马相如之赋颇获后人佳评,被推许为典范。汉人扬雄云:"诗人之赋丽以则,辞人之赋丽以淫。如孔氏之门用赋也,则贾谊升堂,相如入室矣。"又云:"长卿之赋,非自人间来,神化之所至也。"(《法言·吾子》)宋人林艾轩(1114—1178)云:"司马相如,赋之圣者。"(《朱子语类》卷一三九)近人鲁迅(1881—1936)云,"赋莫若司马相如,文莫若司马迁","[司马相如]制作虽甚迟缓,而不师故辙,自摅妙才,广博宏丽,卓绝汉代"。① 在司马相如的影响下,形成了汉赋家风:排比对偶,错落交织;铺陈辞藻,夸奇炫博。其后的扬雄、班固、张衡、左思等,概莫能外。尤其是扬雄,每每运思作赋,往往以司马相如为楷模。《汉书·扬雄传上》云:"先是时,蜀有司马相如,作赋甚宏丽温雅,雄心壮之,每作赋,常拟之以为式。"曹植(192—232)云:"扬马之作,趣幽旨深。读者非师傅不能析,其词非博学不能综其理。"(《文心雕龙·练字》)唐人李端云:"文章似扬马,风骨又清赢。"(《赠何兆》)唐人李白云:"扬马激颓波,开流荡无垠。"(《古风》其一)蜀地文士在搦管挥毫时,往往又能自觉以"扬马"为师。如唐人陈子昂,"尤善属文,雅有相如、子云之风骨"(卢藏用《陈氏别传》)。

(二) 唐宋诗词

世人皆知:唐初文风之变化,实导源于蜀人陈子昂(659—700,四川射洪人)。陈子昂博通经史,工诗善文,为一代大家。"诗史"杜甫(712—770)云,"公生扬马后,名与日月悬"(《过陈拾遗故宅》)。颇为关键的是,陈子昂勇于革新,敢于创新;使唐初之文风,由齐梁之绮丽纤柔,一变而为雅正深粹,实开李唐诗文风气之先河。陈子昂尝沉痛指出,"文章道弊,五百年矣!汉魏风骨,晋宋莫传"(《修竹篇序》)。于此,陈子昂身体力行,辉煌表率,"横制颓波,天下质文,翕然一变"(卢藏用《陈伯玉文集序》)。诚如《新唐书》卷一二〇本传所云,"唐

---

① 鲁迅:《汉文学史纲要》,人民文学出版社2006年版,第80、82页。

兴,文章承徐、庾余风,天下祖尚,子昂始变雅正"。唐人韩愈,高相标扬,"国朝盛文章,子昂始高蹈"(《五百家注昌黎文集》卷二《荐士》)。唐人李华(715—766),极致褒扬,陈氏之作,"文体最正"(《萧颖士文集序》)。宋人刘克庄(1187—1269)云,"唐初,王、杨、沈、宋擅名,然不脱齐梁之体,独陈拾遗首倡高雅冲淡之音,一扫六代纤弱之习,趋于黄初、建安矣"(《后村先生大全集》卷一七六《诗话前集》)。元人方回(1227—1305),盛誉其作,推许为"古体之祖""律诗之祖"(《瀛奎律髓》卷一、卷三)。明人胡震亨(1569—1645)云,"子昂自以复古反正,于有唐一代诗功为大耳"(《唐音癸签》卷五)。明人高棅(1350—1423),多所推挹,"陈子昂古风雅正",列之为唐诗"正宗"(《唐诗品汇》)。清人李调元,不吝赞词,"吾蜀文章之祖,司马相如、扬雄而后,必首推陈子昂"(《诗话》卷下)。近人高步瀛(1873—1940)云,"韩公以前,文章复古之功,不能不推原伯玉"(《唐宋文举要》甲编卷一)。陈子昂的革新理论、创新实践,后为李白、杜甫、白居易(772—846)等所继承。

再以李白为例。李白(701—762,一说705—766),字太白,号青莲居士,四川江油人。李白为人,秉性刚直,蔑视权贵,胸襟开阔,豪放不羁;李白之诗,以《诗经》、屈赋为宗,狀浪纵恣,不受格律限制,傲然而为一代大家。杜甫云:"昔年有狂客,号尔谪仙人。笔落惊风雨,诗成泣鬼神。"(《九家集注杜诗》卷二十《寄李十二白二十韵》)韩愈云:"李杜文章在,光焰万丈长。"(《调张籍》)赵翼(1727—1814)云:"才气豪迈,全以神运,自不屑束缚于格律对偶,与雕琢者争胜。"赵翼之所云,实渊源于李白之自陈,"清水出芙蓉,天然去雕饰"(《经乱离后天恩流夜郎忆旧游书怀赠江夏韦太守良宰》)。后世之苏舜钦、王令、苏轼、陆游、高启、杨慎等人,受李白诗歌之影响甚深且大。比如,赵孟頫(1256—1322)尝比苏轼为李白,"苏子赋成奇伟甚,长教人想谪仙风"(《赤壁》)。

复以苏轼为例。苏轼(1037—1101),字子瞻,号东坡居士,四川眉山(今东坡区)人。对于苏轼诗词文赋之赞誉与褒扬,古今之人从不吝啬翰墨。宋人王十朋(1112—1171)云:"东坡文章冠天下,日月争光薄风雅。谁分宗派故谤伤,蚍蜉撼树不自量。"(《读东坡诗》)而谚语之所谓"苏文熟,吃羊肉;苏文生,吃菜羹"①,早已深入人心,兼且耳熟能详。今人云,"苏轼是蜀中惟一能与李白并肩的另一位大文豪。李白是高不可攀,苏轼是渊博难及。他们不只是蜀中文学之最,也是中国文学史上极少几位顶尖人物中的两位"②。

关于苏轼之文学渊源,或以为"出于《庄子》"③,或以为"以西汉文词为宗师"④。此处按下不表,仅言其但开风气之"以文为诗""以诗为词"。文学史研究者指出,"以文为诗"是中唐至宋,特别是北宋时期产生的一种文学现象,是文学理论家们针对苏轼等人的诗歌创作而提出的批评。"文"指的是不同于骈文的散行单句,不拘骈偶、对仗、音律等的形式自由的文体。"诗"则特指六朝至唐以来形成的句法、字数、平仄、音韵等有严格规定的近体诗。"以文为诗"即突破近体诗的种种束缚和羁绊,借用形式较为自由的散文之字、句、章法来进行诗歌写作。清人赵翼指出:"以文为诗,自昌黎始,至东坡益大放厥词,别开生面,成一代之大观。……其尤不可及者,天生健笔一枝,爽如哀梨,快如并剪,有必达之隐,无难显之情。此所以继李杜后为一大家也。"(《瓯北诗话》卷五)这段评论清楚地指出,苏轼的"以文为诗"不仅是对唐人的继承,而且有了令人瞩目的突破和发展。与此相关,苏轼又"以诗为词",此亦为人所批评者⑤;但其一转词风之"婉约"而为"豪放",虽千年以往,依然不可抹杀其功。于此,全然可以移用陈寅恪嘉许王国维之语,"历千

---

① 据宋人陆游(1125—1210)披露,"建炎以来,尚苏氏文章,学者翕然从之,而蜀士尤盛。亦有语曰:'苏文熟,吃羊肉;苏文生,吃菜羹。'"(宋)陆游撰,李剑雄、刘德权点校:《老学庵笔记》卷八,中华书局1979年版,第100页。

② 杨世明:《巴蜀文学史》,巴蜀书社2003年版,第151—152页。

③ 清人刘熙载(1813—1881)云:"诗以出于《骚》者为正,以出于《庄》者为变。少陵纯乎《骚》,太白在《庄》《骚》间,东坡则出于《庄》者十之八九。"(清)刘熙载撰,袁津琥校注:《艺概注稿》,中华书局2009年版,第326页。

④ 苏轼有语云:"始朝廷以声律取士,而天圣以前,学者犹袭五代文弊。独吾州之士,通经学古,以西汉文词为宗师。方是时,四方指以为迂阔。"(宋)苏轼撰,孔凡礼点校:《眉州远景楼记》,《苏轼文集》,中华书局1986年版,第353页。

⑤ 宋人陈师道(1053—1102)在《后山诗话》中云:"退之(韩愈)以文为诗,子瞻(苏轼)以诗为词,如教坊雷大使之舞,虽极天下之工,要非本色。"

万祀,与天壤而同久,共三光而永光"①。

对于以上两部分所述巴蜀人物及其文学事功,近人冯骧(1865—1932,四川华阳人)已然揭示其大关节目。冯骧诗云:"西蜀文章兆自汉,文翁讲学如天旦。前有相如后渊云,球琳玉石争璀璨。当时文运正隆盛,逮夫唐宋风不竞。眉山父子起其间,以文鸣世相辉映。"② 当然,冯诗如若加上陈子昂与李白,则可谓网罗赅备,亦且锦上添花!

(三) 现代文学

宋人苏舜钦(1008—1049,四川绵阳人)尝云:"蜀国天下险,奇怪生中间。"(《苏学士集》卷一《蜀士》)所谓"奇怪",其义多为稀奇古怪,不免贬义之嫌;但本处所指,即不寻常之人或不寻常之事物,则显系褒义,其义近于《御选唐宋诗醇》所云"怪伟奇绝"③。上文所云文学人物及其创作行为,虽然时人难免有"稀奇古怪"之讥评,但放宽历史的视线,其在往后之世,则淘然而入"正统主流"之域。流衍所及,降于晚近,亦复如斯。于此,仅以三人为例,略道一二。

郭沫若(1892—1978),四川乐山人。著名文学家、历史学家、考古学家、古文字学家、翻译家。主要著作被整理为三十八卷《郭沫若全集》,分《文学编》(二十卷)、《历史编》(八卷)、《考古编》(十卷),分别由人民文学出版社、人民出版社、科学出版社出版。以文学而言,现代中国的第一部新诗集是胡适的《尝试集》(1920年);但新诗之成熟而杰出的作品,则当推郭沫若的《女神》(1921年),《女神》"在思想性和艺术性上都达到了前所未有的高度"④,"宣告诗坛上'胡适的时代'

---

① 陈寅恪:《清华大学王观堂先生纪念碑铭》(1929年),载《金明馆丛稿二编》,上海古籍出版社1980年版,第218页。

② 冯骧:《读三苏全集书后》,载《近代巴蜀诗钞》,巴蜀书社2005年版,上册,第797页。

③ 《御选唐宋诗醇》卷六:"[李]白诗天才纵逸。至于七言长古,往往风雨争飞,鱼龙百变,又如大江无风,波浪自涌,白云从空,随风变灭,诚可谓怪伟奇绝者矣。"(文渊阁《四库全书》影印本)

④ 张宪文等:《中华民国史》,南京大学出版社2012年版,第464页。

的结束，和真正的现代自由体新诗时代的到来"。① 化用郭沫若之语，中国现代文学之有《女神》，一如凤凰涅槃，浴火重生。

李劼人（1891—1962），四川成都人。著名作家。发表各种著译作品近六百万字。主要代表著作有《死水微澜》《暴风雨前》和《大波》，三部小说以四川为背景，描写了从甲午战争到辛亥革命前后三十年的广阔社会画面，"撞响了中国现代历史小说的洪钟，开中国现代历史小说之先河"②。李劼人的这三部小说，在中国现代文学史上负有盛名，舒新城（1892—1960）誉之为"近时文学创作界特有魄力之大著作"③；郭沫若誉之为"小说的近代史""小说的近代《华阳国志》"，郭沫若甚至将李劼人誉为"中国的左拉"。

巴金（1904—2005），四川成都人。著名文学家。作品颇多，主要作品有《死去的太阳》《新生》《砂丁》《萌芽》和著名的"爱情三部曲"（《雾》《雨》《电》）。尤为可贵的是，巴金率先对"文化大革命"予以个人反思，创作了《随想录》。整部《随想录》是"巴金用纸和笔建立的一座个人的'文革'博物馆"，它的独特和深入之处是"其中对'文革'的反省一开始就与巴金向内心追问的'忏悔意识'结合在一起"，而"巴金的反省包容了对历史和未来的更大的忧虑"。④

顺便指出，巴蜀文苑的超迈之士，不但能在文学理念与创作实践上开创一代风气、引领时代风尚，而且在文学史甚至哲学史的撰著上亦能但开风气、表仪一时。个中显例，可举谢无量（1884—1964，四川梓潼人）为证。谢无量著作等身，生前成书二十八种（卒后成书四种）。所著《中国妇女文学史》（1916年初版），是中国第一部"妇女文学史"；所著《中国哲学史》（1916年初版），是中国第一部"中国哲学史"，早于胡适

---

① 朱栋霖等主编：《中国现代文学史：1917—2000》，高等教育出版社2007年版，上册，第70页。
② 杨联芬：《李劼人长篇小说艺术批评》，《文学评论》1990年第3期。
③ 舒新城：《舒新城日记》，《出版史料》1988年第2期。
④ 陈思和主编：《中国当代文学史教程》，复旦大学出版社1999年版，第195页。

的《中国哲学史大纲》上卷和冯友兰的《中国哲学史》(上、下册)。①

四 神要：神韵与风骨

(一) 经史为基，儒学为本

本处所说的"经史"，包括"经学""史学"以及辅翼经史之学的小学（文字、音韵、训诂等）。经史为治学之基、国学之本，此属士人之通识，亦属蜀人之共识。回溯历史，蜀地学人往往能恪守此道。汉魏之司马相如、扬雄、陈寿等，两宋之"三苏"、李焘、李心传等，元明之虞集、杨慎等，晚清民国之廖平、宋育仁、蒙文通、刘咸炘、郭沫若等，概皆如此。于此，仅以司马相如、扬雄为例。

众所共知，司马相如作赋，意在"讽谏"；惜乎哉，"穷极声貌"，转成病累；所收之效，"劝百而讽一"（《汉书·司马相如传下》）。殊不知，司马相如精通小学，著有字书《凡将篇》。此书虽在宋代亡佚，但《说文解字》、《文选》注、《艺文类聚》、《茶经》等书有引文，可窥其一鳞半爪。另外，司马相如尝作有《封禅文》（见《史记·司马相如列传》），或可以经学著作目之。因此，对于司马相如，切不可简单视之为一介文学之士。

人所共闻，扬雄著有《太玄》《法言》《方言》《训纂》《蜀王本纪》等以及《扬子云集》，涵盖经史子集四部。"同情理解"扬子云，其人之所自重者，尚在经学；经学之中，又以小学为奠基；而其立场之皈依与价值之认同，则在孔子与儒学。张衡（78—139）谓崔瑗（约77—约142）曰："吾观《太玄》，方知子云妙极道数，乃与《五经》相拟，非徒传记之属。"（《后汉书·张衡列传》）此论已然中其肯綮，但仅言其经学，尚未及其史子集三部。相对而言，《汉书·扬雄传》的叙述则详尽而全面。其语云："〔扬雄〕实好古而乐道，其意欲求文章成名于后世，以为经莫大于《易》，故作《太玄》；传莫大于《论语》，作《法言》；史篇

---

① 参见彭华《谢无量年谱》，《儒藏论坛》第三辑，四川大学出版社2009年版；彭华：《一代名流谢无量——生平志业、学术成就与蜀学因缘》，《关东学刊》2016年第7期。

莫善于《仓颉》，作《训纂》；箴莫善于《虞箴》，作《州箴》；赋莫深于《离骚》，反而广之；辞莫丽于相如，作四赋；皆斟酌其本，相与放依而驰骋云。"扬雄著作数量如此之多、类别如此之广，但仍以儒学为本基、以孔子为指归；彼尝自陈心曲，"好书而不要诸仲尼，书肆也；好说而不要诸仲尼，说铃也"（《法言·吾子》）。

以上所云乃"经史为基"一端，下文将述"儒学为本"一端。推本溯源，蜀学之根本当在儒学；观流察变，其间虽多有变异与枝蔓，终要回归于作为本根之儒学。兹事体大，于此仅以宋代之眉山"三苏"、近代之尊经诸子为例，略为论说。

先言眉山"三苏"——苏洵（1009—1066）、苏轼（1037—1101）、苏辙（1039—1112）。眉山"三苏"是两宋巴蜀文化的杰出代表，苏氏蜀学是两宋区域文化的璀璨成果；"三苏"之学思，辉煌地展示蜀学之形神与风骨；苏氏蜀学立意"打通古今"，注重"融通百家"，力求"会通三教"。但在时人和后人看来，"三苏"蜀学难免"驳杂"（如朱熹、全祖望、蒙文通、钱穆、侯外庐等）。"三苏"蜀学虽貌似"驳杂"，实则又有宗旨存焉。所谓"宗旨"者，即道也，即儒门道德性命、经世济民之道也。所谓佛老之学，所谓纵横之学，所谓文章辞赋，实则为之辅翼耳。[①]

广阔而言，"三苏"以儒为本而融通百家、会通三教，实则合乎佛教与道教的发展脉络与大势所趋。作为外来宗教之一的佛教，在入渐中土之后，随即走上漫长的中国化道路；佛教在中国化的过程中，在伦理道德上自觉地选择了儒学化这一路径；而道教在后来的发展过程中，其走向与佛教基本上亦如出一辙，即在伦理道德上亦不约而同地走上了儒学化的道路。[②]

次言尊经书院诸子。清初以降，蜀学衰微，"自制艺取士以来，群好

---

① 参见彭华《博求"三通"：苏氏蜀学的形神与风骨》，《孔子研究》2012年第4期。另请参见萧永明的以下两篇论文：（1）《苏氏蜀学的学派特征》，《学术论坛》1999年第1期；（2）《论苏氏蜀学对佛道之学的汲取》，《广西师范大学学报》（哲学社会科学版）2001年第1期。

② 参见彭华《试论佛教伦理与道教伦理的"儒学化"》，《西华大学学报》（哲学社会科学版）2010年第2期。

帖括，经史百家每束高阁"（《名山县志》卷十一《学校》，中华民国十九年刊本）。有鉴于此，简放四川学政的张之洞（1837—1909，河北南皮人）决议整顿学风、改革教育，从而培养人才、振兴蜀学。于是，尊经书院便应运而生（创建于 1875 年）。尊经书院之创设，其初衷即"以通经学古课蜀士"，"欲诸生绍先哲，起蜀学"，从而培养出"通博之士，致用之材"。① 张之洞的教育理念，为嗣后的尊经书院山长所继承，并且得到较好的贯彻。其最典型者，恐怕莫过于王闿运（1833—1916，湖南湘潭人）。尊经书院注重经史小学、以儒学为本的治学理念，提倡经世致用的求实学风，在廖平（1852—1932，四川井研人）、宋育仁（1857—1931，四川富顺人）、吴之英（1857—1918，四川名山人）等人的身上展现出来，并且陆续有所发展。比如说，廖平在 1880—1889 年写出了《谷梁春秋经传古义疏》《今古学考》《知圣篇》《辟刘篇》等，主张尊今抑古，托古改制。期间（1884 年），宋育仁写成《周礼十种》和《周官图谱》，《周官图谱》已然为其托古改制理论奠定了基础。② 吴之英素重经学和小学③，并以此而名家。廖平为学虽善变，要有不变者存焉，即以尊孔尊经为宗旨。廖平自云，"著作百种，而尊孔宗旨前后如一"（《尊孔篇》），"平毕生学说，专以尊孔尊经为主"。④

（二）学风崇实，经世致用

本处所云"学风崇实"，即接续前引刘咸炘之语"蜀学崇实，虽玄而不虚"而来。前文尝云，蜀人在进行哲理思辨时，往往以史实和文献为基础（"经史为基"），故蜀地有注重"文献之传"的传统；并且力求

---

① （清）张之洞：《四川省城尊经书院记》，附录于胡昭曦《四川书院史》，四川大学出版社 2006 年版，第 352—353 页。
② 参见彭华《宋育仁与近代蜀学》，载《蜀学》第五辑，巴蜀书社 2010 年版。
③ （清）吴之英在《音均奭固》中云："资中讲舍，五学（按：即五经）训学僮，同术诸子（按：当时宋育仁、吴之英、廖平、吕翼文等同在资州艺风书院讲学），以读书先字，识字先音，为得音，原始韵读注归，不可意为典要。"吴洪武、彭静中、吴泽校注《吴之英诗文集》，四川大学出版社 2008 年版，第 194 页。据此可知，以经学、小学为治学之基，属当时蜀中学人之共识与通识。
④ （清）廖平：《孔经哲学发微》，《廖平选集》，巴蜀书社 1998 年版，上册，第 303 页。

"通观明变",从思辨与研究中求其大要与指归,以为经世致用或通经致用。本处将继续指出,蜀地学风崇实,注重经世致用,这一点在近代表现得尤为突出;而且,蜀地学人并不因循守旧,更非孤陋寡闻,以门户自限。诚如章学诚(1738—1801)所云:"学者不可无宗主,而必不可有门户,故浙东、浙西道并行而不悖也。……各因其习而习也。"(《文史通义·内篇二·浙东学术》)今人云:"在价值取向上,'蜀学'没有强烈的'道统'意识,对佛教思想采取有所肯定和积极吸取的开放态度,不像主流理学那样视佛、老为异端邪说。"① 于此,仅以两宋和近代为例,略做阐发。

历史上,曾经有过关于文、道关系的激烈争论。长期争论的结果,"文以载道论"占了上风,居于主流地位。所谓"文以载道",即用文章来说明道;所谓道,往往指的是儒家思想,尤其是经邦治世之"大道"。宋人周敦颐(1017—1073,湖南道县人)云:"文所以载道也,轮辕饰而人弗庸,徒饰也,况虚车乎?"(《通书·文辞》)清人曾国藩(1811—1872,湖南湘乡人)云:"周濂溪氏称文以载道,而以虚车讥俗儒。夫虚车诚不可,无车又可以行远乎?"(《致刘孟容书》)其时,蜀地学人亦复如斯。比如说,魏了翁和其他理学家一样,颇为轻视文辞,"辞章,技之小也"(《周元公祠堂记》)。当他听说宋宁宗于听政之暇,时以辞翰自娱,即上书指出此举"非圣贤之学也"(《应诏封事贴黄》)。子夏尝云:"虽小道,必有可观者焉;致远恐泥,是以君子不为也。"(《论语·子张》)周敦颐、魏了翁等人持论如此,当即本子夏斯旨。

作为中国文学史上风华绝代的旷世奇才苏轼,虽然文、赋、诗、词、书、画均傲然而为一代大家,但其所最重者仍在经邦治世之大道。于此,作为亲炙东坡教闻的"苏门四学士"之一的秦观(1049—1100),尝特意加以辨析,"苏氏蜀人,其于组丽也独得之于天,故其文章如锦绮焉。其说信美矣,然非所以称苏氏也。苏氏之道,最深于性命自得之际;其次则器足以任重,识足以致远;至于议论文章,乃其与世周旋,至粗者

---

① 张立文、祁润兴:《中国学术通史(宋元明卷)》,人民出版社2004年版,第314页。

也","论苏氏而其说止于文章,意欲尊苏氏,适卑之耳"。① 秦观之所言,在今天看来虽然未免失之偏颇,但他的辩解确实"反映了蜀学中人对于其自身学术器识的自信与尊崇"②。质而言之,苏轼所追求、所重视的是通经致用、经邦济世。著名史学家陈寅恪亦尝一针见血地指出:"苏子瞻之史论,北宋之政论也。"③ 广而言之,苏洵、苏辙亦复如此。苏辙有语云,"父兄之学,皆以古今成败得失为议论之要"(《栾城集》卷七《历代论一·并引》)。与徒然托之空言、枉然空言虚语者不同的是,"三苏"之"打通古今",目的在于通过对历代兴衰治乱之陈迹的考察,以探求当下治世之道。④

晚清以来,中国遇"数千年来未有之强敌","实为数千年未有之变局"⑤,诚可谓"值数千年未有之钜劫奇变"⑥。值此文化巨变、国运危急关头,救亡图存便成为时代的主旋律。作为华夏禹域之一的四川,实亦概莫能外;作为中华士子之列的蜀人,实亦一本经世致用之旨。身逢其时之巴蜀士人,或托(复)古改制以求变法维新("以复古为解放"⑦),如廖平、宋育仁、吴之英等;或径直投身革命、改造社会,如杨锐(1857—1898)、刘光第(1859—1898)、张澜(1872—1955)、吴玉章(1878—1966)等。⑧

走笔至此,自忖似乎尚有必要介绍章太炎(1869—1936)对巴蜀人物尤其是政治人物的评价,并且略做分疏与辩护。1917年9月,广东非常国会推举孙中山为大元帅,展开护法运动。随后,章太炎作为孙中山的全权代表,经中国香港前往云南、贵州、四川等地,对西南军阀进行

---

① (宋)秦观撰,徐培均笺注:《淮海集笺注》,上海古籍出版社1994年版,第981页。
② 萧永明:《苏氏蜀学的学派特征》,《学术论坛》1999年第1期。
③ 陈寅恪:《冯友兰中国哲学史上册审查报告》,载《金明馆丛书二编》,生活·读书·新知三联书店2001年版,第281页。
④ 参见彭华《博求"三通":苏氏蜀学的形神与风骨》,《孔子研究》2012年第4期。
⑤ 此系李鸿章(1823—1901)语,载《筹办夷务始末(同治朝)》卷九十六,中华书局2008年版,第17页。
⑥ 陈美延、陈流求编《陈寅恪诗集》,清华大学出版社1993年版,第11页。
⑦ (清)梁启超:《清代学术概论》,上海古籍出版社1998年版,第7页。
⑧ 参见彭华《宋育仁与近代蜀学》,载《蜀学》第五辑,巴蜀书社2010年版。

说服。1918年1月10日,章太炎到达重庆。2月,章太炎在重庆发表演说。① 在演说中,章太炎"劝川中士大夫讲求实学,考究历史,谓蜀之人物除虞允文、杨廷和外,类皆文学之士,病在近华远实,故不能成大器"。曾琦(1892—1951,四川隆昌人)对章氏所云的评价是,"洵笃论也""洵不刊之言"②。1941年3月22日,曾琦又在致蒙文通的书信中说:"余杭章太炎先生有言:蜀中多清才而少雄才,其故由于不读历史。盖历史之于政治,犹棋谱之于行棋云。"③ 章太炎之所言,不可谓无理,但亦不可尽信。具体而言,所谓巴蜀人物"类皆文学之士,病在近华远实",诚如上文所言,并非尽皆如此;比如说,苏轼、魏了翁等,即并非如此(贺麟曾经指出,"了翁略具泰山气象,而东坡似有江海气度"④)。所谓"蜀中多清才而少雄才",于古或许如此,于今则不尽然;比如说,作为"中国社会主义改革开放和现代化建设的总设计师"的邓小平(1904—1997,四川广安人),则全然可谓一代雄才,其视野之鸿、手笔之大、建树之巨,举世共睹、世人皆知。

(三)融会贯通,赫然名家

东汉之人王充尝云:"故夫能说一经者为儒生,博览古今者为通人。"(《论衡·超奇》)其时之通人,扬雄乃其一。萧萐父尝有语赞汤用彤(1893—1964,湖北黄梅人),"漫汗通观儒释道,从容涵化印中西"⑤。其实,细数巴蜀历代学人,融会贯通,赫然名家者并不在少数之列。因此,或可续貂而谓:会通中西印,陶冶成大家。于此,姑以苏轼、杨慎、廖平、贺麟、唐君毅五人为例。

众所周知,苏轼出入佛老,博涉二氏,且一生交游甚广,颇喜结交

---

① 参见谢樱宁《章太炎年谱摭遗》,中国社会科学出版社1987年版。
② 曾琦著,陈正茂等编《曾琦先生文集》(下),"中央研究院"近代史研究所1993年版,第1327页。
③ 曾琦著,陈正茂等编《曾琦先生文集》(中),"中央研究院"近代史研究所1993年版,第737页。
④ 贺麟:《哈佛日记》,载姜文闵编著《哈佛大学》,湖南教育出版社1988年版,第162页。
⑤ 萧萐父:《吹沙二集》,巴蜀书社1999年版,第754页。

方外之士，尤其是禅门中人。① 但是，苏轼之学虽然貌似"驳杂"，实则又有宗旨存焉。在蒙文通看来，苏轼之学颇得道家之神韵与风骨，"北宋儒学，显有三派，为洛学、新学、蜀学，皆于六经有解，各自得立。洛派唯司马光注《老子》，二程理学一派则排斥佛、老，至荆公新学，东坡蜀学，皆深入于佛、老，虽不属于道教，然实为道家之学"②。引以为憾的是，苏轼驰骋其天纵之才，虽然汪洋恣肆，虽然纵横捭阖，但终究未能自我梳理、缜密总结，从而将其学说与思想之体系明示于天下；就此而言，朱子显然胜苏子一筹！程朱理学后来君临学坛、代有传人，而苏氏蜀学则无缘主流，而且后继乏人。追根溯源，苏氏蜀学之历史际遇若此，其部分原因当即导源于此。

杨慎（1488—1559，四川新都人），杨廷和（1459—1529）之子。有明之世，杨慎以渊博风雅著称，但又时乖命蹇，以致未尽其能、未擅其长。明人云，杨慎"工于证经，博于稗史，详于诗事，精于字学，为海内宗工，风流雅致，人多称之"③。清人云："明世记诵之博，著作之富，推慎为第一。诗文外，杂著至一百余种，并行于世。"（《明史》卷一九二《杨慎传》）不无遗憾的是，杨慎虽然渊博、虽然风雅，但尚未能融会贯通而赫然名家。自此以往，后世之贺麟与唐君毅，则全然可副此之名与实。

廖平（1852—1932，四川井研人），蒙文通尝云："左庵（刘师培）称廖氏长于《春秋》，善说礼制。吾谓廖氏之说礼，诚魏晋以来未之有也，至其考论《春秋》，则秦汉而下，无其偶也。"④ 今人云，"我国治经之士，自明清以来，各标汉宋，聚讼纷纭，而能汇通百家，冠冕诸子，

---

① 参见彭华《苏轼与禅师的交往及其影响——兼论苏氏蜀学与三教会通》，《宋代文化研究》第十八辑，四川文艺出版社 2010 年版。

② 蒙文通：《道教史琐谈》，《古学甄微》，《蒙文通文集》第 1 卷，巴蜀书社 1987 年版，第 327 页。

③ （明）张朝瑞辑：《皇明贡举考》卷六，上海古籍出版社《续修四库全书》史部政书类第 828 册（影印北京大学图书馆藏明万历刻本）；是书后由笔者点校，收入四川大学出版社《儒藏》。

④ 蒙文通：《议蜀学》，《经学抉原》，上海人民出版社 2006 年版，第 49 页。

摧郑马之藩篱，窥古贤之堂奥，独树新帜，扶坠衰落者，惟廖平一人而已"①。准此而言，廖平之志趣，非在局域之经学史家，而在鸿大之经学家。但因受其学养与识力所限，或可归入"是知其不可而为之"（《论语·宪问》）之列。

贺麟的"新心学"，是他匠心独创的思想体系，是他作为哲学家的智慧结晶和独到贡献。相较于梁漱溟（1893—1988）的"新孔学"、熊十力（1885—1968）的"新唯识论"、冯友兰的"新理学"而言，贺麟的"新心学"是比较晚出的现代新儒家哲学。正因其晚出，故而能对此前的新儒学思潮进行公正而恰当的评判和总结，更能合理地吸收他人（家）的经验与教训，在很大程度上克服了前人的理论缺陷，从而使"新心学"的面貌与其他新儒学颇为不同，而且更具圆融色彩。"新心学"是对中西文化的融通，是中国的陆王心学与西方的新黑格尔主义相结合的产物。与其他新儒家（如梁漱溟、牟宗三、唐君毅等）颇为不同的是，贺麟的"新心学"不是建立在中西文化的"对立"之上，而是建立在中西文化"融合"的基础之上。因此，"新心学"虽然起步较晚，但它在新儒学的思想发展史上仍然具有十分重要的地位。②

唐君毅学问渊博，学贯中西，对中西印哲学思想无不尽心钻研，尤用力于中西印三大文化传统中所体现的人文精神。他的学术思想进路，被海外学者概括为：以黑格尔型的方法及华严宗型的系统，展开其"生命存在与心灵境界"都为"一心"所涵摄的文化哲学体系，名曰"唯心论的本体—文化论的哲学系统"。

近人刘咸炘尝云，蜀学有深玄之风；并且认为，"蜀学复兴，必收兹广博以辅深玄"，故特重哲学思辨。③ 在此之前，张之洞亦有语点拨，"使者尝谓：'蜀中士人聪敏解悟，向善好胜，不胶己见，易于鼓动，远胜他

---

① 傅振伦编著：《七十年所见所闻》，华东师范大学出版社1997年版，第348页。
② 参见彭华《贺麟的文化史观》，《湖南科技学院学报》（社会科学版）2006年第3期。
③ 刘咸炘：《蜀诵·绪论》，《刘咸炘论史学》，上海科学技术文献出版社2008年版，第267页。

省.'所望不以此言视为规填,引伸触长,异日成就必有可观"①。

未来蜀学之发展,自然不能无视巴蜀先贤之仪轨,且当接续俊杰之令绪,并合理借鉴蜀学巨子之努力,即在"打通古今""融通三教""会通中西"十二字上用力。②

2012 年 11 月 15 日,完稿于四川成都
2012 年 12 月 28 日,修订于四川成都
2013 年 3 月 5 日,增订于四川成都
2018 年 5 月 16 日,补充于四川成都

(本文初稿载《"湖湘文化与巴蜀文化交流高层论坛"论文集》,湖南·长沙,2012 年 12 月,第 165—176 页;后收入《湖湘文化与巴蜀文化》,湖南大学出版社 2013 年版,第 279—297 页;修订稿载《殷都学刊》2014 年第 3 期,第 85—96 页。收入本书时,有所修订)

---

① (清)张之洞:《〈輏轩语〉序》,载苑书义等主编《张之洞文集》,河北人民出版社 1998 年版,第 12 册,第 771 页。
② 参见彭华《博求"三通":苏氏蜀学的形神与风骨》,《孔子研究》2012 年第 4 期。

分 论

宋代蜀学刍论[*]

胡昭曦　张茂泽

两宋时期，四川地区学术文化相当发达，形成蜀学。蜀学是宋代学术的重要组成部分，但对它的研究却极为不够，从而影响对宋学的全面认识。本文拟就宋代蜀学的几个问题做些初步探讨，以就正于方家达识。

一　关于蜀学

在宋代，蜀学是否形成一个在学术上自成体系的统一学派，还需进一步探究，但蜀学的存在并相当发达确是事实。南宋人李石说："王安石以新说行，学者尚同……先正文忠公苏轼首辟其说，是为元祐学人谓蜀学云。"（《方舟集》卷十三《苏文忠集御叙跋》）李石是苏学传人，又是南宋蜀学著者，他讲学于成都，"闽越之士不远千里而来"，就学诸生达1200余人，"蜀学之盛，古今鲜俪"（《画继》卷三）。《宋元学案》的作者、辑补者、校订者黄宗羲、全祖望、王梓材等人，也多次提到"蜀学"，如"蜀学之先"宇文之邵、吕陶则为"蜀学之魁"，"蜀学之盛，终出于宣公之绪"。又立《苏氏蜀学略》专卷等（《宋元学案》卷六、卷七十二、卷九十九）。光绪年间，蜀人方首道更专辑刊印《蜀学编》，将

---

[*] 本文是胡昭曦与当时在四川大学历史系任教的张茂泽硕士合撰并由胡昭曦统稿。张茂泽在该系攻读硕士学位时，胡昭曦任指导教师。1992年共同承担"蜀学研究"课题。次年，张茂泽考入西北大学攻读博士学位，后留西北大学工作。

西汉到清初的蜀籍学者传记纂汇成书。① 近世学者专提"蜀学"者亦不乏其人。傅增湘先生为"表彰蜀学"②，特编《宋代蜀文辑存》100卷。侯外庐先生主编的《中国思想史纲》"北宋唯心主义道学的形成"一节中，有专论苏氏蜀学的学术思想特征和宗旨的内容。③ 刘子健先生更明确指出，"到了北宋中期，蜀学就异军突出，一方面和洛、朔旧学抗衡，一方面和江西新兴的思想竞争"（《宋代蜀文辑存·重印小引》）。

北宋中期，统治集团党争纷起，有洛、朔、蜀党之分。蜀党的首领是苏轼、苏辙，而苏氏兄弟又是蜀学领袖。蜀党与蜀学有联系，但二者并不等同。前者是政治派别，后者是学术派别。蜀学包括了苏氏之学，但并非只有苏氏之学；苏氏之学乃蜀学中重要的一支，故全祖望补辑《宋元学案》，标为"苏氏蜀学"，这是很有分寸的。宋代理学集大成者朱熹认为苏学是"学儒之失"（《晦庵集》卷七十二《苏黄门老子解》），非醇儒之学，故作《杂学辨》以贬斥之（《宋元学案》卷九十九《苏氏蜀学略》）。这一说法影响很大，以致不少学者言宋代儒学，只以濂、洛、关、闽为宗为重，将其他学派或者从属于这个正宗，或者亦视之为"杂学"，从而有失于客观全面。

近代学者夏君虞对蜀学有过论述，他指出"苏氏一支固然是蜀学，苏氏一支以外的学问也不可略去不说。凡是四川人创造的……为四川人奉行的……学于蜀而奉行蜀学的"，都是蜀学的内容。他还列举苏氏、范氏、李氏、张氏、魏氏、牟氏作为蜀学的"基石"。④ 我们基本上赞同这一看法，即所谓宋代蜀学，是指当时四川地区的学术和学承于蜀地的学术。我们认为，广义的"蜀学"应包括四川地区的各种学术，而本文所研究的宋代蜀学，则主要指儒学领域里的蜀中学派。蜀学在发展过程中，学者众多，学派林立，著作丰富，连绵不断。北宋时它曾与洛学相"角立"（《江湖长翁集》卷三十一《题程氏易传》），在南宋则与朱熹、吕祖谦等相讲究，同宋代儒学的许多学派相互影响，共同发展。蜀学绝非什

---

① 参见方首道《蜀学编》，光绪辛丑二十七年（1901）锦江书局重刊本。
② 傅增湘：《宋代蜀文辑存·序》，台湾龙门书店影印本。
③ 参见侯外庐主编《中国思想史纲》，中国青年出版社1991年版，上册。
④ 夏君虞：《宋学概要》，商务印书馆1937年版，第93、107、108页。

么"杂学",而是宋代儒学中不可忽视的重要组成部分。

二 宋代蜀学的源流

《宋元学案》中认为,蜀学的渊源有二:一是"蜀学之先"宇文之邵,下传范祖禹之学;二是周敦颐门人傅耆,下开东川学术之源。从蜀中濂洛学统来看,有一定道理,但从整个宋代蜀地儒学来看,宇文、傅氏二人不能完全代表蜀学之源,不能说明苏氏蜀学和蜀中理学的源头在哪里。

宋代蜀学的渊源既远且众,结合四川学术历史来考察,其崛起具有必然性。自汉严遵、扬雄以后,儒学,特别是易学、玄学,在四川的传播和研究,不绝如缕。① 唐末五代时期,四川社会相对稳定;继续吸引着北方士大夫迁移入蜀。② 印刷、雕版业十分发达,刊布流传和收藏的书籍众多,文献学、语言文字学、音韵学等学术基本学科繁荣。宋平蜀,社会经济文化损失不大,蜀中学术得以继续发展,故唐末迄宋初,四川是全国学术文化发达的地区之一,这就为宋代蜀学的崛起准备了必要的学术文化条件。

适应当时社会政治对学术的需要,宋初产生了义理化思潮。同时,儒、释、道三家的相互斗争和相互融合也在继续进行。北宋前期,学术研究以求道为宗旨,结合典献与人生,经世致用,以巩固社会稳定。其中,胡瑗、孙复、石介、范仲淹是早期的代表,而程颢、程颐、王安石、张载、苏轼、苏辙等则是高峰期的代表。四川学者始终都参与了这一思潮,并引之入蜀,与四川固有的学术历史传统相结合,促成了宋代蜀学的萌芽和形成。

因此,宋代蜀学的渊源,具体表现在三个方面。一是四川地区出生,学术形成或传播于蜀的,以陈抟、乐安为代表;二是出生于四川,而就

---

① 《宋史·谯定传》引程颐言:"《易》学在蜀。"《文献通考》卷二〇三载,南宋李焘《太玄经疏跋》又言,"自严[遵]、扬[雄]以后,蜀人盖多玄学",世世不绝。

② 参见谢元鲁《唐五代移民入蜀考》,《中国社会经济史研究》1987年第4期。

学于非四川籍的学者（如孙复、石介、范仲淹等），并引其学入蜀者，以李缊、何群、何涉为代表；三是非四川籍，然其学术传播于蜀地的，以周敦颐、程颐、朱熹为代表。实际上，宋代蜀学也以这三方面学者为范围。下面，试对宋代蜀学的发展阶段做一初步划分。

（一）第一阶段：宋初，即太祖、太宗、真宗年间（960—1022年），宋代蜀学的萌芽时期

宋初，学风不变，学则求道，文则载道，哲学则主三教合一，以经世致用为指归。这种学风与四川学术历史相结合，相摩相荡，使宋初蜀学，具有文献典制与学道相结合的特征，是为乐安之学，又明具三教合一的特征，是为陈抟之学。两大学者既成为宋代蜀学的两个渊源，又构成了宋代蜀学的一个时代。

陈抟，普州崇龛（今四川潼南）人①，深于易学，著《指玄篇》81章，言导养及还丹之事。又有《三峰寓言》《高阳集》《钓潭集》及散见诗文。今有《龙图序》等6篇文章，辑存于《全宋文》卷九②（《宋史》卷四五七《陈抟传》）。陈抟之学，"发《易》道之秘"，"理极天人"（《佛祖统纪》卷四十四），性命双修，在宋初颇有影响，而在四川则有四条传播路线。

第一，濂溪之传。南宋人朱震言，陈抟以《太极图》传种放，放传穆修，修传周敦颐。嘉祐间，周敦颐签判合州（治今四川合川），"当时乡贡之士，闻先生学问，多来求见"（《周濂溪集》卷十《周濂溪先生年谱》）。"从学者甚众"（万历《合州志》卷八《养心亭记》），著名的弟子有遂宁博者、合州张宗范。周敦颐又传学于二程，程颐编管涪州（治今四川涪陵），完成了其主要学术著作《易传》。当时四川一些学者又向程颐学习请教，其中最著名的是谯定。谯定是宋代蜀中涪陵学派的领袖。

第二，邵雍之传。也据朱震言，陈抟以《先天图》传种放，放传穆修，修传李之才，之才传邵雍。（《宋史》卷四三五《朱震传》）邵雍是

---

① 参见胡昭曦《陈抟里籍考》，《四川文物》1986年第3期。
② 参见《全宋文》，巴蜀书社1988年版，第1册。

宋代易学图书象数学派领袖，又是著名理学家，与二程齐名。其子伯温及孙溥、博避兵入蜀，其学"遂盛行于蜀"（《陵阳集》卷九《以斋记》）。

第三，陈氏之传。陈尧佐，阆州（今四川阆中）人。幼受学于父亲陈省华，又尝与父同访陈抟，后在终南山从陈抟弟子种放游。"好古博学"，造诣甚深。尝谓"三教不二，九流归一"（《吴都文粹续编》卷六《新修大成殿记》），是其为学宗旨。其学传从子渐。陈渐，好扬雄《太玄》学，著书15篇，号《演玄》。蜀中学者多从之游。有《文集》15卷，今佚。（《宋史》卷二八四《陈尧佐传》附）

第四，张詠之传。张詠，濮州鄄城（今山东鄄城）人。太宗、真宗时曾先后两次知益州（今四川成都），"察郡人张及、李畋、张逵者皆有学行，为乡里所称，遂敦勉就举。而三人者悉登科，士由是知劝"（《宋史》卷二九三《张咏传》），对繁荣蜀学作出了贡献。朱熹言："张忠定公（詠）尝从希夷学，而其论公事之有阴阳，颇与《图说》意合。"（《晦庵集》卷七十六《再定太极通书后序》）则张詠得陈抟之学甚明，其学在蜀或有一定影响。

乐安，五代宋初时人，名姓籍贯不详。盖学行之士。教学乡里，从游者众，以李畋、任玠、张逵、张及、杨锡为最著，而邓至为私淑。李畋、张逵传戴渊，而邓至之学传范百禄，又传其子邓绾，孙洵仁、洵武，四世孙邓椿。乐安教学，始于"治经义"，先"潜心于六教，然后观史传，遍百家之说，探奥索微，取其贯于道者，既积中而发外，遂下笔著文。……考贤士节夫之动静，明古今沿习之废置，纪绩义之大小，辨适用之邪正，不虚美，不隐恶，庶达乎心志之所冀也。日执是道，以出身入仕，俾其抱笔书而不愧作，蓄言行以符会同"（《茅亭客话》卷七《衰亡友辞》）。故其学重在穷理明道，发外成文。门人以李畋为最有名。李畋，华阳（今四川成都）人。以著述为志，士大夫多称之，从之学者甚众。知益州张詠及任中正、凌策等屡荐之。著《孔子弟子传赞》60卷，上于朝，又有《道德经疏》20卷、《乖崖语录》2卷、《谷子》30卷、歌诗杂文30卷。其学游乎三教，归于儒家，传于戴渊。戴渊，导江（治今四川省都江堰市巨源乡）人。居家教授，座席常满。著《周易旨要》《老佛杂说》数十篇。邓至,华阳人。私淑乐安先生。通"六经",学者从之甚众,尊为"二江先生"。著《往事龟鉴》50卷、《通书》10卷、《二江集》3卷(《宋史》卷四五八《戴渊传》)。

(二) 第二阶段:北宋中期,即仁宗到哲宗元祐年间(1023—1094),宋代蜀学的形成时期

宋兴近百年,文教勃兴,"学统四起"(《宋元学案》卷六《士刘诸儒学案》案语),宋学之主要派别均开始形成。蜀中则形成了两个较大学派,即范学、苏学。

范学草创于范镇,成熟于范祖禹。萌芽于仁宗庆历年间,大显于神、哲两朝,与王安石"新学"相反对,为元祐学之一。其学"以古今成败为议论,仕以正君惠民利及人为忠贤,顾义自重,不求苟合"(《东都事略》卷七十七)。范学从范镇到范祖禹,发生了比较大的变化。范镇之学,重文章,重"人情",重"术",与"三苏之学"接近,范祖禹则颇受司马光、邵雍、二程的影响,向义理方面做了开拓,与二程之学更为接近。

范祖禹,华阳人。编修《资治通鉴》唐史部分,又著《唐鉴》12卷、《帝学》8卷、《仁皇政典》8卷、《古文孝经说》1卷、《文集》55卷。朱熹著《伊洛渊源录》。引鲜于绰《传信录》以程颐"门人"称祖禹,又以《唐鉴》等议论"亦多资于程氏",偏向于将范祖禹列入伊川门墙。笔者认为,这是值得考究的。从范祖禹《文集》各文中,不见师承伊川事,朱熹也说,范祖禹"虽知尊敬程子,而于讲学处欠缺"(《晦庵集》卷三十五《答吕伯恭论渊源录》),正表明范学与程学既有联系,又有区别。实际上,范祖禹并不以伊川为师,而是师承于范镇(《范太史集》卷三十七《祭蜀公文》)、司马光,可能还受蒲宗孟的影响①,又以二程、邵雍、二苏、范百禄为讲友。其学传子冲和孙仲熊、仲芸,族孙

---

① 参见《范太史集》卷二《寄题蒲氏清风阁》。按:蒲宗孟,阆州新井(今四川南部)人,与周敦颐为姻亲讲友。《宋元学案》言蒲氏知濂溪而不知濂溪之道,盖以蒲氏支持熙丰变法而言,乃囿于党争之论。蒲氏与苏、范同时,而言"中"言"诚",尊道重学,言论颇接近于周敦颐,亦北宋蜀学之著者。

仲髃,门人有黄庭坚、司马康等。

苏学则萌芽于庆历、皇祐之际,而大显于神、哲两朝。草创于苏洵,成熟于苏轼、苏辙。与王安石"新学"相反对,同二程洛学相"角立",是元祐学的主要学派,被称为"三苏之学"或"苏氏蜀学",简称"苏学"。

苏洵之学,无所师承。先游历全国,以天下学者为友,然后"大究六经百家之说,以考质古今治乱成败,圣贤穷达出处之际"①,再取先秦两汉之文读之思之,"兀然端坐"七八年,始有所得(《嘉祐集》卷十二《上欧阳内翰第一书》)。其学传子轼、辙。而轼、辙之传,《宋元学案》以为在北方,夏君虞先生沿袭其说,并惜其不可考,盖靖康之变,苏氏著述多随徽、钦二帝北迁,苏学遂行于北。而南宋周必大说,苏学之传,"其闻诸绪论者,子孙而止耳"(《文忠集》卷五十二《苏文定公遗言后序》)。考苏氏子孙散布各地,而以江南、四川为多,居住北方者少。又朱熹作《杂学辨》,以苏学为首,缘由之一是,与朱熹为"中表",且"先世相与讲学"的程洵,雅好苏学,著《三苏纪年》10卷,意欲"合苏程为一家"(《晦庵集》卷七十《读苏氏纪年》,《文忠集》卷五十四《程洵〈尊德性斋小集〉序》),朱熹遂著书以辨之。则苏学之传,又不限于苏氏子孙。经笔者翻检有关史料,得苏学传人如下(苏氏子孙及《宋元学案》所列除外):王安中、欧阳辟、韩德翁、韩驹、程洵、施元之、施宿、顾景蕃、俞括、文务光、王适、赵德麟、张大亨、崔子方、李焘、李石、张浚、毛璞、史尧弼、员兴宗、赵逵、孙道夫、勾涛、杜莘老、王庠、赵夔、孙汝听、吕周辅等。② 因此,苏学之传,包括家学、蜀中、江南及北方四个方面。

从时间上看,苏学在元祐时大盛,政、宣间被禁止。宋室南渡后解禁,擢用苏氏子孙,赐二苏以美谥,孝宗皇帝尤爱苏轼文章,称其"穷理尽性,贯通天人",将其著作"常置左右,以为矜式"(《东坡全集》

---

① 欧阳修:《老苏先生墓志铭》,载苏洵《嘉祐集》附录一《故霸州文安县主簿苏君墓志铭并序》;(宋)苏洵著,曾枣庄、金成礼笺注《嘉祐集》《笺注》,上海古籍出版社1993年版,第520页。

② 参见《宋史》、二苏《文集》《经义考》《方舟集》《鹤山集》《陵阳集》《晦庵集》《困学纪闻》《宋代蜀文辑存》等书,虽不全面,已见大概。

卷首《东坡全集序》）。于是，苏学再显，政治地位高，门生队伍大，文章流传广，俨然有压倒二程洛学的趋向。正如刘咸炘所言，"南宋之学，则程、苏二派"（《推十书·文学述林二·宋元文派述略》），苏学在南宋的流传，可见一斑。

在宋代蜀学形成时期，苏学比范学影响更大，思想主张更具系统。但两个学派的关系是十分友好的。作为学者私人关系，"苏、范世好，兄弟雍睦"（《方舟集》卷十七《祭范和仲运使文》）。作为学派之间的关系，某些主张虽有分歧，但仍相互钦佩、相互支持。蜀洛学争之时，范氏卓然独立，两无偏袒。范祖禹称苏轼"文章为时所宗"（《范太史集》卷十九《荐苏轼札子》），道学高明，名满四海，"正直之节，冠于本朝"（《范太史集》卷二十九《赐苏轼乞越州不允诏》）。二苏兄弟也佩服范氏忠义道学，而与范镇尤为交好（《栾城后集》卷二十《祭范子中朝散文》）。范、苏交好，使两派学术易于融合，铸成南宋蜀学以理学、史学、文章、经世为四大主干的学术特征。

（三）第三阶段：两宋之际，即哲宗绍圣到南宋高宗年间（1094—1162年），宋代蜀学的转型时期

北宋末、南宋初，由于党争剧烈、金军南掠，宋廷内外矛盾尖锐，全国政治局势混乱，而四川地区相对稳定。北学南移，一些学者迁居入蜀，如二程弟子尹焞、邵雍子孙，关学领袖张载的后裔，中原文献之家晁公武等。北学传人与蜀中苏学、范学及王安石新学的传人相接触，使这一时期的四川，学术交流最为频繁，既激烈斗争，又加速融合，学子们各尊所承，各极所论，百家争鸣，而又吸收其他学派的长处。当时学者，身处北宋党争之后，务欲以一定的标准，明辨是非邪正，由此形成了许多学派。在四川，最著名的有三个，即以谯定为领袖的涪陵学派、以李焘为领袖的丹棱学派和以李石为领袖的资中学派，他们分别以川东、川西、川中为基地，率领学者相讲究。言当时名望，以二李为高；言长期影响，则以谯定为远。从渊源看，谯定之学多得于伊川，二李之学多得于苏、范。故蜀中三大学派的鼎立，实质上仍是苏学与程学"角立"的继续和具体化。二李发掘新的学科领域如史学、小学、经学等以与程

学相抗,均表明苏程学争,苏学日益退步,程学势力愈益扩大。

三大学派的传承,概要如下:谯定之学,传张行成、冯时行、张浚、胡宪、刘勉之。胡宪、刘勉之再传朱熹、吕祖谦,入浙江,入福建;冯时行再传李舜臣,三传李心传、李道传、李性传,入西川;张浚再传张栻,入湖南。故谯定之学,影响极大。李焘之学,传子壁、壔及潼川谢畴、涪陵夏渊,入东川及江浙。李石之学,传弟占、子开、范百禄三世孙范仲黼、刘伯熊(传刘光祖)、恭州王令德等。遍及全川。谯定之学影响的扩大,表明宋代蜀学,迈出了从信奉苏学转向信奉程学的关键性一步,极大地影响了宋代蜀学的发展方向。

(四)第四阶段:南宋前期,即孝宗至理宗年间(1163—1264年),宋代蜀学的定型时期

孝宗即位以后,南北对峙局面形成。南部地区学术形势发生了新的变化。在元祐学术中,二程之学独盛,传播地区广,信仰人数众。在四川地区,许多宗苏的学者转而宗程。这个转变,就是宋代蜀学的转型和定型过程,也叫蜀学的洛学化过程,或称蜀学的义理化过程。这一过程,从谯定的涪陵学派开始转型,中经以张栻为领袖的南轩学派的努力,直到宁宗嘉定以后,以魏了翁为领袖的鹤山学派才最终定型。朱熹的川籍门人度正、夏渊、吴昌裔等在这一过程中,也起了不可忽视的促进作用。

宋代蜀学的定型,张栻、魏了翁起了最大的作用。张栻少时受苏学影响,后奉父命向二程门人胡宏请教,遂得程学之传,又与吕祖谦、朱熹等相讲究,成为当时学者的"宗师"(《陈亮集》卷二十一《与张定叟侍郎》)。南轩之学入蜀,以宇文绍节、陈槩、范仲黼、李壔等为门人,而得黄裳、赵昱、虞刚简、魏了翁等为私淑。他们或治史学,或究经制,或长事功,而宣扬程学,则以魏了翁为最著。嘉定初,魏了翁筑室白鹤山下,"开门授徒,士争负笈从之。由是蜀人尽知义理之学"(《宋史》卷四三七《魏了翁传》)。"义理之学",实即程朱学说。魏了翁继张栻以后,引之入蜀,确立程朱学说在四川占据学术统治地位的定局,在四川学术定型过程中起了最后的决定性作用。而且,以魏了翁为代表的蜀中

学者，多以程学为指导，在修养①、史学、文艺、文字、音韵、经学等各具体学科领域，发挥程氏学说，只吸收苏学的一些有助于完善程学的观点，而在对释、道二学的评价方面，完全摒弃苏学的可以与儒学"并行而不悖"的看法，在学术思想内容上，确立程学是唯一直继孔孟学统的、唯一万世不易的学问的统治地位。他们逐步地夺占苏学阵地。苏氏仍令人景仰，但不是因为他的学术，而是因为他的文艺成就和忠义正直。苏学仍有传承，但不再以学派，而是以文学形式影响后世的学术历史进程。

（五）第五阶段：南宋后期，即度宗到宋亡（1265—1279年），宋代蜀学的衰落期

由于宋与元在四川的长期争战，社会动荡，经济凋敝，宋代蜀学也迅速衰落。一是学术基础条件的丧失，如藏书业、印刷业的衰败；二是学术人才的东移。整个宋代，四川学者外移不断，但南宋末年外移规模尤大，著名学者如魏了翁、牟子才、吴泳、高斯得、吴昌裔等，均移居江浙。而学术预备人才的东移更不计其数。这就使元代蜀学很不景气。正如刘咸炘先生言："元兵略蜀，蜀士南迁于浙，浙人得此遂成文献之府库，江南文风大盛，蜀反如鄙人矣。"（《推十书·史学述林卷五·重修宋史述意》）南宋末年，蜀士东移固不止于浙，然浙乃东移之中心，当为可信。

三　宋代蜀学的特色

作为宋代儒学的重要组成部分，蜀学同其他学派具有共同的基本学术主张，但也有自己的特色。宋代蜀，学者众多，学派林立，有一些内容较之全国其他学派，更为突出或有明显的区别，这些就是宋代蜀学的特色。正是因为这些特色，使宋代蜀学在宋学各大学派中，卓然独立，与濂洛关闽等学派并时而存，达百年以上。其中，"三苏"对于宋代蜀学

---

① 修养：即修持涵养，是与科技、哲学、文艺并列的学术类别。梁漱溟《东方学术概观》"论学术内涵及其分类"解释"修养"二字谓："此特指反躬在自己身心生活上日进于自觉而自主，整个生命有所变化提高的那种学术。"与科技专家、哲学家、文艺家因"久于其事而其身手和心境渐渐深入升高"的修养不同。

特色的形成，起了最为重大的作用。苏学在四川长期居于统治地位，给宋代蜀学又打上了深深的烙印。根据已有的研究成果和笔者的了解，蜀学至少具有四个方面特色。

1. 学术思想方面。在学科上，蜀中文学、史学成就尤其突出。"三苏"是全国著名的文学家，其文学成就很高。自"三苏"以后，宋代蜀中善为文者，代代不绝，如李焘父子、牟子才父子，皆善为文，学术造诣亦深，时人比之"三苏"。蜀人善为文，固不只宋代，然宋代最为突出。从史学上看，宋代四川史学成就非凡，著名学者辈出，著述宏富，史识精到，体裁多样，其在中国史学史上的突出成就已成公论。总之，宋代四川的文史成就，在宋代和中国古代史上都是十分突出的。

在经学上，蜀中易学发达。自严遵、扬雄以来，治《易》是蜀人的传统，而宋代四川易学尤其发达。据笔者的不完全统计，宋代四川易学学者可考见者有69位，其著作94部（篇），研究学者众多，著述丰富，学派林立，造诣甚深，故程颐言"《易》学在蜀"。《易》是儒家最具理论思维的书，为"六经"之首。宋代学者欲提升和完善儒学的理论思维，不能不重视对《易》的研究，苏学、程学均以传《易》作为自己学术思想的代表作，故宋代易学特别发达。而蜀中易学的发达，又有特殊的原因。一是四川易学历史成果的积累；二是陈抟的影响；三是《程氏易传》、邵氏易学的入蜀，这些都为四川易学的繁荣提供了重要条件。

在心学与理学的关系上，宋代蜀学的心学倾向强烈。苏氏父子均言"养心""养正心"，并以之为"学道"的重要手段（参见《苏氏易传》卷一、《东坡书传》卷三、《栾城后集》卷六《孟子解二十四章》、《宋元学案》卷九十九）。张栻之学"在本体论上的特点是突出心的主宰地位，心不仅主宰万物，而且把万理也纳入心的主宰之中。……这是张、朱二人的区别"[1]，故张栻的心学特征比"三苏"更明显。魏了翁则"先接受朱熹的客观唯心主义理学思想，后又将朱熹的哲学和陆学相糅合，最后转到以心学为主的立场上去"，兼蓄朱、陆，融合心学、理学。[2] 从理学

---

[1] 蔡方鹿：《一代学者宗师》，巴蜀书社1991年版，第79页。
[2] 参见贾顺先、蔡方鹿《魏了翁与宋代理学》，《社会科学研究》1985年第1期。

发展史看，这是程朱理学向陆王心学转变的前兆。

2. 学术传承方面。宋代蜀中学者，一般都师承多源，不固守一家，而兼容会归；不固守师说，而自得于心，努力创新。蜀中学者不甚重视"学统"。学派门户不严。故从学派组织来说，苏学不如程学严密稳固。南宋时的南轩学派、鹤山学派仍保留了这些特色。因此，宋代蜀学的学派扩张不如程学那样迅速。

3. 学风方面。宋代蜀学学者对和自己不同的学术观点、不同的学术派别，一般采取平和宽容的态度，而非偏狭固执。苏学道可并行而不悖的主张可能是这种学风的思想原因。在学术宗旨、学术内容等方面，蜀学与现实有紧密的联系，注重实践与操作，表现出明显的经世致用的特征，不少学者又多具有政治、经济的实践才能。蜀中学者非空谈玄学，更非"崇尚空谈"，坐而论道，大多脚踏实地，循序渐进，非好高骛远，为此，苏轼、张栻、魏了翁等对束书不观、游谈无根的学术弊端均有论及和纠正，张栻更专论为学之序，应升高自卑，由近及远，自粗至精，"如适千里者虽步步踏实，亦须循次而进"（《南轩集》卷三十二《答胡季随》）。

4. 学统方面。宋代四川，大家士族众多，学术领域，祖孙相继、父子相传的情况常见，家族性是宋代蜀学学统传承的重要特征。著名的有阆中陈氏、蒲氏，华阳范氏、邓氏，眉山苏氏、家氏、任氏、史氏，丹棱李氏、唐氏，井研李氏、牟氏，仁寿虞氏，青神杨氏，绵竹张氏，蒲江魏氏、高氏，资中李氏、赵氏，简阳刘氏，安岳冯氏，南充游氏，铜梁阳氏等家族，代代相传。他们是宋代蜀学长期繁荣的重要原因之一。

四 宋代蜀学的历史地位与影响

宋代蜀学，绵延两百多年，极大地促进了四川地区学术文化的发展，使蜀地文化继汉以后再次跨入先进地区行列，又对宋代儒学的各大学派产生了不可忽视的影响。

对濂学、洛学的影响。陈抟《太极图》传周敦颐，《先天图》传邵雍，对濂学、洛学具有不可忽视的开源的作用。刘咸炘先生对此有很好的论述。他说，陈抟"图数之学，到周、邵而昌，儒者稍知反静，先生之功也。即其他文学，亦流传甚广。穆伯长首倡古文，传《春秋》于二尹，下启欧苏；又传数学于李挺之，下启康节；挺之又传历学于刘羲叟；种明逸传图学至刘长民，其弟子甚多，如高文悦、高公仪亦以文名世；田瞕叟（告）则受希夷诗学。宋初北方学者，大氐希夷之再传也。其为道士者，一传张天梦，再传陈景元，亦为道教之宗"（《推十书·君子录卷六·陈抟传》）。可见陈抟之学在各方面均有影响。需要补充的是，陈抟之学不仅在北方有影响，就是在宋初的南方，也有巨大的影响。

此外，蜀中学者在洛地为官、定居，如阆中陈氏、中江苏氏、华阳范氏、眉山苏氏等，引蜀学入洛，对洛学亦有一定影响。而洛中学者入蜀为官，如程颐随父亲官汉州（今四川广汉），他自己又编管涪州（今四川涪陵），与蜀人谯定相讲究，完成其生平最重要的学术著作《易传》；程颐弟子尹焞因战乱奔蜀，在四川居住数年，这就为二程洛学接触蜀学提供了机会。因此，洛学里有没有蜀学的因素在内，还值得研究。

对朱熹闽学的影响。首先，南宋学术，最大的是程、苏二派，朱熹宗程而贬苏，并作《杂学辨》，以苏学为首，不仔细研究苏学而不能为此。因此，苏学可能从"角立"的对面促使朱熹将二程洛学发展到"致广大、尽精微"的高水平。其次，朱熹少时师承胡宪、刘勉之，而胡、刘师承于程颐弟子蜀人谯定。谯定是蜀中涪陵学派的领袖，朱熹为其再传弟子，或多或少受其影响。再次，谯定门人张浚，为南宋初年主战派首领，朱熹对之甚为推崇。张浚之学，又以苏元老为媒介，渊源于"三苏"。张浚集苏、谯二大派之传于一身，虽未曾融合精到，但见解亦自不凡。其学传张栻，栻又为朱熹生平钦服的学友，相互讲解，"反复开益"（《晦庵集》卷四十二《答石子重》），对朱熹"集大成"具有重要的启发和推动作用。故苏、谯、张既是宋代蜀学不同时期的学派领袖，又在不同时期对朱熹产生影响。那么，在朱熹闽学里，有没有蜀学的因素在内，也是值得研究的。

对湖湘学的影响。湖湘学是宋代理学的又一个学派，它"表现出有别于程朱而又违于陆氏的特色"①。蜀学对湖湘学的影响主要集中在南宋。张浚父子久居湖南,是湖湘学的代表,而张栻更成为湖湘学的领袖。黄宗羲说,湖湘学"大端发露,无从容不迫气象。自南轩出,而与考亭(朱熹)相讲究,去短集长,其言语之过者,裁之归于平正"(《宋元学案》卷五十《南轩学案》案语)。张栻以蜀中学者的身份,受蜀学的熏陶,引蜀学入湖湘,使之增添"涵养",具"从容不迫气象"②,从而集湖湘、蜀学之长,创立南轩之学。既奠定了湖湘学的规模,使其达到"最盛"的境界,又西返入蜀,使"蜀学再盛",加速了蜀学的义理化进程③。湖湘与蜀地,地相接,居相近,湖湘又为四川往浙江必经之地,两地学术相互影响具有必然性。南宋中后期,四川地区战乱不断,蜀中学者东移,连绵不绝,湖湘学接纳蜀学成分更多。

对浙学的影响。南宋浙江,是首善之区,各地学术精英汇聚于此,为全国的学术中心,蜀学通过蜀中学者在此的活动对浙学产生影响,势为必然。苏辙长子迟,南宋绍兴初年知婺州(今浙江金华),有政绩,因家焉,苏氏蜀学因得入浙(《宋史翼》卷四《苏迟传》)。元兵掠蜀,蜀人移浙者,更不计其数,"浙人得此遂成文献府库,江南文风大盛",蜀学影响可见一斑。从学派角度看,宋代浙学可分为三大派,即吕祖谦的婺学、永嘉(今浙江温州)经制功利之学、浙东四明之学。蜀学对三大学派各有程度不同的影响。

婺学以吕祖谦为领袖。吕氏曾深受苏学影响。少时学苏为文,朱熹等已宗程而抑苏,吕氏却"和泥和水""左遮右拦""未肯诵言排之"(《宋元学案》卷五十一《东莱学案》附录引)。吕祖谦接触苏学,恐有两个途径:一是金华吕氏,文献传家,自幼"习熟元祐间一等长厚之论"(张栻语),因得了解苏学;二是苏迟居婺州,生子籀、简,为苏氏子孙一大支派,其学亦传于婺,吕氏因得闻之。较之程学,苏学的一个特征是,对君与臣的关系,比较注重臣的作用,对臣与民的关系,比较注重

---

① 陈谷嘉:《张栻与湖湘学派研究》,湖南教育出版社1991年版,第107页。
② 夏君虞:《宋学概要》,上海商务印书馆1937年版,第131、146页。
③ 参见张茂泽《张栻与宋代蜀学》,《天府新论》1992年第2期。

民的作用。吕氏在接触苏学过程中，日渐发现这一倾向，"以为阴侵阳"，遂"不喜"其议论。(《习学记言》卷四十九)此即张栻所言"伯恭近来于苏氏父子亦知其非。向来渠亦非助苏氏，但习熟元祐间一等长厚之论，未肯诵言排之，今颇知此为病痛矣"(《宋元学案》卷五十一《东莱学案》附录引)。吕祖谦又师承刘勉之，而得谯定之学。吕学"平心易气，不欲逞口舌以与诸公角"，不重争校是非，而重"敛藏收养"，兼取功利，经制之长等学术特点，实与蜀学接近。

永嘉之学，渊源于北宋元丰太学周行己、许景衡等九先生，到南宋薛季宣而成立。其学"主礼乐制度，以求见之事功，仍以持敬为根基"，是为二程之学的发展。然薛季宣又师承袁溉。袁溉既问学于二程，又承易学于蜀人卖油薛翁，引蜀中易学入浙。此外，苏学对永嘉诸子也有较深的影响，陈傅良、陈亮、叶适、吕祖谦等"皆以文名，皆苏氏之后昆"(《推十书·文学述林二·宋元文派述略》)。叶适于前人多所排击，而颇称苏轼，叹美其文章道学，并言，"若神宗罢安石而听轼，非安于不为而止者。亦未知轼以何道致君，此不可不素讲也"(《习学记言》卷四十九)。叶适之学，"欲合周程、欧苏之裂"(《推十书·文学述林二·宋元文派述略》)，宗旨与程洵等一同，对苏学必有深入研究。夏君虞先生也言，"永嘉学之流衍"，"与蜀学结不解之缘"，一是郑伯熊读张栻之文，叹其为学，愿与结交；二是周行己族孙周去非从张栻学，为永嘉学者传张学之一人，"南轩门人因亦多言经制者，岂两家之学本有同心欤"；三是魏了翁得永嘉经制之粹，或得之永嘉诸老之遗说，如叶适等，或得自私淑张栻。① 表明蜀学与永嘉学互相影响，彼此获益。

四明之学，主要指明州四先生：慈溪杨简，鄞县袁燮、奉化舒璘、定海沈焕，为陆九渊高弟。四明地区，向来由陆学占据统治地位，《宋元学案》说，"四明之学多陆氏"，即指此。又言，四明地区传朱学有二派，"其一史果斋，从晏氏入"。晏氏即涪陵晏渊，与度正从学于朱熹，是蜀中涪陵学派的后继，传其学于史蒙卿。史蒙卿，字景正，号果斋，袁燮同乡，从学于晏渊门人阳枋、阳岊，得朱熹、李燔之学，而溯源于苏程。全

---

① 参见夏君虞《宋学概要》，上海商务印书馆1937年版。

祖望言，"四明史氏皆陆学，到静清（史蒙卿自号）始改而宗朱，渊源出于莲荡曼氏"（《宋元学案》卷八十七《静清学案》）。① 故涪陵学派对浙东之学影响更大。

从总体上看，宋代蜀学与程朱理学的关系既密不可分，又十分复杂。一方面有积极的推动作用：第一，传播洛学的学术主张，宣扬洛学的道统，以谯定、张栻、魏了翁为代表；第二，对理学"集大成"起"反复开益"的作用，以张栻为代表；第三，促使宋廷提高理学的政治地位，确立理学的学术统治地位，以李心传、魏了翁为代表；第四，推动理学从程、朱到陆九渊的转变，以张栻、魏了翁为代表。这四方面的推动作用，决定了宋代蜀学在宋代学史上有不可忽视的地位。另一方面，宋代蜀学与程朱学术又有分歧、有斗争。所谓分歧，指蜀学各学派，即使学宗程朱，也深受蜀中学统的影响，而与程朱学术有明显的区别，谯定与谢良佐、杨时等人之间，张栻与朱熹、吕祖谦等人之间，魏了翁与真德秀之间，就存在着这种分歧。蜀中理学，是程朱学术在蜀地的分支，与程朱学术本来面目已有所不同，具有蜀学的特色，它在理学学统中虽处于辅助的、次要的地位，但在一定时候，又影响着程朱学术内部学派斗争的演变。

宋代蜀学曾经长期蓬勃发展，但它没有成为显学。这是很值得研究的。苏学是宋代蜀学的代表学派之一，它影响宋代蜀学200多年，是蜀中理学区别于程朱学术及其传人的渊源之一。因此，苏学的境遇可以作为蜀学地位的象征。宋代蜀学为何不能成为显学？笔者认为，苏学与程学的斗争起了十分关键的作用。

一般来说，含苞的学术之花，需有必要的经济基础、文化条件和发达的通讯等，作为其迎空怒放的肥沃土壤，而要成为显学则更需政治支持。蜀学的繁荣，固然有经济文化条件的土壤，但由于巴山夔峡的阻挡，蜀地远离宋朝政治学术中心，学术信息传播迟缓而零散，使蜀中学者更多地暴露出学术研究的封闭性和分散性。难以形成全面、系统的学术成

---

① 参见胡昭曦、张茂泽《两宋时期的重庆》一文，《重庆城市研究》，四川大学出版社1989年版。

果,"集大成"更难实现,学术思想不很精致、圆满,因而蜀学对宋王朝最高统治者的影响也相对有限,这是一般的情况。但对苏学而言,又有所不同。因为苏学作为蜀学的代表,已经突破蜀地限制,与程学斗争长达百余年,苏学的衰落,不能仅凭地理条件和学术思想是否精致圆满来解释。

王国炎先生认为,苏学之湮灭,有三个原因:一是北宋末年党禁、学禁的打击;二是朱熹的贬斥;三是苏学的成就主要偏重于文艺方面。① 这些分析是有道理的。此外,苏学之不能成为显学,还与苏学不重学统、远不及朱陆门户森严这一特点有关。苏学的流传,主要以诗文,而非以门生。苏门多自由,弟子不必固守师说、严守门户。苏门弟子也不以注释先师著述为职志,而更多的是另辟蹊径,自创新说。苏氏固然曾列举"孔子—孟子—韩愈—欧阳修"这一统系,但这是文统,而非学统。二苏屡屡自以为得孔子余意,但并不以孔子的继承人自居,也不以为自己是孔子的唯一传人,其他皆属异端,更不因此而将与自己不同的学说加以贬斥。苏学的这种宽容平和、兼容并蓄的态度,和道并行不悖的学风,不适应南宋王朝树立政统、道统、学统,严华夷之辨,严正邪之辨的政治要求。苏学的学术思想体系不严密精微,在某种程度上,可以说是这种学术风气的结果。朱熹斥之为"杂",后人指为"三教合一"为宗旨,皆源于这种学术态度。二程、朱熹则十分重视学统、道统,重视师传一脉相承,重视对不同学说的斗争,以树立自己的学统、道统,故程朱之学更能维护和提高自己的学派地位,更能适应南宋朝廷的需要。

上面仅以苏学为例,分析了宋代蜀学未能成为显学的一些原因。至于整个蜀学的情况,还有待于继续研究。

在中国的民族传统文化中,儒学是很主要的内容。而在儒学发展进程中,宋学又是一个颇为重要的阶段。宋学的各个学派,对于宋学的形成和发展都作出了贡献,而且它们之间有密切的联系和影响,这是不可忽视的。对于宋代蜀学的研究,历来比较薄弱,还需要广泛搜集和深入发掘资料,进行科学的细致的剖析,并把它放在整个宋学发展进程中加

---

① 参见王国炎《苏轼哲学为什么长期被埋没》,《江西社会科学》1987年第5期。

以考察，以求认识宋代蜀学的历史真实。

［附注］本文由笔者与当时在四川大学历史文化学院任教的张茂泽硕士合撰并由笔者统稿。张茂泽在该学院攻读硕士时，笔者任指导教师。1992年共同承担"蜀学研究"课题。次年，他考入西北大学攻读博士学位，获学位后留该校工作。

［原载于《四川大学学报》（哲学社会科学版）1993年第4期］

尊经书院与近代蜀学

胡昭曦

清代四川有许多书院①，建立在成都的尊经书院即其中的一所，它存在时间仅28年（光绪元年至光绪二十八年，1875—1902），正经历近代维新变法时期，是官办的、主政者着力经营的四川最高学府。它是四川近代高等学校的前身，也是四川大学源头之一；是振兴蜀学的基地，也是培养四川人才的摇篮。它在蜀学发展史上具有很大的推动作用，在中国近代学术思想史、中国教育史上占有重要地位。

第一，在蜀学发展史上继往开来。所谓"蜀学"，有广义、狭义之分，于各历史阶段也有不同。就学术思想而言，大体上汉至唐多指官学、学者、经学；宋时多指儒学学派；宋后期至清多指蜀中理学（以上皆传统儒学）；清末多指维新思潮（变法图强，中学为体、西学为用）；今日则指自古至今四川地区（含直辖前的重庆地区）的学术文化（重点在文、史、哲，核心在思想理论）。尊经书院在蜀学发展史上，处于继往开来的历史地位。研究尊经书院，有助于了解近代蜀学的发展历程、近代蜀学的主要内容及其特点、近代蜀学的演变和转型、近代蜀学在中国近代史上的历史地位。

第二，培养了大批人才。在28年中，尊经书院培养的学生人数约

---

① 据笔者不完全统计，清代四川有书院552所，在全国排名第二（按：据《中国书院制度研究》一书所列，当时全国书院共3868所）。参见胡昭曦《四川书院史》，四川大学出版社2006版。

在 2000 人以上（按每年招收 100 人估算），包括各方面人才，不少人成为蜀学的著名学者。研究这些学者曾在尊经书院的活动，可以了解当时蜀学的基础教育、基本学术锻炼的内容和效果，以及尊经书院对他们的学术素质及著述的影响，还可以了解这些学者及他们的后学对蜀学的传承发展。

第三，发挥了学术思想、教育对中国近代社会发展的作用。尊经书院是官办的，尤其是主政者洋务派官员着力创办和经营的，其办学宗旨符合社会发展要求。尊经书院的办学模式、教学活动和积累的重要教育经验，对四川教育影响很大。尊经书院所倡导的蜀学，推进了传统儒学主要是经学的发展变化，也推进了近代中国社会的发展变化。

一 关于尊经书院的"起蜀学"

在书院制度下，清代书院教育的主要目的是应试科举，使生员"成材"，即"处为正士，出为良臣"。其教育以科举考试（"四子书"及"五经"）和文体（八股文）为基本内容。

尊经书院明确提出"绍先哲，起蜀学"①。何谓"起蜀学"？一曰，复兴曾经"比于齐鲁"的蜀学。四川承宣布政使易佩绅写道："夫文王之化可被于江汉，孔子之教岂不能达于巴蜀耶！是以刘氏之兴，蜀学比于齐鲁……国家右文之治超越往古，蜀之文学视各行省未称极盛。光绪初元，学使张公与督部吴公始立尊经书院，今督部丁公尤加意经营……不数年，蜀才蔚起，骎骎乎与两汉同风矣。"② 四川成绵龙茂兵备使王祖源写道："蜀自汉兴，文翁立学，东诣受经，学徒鳞萃，蜀学比于齐鲁。……今之尊经，追隆两汉……鸿生钜儒接踵而兴矣。"③

二曰，"通经、学古、课士"。书院力图使士风由"荒经蔑古"转而为"尊经""攻经"、学古通经，为蜀地育才。四川总督丁宝桢写道：

---

① （清）张之洞：《四川省城尊经书院记》，拓本，沔阳卢氏慎始基斋刻本，四川大学图书馆藏。以下简称"张记"，不为出注。
② 《尊经书院初集》易佩绅"序"，光绪十一年尊经书院刻本，四川大学图书馆藏。
③ 《尊经书院初集》王祖源"序"，光绪十一年尊经书院刻本，四川大学图书馆藏。

"尊经书院之设,盖有见于当时之读书者自初入塾时,率皆人执一经,至老而卒无只字之获解。有志者悯焉,因特立一院以为攻经之地,俾士之入其中者,顾名思义,朝夕濡染,以自耻其鄙陋,而因以悟其荒经蔑古之非……余尝至书院课士,必进诸生而语之曰:'生等解经,贵求心得。必得于心而后能有合于古,有合于古而后能有益于身。'"①"学成而归……辗转流衍再传,而后全蜀皆通博之士、致用之才。"(《张记》)

然则尊经书院仍要培养生员应试科考,鼓励生员参加科举考试,要求"出为良臣"。教学内容虽更广泛、趋时尚,但仍以传统儒学主要是经学为主,在基本方面是强调学习经学、研究经学,即"攻经""通经"。书院的山长和教师,多是于经学研究有素的宿儒或名士,他们以己之长建设书院。尊经书院实际创办者、四川学使张之洞在其《四川省城尊经书院记》中写道:"经史小学,舆地推步,算术经济,诗、古文辞皆学。"而认为,"凡学之根柢必在经史。读群书之根柢在通经,读史之根柢亦在通经"。曾任尊经书院山长的刘岳云撰《四川尊经书院讲义》②,其主要内容就是讲解清代历朝皇帝的"圣谕"和"四书""五经"。他在此书的序中写道:"于经师家法、写之大要,诸生尤愿闻焉。"但是,尊经书院也有些不同,其具体的教学内容和方法主要有三个方面。

第一,提倡生员读书置问,设立讲论制度。其教学,与一般书院只重科举考试的帖括之学有别,书院要求生员自学阅读并写读书日记,设立由山长或其他师长的讲课制度(初为5日,后改为10日一讲),"山长摘其(生员)所习之书而问之,以验其有得与否",然后"与之讲说,问难不禁"(《张记》);鼓励生员向师长随时"请业""问业",提倡置问讨论的研究之风。

第二,考课内容不用帖括时文。尊经书院亦设官、师(堂课、斋课)二课,每月两次课考,但其内容不课时文(即八股文,一般书院以此为主要课考内容),而是每课出四题,分别为经解、史论、杂文与赋诗各一题,限四日内交卷。宋元时书院多重素质教育与学术研究,明时科举用

---

① 《尊经书院初集》丁宝桢"序",光绪十一年尊经书院刻本,四川大学图书馆藏。
② 参见刘岳云《四川博经书院讲义》,尊经书局光绪二十二年刻本,西南大学图书馆藏。

八股文，书院遂重视帖括时文之应试教育，清时愈演愈烈。尊经书院能于考试不用帖括时文，实为一大变化。

第三，提倡"实学"和经世致用。这在其教学内容、图书设备乃至生员的学术活动中均明显可见。其教学以经学为主，也兼及其他；以"中学为体，西学为用"；以课堂为主，联系社会。山长、著名经学家王闿运亦强调以经史词章教育学生，并在院中研经（如王闿运于光绪六年，即1880年作《春秋例表》，指导廖季平研治《春秋》）。曾任锦江、尊经二书院山长的伍肇龄（翰林）于《尊经书院课艺二集序》中写道："国朝初，建锦江书院，大抵惟科举是务，虽曰习经，涉猎而已，未有专业教者……同治甲戌十三年（1874），官绅协谋，别建尊经讲舍，始专考经义，兼习古文词。"这从书院主持者、教师和一些生员的言行中可以明显见到。

可以说，尊经书院的"绍先哲，起蜀学"是传统经学的振兴、传承与创新，也是蜀学的承先启后并向近代学术的转型发展。

二　从课艺集看尊经书院培养蜀学之秀的教学

从至今尚存的四本有关课艺选集中，可以窥见尊经书院的一些教学情况。

（1）《蜀秀集》，9卷。四川学政谭宗浚选编，尊经书院监院张选青校印，光绪五年（1879）刊本。① 光绪二年十一月，四川提学使张之洞任满调京，由谭宗浚继任。谭宗浚于光绪五年编成《蜀秀集》。他在"序言"中写道："今者诸生猝掌专精，斋心嗜学，岁历三稔，制逾千篇，爰汇菁华，都为一集。"此书选入约100人的作品357篇，厘为9卷：卷一，经学、小学，18篇；卷二，经学、小学，5篇；卷三，经学、小学，7篇；卷四，史，22篇；卷五，文，14篇；卷六，赋，25篇；卷七，赋，28篇；卷八，诗，212篇；卷九，诗，26篇。

有著作说它是"集尊经诸生三年以来课艺及下车观风超等卷，刊为

---

① 参见谭宗浚编《蜀秀集》卷首，光绪五年成都刊本，四川省图书馆藏。

《蜀秀集》",不够确切。作为学政的谭宗浚,他是在四川全省生员的上千篇作品中遴选的,不只限于尊经诸生。中有"下车观风超等卷""尊经书院呈阅卷""尊经季课卷""拟取优行生员卷"(数量多,分布于全省36个府州县)以及14个府州的岁考、科考卷等,还有谭宗浚的作品11篇。由于尊经书院的地位和教学水平,尊经诸生中被选入者达32人,作品数量也较多(约占一半以上),如杨锐33篇,毛瀚丰30篇,张祥龄12篇,廖登廷(平)8篇。①

(2)《尊经书院初集》,12卷,王闿运编,光绪十一年(1885)刊本。由山长王闿运选择生员中的优秀课艺并最后"阅定",并有少量山长和总督的作品。依文题分共164篇②,依作者分为59人,228篇,计:

卷一,《易》,《书》,18篇;卷二,《诗》,38篇;卷三,《周礼》,6篇;卷四,《礼经》,20篇;卷五,《春秋》,15篇;卷六,《礼记》,16篇;卷七,《礼记》《论话》,10篇;卷八,《尔雅》《说文》《孟子》,23篇;卷九,《史》,1篇;卷十,《史》《赋》《诗》,32篇;卷十一《诗》《骚》《表》《奏》《议》《书》,25篇;卷十二《赞》《论》《连珠》《箴》《碑》,24篇。

其中除"督宪"1篇、山长6篇、非川籍生员4人6篇共13篇外,余215篇均为四川籍生员的课艺。5篇以上者有刘子雄、周道洽、戴光、岳森、吴福连、陈观涛、蒲九茎、吴之英、吴光源、周宝清、胡延、张祥龄、闵荃、尹殿飏、张可均、杨锐16人。

(3)《尊经书院二集》,8卷,伍肇龄编,光绪十七年(1891)尊经书局刊本。由山长伍肇龄"阅选",生员岳森参订。亦为书院的优秀课艺选刊,作者47人,共124篇。分列于下:卷一,《易》《书》《诗》,17篇;卷二,《周礼》《礼经》,13篇;卷三,《春秋》,13篇;卷四,《礼记》《论语》《尔雅》,11篇;卷五,《说文》《孟子》,5篇;卷六,赋,11篇;卷七,诗、颂、议、论,36篇;卷八,记、序、书后、碑、铭、

---

① 据《蜀秀集》统计。参见苏云峰《尊经书院:四川大学的前身1875—1903》,载李国祁主编《郭廷以先生百岁冥诞纪念史学论文集》,台北:台湾商务印书馆2005年版。

② 参见胡昭曦《四川书院史》,四川大学出版社2006年版。

祭文、杂文、考附，18篇。

本集课艺作者全是四川籍生员，5篇以上者有戴光、欧阳世麟、方守道、周国霖、罗元黼、胡从筒、刘子雄、胡念祖、杨桢9人。

(4)《尊经书院课艺三集》，8卷①，刘岳云编，光绪二十三年(1897)成都刊本。由山长刘岳云"选"。按作者统计，共34人，79篇。各卷未标明类别，观其内容大体是：卷一，解经之说，9篇；卷二，小学论说，12篇；卷三，考订文字，8篇；卷四，时事政论，4篇；卷五，数学求证，19篇；卷六，檄、对、碑、铭，11篇；卷七，赋，10篇；卷八，诗歌，6篇。

本集课艺作者除1人为蒙古籍生员外，余33人皆四川籍生员，5篇以上者有苏兆奎、孙忠沦、冯书、邓镕、黄德章5人。

可以看出，这些课艺选刊是尊经书院教学内容和教学效果的反映。第一，主要是经学、小学、史学，在《尊经书院初集》12卷中占9卷多，在《尊经书院二集》8卷中占5卷，此外为古文诗赋等。第二，没有八股时文。第三，《尊经书院课艺三集》8卷中，时事政论、数学求证各占1卷，如：《原学》一篇论说顾亭林所说"目击时趋，方知治乱之关必在人心"，"通经致用"，如何开发四川的矿业；探求"西方政治"诸方面；列举"通商条约颇有与公法不合者"。数学各题皆设问求证，涉及古算经、几何、代数及应用题。这些明显表明，尊经书院教学内容已有重要发展与变化。

这样的教学，对尊经书院生员的做人治学起了奠基和导向的作用，也展现出尊经书院由传统书院向近代学堂的变革发展。

三　建立蜀学学统架构的《蜀学编》

尊经书院本着"绍先哲，起蜀学"的宗旨，着力于传统蜀学的振兴、

---

① 伍肇龄编《尊经书院二集》，8卷，光绪十七年（1891）尊经书局刊本；刘岳方编《尊经书院课艺三集》，8卷，光绪二十三年（1897）成都刊本。《尊经书院课艺三集》，8卷，均藏四川大学图书馆。

蜀学承先启后的发展,遂有《蜀学编》的撰写、编印。

(一) 以"蜀学编"命题,一次大规模的书院教学与学术研究活动

光绪十四年(1888)冬,尊经书院所属的成都尊经书局刊印了《蜀学编》一书(以下简称"尊经本"),共两卷,卷首有光绪十四年伍肇龄"序"和该书"凡例""目次"。署名为"成都方守道初辑,宁河高赓恩覆辑,邛州伍肇龄同订"。"《蜀学编》校阅姓氏:伊人镜鉴湖,新安;童煦章雪苔,新津。《蜀学编》校刊姓氏:方守道廉史,成都;刘永镇梓敬,雅安。"光绪二十七年(1901)秋,《蜀学编》由"锦江书局重刊"(以下简称"锦江本"),卷首有光绪十四年伍肇龄"尊经本·序""尊经本·旧例",光绪二十四年(1898)高赓恩"续刻《蜀学编》序",光绪二十七年五月伍肇龄在锦江书院为重刊此书所写的题记。署名增加:"续刻《蜀学编》校阅校刊人氏:谢金元乾初,乐山;王履贤渭霖,天津。"① 光绪十四年《蜀学编》初刊时,方守道、刘永镇皆为尊经书院生员,高赓恩是光绪十三年(1887)新到任的四川提学使,伍肇龄时为锦江书院山长兼尊经书院山长。光绪二十七年重刊时,方、童二人已经去世,高赓恩在京师任官②,伍肇龄则已不兼尊经书院山长③。

从上述"署名"、"序"、"记"、"凡例"中,可以了解到《蜀学编》的产生,是由四川提学使高赓恩、尊经书院山长伍肇龄共同倡导和组织的书院的教学内容和研究工作。"宁河高熙亭学使课士尊经书院,以'蜀学编'命题。因即方生守道所辑本复为厘正,语龄(伍肇龄)参订焉。"

---

① 两种版本均为两卷本,四川省图书馆藏。现藏"尊经本"经过重新装订,为一册,封面贴有墨书题签《蜀览事略》。"锦江本"为两册。

② 据廖幼平编《廖季平年谱》,巴蜀书社1985年版,第42页。高赓恩,字曦亭(一作熙亭),宁河人(一作北塘人,均在今天津市境),光绪二年(1876)进士,翰林院庶吉士,授编修,历太常寺卿。谥文通。

③ 廖幼平编《廖季平年谱》云,光绪十二年(1886),"春,王闿运归湘潭,不再至蜀。尊经书院山长由锦江书院山长伍肇龄兼代"(第42页),一直到光绪二十二年(1896)刘岳云任尊经书院山长(第53页)。《四川省志·人物志》载:"伍肇龄(1829—1915)字嵩生,邛州(出生地今属大邑县)人。"(第753页)

("尊经本·序")"是编元为尊经书院季课，欲肄业诸生搜辑先哲言行、考订学术也。寻廉史方守道成一编。"（"旧例"）季课，又称季考，是每季度一次考查生员课业的制度。书院有官课、府课、斋课（馆课）之分，分别由地方官、知府、书院山长出题、主持并评阅课卷。四川学使高赓恩以"搜辑先哲言行、考订学术"为内容的"蜀学编"命题，布置尊经诸生完成季课，是一次官课。从初辑中的 80 位蜀学人物和此外拟另"刊入学案"的"百十人"看，参加此次考课的生员是很多的。这些课卷，被辑为两编，一是由方守道（尊经生员）汇辑的，名为"蜀学编"；另一是由童煦章（尊经生员）汇辑的，"拟刊入学案"的另编（此编情况尚不详）。伍肇龄的"锦江本·记"中写道："《蜀学编》为宁河高曦亭先生督蜀学时，据方生守道、童生煦章各辑本详加厘定，一月而成者。嗣差竣回京，复考正史及历朝学案、先儒传记、理学备考正续编，增入者二十三人；又前刻诸人亦有增添事迹者。"可见，这是四川学使和尊经书院山长共同主持组织的一项规模庞大、有关蜀学的教学活动和研究课题。这在蜀学研究史上是空前的，也说明了尊经书院与蜀学的密切关系。

（二）首次集中系统梳理蜀学人物与学术，倡振蜀学，彰显地域文化

伍肇龄在"尊经本·序"中写道："明长安冯侍御从吾始著《关学编》，继此《洛学》《北学》皆纂自钜儒手。吾蜀文翁倡教，学比齐鲁，自汉迄国朝，代不乏贤。宁河高熙亭学使课士尊经书院，以'蜀学编'命题。因即方生守道所辑本复为厘正，语龄（伍肇龄）参订焉。……兹编之成，体仿《北学》，读之当有蹶然兴者。"他还在"锦江本·记"写道："此版流传……将与《洛学》《关学》《北学》诸编共相辉映云。"《关学编》为明冯从吾辑、清王心敬等增补 6 卷（《四库全书总目》卷六三"史部·传记类存目"），所收人物为关中地区自远古至明代的著名学者，主要是宋明理学诸儒。《洛学编》4 卷（《四库全书总目》卷六三"史部·传记类存目"），清人汤斌辑，列中州自汉至明的著名学者，以汉唐诸儒为前编，宋以下诸儒为正编。《北学编》4 卷（《续修四库全书》第 515 册"史部·传记类"），明末清初人魏一鳌辑、清尹会一等辑订，列燕赵历代名士。此三书皆为彰显地域文化而著，且均以地域之学名编，因而"文翁倡教，学比齐鲁，自汉迄国朝，代不乏贤"的蜀学，也要加以彰显，既与"诸编共相辉映"，更"绍先哲，起蜀学"，复兴曾经"比于齐鲁"的蜀学。在具体体例上，《蜀学编》主要仿效《北学编》。《北学编》既非《关学编》主要是"为关中理学而辑"①，也非《洛学编》鄙视汉唐，有前编、正编之分，而是将燕赵地区由汉迄清的历代名士辑录成编，其中特别强调"节行"，其"凡例"写道："敦行为正学督脉，故兹编所裁，重在事实。间取著述之多者，亦必生平节行无甚可议。若言虽多，名虽盛，而出处大节未免有亏，则不甘随声滥人，致遗诟病。"《蜀学编》正是依此而为，正如"锦江本"《蜀学编旧例》所云："《关学编》断自横渠，专为理学延其绪也，虽孔门秦燕壤石，只立小传于前，其例极严。至《洛学编》，以汉唐为前编，《北学编》则不别前编，兼及晋、魏，于文章、经济并有采录，仍以节行无可疵议为断。兹多从《北学》之例。"

《蜀学编》分为一、二两卷，依朝代顺序为所选蜀人列传（并附传），现据"锦江本"所载列表于下（详见本文附一）：

表1

时代	主传（人）	附传（人）	共计立传人数（人）	百分比（%）
汉	14	3	17	14.9
唐	1		1	0.9
宋	32	30	62	54.4
元	3		3	2.6
明	15	7	22	19.3
清	9		9	7.9
总计	74	40	114	100

---

① （明）冯从吾撰，陈俊民、徐兴海点校：《关学编》附录二《明余懋衡序》，中华书局1987年版，第121页。

在所列114人中，112人皆为巴蜀人氏，只有宋代李修己（江西丰城人，附张栻传）、蒋公顺（广西全州人，附魏了翁传）二人里籍不在四川。

通观蜀学研究的发展史，《蜀学编》是对蜀学这支中国历史上的重要地域文化，第一次集中地、系统地进行梳理和展示。尊经书院的这次编纂活动及其成果《蜀学编》在蜀学研究史上具有开拓创新和承前启后的意义。①

（三）探求蜀学源流，构建蜀学学统

《蜀学编》在卷首明确指出，"此版流传，庶吾蜀士皆知汉唐宋元明以来及我朝相承之学"②，所选列入传记之学者，皆为"蜀学之脉"（《续刻蜀学编序》）。其选列标准，一是地域，只限清末之四川，"汉中地今属关中，犹龙安之属蜀也，故汉中人不载是编"。二是学行，"是编固以学问为归，而兼有经济者，亦并述其政绩、采其奏议，以著体用兼备之谊"。"但或学术不传，第以勋业节烈著闻……不敢泛入。""是编所录皆择其心术学术不诡于正者。"至于"后人附会""传疑""无确证"等，"亦姑略焉"，不入是编。（《蜀学编旧例》）据此标准，《蜀学编》初刊后的十多年里，高赓恩、伍肇龄、方守道等对该书进行了精审修订，"大率增者什三，删者数十，而一其人无关于学脉者也"（《续刻蜀学编序》）③。将"尊经本"与"锦江本"相比对，人传人数由80人（内主传63、附传17）增为114人（内主传74、附传40），有增有减有调整，计：汉代删去王褒；唐代删去李白；宋代删去苏洵，把苏辙从主传附入苏轼传，新增26人（内主传9、附传17）；元代删王申子；明代新增10人（内主传4、附传6）；将列入明代的费密调整列入清代。

《蜀学编》首列人物为西汉张宽，止于晚清范泰衡。该书所列入主传的74人中，以汉代（14人，占19%）、宋代（32人，占43%）为多；而其附传的40人中，宋代有30人，占75%。附传人物均分别列在一个主传人物之后，为该主传人物之门人弟子或兄弟、子侄、孙辈等，亦有

---

① 在讨论本文初稿的过程中，粟品孝博士对研究《蜀学编》发表了很好的见解，并提供了一些他所掌握的资料和所见8位原尊经书院生员名单，谨致感谢！

② 光绪二十七年（1901）伍肇龄题记。

③ 所谓"删者数十"，不知所据，可能是同初刊稿本或拟另入学案者比较。

朋友，如汉代任安附 3 人，宋代张栻附 8 人、度正附 3 人、魏了翁附 6 人，明代任少海附 5 人。从这 114 个人物中，可以看到编者是在探讨蜀学发展的学脉源流，构建蜀学学统。

《蜀学编》编纂主旨在于，"敦崇四教，以上溯邹鲁渊源"，"维持正学"（《蜀学编·光绪十四年序》），即维护儒学传统，并"以学问为归，而兼有经济"的范围选列人物。在学问上，该书是以经学、理学为主，从两汉一直贯穿到清代。这从两个版本相比较就能明显看到，因此唐代只选入仲子陵一人，就不难理解了。对于蜀学之脉即发展源流和学统，高赓恩有明确论述，他写道："窃维蜀学之脉凡四五：汉则传经，重大师，取其有行谊，诸如张叔文一流，而扬子大儒不敢诬，李唐附之，是谓洙泗之脉。宋初诸儒渐启周程之绪，中叶以来，圣学昌明，则取谢、谯、范一流，而苏子名儒不敢摈，是谓伊洛之脉。南轩为晦翁畏友，鹤山乃紫阳再传，一时承学翕然，则取张、魏两门，而虞子伟儒不敢外，是谓湖闽之派。元承宋学，明初承元学，嘉靖以还，少海似薛、吕，大洲宗陈、王，学者宗之，是谓津会姚泾之派。国朝名儒宗派虽殊，渊源自合据是为断。"（《续刻蜀学编序》）有关蜀学源流、学脉发展、学统构建等，尚需广搜资料、深入探究、开展商讨，但《蜀学编》如此着力系统梳理蜀学发展源流，并意图建立蜀学学统，在中国学术史上还是第一次。

《蜀学编》的编纂印行，是尊经书院对蜀学研究的重要贡献。还要特别提到的是，在编纂《蜀学编》、构建蜀学学统的同时，尊经书院的师生也在经学典籍整理研究方面开展了许多工作，以建立经学和蜀学新的学术体系，如廖平"创为今古二派，以复西京之旧。欲集同人之力，统著《十八经注疏》（《今文尚书》《齐诗》《鲁诗》《韩诗》《戴礼》《仪礼记》《公羊》《穀梁》《孝经》《论语》《古文尚书》《周官》《毛诗》《左传》《仪礼经》《孝经》《论语》《戴礼》。易学不在此数），以成蜀学。见成《穀梁》一种。……因旧欲约友人分经合作，故先作《十八经注疏凡例》"[①]。这是尊经书院与近代蜀学的另一个很重要的问题，将另文论叙。

[①] （清）廖平：《今古学考》卷下，《廖平选集》，巴蜀书社 1998 年版，上册，第 89 页。

四 "开风气""昌明蜀学"的蜀学会和《蜀学报》

光绪二十二年(1896),维新变法运动在四川兴起。被清廷任命为川省矿务商务监督的宋育仁(曾就读尊经书院)在重庆设立商务局,开办各种实业公司,推动四川民族工商业的发展。他还联络在渝爱国维新志士,创办了四川第一家近代报刊《渝报》(1897年11月),宣传变法维新,形成了较大声势和影响。1898年年初,宋育仁应聘为尊经书院山长,由重庆赴成都,四川维新变法运动的中心也随之转移到成都。宋育仁在成都,以尊经书院为基地,联络具有维新思想的官绅学人潘祖荫、邓镕、吴之英等发起组织了蜀学会,还以蜀学会的名义出版了《蜀学报》。《蜀学报》馆设在尊经书院内,由尊经书局印行,宋育仁任总理,吴之英任主笔,廖平任总纂。① 关于尊经书院、蜀学会、《蜀学报》三者的关系,《蜀学报章程》明确规定:"报局与学会相表里,学会与书院相经纬,分为三事,联为一气。……会内学友论撰,由主会评阅,佳者由报局酬奖登报。书院课卷佳者,由书院送学会参论,交报局发刻,书院已有课奖,报局不另酬奖。学会开讲,报局随即出报。"②

蜀学会会址设在尊经书院,首次学会活动于光绪二十四年三月初一(1898年3月22日)于成都三公祠举行。③《蜀学会章程》明载该会缘起及宗旨,"现在时事棘艰,叠奉上谕各省振兴学校,以期储材备用,学使慨济时艰,尤以振兴蜀学为念。本年正月又奉明诏,举行经济特科。因此约集同人,联为此会,期以通经致用为主,以扶圣教而济时艰"。其活动方式是"以集讲为主",借此"变通"之举以"推广学堂"。其内容是"发扬圣道,讲求实学",分为伦理、政事、格致三大类。伦理以明伦为

---

① 本节有关资料,参见隗瀛涛主编《四川近代史稿》,四川人民出版社1996年版。
② 《蜀学报章程》,载《蜀学报》,光绪二十四年闰三月望日,第1册,1998年5月5日。
③ 参见周德富《蜀学会成立及活动简介》,《成都志通讯》1990年第3期,转引自《成都图书馆网》,1990年9月30日。该文说蜀学会会址在三公祠,需再查考。据《蜀学会章程》云:"学会、报馆","附设尊经书院","开会之始,以三公祠为聚讲所"。

主；政事首推群经，参合历代制度、各省政俗利弊、外国史学、公法律例、水陆军学、政教农桑各务；格致则包括古今中外语言文学、自然科学及各种实用学科。入会者皆可"分门讲习"。农历每月朔日（初一）"牌标讲目，学友各将蓄疑新义摘录送会所传阅，列入讲册"；望日（十五日）认题并有论撰者举行集讲；晦日（月末日）"收卷"，集讲者交讲义或论文，并选择登报印行。学会既寓推广学堂之意，乃有教学之功能，要求入会者"每人各具日记一册，每日必有课程。每月册上至少亦须二十日。除会讲外，所有私居著述均归其中"。还发给膏火奖励，会友系书院生由书院发给，非书院生由报馆发给。宋育仁、吴之英、廖平等都先后撰文主讲。（《蜀学会章程》）蜀学会是一个宣传维新变法的社会团体，是振兴蜀学、通经致用的学术中心，也是尊经书院的院外教学阵地。

《蜀学报》是成都首批出现的近代报刊，实际是《渝报》的继续。其宗旨是："此报为蜀中开风气而设。……今于中法成书中专取切于蜀事及近今能行者为主……俟风气渐开，再行添入泰西机器新法。""时务求是……蜀中更立此报者，意在昌明蜀学，开通邻省。……本局意主推行，力求实用。"（《蜀学报章程》）《蜀学报》于1898年5月5日创刊发行后，自7月起每月出三期（共印行十三期），其栏目有谕旨、奏折、论文、蜀中近事、中国近事、海外近事等，以论文所占篇幅最多，论文内容不少是宣传维新变法、介绍中外科技的。[①] 发行量达两千多份，营销省内外，推动了四川地区维新变法运动的发展，也推动了传统蜀学的转型。

1898年9月21日，发生戊戌政变，维新变法运动失败。随后，存在数月的蜀学会被禁、《蜀学报》被焚，宋育仁等蜀中维新人士也遭到政变者的迫害。然而，蜀学会和《蜀学报》对四川近代社会和近代蜀学已产生的影响是不小的。

---

① 参见王绿萍《宋育仁与〈蜀学报〉》，《成都文物》1985年第2期；凌兴珍《试论戊戌年四川维新派的喉舌〈蜀学报〉》，原载《高校编辑出版论集》（四川科技出版社2000年版），今收入李大明主编《巴蜀文学与文化研究》，商务印书馆2005年版。

五 "保存国粹""以广流传"的尊经书局

为了适应时势发展的需要，推进维新变法和改革教育，尊经书院在教学上既保证传统儒学为主体，又注意经世致用，学习社会实用的学科和西方的先进知识，因而在图书数据的采购收藏上有明显变化，增加了中西时务书报、挂图、标本和仪器等。更要提到的是，书院还专设书局，刻书、印书、发行。①

尊经书局设在尊经书院内，"关集工匠，就院雕刻……博士弟子躬任校雠，仅十余年成书数十种"。其内容主要是儒家经典，亦有书院教学科研成果和师生著述。后者如张之洞的《輶轩语》《书目答问》，王闿运的《古文尚书》《尔雅注疏》，刘岳云的《算学丛话》《喻利演算法》，《四川省城尊经书院讲义》，廖平的《今古学考》《经学初程》《群经凡例》以及《蜀学编》《蜀秀集》和尊经课卷初集至三集，等等。此外，尊经书局还承担《蜀学报》的刊印和蜀学会有关资料的印行。

自书院改制，尊经、锦江二书院藏书和书局刻书书板"展转移徙，后归官报书局"。宣统三年（1911）官报书局易名"官印刷局"，伍肇龄等要求将这些图书和书板移交给1910年7月设立的四川存古学堂，"仿照前例，设置书局，及时补葺，专意刷印"。王人文批示中嘉奖伍肇龄等"留心古籍、保存国粹之意"，"即檄行官印刷局遵照办理"，由存古学堂派人"逐项协同清理，当面交收，妥为庋藏，如有残缺，随时修补完整，并选工加意印行，以广传流而资服诵"，并要求"此后该学堂永专职守，即有交替，共负责任"。②

---

① 光绪年间，尊经书院、锦江书院都设有书局。咸丰八年（1858）成书的《锦江书院纪略》未明载锦江书院设书局，只云"版存书院藏书之室"。锦江书院书局的设立时间，很可能是在同治十三年（1874）伍肇龄任该院山长之后。拙著《四川书院史》据《锦江书院纪略》记载而概言"锦江书院虽未设局，亦刻书较多"（第291页），是欠确切的。

② 四川官印刷局：《尊经、锦江书院书目》（宣统三年五月十四日），四川大学档案馆藏"四川存古学堂、图学学校档案"（以下简称"川大藏四川官印刷局档案"）。有文章把四川存古学堂的开办系在1919年，不确；又只云书板移交是学堂监督谢无量与四川总督尹昌衡、四川学使赵启霖协商，未及王人文批示伍肇龄呈文事，宜据档案修订。

据档案所载，尊经书院移交给四川存古学堂的图书共77种、423本（未详其复本情况），尊经书局所刻书板有55种书、15901块（外有7种书板"移送选科师范学堂"）。① 四川存古学堂辛亥革命后先后改称"四川国学学校""四川公立国学专门学校"，1927年为公立四川大学中国文学院②，上述图书和书板也随之移入四川大学图书馆。经过一个世纪左右的嬗变播迁，至今四川大学图书馆还收藏有尊经、锦江二书院刻印的部分图书和尊经、锦江二书局刊刻的少数书板。

书院刻书始于宋代，至清代最兴盛，形成了古代刻书史上独树一帜的书院刻本。清末，在西学东渐的大潮中，中国的教育事业出现了重大变革，维新变法，废科举，兴学堂，陈旧教材在西学东渐和近代教育体制巨变中被淘汰势在必行。书院既要坚持维护传统儒学，又要随潮而变，为教育变革服务。尊经书局正是在这种形式下诞生、发展起来的，它在保存国粹、改革教育、发展学术、开通风气和推进蜀学转型等方面作用明显，还培养和锻炼出一些出版界著名人物（如傅樵村）。尊经书局是四川近代新兴出版业的前身，并成为当时闻名全国的书院专门出版机构之一。③

六　尊经书院培养人才的简况

在20多年里，尊经书院培养的生员约2000名以上，这是不小的成绩。目前笔者尚未查到尊经书院的生员名册，也未见系统的具体的披露，只就翻查数据时所见零星生员姓名，初步汇计如次（详细名单见本文附件二）：

---

① 川大藏四川官印刷局档案。
② 《四川大学史稿》第1卷，四川大学出版社2006年版，第47页。
③ 参见曾建华《古代书院的藏书与刻书》（《出版科学》2005年第5期）写道："至清代，书院的出版功能得到进一步的强化，刊刻图书成为大规模的经常性活动，形成了正谊堂、广雅书局、桂垣书局、尊经书局、南菁书局、经苑、味经刊书处等闻名全国的书院专门出版机构。"

成都18人，华阳13人，新都3人，新繁7人，大邑1人，蒲江1人，彭县2人，崇庆2人，灌县1人，邛州2人，新津6人，金堂1人，简州1人，资州2人，汉州2人，绵州2人，绵竹4人，什邡1人，德阳1人，石泉1人，中江4人，三台5人，雅安1人，名山4人，天全1人，富顺4人，荣县4人，威远1人，犍为1人，眉州1人，井研3人，彭山1人，青神1人，仁寿2人，宜宾4人，永宁1人，泸州2人，西昌2人，会理1人，遂宁1人，射洪2人，盐亭1人，广安2人，保宁1人，阆中1人，西充1人，南充1人，南部1人，达县1人，南江1人，巴州1人，重庆1人，巴县1人，涪州1人，长寿1人，江津3人，永川2人，合州6人，忠州1人，开县1人，夔州1人，彭水1人，酉阳3人，秀山3人。以上均明载为四川籍生员，共153名。尚有未明见其籍贯者20人，极大可能都是四川籍，在统计中暂并入四川籍。故四川籍生员总计为173名。此外，还有4人不是四川籍，其中湖南生员3人、蒙古生员1人。①

据上所见四川籍173名生员，已知分别来自四川64个府州县。② 这些生员主要是经过各府州县遴选推荐或考试进入书院的，即张之洞所说，在"全蜀学生三万人中"，一次遴选100人入读的（《张记》），其中大多是已有生员名目乃至经过科考取得功名的。已知四川籍生员中，据不完全统计，有进士1人、举人16人、优贡1人、拔贡11人、副贡1人、廪贡3人、附贡1人、廪生57人、增生8人、附生14人。再看就两本课艺录所见生员名目的统计：《尊经书院初集》有作者59人，其中除督宪、山长和4名非四川籍生员共6人外，四川籍53人中，举人10人、

---

① 主要据《蜀秀集》《尊经书院初集》《尊经书院二集》《尊经书院课艺三集》，有关地方志和廖幼平编《廖季平年谱》巴蜀书社1985年版；刘文耀、杨世元编《吴玉章年谱》，四川人民出版社1998年版。

② 清时四川行省的行政建置有：道7、府15、直隶州7、直隶厅6、府辖州13、府辖厅8、县119、设治委员6。参见蒲孝荣《四川政区沿革与治地今释》，四川人民出版社1986年版。

优贡 4 人、拔贡 8 人、廪贡 2 人、副贡 2 人、廪生 19 人、增生 2 人、附生 5 人、不详 1 人。《尊经书院二集》有作者 47 人①，全为四川籍，其中进士 1 人、举人 6 人、优贡 1 人、拔贡 1 人、廪生 37 人、附生 1 人。应该说，就基本素质而言，较其他书院更整齐些，可以说是经过了一定标准的选拔。这是一个省级书院在全省范围的招生选才，尊经书院招收生员的起点高于四川的其他书院，因而乃有张之洞所器重的"蜀中五少年"（廖平、张祥龄、杨锐、毛瀚丰、彭毓松）等拔尖生员（《廖季平年谱》）。

近代四川各方面的突出人才和著名蜀学人物中，有的是曾经在尊经书院受过教育的，仅载入《四川省志·人物志》的就有 17 位，其中杨锐（1857—1898，绵竹人）、尹昌衡（1884—1953，彭县人）、张澜（1872—1955，南充人）、吴玉章（1878—1966，荣县人）、吴之英（1857—1918，名山人）、骆成骧（1865—1926，资州人），张森楷（1858—1928，合川人）、宋育仁（1857—1931，富顺人）、廖平（1852—1932，井研人）、徐炯（1862—1936，华阳人）、吴虞（1872—1949，新繁人）11 位，笔者已做过简介②，下面再补充 6 位的简况。

张祥龄（1853—1903），汉州（今广汉）人，早年以拔贡选送尊经书院。张之洞的评语是："张祥龄……敏悟有志，好古不俗，文辞秀发，独嗜经学、小学，笃行古学，不为俗说所惑。"（《致谭叔裕书》）1893 年中举，次年中进士，选翰林院庶吉士。工诗词，尤以词成就较高，是近代蜀词的代表人物之一。著有《前后蜀杂事诗》《半簏秋词》《受经堂词》等。③

吕翼文（？—1906），华阳（今成都市）人。早年肄业尊经书院。1897 年中举，后随王闿运到湖南竟业。回川后，主持重庆经学书院、江北书院，杨庶堪、邹容皆出其门下。撰著有《朴学报》《说文释例》《说

---

① 本集中极少数作者在初集作者中亦见。
② 参见胡昭曦《近代四川书院教育与蜀学人才培养》，《四川书院史》，四川大学出版社 2006 年版。
③ 《省志·人物志》，第 745 页。

文理董》《王氏礼经笺疏》，有《雪堂残稿》传世。①

刘光谟（约1846—1916），射洪人。早年入尊经书院，肄业后任该院斋长多年，掌管书院典籍。后参加《射洪县志》《潼川府志》修纂。著有《高石斋札记》《高石斋日记》《六书经义浅说》等，现尚存《高石斋文钞》3卷。②

傅樵村（1873—1919），简州（今简阳）人。1898年肄业于尊经书院。在书院担任过《蜀学报》采访。后在成都创办图书局，出版书籍、地图。先后创办了《算学报》《启蒙通俗报》（即《通俗日报》）和成都第一家书报——《通俗画报》，并通过《通俗画报》鼓吹保路运动、鼓吹民权。曾任成都红十字会会长。重要著述有《成都通览》。③

周翔（1860—1927），彭山人。早年被选入尊经书院就读。1891年中举，次年中进士，选翰林院庶吉士。曾赴日本考察学务，先后任四川东文学堂监督、四川留日师范生监督、四川通省师范学堂监督、大理院总检察厅检察官。后任四川学务公所议长兼四川高等学堂总理（院长）、四川教育总会会长、成都高等师范学校校长。工诗文，有《周紫庭先生遗诗》。④

萧龙友（1870—1960），祖籍三台，生于雅安。弱冠赴尊经书院习词章科，期间，博览群书，于中医书籍多所涉猎，渐悟岐黄之奥。曾任知县、内务部中医襄校委员等职。1928年弃官在京行医。他在中医学术上有许多精到见解，医术全面，善治虚劳杂病。1934年，与孔伯华等创办"北平国学医院"、筹建"北平医药同仁会"。中华人民共和国建立后，任中医研究院名誉院长、中华医学会副会长、中国科学院生物地学部学部委员。⑤

以上只是笔者所接触的已列入《省志·人物志》的，此外当还有不少突出者。在一个只存在了28年的尊经书院，出了如此多的杰出人物，

---

① 《省志·人物志》，第745—746页。
② 《省志·人物志》，第753页。
③ 《省志·人物志》，第443页。
④ 《省志·人物志》，第762—763页。
⑤ 《省志·人物志》，第528—529页。

确实成绩卓著。他们不仅传承和发展了蜀学,也为中国近现代学术文化的发展作出了不可磨灭的贡献。

"蜀学"是一个宽泛的文化概念,它含于源远流长的巴蜀文化之中,是中国重要的地域学术文化,是中华民族光辉灿烂的优秀文化的重要组成部分。在历史上,蜀学经历了长时间的发展进程,汉代、宋代和近代是蜀学发展的三个高潮时期。近代是蜀学发展的又一个重要时期,而且是较汉、宋蜀学更新的时期。鸦片战争以后至中华民国初年,社会变化激烈,学术思想上是传统仍固而西学已渐,经学勃兴又新学蔚起,蜀学经历着"中学为体,西学为用"和新的"经世致用"的变化,即从传统蜀学向近代蜀学的转型。作为清末全国和四川重要教育机构的尊经书院,在传承发展中华传统文化,振兴蜀学并促其转型方面起了重大作用;在维新变法,推进教育改革方面产生了巨大影响。尊经书院确实是近代振兴蜀学的基地,是近代四川人才培养的摇篮,也为中国教育提供了宝贵的历史经验。尊经书院为中华文化的振兴和蜀学发展、巴蜀人才培养作出的重要贡献,是值得重视和深入研究的。

附一 《蜀学编》传记人物简表(据锦江书局重刊本)

时代	姓名	字	里籍	备注	姓名	字	里籍	备注
汉代	张宽	叔文	成都		李宏	仲元	成都	
	扬雄	子云	成都		谯元	君黄	阆中	
	李业	巨游	梓潼		张霸	伯饶	成都	
	杜真	孟宗	绵竹		张纲	文纪	武阳	
	任安	定祖*	绵竹		何宗	彦英	郫县	
	杜微	国辅	梓潼		杜琼	伯瑜	成都	
	任末	叔本	新繁		杜抚	叔和	武阳	
	杨仁	文义	阆中		姜诗	士游	广汉	
	董钧	文伯	资中					
唐代	仲子陵	司门	蜀人					

续表

时代	姓名	字	里籍	备注	姓名	字	里籍	备注
宋代	何涉	济川	南充		傅耆	伯寿	梓州	
	杨绘	元素	绵竹		苏轼	子瞻*	眉州	
	苏辙	子由	眉州	#	宇文之邵	公南	绵竹	
					范镇	景仁	成都	
	范祖禹	梦得*	华阳		范冲	益谦	华阳	○
	谢湜		金堂		谢潜		金堂	○
	王当	子思*	眉州		王赏		眉州	
	王称		眉州		马涓		南部	○
	谯定	天授	涪陵		杜莘老	起莘	青神	
	李焘	仁甫	丹棱		虞允文	彬甫	仁寿	
	李舜臣	仁甫*	井研		李心传	徽之	井研	
	李道传	贯之	井研		李性传	成之	井研	
	虞刚简	仲易	仁寿	○	张栻	敬夫*	绵竹	
	张忠恕	行父			张洽			
	张庶	晞颜		○	程遇孙	叔违	仁寿	○
	薛绂	仲章	龙游	○	张方	义立	资中	
	杨知章		潼川	○	李修己	思永	丰城	○
	度正	周卿*	合州		晏渊	亚夫	涪陵	
	阳枋	宗骥	巴州	○	阳恪			○
	范仲黼	文叔*	成都		范子长	少才	成都	
	范子该	少约	成都	○	范荪	季才	成都	○
	黄裳	文叔*	普城		陈概	平交	剑州	
	杨子谟	伯吕	潼川	○	刘光祖	德修	简州	
	宇文绍节	挺臣*	成都	○	程公许	季与	眉山	
	杨泰之	叔正	青神		魏了翁	华父*	蒲江	
	魏文翁	巽甫	蒲江		税与权		巴县	
	牟子才	存?	井研		程掌	叔运	丹棱	○
	史守道	孟传	丹棱	○	蒋公顺	成父	清湘	○
	李坤臣	中父	临邛	○	谯仲午	仲甫	临邛	○
	王万	万里	蒲江	○	高定子	瞻叔*	蒲江	
	高斯得	不妄	蒲江		吴昌裔	季永	中江	
	杨文仲	时发	彭山					

续表

时代	姓名	字	里籍	备注	姓名	字	里籍	备注
元代	张翌	达善	彭山		虞集	伯生	仁寿	
	黄泽	楚望	资州					
明代	席复		遂宁		胡子昭	仲常*	荣县	
	胡仪		荣县		吴石毂	伯通	广安州	
	邹智	汝愚	合州		刘瑞	德符	内江	
	杨慎	用修	新都		李纯朴	文伯	定远	
	杨最	少海*	南充	○	谢釜	以虚	富顺	○
	张鉴	石洲	南充	○	陈于陛	元忠	南充	
	黄辉	昭素	南充	○	罗仲光	觐吾	南充	
	王廷	子正	南充	○	周满	谦之	广汉	
	赵贞吉	孟静*	内江	○	何祥	克斋	内江	○
	刘起宗		巴县		来知德	矣鲜	梁山	
清代	杨甲仁	愧菴	射洪		费密	此度	新繁	
	唐甄	铸万	夔州		张鹏翮	运青	遂宁	
	倪象恺	赞衡	威远		顾汝修	密斋	华阳	
	李潄芳	艺圃	渠县		李惺	伯子	垫江	
	范泰衡	宗山	隆昌					

注：①表中楷体字者为标有*的前人传记之附传，多为该前人之门人弟子、子侄、兄弟等，亦有朋友。②备考概中有○者为"锦江本"新增，有#者为"锦江本"将"尊经本"的主传变为附传。

附二 笔者所见尊经书院生员名单

在20多年里，尊经书院培养的生员有2000名以上，这是不小的成绩。目前笔者尚未查到尊经书院的生员名册，也未见系统的具体的披露，只就翻查数据时所见进行汇集①。

成都：岳嗣仪（附生）、焦鼎铭、曾培（举人）、周道洽（副贡）、周宝清（廪生）、胡延（廪生）、张骧（举人）、陈观涛（拔贡），方守道

---

① 据《蜀秀集》《尊经书院初集》《尊经书院二集》《尊经书院课艺三集》，有关地方志和《廖季平年谱》《吴玉章年谱》等。

（廪生）、陈文垣（增生①）、杨光垌（廪生）、蔡园栋（廪生）、李成焯（附生）、严实虞（廪生）、缪宗瀚（廪生）、邓溶、周玉标、严士浚（廪生）。18人。

华阳：范溶（廪生②）、顾印愚、徐炯（廪生）、廖伯勤、傅世洵（举人）、吕翼文（附生）、洪尔振（廪生）、罗长钰（廪生）、冯江（附生）、苏兆奎、唐文焕、孔庆余、钟汝霖③。13人。

新都：谢质（廪生）、刘祖周（附生）、刘乾（廪生）。3人。

新繁：吴虞、王树滋（增生）、李之实（举人）、耿树慧（廪生）、黄德章、周煜南（附生）、杨桢④。7人。

大邑：傅守中（廪贡⑤）。1人。

蒲江：袁文卓（廪生）。1人。

彭县：尹昌衡、都永龢⑥。2人。

崇庆：杨永清、罗元黼（廪生）。2人。

灌县：王昌麟（附生）。1人。

邛州：宁湘（廪生）、黄书忠（拔贡）。2人。

新津：胡安澜、胡从简（附生⑦）、胡樑（廪生）、周国霖（举人）、胡念祖（廪生）、童煦章⑧。6人。

金堂：王朝煜。1人。

简州：傅樵村。1人。

资州：朱桂芃、郭煊（廪生）⑨。2人。

汉州：张祥龄（拔贡）、张愔（廪生）。2人。

---

① 《尊经书院二集》作"廪生"。
② 《尊经书院二集》作"优贡"。
③ 此人名单见《蜀学报》第1册（光绪二十四闰三月望日）《蜀学开会记》（署"蜀学会载笔杨赞襄、吕典桢、刘复礼同记"），四川省图书馆藏。
④ 此人名单见《蜀学开会记》。
⑤ 《尊经书院二集》作"举人"。
⑥ 此人名单见《蜀学开会记》。
⑦ 《尊经书院二集》作"廪生"。
⑧ 《蜀学编》光绪二十七年（1901）伍肇龄卷首题记。
⑨ 此人名单见《蜀学开会记》。

绵州：崔映堂（廪贡）、邓杲（廪贡）。2人。

绵竹：杨锐（优贡）、刘镕（拔贡）、冯震熙（廪生）、杨庆昶。4人。

什邡：罗光烈。1人。

德阳：刘子雄（优贡①）。1人。

石泉：萧润森（廪生）。1人。

中江：汪茂元、彭光弼（廪生）、刘瑞麟、刘立夫②。4人。

三台：萧龙友、张楚馨（廪生）、唐玉书、孙忠渝、萧方骏。5人。

雅安：刘永镇。1人。

名山：吴之英（优贡）、吴福连（拔贡）、刘泽沅（廪生）、闵玺（举人）。4人。

天全：杨赞襄。1人。

富顺：宋育仁（举人）、孙克勤（廪生）、高光照、陈崇哲（廪生）。4人。

荣县：吴永锟、吴玉章、林芝兰（拔贡）、陈怀珠。4人。

威远：邹庆先（举人）。1人。

犍为：吴昌基（附贡）。1人。

眉州：张士运（廪生）。1人。

井研：廖平（举人）、榻桢、胡浚源（廪生）。3人。

彭山：周翔（廪生）。1人。

青神：邵从恩。1人。

仁寿：毛瀚丰、辜增荣。2人。

宜宾：陈光明、陈开炽（廪生）、杨骏、陈天锡（廪生）③。4人。

永宁：晏家训（廪生）。1人。

泸州：欧阳世麟（廪生）、曾名毅（附生）。2人。

---

① 《尊经书院二集》作"举人"。
② 此人名单见《蜀学开会记》。
③ 陈天锡（1863—1940），江安县人。光绪九年（1883）中秀才。府、院试得第一名，补廪。学史瞿鸿玑调他到成都尊经书院深造。参见宜宾市人民政府公众资讯网，2006年11月14日。

西昌：吴光源（附生）、吴博文（拔贡）。2人。

会理：康受嘉。1人。

遂宁：徐冕。1人。

射洪：刘光谟（廪生）、谢泰来①。2人。

盐亭：冯书。1人。

广安：周绍暄（廪生）、胡绍棠②。2人。

保宁：郑钟灵（举人）。1人。

阆中：何膊霄（廪生）。1人。

西充：蒲九茎（廪生）。1人。

南充：张澜。1人。

南部：汪麟洲。1人。

达县：邓敏修（廪生）。1人。

南江：岳森（廪生）。1人。

巴州：李毓棠。1人。

重庆：黄泽民。1人。

巴县：张德柄。1人。

涪州：邹增枯（廪生）。1人。

长寿：李滋然（进士）。1人。

江津：戴孟恂（优贡）、邓鹤翔、成伯龙（附生）。3人。

永川：张正馨（廪生），刘英伟。2人。

合州：张森楷、彭耀卿、戴子和、丁治棠、戴光（廪生）、丁树诚（举人）。6人。

忠州：任国铨（举人）。1人。

开县：谢龙章（增生）。1人。

夔州：程墀（廪生）。1人。

彭水：王光棣（拔贡）。1人。

---

① 据谢兴尧（射洪人）：《堪隐斋杂著》，山西古籍出版社、山西教育出版社1998年版，第37页。文中说其父亲谢泰来与骆成骧同肄业于尊经书院，住在一间号舍。

② 此人名单见《蜀学开会记》。

酉阳：陈潊（拔贡）、陈常（举人）、陈光煦（廪生）。3人。

秀山：尹殿飚（举人）、谭焯（廪生），易绍生①。3人。

（以上均明载为四川籍生员，共153名）

未详其里籍，功名者：彭毓松、吴雪堂、毛澄、周淡如、陈子元、朱德实、王瑞征、任篆甫、吴圣俞、张可均、王树滋、张世芳、谢世瑄、张孝楷、敬文光、吴廷佐、张肇文、邱晋成、周尚赤、唐棣华。20人。可能都是四川籍，在统计中并入四川籍，故四川籍生员总计为173名。

还有王代丰（湘潭廪生），古松、张官向（均浏阳生员）②，哲克登额（旗学拔贡，蒙古人）③ 4人。

（原载于《儒藏论坛》2007年）

---

① 此人名单见《蜀学开会记》。
② 见《尊经书院初集》。
③ 见《尊经书院初集》，署为"旗学拔贡"，有《郑伯克段何以知段为弟》《我小君分适庶例说》二文。《尊经书院三集》署为"蒙古"。

蜀学的流变及其基本特征

舒大刚

巴蜀地区自古就是人类发祥地之一，也是中华早期学术文化的孕育和发祥之地，这里有悠久的历史文化，也有丰富的学术思想和文化典籍。经研究表明，巴蜀的学术文化在上古时期几乎与中原同步孕育、平行发展，随着历史上的民族迁徙、经济交往、文化交流、军事活动和政治统一等的推进，巴蜀的文化又与其他地区，特别是中原甚至中央王朝，彼此影响，互相充实，共同丰富和发展了中华文化宝库。本着"辨章学术，考镜源流"，"继往开来，推陈出新"的精神，本文将对历代巴蜀学术的发生、发展和演变历程进行回顾，对历代巴蜀学术体现出来的文化特征予以简要的揭示。

一 先秦：凿破鸿蒙，开启文明

巴蜀文化是指以巴蜀地区（今川、渝辖区）为主体，北及天水、汉中区域，南至滇东、黔西，东至鄂西、湘西，西接康藏、安多等广大区域，几乎包括了整个长江上游流域地区的文化。巴蜀文化辉煌灿烂、源远流长，史称"巴蜀同囿""肇于人皇"（《华阳国志·巴志》《华阳国志·蜀志》），说明早在物类繁滋、人文肇始的上古时代，就已经有人类生存并生产于这一地区，这一传说目前已为距今203万年的巫山人和距今约5万年左右的资阳人等文化遗迹所证实，李白"蚕丛与鱼凫，开国何茫然，尔来四万八千岁，不与秦塞通人烟"（《蜀道难》）的咏叹，并非无谓的夸张。随着中原文明的不断发展和扩散，特别是各地经济文化交流的加深，巴蜀文化也与中原文明互动，在各个历史时期都有记载和特别的表现，呈现出耀眼夺目的奇异光芒。毫无疑问，巴蜀文化一直是中华文化宝库中富有特色、最为厚重的重要组成部分之一。据学人考察，在夏、殷、西周、春秋战国时期，在今四川盆地及其周边地区，曾经建立过近百个邦国或部落（蒙文通《巴蜀文化问题》），其中又以在今成都平原为中心建立的蜀国、以今盆地东部的重庆为中心建立的巴国最为雄长，故古来四川盆地就被称为"巴蜀"。特别是以成都平原为中心，辐射汉中（今属陕西）、南中（今属云南）等地区的杜宇王朝和开明王朝，与西南各族（西南夷）和平共处，时有蜀国为"西僻之国而戎狄之长"（《战国策·秦策》）之说。直到战国时期，秦国于公元前316年兼并了蜀国，进而灭巴，设立蜀、巴郡，才结束了这一历史进程。

先秦时期，巴蜀地区已经产生了较高水平的学术和文化，考古发现的距今有3000—5000年历史的成都古城遗址群（宝墩文化）、三星堆祭祀坑及青铜器、金沙玉器和金器，都显示出极高的科技水平、生产力水平、建筑水平、艺术造诣和精神诉求，表明巴蜀地区很早就进入了高度发达的文明状态。在巴蜀及其附近地区出土的春秋战国兵器、陶器、印章上的刻符图形（考古学界称之为"巴蜀图语"），表明巴蜀地区早在3000年前就已拥有了自己的文字，可惜这些文字至今仍无法释读。

在长期相对独立的发展进程中，巴蜀地区形成了与中原不一样的古史传承体系和神话传说系统，呈现出独特有趣的精神信仰。如文献记载的"三皇五帝"，中原文献多以伏羲、女娲、神农为"三皇"，以黄帝、颛顼、帝喾、尧、舜为"五帝"，而巴蜀地区则以"天皇、地皇、人皇"为"三皇"（即"三才皇"）；以"青帝、赤帝、黑帝、白帝、黄帝"为"五帝"（即"五色帝"），表现出"三才一统"的形而上思考和"五行相生"的哲学观念。① 三星堆出土的一件被命名为"青铜神坛"的象征地

---

① 参见舒大刚、尤潇潇、霞绍晖《三才皇与五色帝：巴蜀的古史传说与信仰体系》，《西南民族大学学报》（人文社会科学版）2016年第1期。

界、人界、天界结为一体的青铜器更形象生动地说明了这一切。

而"生于石纽"(《孟子》佚文)、"兴于西羌"① 的大禹,一方面奠基和推动了夏王朝的诞生;另一方面也创造了许多文化成果,成为中华三代文明的重要内涵和基石。传说他曾得《洪范》九畴用于平定水土、画畴九州,"初一曰五行,次二曰敬用五事,次三曰农用八政,次四曰协用五纪,次五曰建用皇极,次六曰乂用三德,次七曰明用稽疑,次八曰念用庶征,次九曰向用五福、威用六极"②。其中具有丰富的执政理念,也创造性地总结和完善了"五行"观念,这也许是上古巴蜀最早、也最有系统性的哲学理念和学术文献。禹还继承"伏羲氏《河图》",演绎为《连山》之易。③《连山》是"三易"之首,其中的"阴阳"观念奠定了《归藏》《周易》共同的哲学基础。《连山》之"阴阳",《洪范》之"五行",后来也成为中国哲学的基本概念和共同范畴,为儒家、道家所共遵。禹所娶涂山氏婢女(在古江州,今重庆南岸)曾作"候人兮猗"的"南音",周公、召公取法此音"以为《周南》《召南》"④,屈原则据之演为"楚辞"之声⑤。

西周"江阳(今泸州)人"尹吉甫善作诗颂,相传今《诗经》中"《大雅·崧高》《韩奕》《江汉》《烝民》四篇,尹吉甫作"⑥。这些传世

---

① 《史记·六国表序》中载:"禹兴于西羌。"皇甫谧注引《孟子》佚文说:"《孟子》称'禹生石纽,西夷人也'。传曰'禹生自西羌'是也。"《荀子·大略》中载"禹学于西王国",杨倞注说:"大禹生于西羌,西王国,西羌之贤人也。"西汉初陆贾《新语·术事》中也有"大禹出于西羌"的记载;汉武帝时的《盐铁论·国疾》中也说"禹兴西羌";扬雄《蜀本纪》更明确地指明:"禹本汶山郡广柔县人,生于石纽。"(《太平御览》卷八十二引)《三国志》裴松之注引《帝王世纪》中载:"有莘氏女曰志……生禹于石纽。"又引谯周《蜀本纪》中曰:"禹本汶山广柔县人也。生于石纽,其地名刳儿坪。见《世帝纪》。"《华阳国志》中云"禹生于石纽村"。可见,禹兴西羌为蜀人,自是战国以至两汉、三国相承不替的传说。

② 《尚书·洪范》(通行本)箕子乃曰:"天乃锡禹洪范九畴,彝伦攸叙。"

③ 《山海经》佚文中曰:"伏羲氏得《河图》,夏后氏因之曰《连山》。"《路史》卷三十二"论三易"引,文渊阁《四库全书》影印本。

④ (秦)吕不韦撰,陈奇猷校释:《吕氏春秋·音初》,学林出版社1984年版,第335页。

⑤ 参见李冬梅、舒大刚《蜀学五事刍议:重读谢无量先生〈蜀学会叙〉札记》,《湖南大学学报》(社会科学版)2015年第6期。

⑥ (明)曹学佺:《蜀中广记》卷九十一《著作记》,载文渊阁《四库全书》,台北:台湾商务印书馆1986年影印本,第592册,第490页。

文献记载的真实性，虽然尚待研究证明，但至少说明巴蜀与中原在文化上互相影响、交流互鉴，已经依稀见于先秦时期。周、秦时期入蜀的"迁客"苌弘、尸佼等，亦有书籍流传于蜀中，他们所擅长的"天数"与"杂霸"之学，也深深地影响和重塑着巴蜀的文化和学术。①

自汉以来流传有《山海经》系"禹使益疏记"②的说法，蒙文通据书中所涉及的地理方位和空间概念（以巴、蜀为"天下之中"，又特别详于岷江中上游）、历史人物的关系和世次（以帝俊、颛顼为主，与中原传说以黄帝为中心者异）、器物发明（舟车琴瑟等发明者，俱与《世本》所载异）、分"黄帝""轩辕"为二（中原文献则以二者为一人）、计数方式（以十万为亿，与中原以万万为亿不同）、方位顺序（以南西北东为序，与中原以东南西北为序异），都与中原文献，如《世本》、《竹书纪年》、《大戴礼记·帝系姓》、《韩非子》、"六经"等不同，而与《楚辞》《庄子》相似，说明《山海经》不是中原文化的产物，而是南方文明的代表——"《山海经》就可能是巴蜀地域所流传的代表巴蜀文化的古籍"。具体分析说，《海内经》4篇可能是古蜀国的作品，《大荒经》以下5篇可能是巴国的作品，《五藏山经》和《海外经》4篇可能是接受了巴蜀文化以后的楚国的作品。③

直到公元前316年秦灭巴蜀，巴蜀作为"西辟之国而戎狄之长"，在文化上几乎都是独立发展的，有着独特的文化传统；但在与中原文化的接触和交流中，也呈现出向中原文明靠拢的趋势，上面所举的巴蜀早期汉文文献就是证明。不过在整个先秦时期，巴蜀学术和文献都处于萌芽状态，巴蜀文献的大量产生是秦汉以后的事情，这与巴蜀地区大量地接

---

① 参见蒙文通《巴蜀史的问题》之十《巴蜀文化的特征》，《古史甄微》，《蒙文通文集》第2卷，巴蜀书社1993年版。

② （晋）郭璞《山海经注》卷首载汉刘秀（歆）《上山海经表》载："禹别九州，任土作贡，而益等类物善恶，着《山海经》。"引自袁珂《校注》本，巴蜀书社1993年版，第540页。唐欧阳询《艺文类聚》卷十一引《吴越春秋》曰："（禹）登宛委山，取得书，得通水之理，遂周行天下，使益疏记之，名《山海经》也。"引自汪绍楹校本，上海古籍出版社1965年版，第218页。

③ 参见蒙文通《略论〈山海经〉的写作时代及其产生地域》，《中华文史论丛》第一辑，中华书局1962年版。

受中原文化、形成自己的学术特征（史称"蜀学"）有莫大关系。

二　秦汉：统一基地，文化发煌

秦惠文王九年（周慎王五年，前316），秦派司马错灭蜀，进而灭巴。后张仪治蜀，设置蜀郡、巴郡，下分若干县，巴蜀正式被纳入秦国管理的版图，自此巴蜀便成为中央王朝统一全国和抵御外辱、安定全国的重要基地。

继而秦始皇统一六国，令天下"车同轨、书同文"，推崇功利、奖励耕战，加速了巴蜀融入华夏文化的进程。特别是秦国常常将犯人流放到巴蜀，一定程度上改变了巴蜀的文化结构，使原有民风民俗、社会风尚随之改变。项羽的"亚父"范增就说："巴蜀道险，秦之迁人皆居蜀。"① "迁人"，即被流放者。秦得巴蜀之后，不仅把富饶的巴蜀当成统一六国的天然府库，而且把这里当成了流放犯人的地方。秦国自商鞅变法以来形成的耕战、功利的传统，也随"迁人"带入巴蜀，巴蜀民风出现重商、豪奢的"染秦化"现象，常璩在《华阳国志》中说："秦惠文、始皇克定六国，辄徙其豪侠于蜀，资我丰土。家有盐铜之利，户专山川之材，居给人足，以富相尚。故工商致结驷连骑，豪族服王侯美衣，娶嫁设太牢之厨膳，归女有百两之徒车，送葬必高坟瓦椁，祭奠而羊豕牺牲，赠襚兼加，赠赙过礼，此其所失。原其由来，染秦化故也。"②

在这些"迁人"中，也不乏有知识、有文化的人，如商鞅的老师尸佼，以及替吕不韦编写《吕氏春秋》、出谋划策的"舍人"门客，多达千余家，"皆没其家而迁之蜀"③。这些人也将秦国的文化、法令和功利主义一起带来了巴蜀。直到西汉初年，虽然已经事隔数十年，这一风气还依然如故。景帝时，入蜀为守的文翁尚见蜀人"读书法令，未能笃信道德，

---

① 《史记·项羽本纪》，中华书局1959年标点本，第316页。
② （晋）常璩撰，刘琳校注：《华阳国志新校注》卷三《蜀志》，四川大学出版社2015年版，第124页。
③ 《史记·吕不韦列传》，中华书局1959年标点本，第2512页。

反以好文刺讥，贵慕权势"①。也就是说，蜀人虽然懂得了法令，但是却不相信道德，正是孔子所担心的"导之以政，齐之以刑，民免而无耻"②的结果。当时蜀中虽有文士却无君子，会写文章却不讲仁义，他们互相攻驳，擅兴笔墨官司③，与贾谊所说"汉承秦之败俗，废礼义，捐廉耻，今其甚者杀父兄，盗者取庙器"④的情形十分相似。这与孔子所提倡的先讲"孝悌""仁爱"、后学文学技能的教育理念大相径庭。⑤

汉景帝末年，文翁针对这一形势，在蜀中设立学校，派张叔［宽］等18人前往长安从博士学习"七经"⑥，学成归来居学教授，在成都及附近各县大力推行儒家教化。于是巴蜀才士欣欣向学，史有"蜀地学于京师者比齐鲁焉"⑦，"巴汉亦化之"⑧之说，从此蜀地"学徒鳞比"，民智大开，人才济济，文章大雅不亚于中原，涌现出一批全国一流的学者和文学家，形成了影响深远的蜀学。文翁首开地方学府，不仅促进了蜀地迅速儒化、中原化，还推动了儒学在全国范围的传播。汉武帝登基之初，曾将文翁办学经验向全国推广，"令天下郡国皆立学校官"⑨，加速了儒学

---

① 《汉书·地理志》，中华书局1962年标点本，第1645页。
② 杨伯峻译注：《论语译注》，中华书局2009年版，第11页。
③ 即"好文刺讥"。《华阳国志·蜀志》也说，巴蜀"承秦之后，学校陵夷，俗好文刻"。刘琳校注本，四川大学出版社2015年版，第118页。
④ 《汉书·礼乐志》，中华书局1962年标点本，第1030页。
⑤ 《论语·学而》中载："子曰：弟子入则孝、出则弟，谨而信，泛爱众而亲仁，行有余力则以学文。"
⑥ "七经"：古来异辞，有"六经"加《论语》说。《后汉书·张纯传》："乃案《七经谶》《明堂图》。"李贤注："七经，谓《诗》《书》《礼》《乐》《易》《春秋》及《论语》也。"（中华书局1985年标点本，第1196页）张纯是光武时人，当时谶纬盛行，纬书中有《乐纬》不假，李贤注"七经谶"有《乐》家是对的；但是作为经书，《乐经》在西汉已无传授，遑论东汉？有"五经"加《论语》《孝经》说，见杭士骏《经解》（《皇清文颖》卷十二，文渊阁《四库全书》，台北：台湾商务印书馆1986年影印本，第1449册，第609—610页）。既然《乐经》在汉代不以教学，文翁石室当然也不例外，故"六经"加《论语》说为无征。考之《汉书·平帝纪》："征天下通知逸经……及以《五经》《论语》《孝经》《尔雅》教授者。"已将《论语》《孝经》与"五经"并列；晋傅咸作《七经诗》，其中也有《论语》《孝经》，可见"五经"加《论》《孝》之说为可信。
⑦ 《汉书·地理志》，第3626页。
⑧ （晋）常璩撰，刘琳校注：《华阳国志新校注》卷十《先贤士女总赞》，第403页。
⑨ 《汉书·文翁传》，中华书局1959年标点本，第3626页。

向地方基层传播的速度。

汉代蜀学产生了一批重要"成果",首先便是蜀人在"汉赋四家"中占据了三席:司马相如、王褒、扬雄。他们既是当时全国著名的辞赋家,也是术业有专精的学者。《汉书·地理志》中说:"司马相如游宦京师、诸侯,以文辞显于世。乡党慕循其迹,后有王褒、严遵、扬雄之徒,文章冠天下,繇文翁倡其教、相如为之师。"① 其次,汉代蜀中"易学"(如胡安、赵宾、严遵、扬雄)②、"天学"(如落下闳制《太初历》)、"训诂学"(如司马相如《凡将篇》、犍为文学《尔雅注》、林闾翁孺传"輶轩语"、扬雄《训纂》《方言》),都是全国一流甚至天下首创的成果,初步奠定"蜀儒文章冠天下""易学在蜀""天数在蜀""小学在蜀"的基础。宋人田况曾说:"蜀自西汉,教化流而文雅盛。相如追肩屈、宋,扬雄参驾孟、荀,其辞其道,皆为天下之所宗式,故学者相继,谓与齐鲁同俗。"③ 信然!其三,王褒、严遵、扬雄等人提出的"道德仁义礼"的核心价值观念,在中原"仁义礼智信"的观念外别树一帜,基本奠定了蜀学之理论基础④;尤其是这种思维所反映出来的儒道兼容(尊道贵德)的包容精神,奠定了后世蜀学诸学并治、集杂成醇的治学特点,对形成蜀学的独特风格具有定调的作用。

常璩《华阳国志》中指出,由于文翁开办学宫,巴蜀人士文化程度大为提高,特别是通过推行儒家教化("宣德立教"),使巴蜀所染的秦之颓俗得到根本扭转,"自时厥后,五教雍和,秀茂挺逸,英伟既多,而风谣旁作,故朝廷有忠贞尽节之臣,乡党有主文歌咏之音"⑤。于是"风雅英伟之士,命世挺生",这些巴蜀俊彦,成了汉王朝征召的主要对象。当时朝廷向巴蜀征召人才的"玺书",时时"交驰于斜谷之

---

① 《汉书·地理志》,第1645页。
② 参见舒大刚、李冬梅《巴蜀易学源流考》,《周易研究》2011年第4期。
③ (宋)田况:《进士题名记》,载《成都文类》卷三十,赵晓兰整理本,中华书局2011年版,第578页。
④ 参见舒大刚、申圣超《道德仁义礼:蜀学核心价值观刍议》,《社会科学研究》2016年第2期。
⑤ (晋)常璩撰,刘琳校注:《华阳国志新校注》卷一《巴志》,第15页。

南"；礼敬巴蜀贤德的"玉帛"，也"戈戈乎梁益之乡"。以前这些身处僻远、不为人所知的"西秀彦盛"，此时或步入政坛，参预机谋；或隐居乡间，砥砺德行。连做皇帝近习弄臣的蜀人，如杨壮、何显、杨德意等人，也具有忠诚悫确之心、荐贤举德之行，真乃"华岷之灵标、江汉之精华！"①汉宣帝时，益州刺史王襄目睹蜀地之济济多士，令王褒作《中和颂》，派何武等贵胄子弟以《鹿鸣》声调歌咏于朝堂之上，宣帝听了十分高兴，便将何武等歌者一起"拜为郎"（近卫侍臣），被史书誉为汉家得人之盛事。西汉可以说是古代蜀学史上的第一个高峰。

这一形势一直延续到东汉。文翁石室仍然是成都的最高学府，依然坚持儒家经典教育，制度健全，规模不小，即使遇到兵荒马乱也没有废弃。宋代发现东汉的《学师宋恩等题名碑》，其中"其称师者二十人、史二人，孝义掾、业掾各一人。《易》掾二人、《易》师三人，《尚书》掾、《尚书》师各三人，《诗》掾四人，《春秋》掾、议掾、文学、《孝》掾、文学掾各一人，文学师四人。从掾位及集曹、法曹、贼曹、辞曹史，又三十二人。其漫灭不可辨者十三人"②。掾是经师属官，为行政管理人员；师是经师，专司经典讲授；曹是分科办事机构，为后勤保障人员。当时题名的各类人员总计多达66人，足见其规模之大，制度设施之全。《隶释》于著录该碑后，又说："成都又有左右生题名一巨碑，盖左学、右学诸生也。"③说明东汉成都的教育机构，还有左学、右学之分。

中原地区，当"东汉之季，四海板荡，兵火相仍，灾及校舍，弦诵寂绝，儒俗不振"④，但是成都却在大兴礼乐教化：汉献帝兴平中（194—195）镇守成都的陈留人高朕，于文翁石室旁"作为庙堂，模制闳伟"⑤，

---

① （晋）常璩撰，刘琳校注：《华阳国志新校注》卷三《蜀志》，第122页。
② （宋）洪适：《隶释》卷十四，载文渊阁《四库全书》，台北：台湾商务印书馆影印本，第681册，第607—608页。
③ （宋）洪适：《隶释》卷十四，载文渊阁《四库全书》，第681册，第608页。
④ （宋）吕陶：《府学经史阁落成记》，《净德集》卷十四，载文渊阁《四库全书》，第1098册，第105页。
⑤ （宋）吕陶：《府学经史阁落成记》，《净德集》卷十四，载文渊阁《四库全书》，第1098册，第105页

"图画圣贤古人像，及礼器瑞物"①，月祭岁祀，初步形成庙学一体规制。其所绘圣贤古人像，包括周公以下历代圣贤（故称"周公礼殿"）和孔子及其门人、巴蜀历代乡贤，至此，文翁石室不仅是传道授业解惑的教育场所，也是蜀人缅怀先贤、追慕典型的精神家园。这种礼殿崇祀制度，后来成为全国各地模仿学习的典范，形成中国学校"庙学合一"的特殊形态。②职是之故，巴蜀在整个东汉时期都"文化弥纯，道德弥臻"③，巴蜀才士更是济济昌昌，比肩联袂而出。

在《后汉书·儒林传》中所列的42位名儒之中，巴蜀籍贯的就有6人，即绵竹任安、繁县任末、梓潼景鸾、武阳杜抚、阆中杨仁、资中董均，都是当时著名的儒者。另外，蜀人之位至公卿者亦不乏其人，据《华阳国志》所载，赵戒累迁至"三公九卿"的尊位（"三迁台衡"），他的孙子赵谦、赵温也相继做过宰相（"相继元辅"），成就了"四世三公"的嘉话；司空张皓，使皇帝的权威得到发扬光大（"宣融皇极"）；太常赵典，号称"天下材英"；广陵太守张纲，具有能使"天下整理"的才干；武陵太守杜伯持，"能决天下所疑"；王涣美名"震名华夏"；常洽事迹"流芳京尹"。此外，还有张俊、秦宓，英才雄辩、博物通达；董扶、杨厚，深明天道，究知历象。一代名师任安，善于教育生徒，与当年孔子教授于洙泗之间同一风采。

在家庭伦常、道德模范方面，巴蜀也是层出不穷，代有其人。如孝悌之人，有姜诗、禽坚、隗通、吴顺等；忠贞之人，有王皓、朱遵、王累、张任等；淑媛贤女，有元常、靡常、程玦，及吴几、先络、郫县二姚（姒、饶）、殷氏两女、赵公夫人等。这些贤士名媛，就像鳞类朝龙、羽类附凤一样，"比肩而进，世载其美"。文人雅士，撰文吟诗，"无不仰其高风，范其仪则"，巴蜀的"忠臣孝子、烈士贞女，不胜咏述"，巴士蜀女"擅名八区，为世师表矣！"常璩感慨地说，纵然是鲁国歌咏洙泗之

---

① （晋）任豫：《益州记》，《艺文类聚》卷三十八引，汪绍楹校本，上海古籍出版社1965年版，第692页。
② 参见舒大刚《"庙学合一"：成都汉文翁石室"周公礼殿"考》，《四川大学学报》（哲学社会科学版）2014年第5期。
③ （晋）常璩撰，刘琳校注：《华阳国志新校注》卷三《蜀志》，第122页。

儒生，齐国礼敬稷下的学士，也不过如此。①

确实，在两汉时期，巴蜀大地真是一个经济繁荣、人才辈出的地方。汉朝在成都设立"锦官城""车官城"，专门负责中央"衣""行"的织造。在人才方面，汉朝曾经征召"八士"，蜀中就推荐了四位，汉朝曾经选举"四义"，蜀中也占据了两名，都居当时天下人才之半！

在经济、荐举之外，巴蜀在两汉时期的宗教事业也非常发达。张道陵入蜀修道，在巴蜀创立了五斗米道。这么多的儒雅名流、高人逸士，必然创作出丰富多彩的精神产品和学术文化，使蜀学的形象得到发扬光大。

三 魏晋南北朝：神州陆沉，蜀学渐进

自秦统一巴蜀，巴蜀成为祖国大家庭中重要的一员，也成为维系全国稳定、巩固大一统局面的重要基地。当然，由于四川盆地四面临险的特殊地形，有时也容易形成割据独立的局面。西汉武帝元封五年（前106），巴、蜀二郡划入全国十三州之一的益州；新莽地皇五年（24），蜀郡太守公孙述即起兵趁乱占据益州称帝，取起于成都之意，国号成家。东汉建武十二年（36），益州重归中央政权管辖。东汉末年黄巾起义之后，益州牧刘焉、刘璋父子又割据四川，不久又为刘备所灭。221年，刘备据巴蜀称帝，史称"蜀汉"，建都成都，直到263年为曹魏所灭。

在天下三分的对峙局势中，蜀汉以《禹贡》"九州"之一的梁州（即今汉中、四川、重庆、滇北、黔西一部）之地，东敌吴，北抗魏，六出岐山，三战荆楚，壮者上前线，妇女事耕织，老弱从转输，苦苦维持45年的鼎立局面，蜀中物资和人才的功能，已经发挥到了极致！

265年，四川归西晋王朝统治。晋初年，划出益州一部设梁州。西晋末年，李特率流民起义军攻入益、梁二州。东晋永安元年（304），李特侄子李雄在成都称王，史称成汉。306年李雄起义成功，攻克成都，建立

---

① 参见（晋）常璩撰，刘琳校注《华阳国志新校注》卷三《蜀志》，四川大学出版社2015年版。

大成国。大成国立国 40 余年,于 347 年被东晋所灭。南北朝时,巴蜀的益、梁二州先后归属南朝的宋、齐、梁和北朝的西魏、北周。多年的内忧外患,使从前富庶之区竟成争战之场,巴蜀文化只能在战火中得到艰难的渐进式发展。

所幸的是,中原(或江左)盛行的"玄学""骈文"风潮对巴蜀地区影响不大,在"文衰""道溺"之际[①],蜀中仍然继续其儒学、易学、古文和史学之特长,不时有重要人物和学术成果涌现出来。如谯周之博学(撰《论语注》《古史考》《三巴记》《法训》《五经然否论》等多种),李譔之古文经学(撰"古文《易》《尚书》《毛诗》《三礼》《左氏传》《太玄》指归",敢与郑玄立异),范长生(有《周易蜀才注》)、卫元嵩之易学(撰仿易著作《元包》,用《连山》法),陈寿《三国志》(纪魏、蜀、吴三国历史,名列正史)、《耆旧传》(纪巴蜀历代乡贤名宦)和常璩《华阳国志》(纪汉中、巴、蜀、南中及公孙述、晋世、六李王蜀等历史,为中国方志体之鼻祖)、《蜀李书》(纪李特、李雄、李班、李期、李寿、李势祖孙称雄巴蜀的历史)等,皆夐夐独造,影响后世中国的易学、文学、正史及方志研究甚巨。至于诸葛之忠武谋略(有《隆中对》《前后出师表》,并传《心书》《诸葛武侯集》等)、李密之气节孝道(有《陈情表》等),更是千古传名,百世流芳。

四 隋唐五代:稳定西南,异军突起

隋取代北周,也继承了北周对巴蜀的管理,在此置蜀王,汇聚了刘焯、王通等著名学者。唐代继之,改益州为剑南道,梁州为山南西道,置县近 300 个,足见其经济之发达。五代时期,前蜀王建和后蜀孟知祥,又先后在今四川地区建立地方政权。这一时期,特别是中唐以后,中原及江南常有战事,巴蜀相对稳定,学术文化得到比较长足的发展,蜀学呈现出异军突起、一鸣惊人之势。

---

① 语出苏轼《潮州韩文公庙碑》"文起八代之衰,而道济天下之溺",《苏轼文集》卷十七,孔凡礼点校本,中华书局 1986 年版,第 509 页。

总体来讲，隋唐时期，国家政治上的大一统为巴蜀文化发展带来了新的契机，在诗文、佛教、道教方面，以及印刷术领域，巴蜀都有极佳表现，人才、文章皆层出不穷。据史料记载，在唐代科举考试中，巴蜀士人范崇凯、尹枢、尹极、于环、李远、李余、张曙7人，皆膺首选，高中状元；而开大唐雄健奇伟诗风者，实以陈子昂、李白为其称首。唐人魏颢有云："蜀之人，无闻则已，闻则杰出。是生相如、君平、王褒、扬雄，降有陈子昂、李白，皆五百年矣。"①

此外还有，李鼎祚汇集汉魏以下易学35家成果，著成《周易集解》，兼包象数、义理，堪称集汉易之大成；融合三教九流、颇有纵横气息的赵蕤，撰著《长短经》，堪称古今谋略之奇书；道士王玄览、高僧马祖道一、宗密，发幽阐微，大昌宗风，皆以玄思学理称誉于学林及宗教界。

在术数（科技）、方技（医学）等领域，则有唐人蜀医昝殷撰《经效产宝》，是为人类历史上第一部妇产学专著；严龟著《食法》、昝殷著《食医心鉴》，是最早的食医著作；梅彪著《石药尔雅》，仿《尔雅》解释中药性味；祖籍波斯定居蜀中的李珣，撰《海药本草》，成为第一部海外药物学专著；孟蜀韩升撰《蜀本草》，首创给药物配图的方法，成为后世本草著作的典范。

在图书出版方面，成都于晚唐时期已经广泛推广了雕版印刷术，为图书文献的传播和流通，开辟了更加广阔的道路。南宋朱翌《猗觉寮杂记》卷下中载："雕印文字，唐以前无之，唐末益州始有墨板。"宋《国史艺文志》中也说："唐末益州始有墨板，多术数、字学、小书。"② 墨板即为雕版印刷的书籍，唐以前没有，在唐末才出现于成都。唐太和九年（835），日本僧人宗睿从中国带去"西川印子（即在成都雕印的书

---

① （唐）魏颢：《李翰林（白）集序》，载《李太白全集》卷三十一，（清）王琦注本，中华书局1977年版，第1448页。
② （宋）王应麟著，（清）阎若璩、（清）何焯、（清）全祖望注，栾保群、田松青校点：《困学纪闻》卷八引《国史艺文志》，上海古籍出版社2015年版，第289页。

籍)《唐韵》一部五卷,同印子《玉篇》一部三十卷"①。唐柳玭在《家训序》中曰:"中和三年(883)癸卯夏,銮舆在蜀之三年也。余为中书舍人,旬休,阅书于重城之东南。其书多阴阳杂说、占梦相宅、九宫五纬之流,又有字书小学,率雕版印纸,浸染不可尽晓。"② 1907 年,斯坦因在敦煌发现《剑南西川成都府樊赏家历》(简称"樊赏家历"),残页现藏英国伦敦不列颠博物馆。此外,在伦敦、巴黎、北京等图书馆保存着十多份带有"西川过家真印本"字样的《金刚般若波罗蜜经》,都有年月日等明确题记,还包括"龙池坊卞家""成都府樊赏家""西川过家"等出版作坊的题记,他们无愧世界上最早的出版家。及至 20 世纪 40 年代(1944),还在四川大学校区的一座唐墓中"发掘出一张印本《陀罗尼经咒》,上有'成都府成都县龙池坊×××近卞印卖咒本'的题记"③,这是目前在国内现存的最早且有明确作坊的雕版印刷品。这些不仅是地道

---

① 张秀民:《中国印刷术的发明及其影响》,上海人民出版社 2009 年版,第 27 页。又:1900 年在敦煌石室发现"一卷木版雕刻印刷《金刚经》",卷尾准确载有刊刻时间,云"咸通九年四月十五日王玠为二亲敬造普施"。咸通九年,即公元 868 年。1966 年 10 月 13 日,韩国庆州佛国寺"发现了装在舍利盒内的古代印本《无垢净光大陀罗尼咒经》",经过考证,"经卷是公元 704 年到 751 年的雕版印刷之作"。韩国学者遂就此为依据向世界宣称,印刷术起源于韩国。印刷史研究专家潘吉星仔细研究《无垢净光大陀罗尼咒经》的副本,发现这幅经卷之中使用了四个武则天创造的制字——证、授、地、初,一共出现了九次,因此证明这幅经卷是从中国流传到韩国去的。同样是在咸通九年,新罗人崔志远进入大唐东都洛阳国子监学习,那年他 14 岁;874 年,崔志远参加唐朝科举考试,登进士第,在唐朝为官,专掌书记;十年以后(884),崔志远回新罗,把大唐文化传播到韩国,被誉为"东国文学之父""新罗文化的圣人""韩国儒学第一圣人"。诸如《无垢净光大陀罗尼咒经》这样的唐刻经卷,就可能是崔志远带回去的。长庆四年(824)十二月,白居易在杭州做刺史,收到元稹的一封书信,说他为白居易编的《白氏长庆集》已经编成,并撰序言,有"扬越间多作书模勒乐天及余杂诗卖于市肆之中也"语。"模勒"即刻石拓印(勒即"勒名燕然"之勒),已经离雕版印刷不远了。又:1983 年,美国纽约克里斯蒂拍卖会《中国书画目录》第 363 号《敦煌舞木刻加彩佛像》,描绘了南无最胜佛和两名侍从。采用雕版木刻线条,之后又用画笔添加色彩的做法,叫"木刻加彩佛像"。此幅佛像底部有八行汉字:"大业三年四月大庄严寺沙门智果敬为敦煌守御令狐押衙敬画二百佛普劝众生供养受持"。大业是隋炀帝年号,三年就是 607 年。这幅画片有填墨的痕迹,可能是由于当时雕版印刷技术还不成熟,印刷质量不好造成的。可能是中国最早的雕版印刷作品,但只是单幅,未装订成册。

② (宋)叶氏:《爱日斋丛钞》卷一引,清《守山阁丛书》本。

③ 参冯汉骥:《记唐印本陀罗尼经咒的发现》,《文物参考资料》1957 年第 5 期;吴天墀《宋代四川藏书考述》,载《吴天墀文史存稿》,四川大学出版社 1998 年版,第 190 页。

的"蜀刻本",而且说明雕版印刷术已成为蜀版专称(即"西川印子")。在这些技术条件基础上,孟蜀宰相毋昭裔乃发起雕刻印行儒家经典,此法为五代、北宋校刻之"监本"所效仿,使儒学文献在更大范围内以更加精确的方式得到传播。同时毋氏还在石室学宫倡刻"石室十三经",有经有注,碑越千数,规模宏大,最终形成了儒家"十三经"的经典体系。① "石室十三经"与文翁石室、周公礼殿,同为影响天下学术的"蜀学三宝"②,吕陶曾热情地称赞说:"蜀学之盛,冠天下而垂无穷者,其具有三:一曰文翁之石室,二曰周公之礼殿,三曰石壁之九经。"③ 席益也说:"蜀儒文章冠天下,其学校之盛,汉称石室、礼殿,近世则石九经,今皆存焉。"④ 这是蜀学的荣耀,也是蜀学对于中华文化的伟大贡献。

汉唐时期也是巴蜀文献最有特色的时期,据不完全统计,此期有巴蜀著述400余种,许多著作具有全国影响,如司马相如、扬雄、陈子昂、李白之辞章,陈寿、常璩之史学,严君平、扬雄、卫元嵩、李鼎祚之易学,张道陵、马祖道一、宗密之道教、佛学,莫不如是。

五 宋代:中流砥柱,蜀学高峰

北宋咸平四年(1001),巴蜀地区分为益州(今成都)、梓州(今三台)、利州(今广元)、夔州(今奉节)四路,合称"川峡四路",简称"四川",是为四川得名之始。在宋代,蜀中教育和学术事业得到飞速发展,出现了蜀学史上的第三个高峰。北宋庆历年间,常州人蒋堂"知益州,汉文翁石室在孔子庙中,堂因广其舍为学宫,选属官与乡老之贤者,以教诸生,士人翕然称之"⑤。直到北宋末年,蜀中学校滋盛,苏轼侄孙

---

① 参见舒大刚《论"蜀石经"对"十三经"形成的决定性作用》,《宋代文化研究》第十五辑,四川大学出版社2007年版;又《"蜀石经"与〈十三经〉的结集》,《周易研究》2007年第6期。
② 参见舒大刚《蜀学三事:成都文翁石室丛考》,《孔学堂》2015年第3期。
③ (宋)吕陶:《府学经史阁落成记》,《净德集》卷十四,第1098册,第105页。
④ (宋)席益:《府学石经堂图籍记》,刘琳、王晓波点校本,载《全蜀艺文志》卷三十六,线装书局2003年版,第999页。
⑤ (宋)王称:《东都事略》卷六十,台北:文海出版社1979年版,第910页。

苏元老曾为国子博士,回乡居汉州教授。绵竹张浚以少年入学,为元老所赏识激励,终于成就其一代名器。① 南宋虽有战火,蜀学不废,李石由太学博士黜居成都,主石室讲授,"就学者其合如云,至闽越之士,万里而来,刻石题诸生名几千人。蜀学之盛,古今鲜俪"②。

由于汉以来的长期积淀,特别是唐五代前后蜀的积累,宋代蜀学在诸多方面都领先全国。在文学上,由于隋唐以来实行科举考试,"朝廷以声律取士",至宋代,天下"学者犹袭五代文弊",巴蜀人士却"通经学古,以西汉文词为宗师"③,于是文章法古、学以明道,与中唐以来韩愈等人提倡的"古文运动"正相合拍,于是"唐宋八大家"中,蜀人就占据了三位(苏洵、苏轼、苏辙)。在宋代科举考试中,苏易简、陈尧叟、陈尧咨、杨寘、马涓、何栗、何焕、赵逵、张孝祥、冯时行、蒲国宝、许奕等十四人,皆状元及第。在由皇帝根据时务出题考试的制科中,巴蜀士人也有上佳表现,杨慎说:"宋之制策,虚第一等以待伊、吕之流。其入等者,唯苏氏轼、辙兄弟,吴育、范百禄、李垕,终宋世仅五人,而蜀居其四,盖二苏、范、李皆蜀人也。"④ 在政治领域,南宋时期巴蜀出了五位具有影响的宰相,谢枋得的《平山先生毋制机墓铭》中云:"渡江后贤相如张公德远(浚)、虞公仲言(允文)、赵公景温(雄,一作叔温)、游公景仁(似)、谢公德方(方叔),皆蜀人也。"⑤ 在经学上,巴蜀易学仍然特别发达,程颐因有"易学在蜀"之誉,陈抟、龙昌期、苏洵、苏轼,以及南宋房审权、张栻、李心传、魏了翁等,皆各撰有易学著作。

"三苏"父子,既是文学家,又是思想家,以他们为代表的北宋蜀学,与二程"洛学"(即理学)、王安石"新学"、张载"关学",共同构

---

① 参见(宋)朱熹《太保张公行状上》,《朱熹集》卷九十五上,郭齐、尹波点校本,四川教育出版社1996年版。
② (宋)邓椿:《画继》卷三,刘世军校注本,广西师范大学出版社2015年版,第71页。
③ (宋)苏轼:《眉山远景楼记》,《苏轼文集》卷十一,孔凡礼点校本,第352页。
④ (明)杨慎:《制策入等》,《升庵集》卷六十八,载文渊阁《四库全书》影印本,第1270册,第673页。
⑤ (宋)谢枋得:《平山先生毋制机墓铭》,《叠山集》卷八,《四部丛刊》续编本。

成北宋学术的四大主流。张栻、魏了翁是南宋理学宗匠，张氏不仅传衍蜀学道脉，而且创立"湖湘学派"之典范。魏了翁汉宋兼治，特别是使朱子之学在南宋后期得到正常传播，对理学的大力发展贡献尤巨。巴蜀长于史学传统，在宋代也是斐然成章，苏辙的《古史》，范祖禹的《唐鉴》（并助司马光修《通鉴》），李焘的《续资治通鉴长编》、王称的《东都事略》、李心传的《建炎以来系年要录》《建炎以来朝野杂记》《国朝会要总类》，以及无名氏刻于蜀中的《宋史全文续资治通鉴》，校刻于此时的蜀大字本"南北朝八史"等，一起构成宋代史学的主要面貌，故刘咸炘有"唐后史学，莫隆于蜀"之说。

在科技领域，唐慎微的《证类本草》是世界上第一部药物学、方剂学结合的医学著作，也是第一部大型植物学著作；峨眉神医发明了人工接种流痘预防天花技术（见《医宗金鉴》卷六："自宋真宗时，峨眉山有神人出，为丞相王旦之子种痘而愈，遂传于世。"），成就了医界"川药""蜀医"之说；王灼的《糖霜谱》是世界历史上第一部专门记载甘蔗制糖工艺的专书；秦九韶的《数学九章》，则将中国古代数学推向当时世界科学的顶峰，他的代数学运算（大衍求一术）、方程演算（正负开方术）方法，分别领先西方同行（高斯、霍纳）500余年。

至于巴蜀地区的家族文化、乡村建设，也是硕果累累，佳话多多。苏轼说："吾州之俗，有近古者三：其士大夫贵经术而重氏族，其民尊吏而畏法，其农夫合耦以相助。盖有三代、汉、唐之遗风，而他郡之所莫及也。"① "贵经术而重氏族"，"合耦以相助"，正是接受儒家伦理教化的结果。这种风气自汉已然，前举东汉赵戒、赵温、赵谦祖孙三人，积德累功，皆位至三公、宰相。宋代这一现象更为普遍，或兄弟联袂，花萼齐芳，如苏轼、苏辙，苏舜钦、李舜元，李心传、李性传、李道传等人是也。或父子祖孙，世代书香，如北宋阆中陈省华及其子尧佐、尧叟、尧咨等，创造了"一门二相，四世六公，昆季双魁多士，仲伯继率百

---

① （宋）苏轼：《眉州远景楼记》，《苏轼文集》卷十一，孔凡礼点校本，第352页。

僚"①的奇迹；眉山苏洵、苏轼、苏辙及子孙辈苏过、苏籀，并善属文，号称"五苏"；华阳范镇、范百禄、范祖禹、范冲为代表的范氏家族，绵延百祀，"世显以儒"，一门有 27 位进士、4 位翰林②；蒲江魏了翁、魏文翁、高定子、高斯得等，兄弟子侄"九进士、三公卿"③；梓州苏易简及其孙苏舜卿、舜元，俱善诗文，号称"铜山三苏"，与"眉山三苏"齐名；井研李舜臣及其子心传、道传、性传，俱善史法道学，号称"四李"；丹棱李焘与儿子壁、塾三人，俱善史学、文学，人称"前有三苏，后有三李"。如此等等，不一而足，皆于斯为盛，他方弗及。这一环境必然有利于蜀学的发展，据许肇鼎《宋代蜀人著作存佚录》统计，有宋一代巴蜀文献达 2500 种以上，是此前巴蜀文献总和的两倍多（今其后人又补充巴蜀遗著 1000 余种，总计 4000 种左右）。④ 蜀学在文学、经学、史学、科技和医学等领域都取得了杰出成就。

六 元明清初：蜀乱未已，学术低迷

元朝至元二十三年（1286）设"四川行中书省"，简称"四川行省"，是为"四川"建省之始。同时对州县大加减并，经济文化进入低谷。元末红巾军起义后，1361 年，明玉珍及其子明升在四川建立"大夏"政权，建都重庆，1372 年为明朝所灭。明代，四川是全国 13 行省之一，辖区除今四川、重庆外，还包括今贵州省遵义和云南东北部及贵州西北部。明末，张献忠入川屠蜀，进而在四川建立"大西"政权（1644—1646），建都成都。清初，又有康熙平定吴三桂叛乱，接着是乾隆平定大小金川之战，西南川、滇、黔一带长期战乱，社会骚动，时有"天下未

---

① 霍松林：《陈尧佐诗辑佚注析序》，《陈尧佐诗辑佚注析》卷首，巴蜀书社 1991 年版，第 1 页。

② 胡昭曦：《宋代"世显以儒"的成都范氏家族》，《胡昭曦宋史论集》，西南师范大学出版社 1998 年版，第 287 页。

③ 胡昭曦：《诗书持家，理学名门——宋代蒲江魏氏家族研究》，《胡昭曦宋史论集》，第 326—329 页。

④ 参见许肇鼎《宋代蜀人著作存佚录》，巴蜀书社 1986 年版。

乱蜀先乱，天下已治蜀后治"（欧阳直《蜀警录》）之说。在此期间，蜀乱未已，生灵涂炭，严重影响学术文化的正常发展。

元明及清初，巴蜀学术文化发展势头有所回落，特色不甚明显，在全国的地位有所下降。南宋末年，宋蒙（元）长期争战，川陕一带由于处在战争最前线，故所遭破坏最为惨烈，人口剧减，城邑被毁，由汉至宋延续了1300余年①的文翁石室也毁于战火；元既得四川，对曾经殊死抵抗的地区（包括四川、江南等地）实行民族歧视政策，进行野蛮高压的统治，造成蜀学不振，文化凋零。当时虞集就说："吾蜀文学之盛，自先汉至于唐宋，备载简册，家传人诵，不可泯灭。宋南渡以来，蜀在斗绝一隅之地，然而文武忠孝之君子，冠盖相望；礼乐文物之懿、德行学问之成，立功立言，卓荦亨畅；下至才艺器物之类，其见诸文辞者，亦沛然非它州之所能及矣。丧乱以还，废轶殆尽！集虽尝从父师闻一二于千百，盖亦以微矣！"②吴天墀揭示说："由于蒙古贵族势力兴起，灭金侵宋，在战祸深重的40多年的日子里，四川人口锐减，城邑村镇化为丘墟，随南宋政权的山脉崩溃，一度繁荣的经济和文化，濒于萎谢，四川的面影就显得暗淡起来了。"③

世称"冠绝天下"的蜀中学校，直到元朝后期才有所恢复。至正五年（1345），太原人王守诚为四川廉访使，"儒学提举谢晋贤请复文翁石室为书院"，守诚乃"采以上闻，成之，风采耸动天下，论功居诸道最"。④史称守诚"气宇和粹，性好学，从邓文原、虞集游，文辞日进"⑤，他之所以重视文翁石室的恢复，也许还与受邓、虞两位乡贤的影

---

① （宋）吕陶在《府学经史阁落成记》中云："蜀学之盈，冠天下而垂无穷者，其具有三：一曰文翁之石室，二曰周公之礼殿，三曰石壁之九经。……始汉景末距今凡十六代、千二百四十余年，崩离变革，理势不常，而三事之盛莫易其故。"《净德集》卷十四，第1098册，第105页。说明文翁石室从汉至宋，一直在发挥其教育作用。

② （元）虞集：《葛生新采蜀诗序》，《道园学古录》卷三十一，载文渊阁《四库全书》影印本，第1207册，第455页。

③ 吴天墀：《宋代四川藏书考述》，《四川文物》1984年第3期。又收入《吴天墀文史存稿》，四川大学出版社1998年版，第204页。

④ 《元史·王守诚传》卷一八二，中华书局1976年标点本，第4210页。

⑤ 《元史·王守诚传》卷一八二，第4209页。

响有关。不过其时上距大元立国已有 75 年，而下距其灭亡亦仅 20 余年矣。在这样长的时间里，号称天下第一学府的文翁石室都一直处于废弃状态，岂不可叹！

  故此，元代人才既少，文献亦寡，留下的巴蜀文献也就十分有限。至如赵采（潼川人，撰《周易程朱传义折衷》33 卷）、任士林（居绵竹，奉化人，一作四明人，著《松乡文集》10 卷）、王申子（邛州人，撰《大易缉说》10 卷）诸人，虽颇有著述，但仍未进入元文化之主流（如"元曲"）。不过，就整体而言，元代四川本土虽然学术不振，但是祖籍巴蜀而后迁居他地的人士中却有不少仍然在外地继续传承蜀学精神，蔚为文化大家。如元代教育家、易学家黄泽（字楚望），祖籍资州（今资中），以善于说经著称，史称"近代覃思之学，推泽为第一。吴澄尝观其书，以为'平生所见明经士，未有能及之者'"①；可是黄泽早年已经迁于江州路（今江西九江），久已不是巴蜀士矣。精于朱子之学的张翌，与郝经、吴澄同称"三贤"，"其在维扬，来学者尤众，远近翕然，尊为硕师"②。其先乃蜀中导江（今都江堰）人，值蒙古攻下四川后，其父则"侨寓江左金华"。虞集为虞允文五世孙，居"元诗四大家"③之首，与姚枢、吴澄相往还，祖籍仁寿。宋亡后，其父虞汲移居临川崇仁（今属江西）。书法家、诗人邓文原（字善之），绵州（今绵阳）人，其父亦早年避兵入杭，故史书或称文原为杭州人。元末明初古文家苏伯衡（字平仲），博洽群籍，为古文有声，是苏轼九世孙、苏友龙第三子。然自南宋初年苏迟、苏籀、苏籀等人移居金华，已为浙江金华人。与高启、张羽齐名的"吴中四杰"诗人杨基（字孟载，号眉庵），原籍嘉州（今乐山），但也是生长于吴中；徐贲（字幼文，号北郭生），其先蜀人，徙常州，再徙平江（今苏州人），二人俱占籍苏州。因编选元曲《阳春白雪》《太平乐府》成名的"青城杨朝英"（人称"杨二选"），由于《录鬼簿》正续编皆无载，事迹不明，籍贯莫考，到底是四川青城，抑或山东青城，则未可知。不过，受雕版印

---

① 《元史·黄泽传》卷一八九，第 4324 页。
② 《元史·张翌传》卷一八九，第 4315 页。
③ "元诗四大家"，除虞集外，其余三家为杨载、范梈、揭傒斯。

刷术普及之赐，元代巴蜀著作仍有 80 余种见载于各类文献。

及乎明世，专制更甚，对思想文化领域的钳制亦复如此。明代从初年开始，即以程朱理学钳制人心，以八股制艺扼杀才情，巴蜀士人亦受害殊深。巴蜀学术在明代前期，除了由元入明，且在川外长成的苏伯衡、杨基、徐贲稍有事迹可陈外，在明代具有代表性的文学流派中，蜀人皆身影寥寥。直到正德以后，这一学术不振的状况才稍有转机，蜀人杨廷和为正德首辅（宰相）、其子杨慎高中状元，熊过、任瀚成为"嘉靖八才子"之一，还涌现出"西蜀四大家"（杨慎、赵贞吉、熊过、任瀚）等学术人物。可是旋因"大礼议"忤旨，杨廷和遭罢相家居，杨升庵遭廷杖而远贬他乡，蜀学遭到重创。

在儒学领域中，无论是明代前期传衍的程朱理学中，还是后期盛行的阳明心学里，蜀人都是隐迹遁名、乏善可陈。网罗有明一代儒学人物而成的《明儒学案》，除邓豁渠、赵贞吉、来知德载于附传（或诸儒传）外，竟无一个成为主案。明代四川学术之衰，亦已极矣！幸有杨慎撰书 400 余种（今存 140 余种），反理学而倡博洽，斥空谈而尚考据，著述之富，推为明代第一。易学家来知德隐德潜修，撰《周易集注》，发明"错综""反复"之义，尤有心得。思想家唐甄，撰《潜书》以斥专制君主，章太炎誉之为"上继孟荀、下启戴震"。蜀学得此三人，稍有振兴气象。据初步考查，明代有巴蜀文献 800 余种，数量可谓不少，但明代蜀学较之汉、唐、宋时蜀学在主流学术领域领先全国的盛况已风光不再。整个元明时期的巴蜀文化，经不及于汉，诗不及于唐，文不逮于宋，久已不见汉唐两宋时的"巴风蜀韵"。

明末清初，四川连年战乱，"争地以战杀人盈野，争城以战杀人盈城"的惨况，重现于巴蜀大地，其中又以省城所在地成都受害最深，不仅学校成为樵牧之所，连城市也是虎兕之场，四川学术再次陷入低谷。有清 260 余年，号称"文教昌明，超越古初"，清儒在辞章、义理、考据三大学术领域，皆有超越前代的作为，唯四川"曾无一人达于国史，以列诸《儒林》《文苑》者！"不仅国史无载，而且江藩《汉学师承记》《宋学渊源记》的主传也没有四川籍学人。学人因而感慨："岂其江汉炳灵，顾至今寂寂也欤？良以蜀当献贼（张献忠）之乱，孑遗无几，文献已荡如矣。嗣复吴藩（吴三桂）煽逆，科举较迟。"[1] 前有张献忠之乱，再有吴三桂之叛，明末清初的战乱，是造成四川学术不振的重要原因。

这一状况持续了 60 余年，至康熙四十三年（1704），锦江书院才在文翁石室的废墟上得以重建，石室教泽才可望得到延续和传承。可是，紧接着又有清廷对西南少数民族用兵，以及道咸年间的社会动荡，"乾嘉以降，士气非不振兴，而又以金川、西藏日构兵戎，教匪盐枭，相继稔乱"，致使教育不兴，学术颓败，文献和史学当然就更不会被重视。于是"尘编蠹简，几解收藏，郡县志乘，率多简略"，以致"纵揭德振华之士，挺起一时，未几而风微顿歇，姓字模糊"，甚至"在子孙且有不知其祖父之为何如人者！"[2] 在这样一种文化氛围里，哪里还谈得上复兴蜀学呢？

相对于全国而言，清初直至道咸，四川学术几于不振。唯因清代距今为近，学术文献尚易保存，故书籍著录为多，学人也略有事迹可述。论其著者，则有彭氏（端淑、端洪、肇洙、遵泗）、张氏（鹏翮、问陶、问安）、费氏（经虞、密、锡璜、锡琮）、李氏（化楠、调元、鼎元）。彭端淑自八股而文学，功名、辞章俱优为之。张问陶以"诗书画三绝"鸣于乾嘉之际，与吴梅村诸人相颉颃。费氏父子祖孙，三世传经，教泽施于蜀中，锦江书院之作育人才而有得，端赖于此。"三李父子"，俱尚博学，文献故家，诗词盟主，调元尤拔乎其萃。

七 晚清民国：乱中求治，蜀学特盛

晚清尊经书院组建，蜀学不振的局面才出现根本转折。尊经书院建立后，张之洞为之倡，王闿运为之师，促成了蜀学的近代复兴和转型，蜀中学术绍汉继宋，得到第四期的蓬勃发展。其重要特征是摒弃陈腐"八股"时文，注重儒家原典传习和研究。在动荡多变的时局中，"通经致用""中体西用"成为蜀学的突出表现。晚清蜀学曾以出思想、出人才

---

[1] （清）戴伦喆：《四川儒林文苑传·引首》，《儒藏·史部·儒林史传》，第 79 册，第 787—788 页。

[2] （清）戴伦喆：《四川儒林文苑传·引首》，《儒藏·史部·儒林史传》，第 79 册，第 788—789 页。

著称全国，仅以尊经书院一校论，就培养和聚集了许多时代精英：为维新变法英勇献身的"戊戌六君子"之中的杨锐、刘光第；出任英法领事馆参赞、力主新学的四川维新派核心人物宋育仁；博综古今、学凡"六变"的经学大师廖平；才思敏捷、遐迩闻名的蜀学大师吴之英；海内以书法名家的顾印愚；清代四川仅有的状元骆成骧；领导群众发动保路运动的蒲殿俊、罗纶；有"川北孔子"之称的一代大儒张澜；为建立中华民国舍身杀敌的同盟会会员彭家珍；"一辈子做好事"的老革命家吴玉章；宣传新文化、号称"思想界清道夫"的吴虞。此外，还有岳森、刘子雄、胡从简、刘洙源、杜翰藩、方鹤斋、黄芝、林思进、傅增湘、刘咸荥、徐炯、夏之扬、尹昌衡、张森楷、颜楷、邵从恩等一大批四川知识界和文化界的名流人物。[①] 清代巴蜀所拥有的3000余种文献，主要就是晚清民初产生的。其中尤以廖平的《今古学考》、"十八经注疏"构想，以及他所提出的"托古改制"理论，最具特色和影响。

清末民初，成都还建有存古学堂（又称国学院、国学学校、国学专门学校，后并入四川大学），这所学堂也是出人才、出思想的重要阵地，曾经聚集了谢无量、刘师培、郭沫若、蒙文通、向宗鲁、周太玄、王光祈、李源澄等学术大家。此外，还有其他乡塾、书院以及家学培养的赵熙、龚道耕、庞俊、向楚、刘咸炘（及其祖刘沅、父辈刘梖文，兄弟咸荥、咸焌等）等人，经史辞章，俱有可观。四川近代史上，真是英才荟萃，群星灿烂！学人将晚清蜀学誉为中国传统学术的又一重心[②]，诚非虚誉。

结　语

巴蜀地区在物质上具有"天府之国"的美誉，在文化上也有"比于齐鲁"的名声。蜀学是在巴蜀大地发生的，与中原学术互动的学术。蜀

---

① 参见隗瀛涛主编《四川近代史稿》，四川人民出版社1990年版。
② 参见李学勤《弘扬国学的标志性事业》，《西南民族大学学报》（人文社会科学版）2005年第9期。

学不仅源远流长、相续不断、高潮迭起，而且成果丰富、独具特色。根据其发展演变的阶段性，蜀学历史大致可以分成七个阶段。

第一期是先秦，蜀学虽然处于萌芽状态，但一出不凡，诞生了一批文化人物，也造就了一批文化成果。其代表人物有大禹、涂山氏、彭祖、尹吉甫、苌弘、尸佼、文信侯门人等；其成就主要有：《连山》阴阳、三才、《洪范》五行、"南音"文学、原始道论、巴蜀古文字、"三才皇、五色帝"信仰等。据传大禹发明的一系列成果，后来成为儒家和道家的共同源头。

第二期是两汉的极盛，代表人物有胡安、司马相如、文翁、落下闳、张叔、王褒、严遵、扬雄、赵典、高朕、张陵等，其成就主要有石室精舍、周公礼殿、"七经"体系、小学训诂（《凡将》《训纂》《方言》）、辞赋（汉赋三大家）、天文历法（落下闳修《太初历》）、易学（胡安、严遵、扬雄）等。此阶段形成了"蜀学"概念，有"蜀学比于齐鲁"（见于《汉书》《三国志》《华阳国志》）、"蜀儒文章冠天下"（见《汉书》、前引席益文）等说。张道陵还入蜀创立了"五斗米道"，宣告中国道教的正式诞生。

第三期是魏晋南北朝持续发展。此期虽有动荡，但巴蜀相对安定，学术文化得以继续发展，在外界入于"文衰""道溺"的情况下，巴蜀却在史学、文学、宗教、军事、道德等领域，都有长足进步，产生了谯周、诸葛亮、李譔、陈寿、常璩、范长生、李密等重要人物，在道教发展、史学创新、古文经学、孝道弘扬、易学阐发、政教事业等诸方面都卓有建树，涌现出《古史考》《三国志》《华阳国志》《蜀才易注》等重要成果。

第四期是隋唐五代，蜀学异军突起。其代表人物有陈子昂、赵蕤、李白、李鼎祚、马祖道一、宗密等；其成就则广泛体现在诗歌、术数、易学、佛教等方面；特点在于世风不受门阀世族、绮靡文风的影响，坚守孝悌之道，文章法古，风雅犹存。时有"子昂诗风"，"赵蕤术数，李白文章"，"资州易学"，"天下诗人皆入蜀""蜀刻石经"等说法，出现《长短经》，《周易集解》，《花间集》，"蜀刻十三经"等重要成果。

第五期为两宋，是蜀学的巅峰。是时，蜀学人才辈出、大家涌现，杰出人物以家族形式表现出来，如"阆中三陈""华阳范氏""眉山三苏""铜山三苏""井研四李""绵竹二张""丹棱三李""蒲江魏高"等。此外，还有唐慎微、龙昌期、张商英、秦九韶等学人。此时期的成就则主要体现在文学、史学、医学、数学、政事、家族文化等方面，表现出了三教并治、诸法圆通等特点。

第六期为元明清初，蜀学相对低迷。从当时主流学术，如元杂剧、明心学来看，巴蜀似无特别成就；但以传统学术来看，蜀学的成就依然可数。代表人物主要有"井研虞氏""内江黄氏"（以上元），"新都二杨"（杨廷和、杨慎）、"南充二陈"（陈以勤、陈于陛）和"梁平来氏"（来知德）等。清朝前期也出现了一些学术性家族，如"新繁费氏""丹棱彭氏""罗江四李"等。成就则体现在政事、考据、文学和易学等多方面。特点是博学考据，启清代汉学之风。

第七期为晚清至中华民国时期，蜀学极盛。蜀学至道咸年间，渐渐复苏兴起，出现吕调阳和"双流刘氏"等学术大家，逐渐具有全国影响力。晚清至中华民国时期，由于尊经书院、国学院的兴办和影响，蜀学又形成一个高峰期。主要成就体现在经学、革命、政事、史学等方面，锐意创新，托古改制，倡言革命。

在七期当中，又以成果较多、影响较大的先秦、两汉、两宋和晚清民国最为重要，从而形成蜀学史上七个阶段四大高潮的文化大观。

从历史影响的角度看，"蜀学"又是巴蜀学术的代名词，更是巴蜀文化的灵魂。在秦灭巴蜀之前，巴蜀地区独立发展，自成体系，形成了"三才皇""五色帝"和"蜀五主"等古史传承体系和信仰系统，产生或提炼出了"阴阳""三才""五行"等观念，还出现了"南音"等文学创作。这些后来都融入了中国大文化之中，为后世儒家、道家所继承。秦汉以后，巴蜀作为统一祖国大家庭中的一员，经历了"染秦化""儒化""华化"等过程，迅速融入中华文化，但仍有自己的特色，也有不少创造性成果。如西汉文翁之石室，东汉周公之礼殿，五代蜀刻之石经，历史上号称"冠天下而垂无穷"。司马相如、王褒、扬雄之赋，陈子昂、李白、苏轼之辞章，陈寿、常璩、范祖禹、李心传、王称、李焘之史学，扬雄、卫元嵩、李鼎祚、来知德之易学，谯周、杨慎之考据，等等，也影响全国学术甚多。至于蜀中发明的"西川印子"（雕版印刷书籍），峨眉女医种流痘预防天花，唐慎微发明"大衍求一术""正负开方法"，王褒、严遵、扬雄等人构建的"道德仁义礼"核心价值观，以及历代蜀人实施的"七经""十三经""十八经"等经典教育体系，都具有首创之功，嘉惠后学多多，有的至今仍具有某种应用价值。

综观巴蜀学术，多具有积极进取精神，或继往开来，推陈出新；或大度恢宏，集杂成醇；或学术精深，文采飞扬；或又铁肩担道义，敢为天下先！代表了"自强不息，厚德载物"，"温故知新，日新其德"等中华正气，这些都是我们当代从事传统文化创造转化和创新发展的重要资源。

[原载于《江苏科技大学学报》（社会科学版）2017年第3期]

汉代巴蜀经学述论

舒大刚　吴龙灿

巴蜀大地,自古就是人文荟萃的地方,学术文化几乎与中原同步孕育、并行发展。然而由于巴蜀地界西南边陲,俗杂蛮夷之风,习尚异类之学,故时至战国及汉初,或被中原人士视为"西辟之国而戎狄之长"(《战国策》卷五《秦策三》),或称其"有蛮夷风""好文讥刺"(《汉书》卷八十九《循吏传》、卷二十八《地理志》),或又称"蜀椎髻左言,不晓文字"①,似乎与中原礼仪之邦有相当的距离。但是种种迹象表明,巴蜀不仅有其自身的文化发展进程,也与中原地区有着较早的学术文化交流。特别是经西汉景帝时期文翁建立学宫于成都市中,引进儒家"七经"教育以后,巴蜀的学术文化便迅速与中原合流,有"蜀学比于齐鲁"(《三国志》卷三十八《蜀书·秦宓传》)和"巴蜀与齐鲁同风"的说法,俨然是儒学文化的又一传播和弘扬基地。本文拟以两汉时期经学为背景,略探巴蜀学人在儒家经典传授领域的所作所为及其成就。

一　汉代巴蜀经学渊源略说

汉代巴蜀经学之渊源,最可信据者,为《汉书·循吏传》所记"文翁化蜀"史迹,以为"至今巴蜀好文雅,文翁之化也"(《汉书》卷八十

---

① 张震泽:《扬雄集校注·蜀王本纪》,上海古籍出版社1993年版,第243—244页。

九《循吏传》)。"文翁,庐江舒人也。少好学,通《春秋》,以郡县吏察举。景帝末,为蜀郡守,仁爱好教化。见蜀地僻陋有蛮夷风,文翁欲诱进之,乃选郡县小吏开敏有材者张叔等十余人亲自饬厉,遣诣京师,受业博士,或学律令。"(《汉书》卷八十九《循吏传》)汉武帝立"五经"博士前,汉承秦制,博士所教六艺百家皆备。文翁为奖励学习,采取了很多优惠助学政策:"减省少府用度,买刀布蜀物,赍计吏以遗博士。"(《汉书》卷八十九《循吏传》)学员学成归蜀,都被重用,并立地方官学,就学者减免税赋,学有所成者起用,于是上学成了蜀地荣幸,因此蜀学大兴。"数岁,蜀生皆成就还归,文翁以为右职,用次察举,官有至郡守刺史者。又修起学官于成都市中,招下县子弟以为学官弟子,为除更徭,高者以补郡县吏,次为孝弟力田。常选学官僮子,使在便坐受事。每出行县,益从学官诸生明经饬行者与俱,使传教令,出入闺阁。县邑吏民见而荣之,数年,争欲为学官弟子,富人至出钱以求之。由是大化,蜀地学于京师者比齐鲁焉。"(《汉书》卷八十九《循吏传》)后来武帝立学,于文翁亦有取法:"武帝时,乃令天下郡国皆立学校官,自文翁为之始云。"(《汉书》卷八十九《循吏传》)

东晋常璩《华阳国志·蜀志》中也有类似记载:"孝文帝末年,以庐江文翁为蜀守。穿湔江口,溉灌繁田千七百顷。是时世平道治,民物阜康,承秦之后,学校陵夷,俗好文刻。翁乃立学选吏子弟就学,遣隽士张叔等十八人东诣博士受《七经》,还以教授,学徒鳞萃,蜀学比于齐鲁。巴、汉亦立文学。孝景帝嘉之,令天下郡国皆立文学,因翁倡其教,蜀为之始也。"(《华阳国志》卷三《蜀志》)文翁立教,是以儒家"七经"(即《诗》《书》《礼》《易》《春秋》《孝经》《论语》)为主体的经学教育,直接推动了汉代巴蜀经学的发展。

乐史《太平寰宇记》卷七十二成都"孔子庙"条云:"昔司马相如教授于此。"曹学佺《蜀中广记》卷一"石室"条引《寰宇记》云:"石室,司马相如教授于此,从者数千人。"(《蜀中广记》卷一)可见规模之大,从学之众。清嘉庆《邛州直隶州志》卷三十四《人物志》中载:"胡安,旧志临邛人,聚徒教授白鹤山点易洞,先生明天文历象阴阳之数,司马相如从学焉。后乘鹤仙去。"祝穆《方舆胜览》卷五十六中亦载:"白鹤山,在城西八里。常璩曰:临邛名山曰四明,亦曰群羊,即今白鹤也。汉胡安尝于山中乘白鹤仙去,弟子即其处为白鹤台。"《蜀中广记》卷七十四引此文,未有"司马相如从胡安先生授《易》于此"(《蜀中广记》卷七)四句。又卷十三引《益都耆旧传》载:"胡安,临邛人,聚徒于白鹤山,司马相如从之受经。此县又有林间,善博学,自古天子有辎车之使,惟间与严君平知之,为扬雄所师。"(《蜀中广记》卷十三)司马相如为学成名在文、景之间,早于文翁之倡教立学,其学受之胡安。

魏了翁《邛州新创南楼记》中又记蜀中人物之盛曰:"临邛居蜀上游,鹤山襟其西,邛水带其南,风气融液,土田衍沃。民生其间,检履醇固,习尚儒雅,盖自胡安先生、林间翁孺,尝为汉卿、云从之受业,卒以名世。庄遵、陈立,嗣有显问,风流所渐,代不乏贤。"(《鹤山集》卷三十九)又《大邑县学振文堂记》中载:"吾州之俗,检履醇固,而被服文雅。盖自汉以来,代有显人,胡安先生、林翁孺、庄君平,以经授长卿、子云,流风所渐,儒学日茂。"(《鹤山集》卷四十)若《寰宇记》、魏了翁、《方舆胜览》等所言可靠,则蜀学倡教不得自文翁始,因为早在文景时期已有胡安在蜀中传经矣。然而,成巴蜀教化规模而为天下模范者当为文翁。文翁与胡安可谓两汉巴蜀经学教育之先驱。

《汉书·地理志》中载:"景武间,文翁为蜀守,教民读书法令,未能笃信道德,反以好文刺讥,贵慕权势。及司马相如游宦京师诸侯,以文辞显于世,乡党慕其迹,后有王褒、严遵之徒,文章冠天下。由文翁倡其教,相如为之师。故孔子曰:'有教无类。'"东晋常璩《华阳国志·蜀志》中载:"故司马相如耀文上京,扬子云(雄)齐圣广渊,严君平(遵)经德秉哲,王子渊(褒)才高名隽,李仲元(弘)湛然岳立,林公孺训诂玄远,何君公(武)谟明弼谐,王延世著勋河平,斯盖华岷之灵标,江汉之精华也。"(《华阳国志》卷三《蜀志》)此八人乃为世所称的蜀学、事功之代表人物。宋田况《进士题名记》中载:"蜀自西汉,教化流而文雅盛。相如追肩屈、宋,扬雄参驾孟、荀,其辞其道,皆为天下之所宗式。故学者相继,谓与齐鲁同俗。"(《成都文类》卷三十)皆为汉代蜀学盛况。

清顾蔼吉《隶辨》卷七"石室壁间题字",从文翁当年所派学于京师的张叔之孙张景的题字中，发现称赞张叔"以《诗》《书》发［遗诣］京师，受业《春秋》，［学非］仲舒，智非胡母"，"道为国师，出典方州，忠著金石"。又说叔之子弘农太守张子阳，"著德义方，袭父经业《春秋》《尚书》，海内归高"（《隶辨》卷七）。可见张叔不仅自己是有成就的名儒名宦，而且其儿子张子阳、孙子张景都极有造诣，堪称"汉代巴蜀第一经学世家"。

又据《隶续》"高朕石室六题名"跋云："此（文翁）石室亦如李刚鲁恭武氏石室，壁间皆刻古圣贤画像，题识姓名。"（《隶释·隶续》）其中有"扬子云、司马相如"，可见二人也加入"画像上题识"的行列。《隶释》卷十四又有《学师宋恩等题名》，"在成都周公礼殿门之西序，蜀人谓之学师题名"。题名中"其称师者二十人，史二人，孝义掾、业掾各一人，易掾二人，易师三人，尚书掾、尚书师各三人，诗掾四人，春秋掾、议掾、文学、孝掾、文学掾各一人，文学师四人，从掾位及集曹、法曹、贼曹、辞曹、史又三十二人。其漫灭不可辨者十三人。汉永平中尝为四姓小侯立学，置五经师，此则蜀郡诸生也。当是郡守兴崇学校者镌石纪德，诸生既刻姓名，而诸曹史亦缀其末"（《隶释·隶续》卷十四）。该书作者又说："成都又有左、右生题名一巨碑，盖左学、右学诸生也。"（《隶释·隶续》卷十四）于此可见当时巴蜀学校规模建制，蜀郡不仅有专门的学校（始建于文翁的石室）教授儒家"七经"，而且有专门的教师（易掾、书掾、诗掾、孝掾、春秋掾以及其他管理人员）传道授业，还有区别生徒类型和等级的左学、右学，其学校"壁间皆刻古圣贤画像"（《隶释·隶续》卷十四），诚卓然大观，领先中土。下面分类论述汉代巴蜀经学之源流和成绩。

二 一枝独秀的巴蜀易学

易学在巴蜀的传播，渊源有自，从传授时间上考察似不迟于中朝。商瞿《史记》作鲁人，但汉文翁石室"壁间所刻古圣贤画像"其名乃为"商瞿上"，杨慎据宋人的说法认为是瞿上乡（在四川双流牧马山一带）人。由于资料缺乏，此处不予讨论。如果从两汉易学文献来考察，巴蜀易学是非常久远的。① 前引汉初胡安居邛州白鹤山传《易》，司马相如曾从之学《易》（《蜀中广记》卷十四）。宋人魏了翁在《邛州白鹤山营造记》就说："[邛]州之西直治城十里所，有山曰白鹤……远有胡安先生授《易》之洞，近有常公谏议读书之庵。"（《鹤山集》卷五十）司马相如在文帝、景帝时已经知名，他向胡安学习《易经》，应该是青年时期的事情，最迟也应在文帝末年（前157）或以前。中原的田何传授易学，大约在惠帝时，《高士传》曾说"惠帝亲幸其庐以受业"，当与胡安是同一时代人。田何传《易》于中原，胡安也在巴蜀传授易学，二人也许稍有前后，但相去不远。司马相如生活的时代应该和易学博士杨何同时，他在《上林赋》中说"修容乎《礼》苑，翱翔乎《书》圃，述《易》道"（《司马相如集》卷二《上林赋》）云云，表明他为学比较关注"《礼》苑""《书》圃"和"《易》道"，史志说他曾经跟从胡安学《易》是有根据的。

巴蜀稍晚一点的《易》传人有赵宾，文献显示他曾经为中原易家孟喜的老师。《汉书·儒林传》中载："蜀人赵宾好小数书，后为《易》，饰《易》文，以为'箕子明夷，阴阳气亡箕子。箕子者，万物方荄兹也。'宾持论巧慧《易》家不能难，皆曰非古法也。云受（授——引者注）孟喜，喜为名（称扬——引者注）之。后宾死，莫能持其说，喜因不肯仞（承认——引者注），以此不见信（伸——引者注）。……博士缺，众人荐喜。上闻喜改师法，遂不用喜。"赵宾既然曾经传易学之术于孟喜，他在世的时间就应与丁宽同时，约在汉景帝之时。可惜，赵宾除留下用"荄兹"解《易》"箕子"遗说外，再无其他学说可考。

再晚有严君平，他名遵字君平，是汉宣帝、元帝、成帝时人，史家说他"卜筮于成都市，以为卜筮者贱业，而可以惠众。人有邪恶非正之问，则依蓍龟为言利害。与人子言依于孝，与人弟言依于顺，与人臣言依于忠。各因执导之以善，从吾言者已过半矣"（《汉书》卷七十二《王贡两龚鲍传》）。又说他"雅性淡泊，学业加妙，专精《大易》，耽于《老》《庄》"（《华阳国志》卷十上）。宋郑樵《通志·艺文略》"五行

---

① 关于汉唐巴蜀易学，可参见金生杨《汉唐巴蜀易学研究》，巴蜀书社2007年版。

家"的"易占类"著录有《周易骨髓诀》一卷,注曰"严遵撰";《宋史·艺文志》"筮龟类"有《严遵卦法》一卷。二书虽然不见于汉唐人的著录,疑为后世依托,但颇得严遵易学特征。

巴蜀易学的特色以象数、卜筮为主。赵宾授《易》孟喜,对今文《易》象数派的"孟京"有影响。此外,胡安有仙气,严遵以卜尊,后之扬雄兼师二法。魏了翁说"远有胡安先生授《易》之洞"(《华阳国志》卷五十《邛州白鹤山营造记》),胡安居洞授《易》,临台升仙,可见他是追求修道成仙之人,当是仙道之流。严遵以卜筮劝善,兼道家、数术二术。其书之传世者有《道德指归》,最大特色就是融合《易》《老》,沟通儒道。书仿《周易》六十四卦上下经例,将《老子》分为七十二章、上下二篇。《说目》中曰:"昔者《老子》之作也,变化所由,道德为母,效经列首,天地为象,上经配天,下经配地。阴道八,阳道九,以阴行阳,故七十有二首。以阳行阴,故分为上下。以五行八,故上经四十而更始。以四行八,故下经三十有二而终矣。"(《老子指归》卷首《说目》)严氏在《得一篇》中又说:"然《大易》乾乾光耀,万物资始,云蒸雨施,品物流行。元首性命,玄玄苍苍,无不尽覆。"(《老子指归》卷一)《得一篇》史所谓其"专精《大易》,耽于《老》《庄》",诚非虚语。世谓《连山》占用"七八",《周易》占用"九六"。扬雄少时即从君平游学,仿《易经》作《太玄》,成一代拟《易》先锋,张行成说扬雄《太玄》"义取于《连山》"①,当是赵宾、君平所传。

四库馆臣述易学变迁说,"《易》本卜筮之书","《左传》所记诸占,盖犹太卜之遗法。汉儒言象数,去古未远也。一变而为京、焦,入于禨祥;再变而为陈、邵,务穷造化。《易》遂不切于民用"(《四库全书总目提要》卷一)。胡安、严遵易学,尚近于《左传》。赵宾之法,则远启孟、京,为禨祥易学鼻祖。学人曾经分析汉代易学为四派:"训诂举大义,周、服是也";"阴阳灾变,孟、京是也";"章句师法,施、孟、梁

---

① 张行成《易通变》卷四十"四易本原"云:"西汉扬子云作《太玄》,义取于《连山》;后周卫元嵩作《元包》,义取于《归藏》。于是二易,世亦有书。"

丘、京，博士之学是也"；"彖、象释经，费、高是也"。① 放之蜀中，严遵颇近周、服；扬雄《太玄》似费、高；赵宾实启孟、京。至于讲究"章句师法"的博士《易》，本为蜀人所不喜（如李弘、扬雄），但史说"蜀之学于京师者比齐鲁"，传其术者当不乏其人。宣帝时，郫县人何武与成都人杨覆众等因歌王褒《中和颂》，赢得宣帝奖励，于是"武诣博士受业治《易》，以射策甲科为郎"（《汉书》卷八十六《何武传》），所传无疑就是博士易学。

东汉时期的太学仍然信守西京的施、孟、梁丘、京氏之传，蜀人受学，师法也多是博士《易》。《后汉书》记谯玄、谯瑛世传《易》，玄在西汉哀帝、平帝时期，瑛为东汉章帝的师傅，家自为学。又《杨由传》中载："杨由字哀侯，蜀郡成都人。少习《易》，并七政元气、风云占候，为郡文学掾。"（《后汉书》卷八十二上《杨由传》）《段翳传》中载："段翳字符章，广汉新都人。习《易经》，明风角，时有就其学者，虽未至，必豫知其姓名。"（《后汉书》卷八十二上《段翳传》）《华阳国志》中又载郪县（今三台）人冯颢，少年曾跟从成都杨班、张公超及东平人虞叔雅学习，后来"作《易章句》及《刺奢说》，修黄老，恬然终日"（《华阳国志》卷十中）。杨、段尚占，冯颢则崇黄老，自然是严遵一路的风格，可见是巴蜀易学的本来特色。

《后汉书》中又载任安受《孟氏易》，折象通《京氏易》，景鸾治《施氏易》，作《易》说。②《华阳国志》卷十一又说成都任熙通《京易》，都是师法博士《易》。这些记载说明东汉巴蜀易学传授，在本土特色外，还有势力强大的中原官学博士《易》。

东汉时期，古文经学经过郑众、贾逵、马融、许慎等人的努力，已

---

① （清）吴翊寅：《易汉学考》，《续修四库全书》，上海古籍出版社2011年版。
② 景氏书，《经义考》《通志》《拟四川艺文志》皆作《易说》，不确。其书又作《交集》《奥集》。《北堂书钞》卷九十六引《益部耆旧传》云："景鸾字汉伯，少随师学，经七州之地，能理《齐诗》《施氏易》，兼受《河》《洛》图纬，作《易》说及《诗》解，文句兼取《河》《洛》，以类相从，名为《交集》。又撰《礼》内外记，号曰《礼略》。"《后汉书》本传同。曹学佺《蜀中广记》卷九十一引《益部耆旧传》作《奥集》。朱彝尊《经义考》卷八两存之。盖"奥"字古文作"室"，与"交"形近，遂误。《奥集》兼《易》与《诗》而言"易说"乃概称，非正式书名。

经取得了很大成就；郑玄又兼治今古，遍注群经，开辟经学"郑学"时代。可是这些学术形势，似乎对蜀中影响不大。及至三国时期，刘表在荆州设立学宫，表彰古文经学，搞经学的司马徽、宋衷，搞文学的王粲、王凯等，皆活跃于这里，在经学上都与郑学对抗。梓潼的尹默、李仁自感"益部多贵今文，而不崇章句"，"知其不博"，于是二人"乃远游荆州，从司马德操（名徽）、宋仲子（名衷）等受古学，皆通诸经史"，这样一来古文经学才传入蜀中。李仁的儿子李譔，俱传本家之学，后从尹默"讲论义理，五经诸子，无不该览加博"，曾做过蜀汉后主太子的师傅。李譔"著古文《易》《尚书》《毛诗》《三礼》《左氏传》《太玄》指归"，是巴蜀首批古文经学著作。史家说他的书"皆依准贾、马，异于郑玄"（《三国志》卷四十二《蜀书》），是比较纯粹的古文成果。

巴蜀学人多隐士，他们学习《易经》多在于应用和卜筮，不在意著作，即使著述了也不在于炫世，故文献传者不多。宋代青阳梦炎说："蜀在天一方，士当盛时，安于山林，唯穷经是务，皓首不辍。故其著述往往深得经意，然不轻于自炫，而人莫之知。书之藏于家者，又以国难而毁，良可慨叹！"（《春秋经筌序》卷首）他说的虽然是南宋的情况，但是对于整个巴蜀历史来讲也未尝不是如此。直到东汉时，巴蜀易学传授与博士《易》、古文《易》相结合，才产生了一批易学名著，正如前述景鸾"易说"、冯颢《易章句》、李譔《古文易指归》①等文献，这些似乎是巴蜀易学的首批成果。至于三国时郪（三台）人王长文，又远承扬雄的故智造起"易经"来。他是蜀汉犍为太守王颙的儿子，曾经依仿《周易》创作《通玄经》四篇，其书有《文言》《卦象》等篇，可以用来卜筮，当时的人比之于扬雄《太玄》。从此之后，巴蜀易学代代都有传人，而且越传越显，至宋代便有程颐"易学在蜀"的话，不过那是后话了。

---

① 李氏书，《经义考》《通志》《拟四川艺文志》皆作《古文易》，不确，《三国志》本传云："著古文《易》、《尚书》、《毛诗》、'三礼'、《左氏传》、《太玄》指归，皆依准贾、马，异于郑玄。""古文""指归"具兼包《易》《书》《诗》《礼》《太玄》而言。

三 渊源有自的《诗》《书》之学

司马相如在《封禅文》中云："《书》曰'元首明哉，股肱良哉'。因斯以谈，君莫盛于唐尧，臣莫贤于后稷。"（《司马相如集》卷二《上林赋》）所引即《益稷》。文翁遣张叔等入京从博士受"七经"，还教吏民《尚书》即在其中，此时的《尚书》之学皆今文。

及至东汉，巴蜀治《尚书》学的人物有三位：张楷、杨统、何随。据循《汉书》本传载，张楷字公超，成都人，为汉和帝时郡守、司隶校尉张霸中子，"通《严氏春秋》《古文尚书》"（《后汉书》卷三十上）。《严氏春秋》为《公羊》学，自是今文；《尚书》却是古文学。《后汉书》说他父亲张霸"从樊儵受《严氏公羊春秋》，遂博览'五经'"（《后汉书》卷三十六），是公超之学亦得于家传。公超不乐仕进，隐居弘农山中，学者随之，所居成市，华阴遂有"公超市"，五府连辟，举贤良方正，皆不就。桓帝时"坐系廷尉诏狱，积二年，恒讽诵经籍，作《尚书注》"（《后汉书》卷三十六）。公超所作《古文尚书注》是巴蜀第一部书学著作，考其时代，略迟于马融，稍早于郑玄，在中国《古文尚书》学史上应有一席之地。

杨统家居新都，五世皆传《夏侯尚书》（见前引《益部耆旧传》）。何随，字季业，蜀郡郫人，汉司空何武之后"治《韩诗》《欧阳尚书》"。蜀汉时因"世有名德，征聘入官"，入晋不仕"居贫固俭，衣弊蔬食，昼躬耕耨，夕修讲讽"，"目不视色，口不语利。著《谭言》十篇，论道德仁让"。（《华阳国志》卷十一）杨、何两家皆今文学。特别是何随，其祖武乃为汉宣帝唱王褒《中和颂》、留从博士习《易》者，自西汉中期至魏晋时期垂300年，家学不衰，亦可谓能世其家学矣！此外，吴福连《拟四川艺文志》又考知"汉有王涣、李譔、谯岍，晋又有常宽、常勖、陈寿，皆通《尚书》"①，则《尚书》之学，不替其传矣！

西汉时期，《诗》亦传入巴蜀，文翁石室所授"七经"之中即有

---

① 吴福连：《拟四川艺文志》，《尊经书院初集》，光绪成都刻本。

《诗经》，唯不详所传何家之《诗》。考司马相如《美人赋》，有所谓"途出郑卫，道由《桑中》，朝发《溱洧》，暮宿'上宫'"（《古文苑》卷三）之辞，郑、卫即《诗经》十五《国风》之一，《桑中》《溱洧》又为鄘、郑之诗，"上宫"乃《桑中》所约之处……一篇《美人赋》，俨然在作《诗经》郑、卫之旅！自非熟于《诗》者所不能为。

东汉至于魏晋，四家《诗》并传于时。据吴福连《拟四川艺文志》考证：当时"习《鲁诗》者李业，习《齐诗》者任末、景鸾，习《韩诗》者杜抚、杨仁、杜琼、何随。三家之学，不绝于蜀矣"①。然而这只是博士诗学的情况，与中原一样，民间学人之专攻，则以《毛诗》为盛。吴氏又说："而其时习《毛诗》者，倍多于三家，故《毛诗》最显于时。若文立、司马胜之、常勖、王化、李譔、任熙、常骞、常宽，皆常璩所称治《毛诗》者也。"②

巴蜀的专著性诗学文献，到了东汉才见著录。《后汉书·景鸾传》中载：鸾"能理《齐诗》"，"作……《诗》解"，"名为《交集》"（《后汉书》卷七十九下）。又《后汉书·杜抚传》载，抚犍为武阳（今彭州）人，受业于薛汉，定《韩诗章句》。后归乡里，教授弟子千余人，"所作《诗题约义通》，学者传之，曰'杜君法'"（《后汉书》卷七十九下）。《三国志·蜀书》中又载，传任安之术的"［杜］琼，年八十余，延熙十三年（250）卒，著《韩诗章句》十余万言"。又载，李譔传其父仁、师尹默所得荆州古学，"著古文……《毛诗》……指归"，又说其旨与王肃所著书合，显然与《郑笺》立异。据上所引，景鸾有《齐诗交集》；杜抚定《韩诗章句》，撰《诗题约义通》；杜琼著《韩诗章句》十余万言；李譔撰《毛诗指归》。终两汉三国之世，蜀中诗学文献，其可考者仅此五种而已，今皆不传。自东汉末年郑玄据《毛诗》作《笺》，三家《诗》遂废，经学形成"郑学"时代。而蜀人杜琼犹在蜀汉时为《韩诗》作十余万字的《漳句》，李譔又以贾、马之学驳郑，是皆不屑作人云亦云、随风而靡之学者。

---

① 吴福连：《拟四川艺文志》，《尊经书院初集》，光绪成都刻本。
② 吴福连：《拟四川艺文志》，《尊经书院初集》，光绪成都刻本。

四 胜义迭出的《礼》《春秋》《孝经》《论语》之学

蜀人之治《礼》，不主文献纂述，而在于日用常行。考诸嘉庆《四川通志》和《清代蜀人著述总目》，巴蜀古今礼学文献，汉有3种，唐1种，宋16种，元7种，明10种，清代30余种，总计60余种。数量虽然不多，而特色却很鲜明。据吴福连在《拟四川艺文志》中考证说："蜀之制《封禅书》者，前有相如，后有杨终，典礼莫重于此也。《范史》称犍为董钧习《庆氏礼》，永平中（东汉明帝年号，公元58—75年）草创礼制，多用其议，其《礼》学之名家与？《华阳国志》说李譔、常宽、文立、司马胜之、王化、常骞，皆治'三礼'，而《礼》之传益广矣！"① 这是两汉三国蜀人礼学传授的情况，可谓代有其人，世传其美。

礼仪的最高境界当然是祭天，而祭天最隆重之举则是封禅。汉武帝文治武功既成，欲告天祭地，以炫百世无有之功烈，而董仲舒诸儒不知其仪，得司马相如临死前所草《封禅书》而成其事，其书自今犹保存在《史记》之中。蜀人礼学论著，应以此为最早也最巨。其后则有：东汉景鸾撰《礼略》，三国王长文撰《约礼》，晋杜龚撰《丧纪礼式》，虽然今已不传，但顾名思义，都是"镕铸礼经，自成一家言"②。甚至其后唐峨眉人仲子陵撰《五服图》10卷，取丧礼所服缌麻、大功、期、齐衰、斩衰5种服制，绘成图解，贞元九年（793）上于朝，其实质仍然是主于实用的。

汉人之传《春秋》，初期唯有《公羊》学，齐胡毋子都、公孙弘、赵董仲舒，皆传《公羊》学。后来衍为颜氏、严氏，俱立于学官，是为《春秋》今文学。宣帝时，以其祖故戾太子喜《谷梁》，于是议立《谷梁》博士。至成帝时，刘歆于整理群书时得古文《左氏春秋》，以为事富而辞艳，请立《左传》于学，今文诸博士不肯置对，歆撰《移太常博士书》以让之，从而引发《春秋》今古文之争。

---

① 吴福连：《拟四川艺文志》，《尊经书院初集》，光绪成都刻本。
② 吴福连：《拟四川艺文志》，《尊经书院初集》，光绪成都刻本。

蜀中传《春秋》大致与中原同步。史称庐江人文翁"少好学，通《春秋》"，"景帝末为蜀郡守，仁爱好教化"，遣张叔等东受"七经"，还教吏民《春秋》必在其中，这也许是《春秋》传入巴蜀的最早记录。《华阳国志》中说，张叔从博士受经，撰《春秋章句》，此乃蜀人有《春秋》学著作之始。常璩还载："《谷梁传》首叙曰：'成帝时议立三传博士，巴郡胥君安独驳《左传》不祖圣人。'"（《华阳国志》卷十下）这是迄今可考的巴蜀学人最早的《春秋》学说。汉哀帝时刘歆《移太常博士书》批驳当时博士"谓《左氏》不传《春秋》"（《汉书》卷三十六），诸博士之说，盖亦祖于胥君安也。

《后汉书·张霸传》中说："霸以樊鯈删《严氏春秋》犹多繁辞，乃减定为二十万言，更名'张氏学'。"（《后汉书》卷三十六）两《汉书》凡言"某氏学"者，皆学派师法也。张霸是史书明确记载蜀人在《春秋》学上形成学派的第一人。

两汉三国时期，蜀中治《春秋》者，据吴福连《拟四川艺文志》考述："而治《公羊》者，又有张楷、刘宠、张裔、王化；李譔著《左氏指归》，黄容著《左传抄》，又有尹默、李宓，皆治《左传》；而寿良、王长文，则'三传'并治。此汉晋之最有名者也。"① 然而，这一时期，蜀中史学发达，而经学稍衰。《春秋》文献除上述所举者外，仅有杨终《春秋外传》12篇、《春秋章句》15万言（《后汉书》卷四十八《杨终传》），王长文《春秋三传》13篇（《华阳国志》卷十一），黄容《左传抄》数十篇（《华阳国志》卷十一）。

《论语》本文翁化蜀的教材"七经"之一，举凡巴蜀学人之业儒者必为研修，而有《论语》著述者，有汉末谯周《论语注》，其余多效仿《论语》之作。《法言》13篇是扬雄的哲学著作，体例效仿《论语》，和他的《太玄》效仿《周易》一样，是经学史上最早的拟经之作。班固在《汉书·扬雄传》中详述《法言》的写作目的和内容："雄见诸子各以其知舛驰，大氐诋訾圣人……故人时有问雄者，常用法应之，撰以为十三卷，象《论语》，号曰《法言》。"（《汉书》卷八十七《扬雄传》）《法

---

① 吴福连：《拟四川艺文志》，《尊经书院初集》，光绪成都刻本。

言》不特语言取法《论语》，其篇章得名亦仿《论语》取其首章首句为称。北宋司马光撰《读玄》倍加推崇："孔子既没，知圣人之道者，非扬子而谁与？孟、荀殆不足拟，况其余乎？"蜀汉犍为太守王颙之子王长文，亦仿《论语》作《无名子》12篇。蜀学的仿经传统甚至还影响了入蜀人士，如隋末王通，曾为蜀王侍读、蜀司户参军，也曾仿蜀儒故智，遍拟群经及《论语》，而作《续六经》及《中说》①。

《孝经》是儒家的重要经典，汉人称孔子有"吾志在《春秋》，行在《孝经》"之言；后人亦有"圣人之行莫先于孝，圣人之书莫先于《孝经》"（范祖禹说）之论。自汉代以来，统治者倡言"以孝治天下"，故《孝经》之书童而习之，长而能诵。自秦汉以来，巴蜀人士重德兴孝，早成传统。古代巴蜀之忠臣孝子，固不绝书于历代史志；而耆儒硕学在研习儒家"五经"同时，对《孝经》也是精研恪遵，足以名家。《孝经》亦文翁化蜀的教材"七经"之一，早在西汉文景之时，在文翁、张宽等人的倡导下，提倡德孝的经典《孝经》随孔子"五经"和《论语》传入蜀中，成为造就巴蜀士人、重树巴蜀民风的重要经典，巴蜀学人从立德、立言两个方面，共同丰富和发展了祖国文化的"孝学"内容。《华阳国志》中称："严遵……常卜筮于市，假蓍龟以教，与人子卜教以孝，与人弟卜教以悌，与人臣卜教以忠。于是风移俗易，上下慈和。"又说："郑子真，褒中人也。玄静守道，履至德之行，乃其人也。教曰：'忠孝爱敬，天下之至行也。神中五征，帝王之要道也。'成帝元舅大将军王凤备礼聘之不应，家谷口，世号谷口子真（神中、五征未详其义）。"无处不体现出鲜明的"德孝"特色。巴蜀古代的《孝经》学成就与其他经学成

---

① （唐）杜淹《文中子世家》说，文中子忧"道之不行"，"退志其道"，"乃续《诗》《书》，正《礼》《乐》，修《元经》，赞《易》道，九年而'六经'大就。……隋季，文中子之教兴于河汾，雍雍如也。大业十年，尚书召署蜀郡司户，不就。十一年，以著作郎、国子博士征，并不至。十三年，江都难作"云云，似乎王通"续'六经'"在大业九年（613），而署蜀职乃在十年（614）。薛收《文中子墓碣》载"十八举本州岛岛秀才，射策高第。十九除蜀州司户，辞不就列。大业伊始，君子道消……时年二十二矣。以为卷怀不可以垂训……乃续《诗》《书》，正《礼》《乐》，修《元经》，赞《易》象"云云，是其"续'六经'"在署蜀职之后。大业初，王通22岁，其生当开皇四年（584），19岁署蜀王府职，在仁寿二年（602）。其大业九年"续'六经'"，实在署蜀职之后。

就一样，也取得了其他地区无可比拟的突出成绩。然而，由于时代久远，巴蜀古代文献大量亡佚，清嘉庆重修《四川通志》著录古代蜀人"孝经学"著作仅有10种，而始记隋何妥《孝经义疏》3卷，其实不确。如张宽等人之教习"七经"，其中就有《孝经》，其时间早在文、景之世；严君平"教人子以孝，孝人弟以悌"，郑子真能总结出"忠孝爱敬""神中五征"等"至行""要道"，当然也得力于《孝经》传入，时间都在成哀之间，远较隋代为早。

五 独步学林的小学与"谶纬学"

小学诸书，粗可分成启蒙识字系列、说文解字系列、方言别语系列、音韵训诂系列等。在上述四大系列中，蜀人皆有良好表现。

据班固《汉书·艺文志》所载，西汉时期识字之书有6种：一是秦代所传《仓颉》三篇，有文字3300字；二是武帝时司马相如的《凡将篇》；三是元帝时史游的《急就》；四是成帝时李长的《元尚》（以上《急就》和《元尚》二书文字不出《仓颉》，只有司马相如《凡将篇》有超过，而且没有重复字）；五是扬雄的《训纂》，这是《仓颉》三篇的续篇，其文字来源是：平帝时曾"征天下通小学者以百数，各令记字于庭中"，扬雄再从他们所记的文字中"取其有用者"，编录而成；六是扬雄的《仓颉训纂》，系扬雄对原《仓颉》中重复之字进行抽换而编成的，东汉时班固有再续《仓颉训纂》之作。至此，六经群书的文字盖无遗漏了。汉代最早的小学著作是司马相如的《凡将》，收字最多的小学著作也是司马相如的《凡将》，还有扬雄的《训纂》《仓颉训纂》。吴福连赞曰："《凡将》《训纂》，蜀儒小学，冠冕海内。"[①]

扬雄不仅有识字韵语《训纂》，还有汇释古今中外方言的语言学巨著《方言》，而这些又是他从林间翁孺、严遵两位先辈那里继承来的，渊源有自。扬雄说："先代輶轩之使奏籍之书，皆藏于周秦之室。及其破也，遗弃无见之者，独蜀人有严君平、临邛林间翁孺者，深好训诂，犹见輶轩之使

---

① 吴福连：《拟四川艺文志》，《尊经书院初集》，光绪成都刻本。

所奏言，翁孺与雄外家牵连之亲，又君平过误，有以私遇，少而与雄也。君平财有千言耳。"（《方言疏证》卷十三）他于是依据严氏、林间所藏底本，增补而成第一部方言辞典《方言》，开辟了中国区域语言研究之先河，与《尔雅》及后来的《说文解字》并立为训诂学三大基本经典。

《尔雅》是汇集"五经"训诂资料的书，在中国训诂学史上影响甚巨，地位比于经典。张揖在《进广雅表》中称"周公著《尔雅》一篇。今俗所传三篇，或言仲尼所增，或言子夏所益，或言叔孙通所补，或言沛郡梁文所考"（《四库全书总目提要》卷四十），其源起是非常悠远的。《隋书·经籍志》引《七录》"犍为文学《尔雅注》三卷"；陆德明《经典释文·叙录》亦著录"犍为文学《注》三卷"，并自注："一云犍为郡文学卒史臣舍人，汉武帝时待诏。阙中卷。"陆说犍为文学是汉武帝时人，他作的注就是《尔雅》的最早注本。汉代蜀人在识字、方言、训诂三个系统都有著述，而且都具有开创性。吴福连说："蜀之小学，最著于汉矣。"① 实不虚美。

两汉谶纬学依附于经学而行，兴起于新莽，盛行于东汉。至郑玄遍注群经和谶纬文献，经纬互证，于是谶纬学与经学难分彼此，谶纬学成为经学之一部分。扬雄曾受授谶纬学："［王］莽既以符命自立……欲绝其原以神前事，而［甄］丰子寻、［刘］歆子棻复献之。……时［扬］雄校书天禄阁上，治狱使者来，欲收雄，雄恐不能自免，乃从阁上自投下，几死……有诏勿问。然京师为之语曰：'惟寂寞，自投阁；爰清静，作符命。'"（《汉书》卷八十七《扬雄传》）似乎扬雄与谶纬学也有关联，被时人目为"符命"的制作者。至东汉，巴蜀谶纬学盛行，巴蜀大儒多通晓谶纬，好言灾异。翟酺"尤善图纬、天文、历算……著《援神》《钩命》解诂十二篇"；景鸾"兼受《河》《洛》图纬，作《易说》及《诗解》，文句兼取《河》《洛》，以类相从，名为《交集》……又抄风角杂书，列其占验，作《兴道》一篇……数上书陈救灾变之术"；杨由"少习易，并七政、元气、风云占候"；段翳"习《易经》，明风角"；赵典"学孔子七经、河图、洛书、内外艺术，靡不贯综，受业者百有余人"，

---

① 吴福连：《拟四川艺文志》，《尊经书院初集》，光绪成都刻本。

"朝廷每有灾异疑议，辄咨问之。典据经正对，无所曲折"。(《后汉书》卷八十二上《段颎传》)

不仅巴蜀多谶纬学者，而且形成广汉杨门之学和巴西谯氏之学两大谶纬学派。东汉初年，杨仲续之孙杨春卿"善图谶"，春卿子杨统"朝廷灾异，多以访之"，曾以"九世之运说"言光武中兴事，著《内谶》二卷。统子杨厚尤擅谶纬学，厚弟子任安精通经学而又穷极杨门谶纬学，杨厚曾预言"汉三百五十年之厄"；其另一弟子董扶则劝太常刘焉入蜀："京师将乱，益州分野有天子气。"任安弟子何宗用杨统"九世之运"谶纬说，劝进刘备称帝。此为杨门之谶纬学。西汉末年，以善说《易》《春秋》的谯玄喜言图谶《一统记》中载，东汉末年，其后人谯㟨"治《尚书》，兼通诸经及图纬"；其子谯周"有董、扬之规"，为杜琼唯一真传弟子，而杜琼为得任安真传的杨门谶纬学者，故谯周兼得谶纬学两学派精髓；谯周又拜"蜀之仲尼"秦宓为师，其谶纬学著作有《谶记》《丧服图》《法训》等；汉末，杨厚弟子周舒解释《春秋谶》中"代汉者，当涂高"为"当涂高者，魏也"，谯周则以谶纬劝后主降魏："先主讳备，其训具也；后主讳禅，其训授也。如言刘已具矣，当授与人也。"此为谯氏之谶纬学。①

六 结论

汉代巴蜀经学兴起于文景之世，文翁奖励儒学教育，开巴蜀士子京师游学之风气，又领先全国以"七经"（以"五经"加《论语》《孝经》）造士，于是"七经"之学盛行巴蜀，经学人才辈出。此外，巴蜀学者对汉代经学影响很大，如景武时期张宽撰《春秋章句》，是为汉人为《春秋》经章句之学的第一人。汉宣帝时赵宾"说《易》巧慧，《易》家不能难"，曾经影响《易》师孟喜。元成时期，严遵精研易道，耽于《老》《庄》，居市卜筮"与人子言依于孝，与人弟言依于悌，与人臣言

---

① 陈国灿：《略论汉魏时期的巴蜀学派》，《浙江师范大学学报》（社会科学版）1997年第4期。

依于忠",有易著多种,其《老子指归》首开"《易》《老》会通、儒道融合"之先河。哀平新莽之时,扬雄仿《周易》著《太玄》、仿《论语》著《法言》,肇开中国儒者仿经拟圣之习。东汉章帝时,杨终建言促成白虎观会议,并参与论考"五经"同异。汉顺帝时,翟酺上书建言重修太学,曾促成太学重光和经学再兴。所有这些都是当时蜀人治学活动的闪光点,也是蜀学对儒学发展的重要贡献。

据缪荃孙《蜀两汉经师考》统计,汉代巴蜀经学人物文献可考者65人。① 两汉巴蜀经学以易学、小学最盛,《诗》《书》之学渊源有自,而《礼》《春秋》《孝经》《论语》之学胜义迭出,时有可观。《后汉书·儒林传》列巴蜀经学人物6人,其著作分别有:任安习的《孟氏易》,任末、景鸾习的《齐诗》,杜抚、杨仁习的《韩诗》,董钧习的《庆氏礼》。汉代巴蜀学者任经学博士者3人。董钧"永平初,为博士。时草创五郊祭祀,及宗庙礼乐,威仪章服辄令钧参议,多见从用,当世成为通儒"(《华阳国志》卷七十九《儒林列传》);另两人为成都人罗衍(字伯纪)和杨班(字仲桓)(《华阳国志》卷十一《益梁宁三州先汉以来士女目录》)。杨仁、任安、董扶曾推辞博士任命。② 汉代巴蜀多忠孝节烈者"忠臣孝子,烈士贞女,不胜咏述"(《华阳国志》卷三《蜀志》),虽无《孝经》学文献记载可述,巴蜀《孝经》学之盛行普及可知。巴蜀学者不满当时烦琐经学背离孔子思想,自扬雄开始多有拟经之作,成为汉代巴蜀经学的一大特色。

汉代巴蜀亦多通经致用之士。除上文所述专经著述之外,蜀地经师兼有通经之作,关涉政治世运与经术教化,如谯周《五经论》《五经然否论》《五教志》等。自司马相如至于秦宓以下,汉代蜀士多因通经致用而誉满天下。汉末巴蜀经学与巴蜀地域政治经济命运密切关联,于是以杨门之学和谯氏之学为代表的通经致用之学和谶纬学大兴。

[原载于《四川师范大学学报》(社会科学版)2013年第6期]

---

① 参见缪荃孙《蜀两汉经师考》,载《续修四库全书》,上海古籍出版社2011年版。
② 参见杨更兴《两汉巴蜀经学略论》,《青岛大学师范学院学报》2006年第6期。

晚清蜀学的影响与地位

舒大刚

"蜀学"是一个古老的概念，其事起于西京，其词则成于东汉。[①] 博考载籍，"蜀学"一名盖含三义，即学人、学校、学术。《汉书》所谓：文翁兴学，"大化蜀地，蜀地学于京师者比齐鲁焉"[②]；《三国志》载秦宓言："蜀本无学士，文翁遣相如东受《七经》，还教吏民，于是蜀学比于齐鲁"[③]；《华阳国志》亦谓"学徒麟萃，蜀学比于齐鲁"[④]，三处所指皆"蜀中学人"。宋吕陶《府学经史阁落成记》："蜀学之盛，冠天下而垂无穷者，其具有三：一曰文翁之石室，二曰高公之礼殿，三曰石壁之九经。"（《成都文类》卷三十《经史阁落成记》），《建炎杂记》中列"蜀学"条目："郡国之学，最盛于成都，学官二人，皆朝廷遴选；弟子员至四百人，他学者亦数百人。"（《建炎杂记甲集》卷十三）二处所指皆教育机构，即"蜀中学校"。李石《苏文忠集御叙跋》中载，"臣窃闻之，王安石以'新说'行，学者尚同，如圣门一贯之说，僭也。先正文忠公苏轼首辟其说，是为元祐学，人谓'蜀学'云。时又有'洛学'，本程颐；'朔学'，本刘挚，皆曰元祐学，相羽翼以攻新说"，云云（《方舟

[①] 关于"蜀学"的含义，胡昭曦、刘复生、粟品孝等《宋代蜀学研究》有详尽辨析，可以参考，巴蜀书社2000年版，第1—6页。
[②] 《汉书·循吏传·文翁传》，中华书局1983年标点本，第3625页。
[③] 《三国志·蜀志·秦宓传》，中华书局1973年标点本，第793页。
[④] （晋）常璩撰，刘琳校注：《华阳国志校注》卷三《蜀志》，巴蜀书社1984年版，第214页。

集》卷十三)。张之洞《尊经书院记》述办院宗旨中称:"绍先哲,起蜀学"①,乃学术流派之意,即"蜀中学术。"唯斯三者乃为蜀学正诂,亦为蜀学三大要素。无论是审视古代蜀学,抑或评价近代蜀学,都应以此三要素为考察目标,唯其如此,乃成为一完整之"蜀学"概念,也才能准确全面地评估巴蜀地区学术之地位与价值。本文所要考察的"晚清蜀学"即兼此三者而言。

一　晚清蜀学的概况及其成就

本文所讨论的"晚清",系指道光后期(即1840年鸦片战争后)至宣统三年(1911年辛亥革命)清帝退位为止。此70年是中国历史上最混乱的时期之一,也是中西学术交锋,新旧观念激荡,各种思想学术异常活跃的时期。在此期间,咸丰初年兴起的太平天国运动,使原来人文荟萃之地的江浙地区"受祸最烈,文献荡然",致使"百学中落"②。相反偏处于内陆的四川地区,社会相对稳定,物产素称富庶,为文化学术的发展创造了条件。近代蜀学正是在这样一个特定环境下产生和形成的。蜀学的三大要素(即学校、学人、学术)在这一时期都得到了迅猛的发展和壮大。

(一) 晚清巴蜀书院,名列全国前茅

从学校而言,巴蜀地方政府办学为全国最早,渊源有自。汉景帝末年文翁石室,首开郡县官学先河,教泽流衍,蔚然成风。及至清代,四川举办的各类学校仍居全国前列,仅就传统书院和新式学堂论,其数量都居全国之首。关于清代四川的书院数量,《中国书院制度研究》一书统计有383所,居全国第二。③ 而胡昭曦先生《四川书院史》前后两版的统计,一为504所,一为552所。依此数据,清代四川书院数量在全国的排

---

① (清)张之洞:《四川省城尊经书院记》,沔阳卢氏慎始斋刻本。
② (清)梁启超:《清代学术概论》,中国人民大学出版社2003年版,第192—194页。
③ 参见陈谷嘉等《中国书院制度研究》,浙江教育出版社1997年版。

名，肯定还会上升。胡先生还分析，在四川552所书院中，明确可以认定是鸦片战争以后建立的有146所。另有143所建立日期不详，但因其数据多见于咸丰以后地方志，"可以说这143所书院中的多数是鸦片战争以后建立的"，因此晚清四川所建书院应是146所加143所，占整个清代四川书院近一半左右①，可见晚清是四川书院大发展的时期。

除旧式书院外，四川还是新式学堂设置最早的地区之一。中日甲午海战后，光绪皇帝继1895年批准天津成立北洋学堂（天津大学前身）后，于1896年批准成都成立四川中西学堂（四川大学前身）、上海成立南洋公学（上海交通大学前身）。在近代史上最早设置的几所新式学堂中，四川中西学堂就是其中之一。1902年中西学堂与锦江书院、尊经书院合并成立四川省城大学堂（或名四川通省高等学堂），是四川最早的综合性大学。

戊戌变法及其后倡议"改书院，兴学校"，四川各地书院纷纷改成初、中、高等新式学堂。光绪二十九年（1903）"癸卯学制"颁布后，在四川省城组建了更多高等专门学堂，形成四川师范学堂（1905年）和五大专门学堂：四川法政学堂（1906年）、四川农业学堂（1906年）、四川外国语学堂（1906年）、四川工业学堂（1908年）、四川存古学堂（1910年），全面推行新式教育。它们和四川高等学堂一起，构成清末四川高等教育的基本格局。以上这些学校，后来逐渐归入国立四川大学。中华民国初年调整各地高等学堂，四川成都仍然是"五大学区"之一，稳居中国西部之首。这些大学专业涵盖了文、理、工、农、外语、师范七大领域，融会了传统与新学诸要素，为构建晚清蜀学提供了学术沃野和广阔前景。

在晚清众多书院和学堂之中，特别需要提到的是锦江书院、尊经书院和中西学堂，锦江书院于康熙四十三年（1704）在文翁石室遗址上建立，主要学习制艺八股诗文，为科举服务。尊经书院为同治十三年（1874）洋务派首领、四川学政张之洞所创办，以纪［昀］、阮［元］两文达之学相号召，主张"通经学古"，不课制艺，专习儒典。中西学堂为

---

① 参见胡昭曦《四川书院史》，巴蜀书社2000年版。

培养"通达时务之才",聘请英、法教习,"分课华文、西文、算学",体现了中国近代高等教育的基本特征。由是观之,尊经书院、锦江书院和中西学堂分别代表了近代学校的三种类型:锦江书院重辞章,为科举;尊经书院重经学,主致用;中西学堂重西学,讲科学。

(二)晚清巴蜀学人,彪炳华夏史册

晚清巴蜀士子人人向学,生员实繁其徒,张之洞《尊经书院记》有"全蜀学生三万人"之说。在晚清四川学术和文化史上,许多著名人物多出自书院。正如胡昭曦先生所说:"遍布四川全省的书院,对四川近代社会的政治、文化乃至经济、军事,都有深远影响,可以说,近代四川书院是变法维新的阵地、学术研究的基地、人才培养的摇篮。它在振兴蜀学、发展蜀学方面起到了不可磨灭的历史作用。"①

锦江书院前期培养的著名弟子有清代才子李调元,后期培养的弟子则有戊戌变法殉难的"六君子"之一的刘光第、清代四川唯一的状元骆成骧、史学家张森楷和思想家吴虞等。

尊经书院培养人才更为出色,它以丰富的办学经验、严谨的学风、精研的传统、深厚的功底、奠定了晚清蜀学的基本风格和优良学风。培养了许多在四川乃至全国都有重大影响的人物,一时人文蔚起,蜀学勃兴。研究四川近代史者曾总结说:"尊经书院从1875年建立到1902年改为四川省城高等学堂的29年期间,培养了许多优秀人才,对四川乃至全国都产生了重要影响,其中著名的有:为维新变法而英勇献身的'戊戌六君子'之一的杨锐;出任英法领事馆参赞、力主新学的四川维新派核心人物宋育仁;博综古今、离经叛道、学凡六变的经学大师廖平;才思敏捷、闻名遐迩的四川维新宣传家吴之英;海内书法名家顾印愚;清代四川仅有的状元骆成骧;领导群众发动保路运动的蒲殿俊、罗纶、张澜;为建立中华民国舍身杀敌的同盟会员彭家珍;功绩卓著、从资产阶级民主革命走上共产主义道路的老革命家吴玉章;宣传新文化、'只手打孔家店'的吴虞。此外,岳森、刘子雄、胡从简、刘洙源、杜翰藩、方鹤斋、

---

① 胡昭曦:《近代四川书院教育与蜀学人才培养》,《四川书院史》,第370—371页。

黄芝、谢无量、林思进、傅增湘、刘咸炘、徐炯、夏之扬等一批四川知识界的名流都曾受业（或聚讲——引者注）于尊经书院。"① 上述外，还有尹昌衡、张森楷、颜楷、邵从恩等，也是尊经书院培养出来的著名人才。

至于由两书院与中西学堂合并后组成的四川大学，涌现出了王光祈、郭沫若、周太玄、李劼人、朱德、蒙文通等人，都是文化精英。

（三）晚清巴蜀学术，蔚为国学重心

有"校"有"人"就有"学"。随着晚清四川境内广建学校，通博之士、致用之才应运而生，蜀学的成就也戛戛独造，达到了历史的新高点。

巴蜀地区，东限夔门，北阻剑阁，南宾夷越，西接藏羌，在地域上自成体系，在文化上也相对独立，上古处于"西辟之国而戎狄之长"的地位，因此学术风气每每滞后外间。钱基博曾说："蜀处奥壤，风气每后于东南，自中外互市，上海制造局译刊西书，间有流布，蜀中老宿，蹈常习故，指其政治、舆地、兵械、格致之学为异端，厉禁甚严，不啻鸩酒漏脯。"② 这固然是一种落后，但是传统尚存，古风依旧，若有特见独立之士为之先导，往往能收"跨越式发展"之奇效，得传统与新风结合之综合效应。此所谓觑习者难为力，极弊者易为功也。降至近代，张之洞为之倡，王闿运为之师，蜀学于是振起西南，雄视百代，为一时胜概。一方面，传统未丢，而新风已入；另一方面，中学虽存，而西学已渐。于是乎传统与新风共存，旧学与新学同酝，旧瓶新酒，集杂成醇，酿制出新旧结合、中西互补之美酒甘醴。

又如杨锐、刘光第、廖平、宋育仁、吴之英，皆自传统经学而倡言"托古改制""复古改制"和"变法维新"；罗纶、蒲殿俊、吴虞、张澜、吴玉章，皆自旧学而高标改良、革命。至于王光祈自经史而入于音乐，

---

① 隗瀛涛主编：《四川近代史稿》，四川人民出版社1990年版，第270—271页。
② 钱基博：《现代中国文学史》，《中国现代学术经典·钱基博卷》，河北教育出版社1996年版，第78页。

卒成一代宗师；李劼人自辞章而入小说，卒成一大作家；蒙文通自经学而入史学，终为经史名宿；周太玄自旧学而入科学，独获"古今兼通"之称；等等。更是巴蜀梗楠，华夏梓材。

即以传统国学论，前乎此者，明清蜀人著作之进入《四库全书》及其《总目》《存目》者，盖寥寥焉，不经见也。而事隔不到 200 年，蜀人著作之进入《续修四库全书总目提要》者，已突增至 200 余种（据"中央研究院"《晚清四川地区经学家论著目录》）。据统计，有清一代巴蜀学人经部文献共约 685 部、作者 285 人，其中道、咸以后作者为 189 人、著作 514 部；同、光以后又居其大半，有作者 133 人、著作 409 部。属于晚清时段者竟占 70%左右（此信息为杨世文教授提供），这无疑与晚清四川书院广建、人才辈出、风气大开有直接的关系。

不仅晚清蜀人著作数量大增，而且在质量上也是全国一流、首屈一指的。如廖平之"平分今古"，论者将其代表作《今古学考》与顾炎武的《音学五书》、阎若璩的《古文尚书疏证》同誉为清学"三大发明"；俞樾亦称《今古学考》为"不刊之书"；康有为则引廖平为"知己"；刘师培更盛称其"长于《春秋》，善说礼制"①，"贯彻汉师经例，魏晋以来，未之有也"（《左庵外集》卷五《非古虚下》）。章太炎也说："余见井研廖平说经善分别今古文，实惠栋、戴震、凌曙、刘逢禄所不能上"（《程师》），"廖平之学与余绝相反，然其分别今古确然不易"（《太炎文录初编》）。

吴之英明于《公羊》、"尤邃《三礼》"，论者谓其"言《周礼》者最多最精。吾蜀宿儒廖季平先生外，吴氏实第一人"②。宋育仁擅长文学，亦善经学，撰有《周礼十种》，其《周官图谱》主张"复古改制"，宣传维新变法，为改革号角，是皆一时之英而命世之才也。

---

① 蒙文通：《议蜀学》，《经史抉原》，巴蜀书社 1995 年版，第 102 页。
② 谢兴尧：《周政三图三卷提要》，载《续修四库全书总目提要（稿本）》，齐鲁书社 1996 年版，第 32 册，第 128 页。

二 晚清蜀学的地位与影响

关于定位问题，蜀学在不同时期有不同的影响和作用，在晚清，其特点是经学勃兴，新学蔚起，观点新颖，引领风骚，波诡云谲，气象万千，是为"新蜀学"。晚清"新蜀学"是蜀学发展史上的重要阶段，也带来了清代学术乃至整个中国学术的新局面和新气象。

第一，开创清代学术新阶段。自尊经书院创办，促成了蜀学与江浙、湖湘之学的交流与融合，使得蜀学得以蓬勃发展，大放异彩。其时蜀学的重要特征是摒弃陈腐的"八股"时文，反对空疏烦琐的学风、文风，注重对中国儒家经典的传习和研究。同时，由于晚清动荡多变的时局，"通经致用""中体西用"也得到提倡，成为晚清蜀学的突出特征。

巴蜀学人发扬清学传统——"以复古求解放"，从乾嘉学人所达到的最高点——东汉"许、郑、贾、马之学"，真正向前推进至西汉"今文学"时期，并进而回溯至先秦"诸子之学"时代，最终实现了对传统一切学术的彻底解放。① 自郑玄混合今古以来，千古学人不知经学有"今学""古学"之别、学术有"真孔""假孔"之异。清代乾嘉考据之学，重实证，讲考据，但多停留于名物训诂即"许郑"的基础上；常州学派始讲家法、辨别今古，但由于不知今古分歧所在，或以文字论，或以流传地域别，或以传授范围分，都此牵彼掣，未得要领。廖平从《五经异义》而悟今古文学分歧在礼制，于是以今学主《王制》，古学主《周礼》，著为《今古学考》，"然后二家所以异同之故，灿若列眉"。千载迷案，一朝冰释，将中国经学推进到新的发展阶段。

蒙文通先生在《议蜀学》中论其事时曰："廖氏之学，其要在《礼经》，其精在《春秋》，不循昔贤之旧轨，其于顾氏，固各张其帜以相抗者也。世之儒者矜言许、郑氏学，然徒守《说文》《礼注》耳。廖氏本

---

① 廖平本人是"以复古求解放"的自觉实践者，其《与康长素书》曰："岁星再周，学途四变。由西汉以返先秦，更由先秦以追邹鲁。"廖宗泽《六译先生年谱稿》卷三"民国二年"，重庆图书馆藏稿本，载舒大刚主编《儒藏》史部，四川大学出版社2007年版，第99册。

《五经异义》以考两汉师说，剖析今、古家法，皎如列星，此独非许、郑之学乎？"①

又说："惟廖氏之学既明，则后之学者可以出幽谷、迁乔木，于择术诚不可不审也。寻廖氏之学，则能周知后郑之殊乎贾、马，而贾、马之别乎刘歆，刘歆之别乎董、伏、二戴，汉儒说经分合同异之故，可得而言。"②

由于廖平将今古文问题分清楚了，后来治经学者乃得其门径而区别之。今文家乃知今文门径，古文家乃知古文途辙，各寻其路以入深致远。蒙先生说："自廖师之说出，能寻其义以明今文者，惟皮鹿门；能寻其义言古文者，惟刘申叔。"③

皮鹿门即皮锡瑞，是近代今文经学大师。著有《经学历史》《五经通论》《孝经郑氏疏》等，他在《五经通论》中，列有《论〈周礼〉为古说，〈戴礼〉有古有今，当分别观之，不可合并为一》《论郑君和同古今文，于〈周官〉古文〈王制〉今文，力求疏通，有得有失》《论〈王制〉为今文大宗即〈春秋〉素王之制》等专论，全系承廖平师说。

刘申叔即刘师培，号左庵，是近代古文经学大师。四世传《左氏》之学，中华民国初年入蜀，朝夕与廖氏讨校，专心研究《白虎通义》《五经异义》之书，北游燕、晋，晚成《周官古注集疏》《礼经旧说考略》，欣然曰："二书之成，古学庶有根柢，不可以动摇也。"④ 蒙先生谓："左庵之于廖氏，傥所谓'尽弃其学而学焉'者耶！"⑤ 刘氏所称"古学庶有根柢"之根柢，实即廖氏分辨今古之理论。

第二，一改清人破碎大道之习，将经学研究向系统化、体系化推进。蒙先生在《议蜀学》中曰："夫清儒序论，每喜以小辨相高，不务守大体，碎辞害义，野言乱德，究历数，穷地望，卑卑于章句文字之末，于一经之大纲宏旨或昧焉。虽矜言师法，又未能明于条贯，晓其义例……

---

① 蒙文通：《经学抉原》，上海人民出版社2006年版，第48—49页。
② 蒙文通：《经学抉原》，第48页。
③ 蒙文通：《经学抉原》，第99页。
④ 蒙文通：《经学抉原》，第49页。
⑤ 蒙文通：《经学抉原》，第49页。

道穷则变,逮其晚季,而浮丽之论张,儒者侈谈百家言,于孔氏之术稍疏。……井研廖先生崛起斯时,乃一摒碎末支离之学不屑……于是廖氏之学自为一宗,立异前哲,岸然以独树而自雄也。"① 当代学人李学勤也认为:"晚清以来,有两个地方的学术研究很有影响,即川学和湘学。廖平是川学的代表之一。"② 又说,"从晚清以后,中国传统学术发展的重心有所转移,一个是'湘学',一个是'蜀学'"③,也是就此意义说的。

第三,拓展经学内涵,扩大儒学范围。廖平《今古学考》卷下言:"予创为今古二派,以复西京之旧,欲集同人之力,统著《十八经注疏》(《今文尚书》《齐诗》《鲁诗》《韩诗》《[小]戴礼》《仪礼记》《公羊》《谷梁》《孝经》《论语》《古文尚书》《周官》《毛诗》《左传》《仪礼经》《孝经》《论语》《[大]戴礼》。易学不在此数),以成蜀学。见成《谷梁》一种。……因旧欲约友人分经合作,故先作《十八经注疏凡例》。"④ 这里不仅有严格区分今古文学的用意,也有扩大儒家经典的意义,即使儒经从"十三经"发展到"十八经"。蜀学素有一种开放、兼容和发展的优点,早在西汉景武时期,中央王朝尚且执行"五经"之教,文翁遣张叔等人从京师带回并传授于石室学宫的却是"七经"教育了,将儒家经典从"五经"扩大至"七经"。唐五代时期,中央王朝组织整理和刊刻的只有"九经"(如《九经正义》)或"十二经"(如"开成石经");而始于五代孟蜀、成于北宋宣和的"蜀石经",却已经是"十三经"(含有《孟子》)齐备了。从此之后,"十三经"便成为儒家经典的基本模式。后来,史绳祖《学斋占毕》虽然提到宋代曾列《大戴礼记》为"十四经",但终因其书嫌于经史相杂、经子相混而没有成功。⑤ 及廖季平崛起于晚清乱世之际,继响于经学废弃之时,欲纂集《十八经注

---

① 蒙文通:《经学抉原》,第48页。
② 李学勤:《清代学术的几个问题》,《中国学术》2001年第2期。
③ 李学勤:《弘扬国学的标志性事业》,《西南民族大学学报》(人文社会科学版)2005年第9期。
④ (清)廖平:《今古学考》卷下,《廖平选集》,巴蜀书社1998年版,上册,第89页。
⑤ (宋)史绳祖:《学斋占毕》卷四载"《大戴记》一书虽列之十四经,然其书大抵杂取《家语》之书云云",载文渊阁《四库全书》影印本。

疏》，必欲将儒家经典从"十三经"进而扩展至"十八经"，这不仅仅是要"成就蜀学"，而且是要重振宗风、再兴孔教，其"推倒一时，开拓万古"之慨，岂不伟哉！廖季平曾羡慕"昔陈奂、陈立、刘宝楠、胡培翚诸人在金陵贡院中，分约治诸经疏，今皆成书"，可惜时事变更，他的"十八经"梦想营构未成，理想落入空谈。

第四，开拓近代经学史研究的新局面。近世以来学人侈谈今古文学经问题，实则这一话题也肇始于晚清蜀学中坚的廖平。皮锡瑞《经学历史》中曰："国朝经学凡三变。国初……是为汉宋兼采之学。乾隆以后，许郑之学大明……是为专门汉学。嘉道以后，又由许郑之学导源而上……汉十四博士今文说，自魏晋亡千余年，至今日而复明。实能述伏董之遗文，寻武宣之绝轨，是为西汉今文之学。学愈进而愈古，义愈推而愈高；屡迁而返其初，一变而至于道。学者不特知汉宋之别，且皆知今古之分。门径大开，榛芜尽辟。论经学于今日，当觉其易，而不患其难矣。"① 使今人知今古文学者，即廖平是也。有的学人甚至认为，两汉本不存在什么今古文学经的对垒和争论，是廖平等人挑起了这场千古公案的争辩。钱穆先生在《两汉经学今古文平议·自序》中说："此四文② 皆为两汉经学之今、古文问题而发。其实此问题仅起于晚清道、咸以下，而百年来掩胁学术界，几乎不主杨，则主墨云云。"又说：清儒出于门户之见，"其先则争朱、王，其后则争汉宋。其于汉人，先则争郑玄、王肃，次复争西汉、东汉，而今、古文之分疆，乃由此而起"。造成这种今古文学之争论的始作俑者其实就是廖平："清季今文学大师凡两人，曰廖季平与康有为。康著《新学伪经考》，专主刘歆伪造古文经之说，而廖季平之《今古学考》，剔决益细，谓前汉今文经学十四博士，家法相传，道一风同。其与古文对立，皆一一追溯之于战国先秦，遂若汉代经学之今古文分野，已远起于战国间。"③ 钱先生所举廖、康二人，若究其渊源，康学实出于廖。李学勤先生说："廖平认为，汉代有今文、古文两派；西

---

① （清）皮锡瑞，周予同校注：《经学历史》，中华书局1989年版，第341页。
② 谓所收《刘向歆父子年谱》《两汉博士家法考》《孔子与春秋》《周官著作时代考》四篇鸿文。
③ 钱穆：《两汉经学今古文平议·自序》，商务印书馆2001年版，第3—4页。

汉时期今文经学盛行,到东汉则古文经学代兴;东汉末年郑玄调和今古,两派界限才归于泯灭;研究汉代经学,不可不知今文、古文两派的划分,以及其斗争、消长的历史。廖氏的这种观点,经康有为的《新学伪经考》《孔子改制考》二书的流行,在社会上得到广泛流传,长期以来,已经成为经学史上的常识,而且还渗透到学术史、思想史、文化史等领域中去。"① 暂且不说两汉时期是否存在今古文经学的对垒和争论,也不论严分今古文是对是错,今古文经问题之引起学人重视,甚至被一再写入儒学史、学术史之中,确实受到廖平的很大影响,我们说他开启了中国经学史研究之新局一点也不为过。陈文彩女士有谓:"清代学术中的'以复古为解放'的进路,在晚清蜀《诗经》学中,隐然呈现调和汉宋、今文《诗》说、先秦诸子经说的进路。其间关键的转折是廖平的平分今古,其说出,清人才明白许、郑、贾、马外,尚有今文经学,而有了回复到经学史源头的可能。"② 倒不失为通达之论。

第五,托古改制,以经学讲革命,讲改制。晚清蜀学特别是由张之洞所创建之尊经书院,讲经学多以"托古改制"或"复古改制"为说,廖平、宋育仁、吴之英等人俱是如此。特别是廖平"二变"尊今抑古,怀疑古文经典,客观上为近世思想解放运动提供了精神武器。应该说,对文献的怀疑,在中国古已有之,在清代更是不乏其人。但历考诸人所为,其怀疑程度自有深浅,其怀疑目的也各有纯驳。如崔述怀疑诸子而不怀疑经典(犹考信于六艺),廖平怀疑古文而不疑今文(尊今抑古),康有为否定古学而不否定孔子(维护孔教),吴虞自留日归来,从怀疑孝道进而否定孔子儒学(反传统),盛极一时的"古史辨"派则怀疑一切文献,进而怀疑整个上古史。其程度和时序,固皆厘然可考,秩然有序。

若论近代疑古之风的首倡者,似可追至以王闿运、廖平为首的晚清蜀学。杨度在《湖南少年行》中说:"更有湘潭王先生,少年击剑学纵横。游说诸侯成割据,东南带甲为连衡。……事变谋空返湘渚,专注

---

① 李学勤:《清代学术的几个问题》,《中国学术》2001年第2期。
② 陈文彩:《晚清四川地区〈诗经〉学述略》,《儒藏论坛》第二辑,四川大学出版社2007年版,第133—134页。

《春秋》说民主，廖康诸氏更推波，学界张皇树旗鼓。"① 钱基博于20世纪中叶也说："五十年来学风之变，其机发自湘之王闿运，由湘而蜀（廖氏），由蜀而粤（康有为、梁启超），而皖（胡适、陈独秀），以汇合于蜀（吴虞）。"② 也都对蜀学与湘学转换风气之功给予了足够的重视。侯谔《廖平评传》称其有"转捩之功"而t"革命之力"，亦以此也。而今而后，学人之治经学，不再仅仅为经学而经学，为学术而学术，而是为了经学的现代价值亦即改良意义和革命功能，进行新的阐释和新的发展。后来，廖先生的嫡系传人蒙文通之盛赞齐学之"革命""素王"，谓汉师精义为"井田以均贫富，辟雍以排世族，封禅以选天子，巡狩以黜诸侯，明堂以议时政"等所谓"王鲁""新周"之"一王大法"，未尝不是晚清学人"托古改制"故技的现代翻版。

（原载于《社会科学研究》2007年第3期）

---

① 高伯雨：《王湘绮自负霸才》，《大成杂志》1974年第4期。转引自"中央研究院"中国文哲研究所经学室编《晚清四川经学家研究资料汇编》四，上册。
② 钱基博：《现代中国文学史·四版增订识语》，岳麓书社1986年版，第510页。

清季民初蜀学之流变*

张　凯

道咸以降，西学东渐，中学式微，晚清民国学人在接受西学时，往往是用新理论解释旧材料。近人按照新文化派分科眼光形成的学术史叙述，见证与催化了"以夷变夏"的历程。突破分科的局限，以疏源浚流的方式梳理和呈现中国固有学术在晚清民国时期传衍流变的实情，成为超越中西格义的突破口。在西学东渐的同时，传统学术内部仍在变动。清代学术，卓然成一潮流，带有时代运动色彩者，在前半期为考证学，后半期为今文学。① 两者皆源自江浙，嘉道之际，已有诸多督抚大员四处推广。中国区域性的地缘文化自古较强，特定区域文化对当地士人和大众的观念、行为皆有直接、间接的影响，在接受汉学时，各地形成了不同的支脉。李学勤认为传统文化发展的中心位置，至晚清发生了转移，重心"一个是湘学，一个是蜀学"②。

"蜀学"一词，起源于汉晋之际，特指"蜀本无学士"，文翁化蜀之后，"蜀学比于齐鲁"。两宋时期，"蜀学"的含义有所拓展，或指成都府学，或泛指巴蜀学人与学术文化，更常见的是指以苏轼为代表的"三苏"

---

* 本文承匿名评审专家审阅并提出宝贵修改意见，特此致谢！

① 参见（清）梁启超《清代学术概论》，载朱维铮校注《梁启超论清学史二种》，复旦大学出版社1985年版。

② 李学勤：《弘扬国学的标志性事业》，《西南民族大学学报》（人文社会科学版）2005年第9期。

蜀学派。① 上述含义，延续至晚清。蜀学在经历了明代清初的相对沉寂之后，于同光之际，蔚然兴起。川省官绅创办尊经书院，志在"绍先哲，起蜀学"。有学人不满于学分南北的格局，廖平著《今古学考》，平分今古，拟纂《十八经注疏》，"以成蜀学"，拯救"南学"的流弊。此后，兴蜀学成为川省学人的群体诉求，各派学人对于蜀学的理解与取径因时而异，各有侧重。与江浙学术立异，以"东西"代"南北"成为清季民初川省"好今文家言"者的群体诉求，蜀学在近代学术转型中独树一帜。

就学术流派而言，有自称、他指与后认三类。晚近学界往往"后认"学术流派，或以行政、地理区划代指学术流派，蜀学也不例外。中华民国学人夏君虞曾称"既谓之蜀学，当然以四川一省的学问为对象"，"凡是四川人创造的或者是别人创造而为四川人奉行的学问，都可谓之为蜀学"，"还有虽不是四川人，而是奉行蜀学，或者说是学于蜀的，也不能说不是蜀学！"② 近年盛行以地域命名学派，此举固然有利于发掘乡土文化资源，却无助于区分学术内部的不同流派，以地域泛称学派使得学术的内在渊源脉络愈发模糊。③ 有学人强调蜀学是一个被"表述"出来的对象，反映了蜀学内部彼此歧义的学术立场，诚为确论。④ 本文梳理蜀学着重于自称，略及他指，不采"后认"，重点阐述清末民初巴蜀学人与江浙学术的分合，及其有意识建构蜀学学脉的本意，丰富对清末民初传统学术渊源流变的认知。⑤

---

① 参见粟品孝《"蜀学"再释》，载《蜀学》第三辑，巴蜀书社2008年版；《朱熹与宋代蜀学》，高等教育出版社1998年版。
② 夏君虞：《宋学概要》，商务印书馆1937年版，第93页。
③ 参见朱维铮《关于清代汉学》，《走出中世纪二集》，复旦大学出版社2008年版。
④ 参见王东杰《地方认同与学术自觉：清末民初的"蜀学"论》，《四川大学学报》（哲学社会科学版）2010年第6期。此文侧重地方认同与区域学术自觉的视角，仍难免"后认"蜀学流派，以地域泛化蜀学发展脉络。因此，对蜀学流变及其与近代学术之关系仍有进一步讨论的空间。
⑤ 关于此问题的讨论与研究典范，可参考桑兵《中国思想学术史上的道统与派分》《近代中国的新史学及其流变》，载《晚清民国的学人与学术》，中华书局2008年版。

一 "绍先哲,起蜀学"

四川僻处西南,较少浸染清代汉学的风气。咸、同以前,锦江书院为四川仅有的省级书院,"大抵惟科举是务,虽日习经,涉猎而已,未有专业教者,即欲以古学倡,其如规模之未具何?"① 以乾嘉汉学的标准,咸、同以前,巴蜀一地学术实无足观。集清代学术大成的《皇清经解》没有收录一部四川学者的著作。桂文灿在《经学博采录》中称四川学术自蹈虚诬、荒经蔑古,治经者仅有曾受知于何绍基的王劼一人而已。② 王劼《毛诗读》一书,何绍基、张之洞"见而称之"。戴纶喆视王劼为"豪杰之士","当乾嘉鸿儒辈出之时,蜀风气未开,先生独覃精朴学,欲上窥兴观群怨之旨","蜀自何公后蜀人始知治经,张公后蜀人之治经者始众"。③

同、光之际,张之洞任四川学政,批评某些四川士人将理学、释老、方技糅合在一起著书授徒,或请仙扶乩,指出"此大为人心风俗之害""乃俗语所谓魔道"。④ 四川总督吴棠为了扭转锦江书院制艺之学的风气,为有志学古的学子重刊《诂经精舍文续集》。⑤ 1874 年,工部侍郎薛焕回乡丁忧,联络蜀地官绅上书吴棠、张之洞,请求创办书院"通经学古课蜀士"。张之洞主张"欲治川省之民,必先治川省之士",创办尊经书院,将川省士子们纳入儒家正统的轨道,培养通博致用之才,"绍先哲,起蜀学"。所谓"绍先哲",乃绍继经学传统,复兴两汉之际,比于齐鲁的蜀中儒学。所谓"起蜀学",是培养通经、学古之士,使士风由荒经蔑古转

---

① (清)伍肇龄:《尊经书院课艺二集序》,载《中国历代书院志》,江苏教育出版社 1995 年版,第 16 册,第 443 页。
② 参见(清)桂文灿《经学博采录》第 3 卷,华东师范大学出版社 2010 年版。
③ 戴纶喆:《国朝四川儒林文苑传》(5),《广益丛报》第 210 号,1909 年 8 月 5 日,第 3 页(栏页)。
④ (清)张之洞:《輶轩语》,载苑书义、孙华峰、李秉新主编《张之洞全集》,河北人民出版社 1998 年版,第 12 册,第 9777 页。
⑤ 参见(清)吴棠《重刊诂经精舍文续集序》,载《中国历代书院志》,江苏教育出版社 1995 年版,第 15 册。

为尊经、学古通经。张之洞在《四川省城尊经书院记》中明确要求"经史、小学、舆地、推步、算术、经济、诗古文辞，皆学也"，"凡学之根柢必在经史。读群书之根柢在通经，读史之根柢亦在通经"。①

晚清学界扰攘于汉宋之争，张之洞虽在《輶轩语》中提倡汉宋兼修，劝人治学不要妄立门户，但《书目答问》一书教人治学从阮元刊刻的《学海堂经解》以及段注《说文》入手，以此为治学的门径："由小学入经学者，其经学可信；由经学入史学者，其史学可信；由经学、史学入理学者，其理学可信；以经学、史学兼词章者，其词章有用；以经学、史学兼经济者，其经济成就远大。"② 张之洞对尊经书院的期望与设计，即模仿诂经精舍和学海堂，立志汉学。起初，吴棠、张之洞致信聘请俞樾，俞樾以"老母在堂，未便远游"为由，婉言谢绝③；聘请张文虎、李慈铭等人，也未能如愿④。江浙汉学名流均推辞山长一职，除了"蜀道难"之外，更暗含轻视蜀学之意。最后，薛焕聘浙江海宁钱保塘、嘉兴钱保宣为主讲，钱保塘讲学特重《说文》，"二钱""以注疏课士，蜀人乃知有经学"⑤。

张之洞离任时，致信继任者谭宗浚，"身虽去蜀，独一尊经书院，倦倦不忘"，此时"但讲根柢者，实难其人"，期望"他年院内生徒各读数百卷书，蜀中通经学古者能得数百人，执事之赐也"。⑥ 谭宗浚为学，优于辞章，与张之洞提倡"学古"有所出入。谭宗浚指责"近来子弟稍读经史，辄薄八股为不足道"之举为"大谬"，所谓"八股之析理论事尽有

---

① （清）张之洞：《创建尊经书院记》，苑韦义、孙华峰、李秉新主编《张之洞全集》，第12册，第10074—10075页。
② （清）张之洞：《书目答问》，苑韦义、孙华峰、李秉新主编《张之洞全集》，第12册，第9976页。
③ （清）俞樾：《致吴仲宣制府》《与张香涛学使》，载《俞曲园书札》，大中书局1932年版，第110—111页。
④ 关于四川尊经书院与晚清四川学术关系的初步探索，可参见李晓宇《王闿运受聘尊经书院史事考》，《四川大学学报》（哲学社会科学版）2008年第2期；《尊经书院与近代蜀学的兴起》，《湖南大学学报》（哲学社会科学版）2008年第5期。
⑤ 沃丘仲子：《近代名人小传》，崇文书局1926年版，第18页。
⑥ （清）张之洞：《致谭叔裕》（1877年1月8日），苑韦义、孙华峰、李秉新主编《张之洞全集》，第10129—10133页。

精处，断非心浮气浮者所能工"。① 尊经书院有不少弟子认同谭宗浚的主张，宋育仁追忆"蜀学初开，高才生惟知竞词章耳。时诋经解为钞胥，并未尝问途也"②。此时，张之洞着力培育尊经书院的学古风气，尊经书院的主讲并未更换。张氏一面让薛焕等人将谭宗浚所出观风题寄呈，一面命二钱翻刊《书目答问》与《輶轩语》。③ 1878年冬，谭宗浚集尊经诸生三年以来课艺及下车观风超等卷，刊为《蜀秀集》八卷，即被人认为"所刊皆二钱之教，识者称为江浙派"④。《蜀秀集》秉承张之洞主汉学的思路，以"实事求是，博稽制度"为纲，"课之以研经，引之以读史，旁兼诸子，下逮百家"。⑤ 时人称赞："《蜀秀集》粗得包举众艺，表现群英，识者谓与诂经、学海相颉颃。"⑥ 尊经弟子张祥龄也认为"同治甲戌，南皮张先生督学，提倡阮、纪两文达之学"，"以《说文》及《提要》为之梯阶"，"川省僻处西南，国朝以来不知所谓汉学，于是颖异之士，如饿渴之得美膳，数月文风丕变，遂沛然若决江河"。⑦

新任四川总督丁宝桢对此颇为不满。1879年春，丁宝桢"视学考程，横经课士，忻门户之已成，惜真传之未启"。⑧ 丁宝桢指责当时解经者"多不顾其义理之安而惟章句之新奇是务，驯至穿凿附会，破碎决裂，几使先圣载道之文，至于不可通晓"。他教导尊经学子："解经贵求心得，必得于心而后能有合于古，有合于古而后能有益于身。"⑨ 同年，丁宝桢聘王闿运为尊经书院山长，意图扭转尊经学风。起初，尊经书院拟不设

---

① （清）谭宗浚：《止庵笔语》，1922年刻本，第4—5页。
② （清）宋育仁：《续文史校雠匡谬正俗》，《国学月刊》第15期，1923年7月，第21页。
③ 参见（清）钱宝宣《与缪荃孙书》，载顾廷龙校阅《艺风堂友明书札》，上海古籍出版社1980年版。
④ 廖幼平编：《廖季平年谱》，巴蜀书社1985年版，第19页。
⑤ （清）谭宗浚：《蜀秀集·序》，《蜀秀集》，成都试院清光绪五年版。
⑥ （清）王祖源：《尊经书院初集·序》，载《中国历代书院志》，江苏教育出版社1995年版，第16册，第3页。
⑦ （清）张祥龄：《翰林院庶吉士陈光明君墓志铭》，《受经堂集》，转引自《续修四库全书总目提要》，齐鲁书社2006年影印版，第36册，第254页。
⑧ （清）王祖源：《尊经书院初集·序》，载《中国历代书院志》，江苏教育出版社1995年版，第16册，第3页。
⑨ （清）丁宝桢：《尊经书院初集·序》，载《中国历代书院志》，江苏教育出版社1995年版，第16册，第1页。

考课，唯分校勘、句读各门，以便初学，后以官府意志分设官、师考课，每月两次课考。廖平就曾批评考课制度"于初学颇不甚宜"，"非治经之道"。① 王闿运主张官课不能干预主讲之权，主讲也不宜久设，拟将书院全权收归山长，变读经考辨为"抄书"。王闿运认为："宜先为有恒之学，唯在抄书。"在他的倡导下，诸生纷纷抄书。主讲钱保塘1879年年初已被派往清溪赴任，院中只剩下钱保宣一人。王闿运、钱保宣二人不和，王闿运评论道"钱前阅书院二课卷，人亦俗雅，浙派之潦倒者""张生祥龄来，多为钱徐山言，似疑我不能容之"。②

王闿运与"二钱"的矛盾明显有与江浙学术争锋的意味。四川和湖南地处偏远，乾嘉朴学盛行于吴、皖之时，巴蜀、湖湘等地尚未预流。张之洞创尊经书院的本意是以蜀学为江浙汉学的支脉，但经王闿运一番教化，与江浙派立异，却成为晚清乃至中华民国蜀学的主体。王闿运初到成都，即"试玄端冠端所用，群士多杂纂阮氏《经解》"③。王闿运认为："治经以识字为贵，非识《说文解字》之文字为贵。"④ "六经之文，字无虚下，解经不词，先师蚩之。经文非独无剩字，亦无炼字"，"今愿与诸子先通文理，乃后说经，文通而经通，章句之学精，然后可言训诂义理，而先师之所秘密自负者，必恍然于昔者之未通章句也"。⑤丁宝桢称"斯言诚后世说经者不易之准绳"⑥。

王闿运在尊经书院讲学注重词章之学⑦，讲经学以《仪礼》《春秋》为主。王闿运提倡《仪礼》，一方面让学生实践《仪礼》以养成庄重之

---

① （清）廖平、吴之英：《经学初程》，《六译馆丛书》，四川存古书局1921年版，第3页。
② （清）王闿运著，吴容甫点校：《湘绮楼日记》，1879年1月29日、5月2—3日，岳麓书社1997年版，第736、792—793页。
③ 沃丘仲子：《近代名人小传》，崇文书局1926年版，第24页。
④ （清）王闿运：《释贵》，《尊经书院初集》第1卷，载《中国历代书院志》，江苏教育出版社1995年版，第16册，第17页。
⑤ （清）王闿运：《释蒙》，《尊经书院初集》第1卷，载《中国历代书院志》，第16册，第12页。
⑥ （清）丁宝桢：《尊经书院初集·序》，载《中国历代书院志》，第16册，第1页。
⑦ 杨度之弟杨钧即称："湘绮讲学，约分两期，在四川尊经书院时，则重词章：在衡州船山书院时，则重经学。湘绮先生本壮岁学词章，晚年治经学者也。"杨钧：《草堂之灵》，岳麓书社1985年版，第204页。

风；另一方面教学生研究《仪礼》，以礼解经。在校阅诸生课卷中，王闿运批注："以礼诂《易》甚精当"，"引礼说《易》，大有启悟"。① 他教导诸生："治经于《易》，必先知易字含数义，不当虚衍卦名。于《书》，必先断句读。于《诗》，必先知男女赠答之辞不足以颁学官、传后世。一洗三陋，乃可言《礼》，《礼》明然后治《春秋》。"② 1880 年，王闿运作《春秋例表》，指导廖平研究《春秋》。皮锡瑞曾阅览四川尊经书院课艺"知川学宗旨，大抵出于王壬秋先生"，"《春秋》兼用《公羊》《谷梁》新义，间出前人之外；礼经尤精，说易说诗，皆以礼证之，故其说虽新而有据，异于宋明诸人"。③ 此后，尊经学子业有专攻，对王氏之教各有取舍，廖平及其弟子甚至对王氏经学不以为然，但不可否认王闿运以《仪礼》《春秋》教导蜀士，启发蜀学形成不同于江浙学派的学术风格。费行简认为："院生日有记，月有课，暇则习礼，若乡饮、投壶之类，三年而彬彬进乎礼乐。其后廖平治《公羊》《谷梁春秋》《小戴记》，戴光治《书》，胡从简治《礼》，刘子雄、岳森通诸经，皆有家法，未尝封于阮氏《经解》，视诂经、南菁、学海之徒日经解者，盖不可同日语。蜀学成，还主长沙校经书院。"④ 钱基博称道尊经弟子"能不为阮元《经解》所囿，号曰'蜀学'，则闿运之以也"⑤。费行简、钱基博强调"蜀学成"，正有将"江浙派"与"蜀学"截然为二的意味。缪荃孙对此不以为然，称钱保塘"在蜀三十五年"，"传经弟子，不乏英隽，至今称颂不置，使蜀士常奉君为依归，何至邪说暴行流毒于天下耶"⑥。费、钱二人所言"蜀学"，缪氏所言"邪说暴行"，一褒一贬，其中关键就是廖平。

---

① （清）王闿运：《尊经书院初集》第 1 卷，载《中国历代书院志》，第 16 册，第 13、16 页。
② 沃丘仲子：《近代名人小传》，第 3 页。
③ 皮名振：《清皮鹿门先生锡瑞年谱》，台北：台湾商务印书馆 1978 年版，第 26—27 页。
④ 沃丘仲子：《近代名人小传》，第 4 页。
⑤ 钱基博：《近百年湖南学风》，中国人民大学出版社 2004 年版，第 63 页。
⑥ （清）缪荃孙：《清风室诗文钞序》，《清风室文钞》，海宁钱氏清风室 1913 年刻本。

二 汉学与宋学

廖平初入尊经书院"为《说文》之学者","数月后遂泛滥无专攻,辛巳冬作《转注假借考》颇与时论不同,丙戌春间乃知形事之分"。① 王闿运讲学,提倡今文家说,主通大义,这直接促成廖平早年学术的重大变化:"庚辰以后,厌弃破碎,专事求大义,以视考据诸书,则又以为糟粕而无精华,枝叶而非根本,取《庄子》《管》《列》《墨》读之,则乃喜其义实,是心思聪明至此又一变矣。"② 不过,与王闿运注重《公羊》有所不同,廖平专求大义,特重《谷梁》。廖平治《谷梁》学,以礼制言家法条例,视《王制》为《春秋》大传,注《谷梁》当"以《王制》为主,参以西汉先师旧说,从班氏为断"③。蒙文通指出廖平与王闿运的学术区别在于:"湘绮言《春秋》以《公羊》,而先生治《谷梁》,专谨与湘绮稍异。其能自辟蹊径,不入于常州之流者,殆亦在是","依传之例以决范、何、郑氏之违失,而杜后来无穷之辩。植基坚厚,旋复移之以治《公羊》《左氏》,皆迎刃自解"。④

1883年,廖平第二次进京应试,成为其学术道路的分水岭:"居蜀时,未敢自信其说,出游后,会俞荫甫、王霞举诸公,以所怀疑质之,皆莫能解,胆乃益大。于湘潭之学,不肯依傍。"⑤ 可见,廖平学术逐渐自成体系,突破张之洞、王闿运二人的学术主张。在《今古学考》中,廖平正式为蜀学注入了新的内涵:

予创为今、古二派,以复西京之旧,欲集同人之力,统著《十

---

① (清)廖平:《六书旧义序》,《六译馆丛书》,四川存古书局1921年版,第1页。
② (清)廖平、吴之英:《经学初程》,《六译馆丛书》,第11页。
③ (清)廖平:《重订谷梁春秋经传古义凡例》,《重订谷梁春秋经传古义疏》,严氏孝义家塾丛书本1931年版,第3页。
④ 蒙文通:《廖季平先生传》,《经史抉原》,第139页。
⑤ 吴虞:《爱智庐随笔》,载赵清、郑城编《吴虞集》,四川人民出版社1985年版,第93页。

八经注疏》(《今文尚书》《齐诗》《鲁诗》《韩诗》《戴礼》《仪礼记》《公羊》《谷梁》《孝经》《论语》。《古文尚书》《周官》《毛诗》《左传》《仪礼经》《孝经》《论语》《戴礼》。《易》学不在此数），以成蜀学。见成《谷梁》一种。①

清代雍、乾以降，郑学盛行，治汉学者"宁道周孔错，不言马郑非"。廖平则称，郑玄之学"主意在混合今、古"，"予之治经，力与郑反，意将其所误合之处，悉为分出"，"经学至郑一大变，至今又一大变。郑变而违古，今变而合古"。"因旧欲约友人分经合作，故先作《十八经注疏凡例》。"②廖平治经以今、古为大纲，批评"近贤声训之学，迂曲不适用，究其所得，一知半解，无济实用"，"如段氏《说文》、王氏《经传释辞》《经义述闻》，即使全通其说，不过资谈柄、绣鞶帨，与帖括之墨调滥套，实为鲁卫之政，语之政事经济，仍属茫昧"。阮刻《学海堂经解》"多嘉道以前之书，篇目虽重，精华甚少"，"上半无经学，皆不急之考订"，"下半亦非经学，皆《经籍纂诂》之子孙"。③此即廖平所言："南学繁杂，紧要在泛博，览观既难于默识，临事更乱于辩说，以其博而不精。"④

就清代汉学流变的内在脉络而言，陈寿祺父子早已"渐别今古，由粗及精"，俞樾也论及以《王制》解释孔子改制，廖平《今古学考》更进一步，"综其终始"，"六艺同源，贯以一孔"。廖平欲纂《十八经注疏》，遵循治《谷梁》学的原则，讲家法条例，以《王制》《周官》为今、古学的总纲，明经说本旨，阐发孔子《春秋》拨乱反正之义，发明孔子所定的一王之制。廖氏"六变"之学，尊孔为其主轴。吴虞评价廖平："耻为《经籍纂诂》之子孙，超出阮王二家，自成六变；直指《读书

---

① （清）廖平：《今古学考》，《廖平选集》，巴蜀书社1998年版，上册，第89页。
② （清）廖平：《今古学考》，《廖平选集》，上册，第89页。
③ （清）廖平：《知圣篇》，《廖平选集》，上册，第208页。
④ 廖幼平编：《廖季平年谱》，第29页。

《杂志》无师法，离开湘潭一派，独有千秋。"① 此论深得廖平"以成蜀学"之意。廖平后来襄校尊经"同学相与讲明古学之伪，除课艺外，同学各任一门"。不久，廖平应张之洞邀请赴粤时，尊经学子百余人聚集成都延庆寺，条列今古义例，"相约分任编纂"，以期"煌煌蜀学，自成一家"，"继续两汉"。②

《今古学考》一出，川省学人褒贬不一。刘子雄阅读《今古学考》后，认为"治经不讲今、古，是为野战，讲今、古又不免拾人牙慧"，遂舍弃经学，专攻诗词。③ 萧藩赞誉廖氏平分今古之功可与顾炎武、阎若璩之学比肩，"国朝经学超绝古人者得二事焉，顾亭林之论古音，阎百诗之攻伪《尚书》是也。季平专精《王制》，恢复今古旧学，虽原本汉人，然其直探根本，分析条流，规画乃在伏〔胜〕、贾〔逵〕之间，西汉以来无此识力，比之于顾、阎二君，未审何似？"④ 不过，岳森致函廖平，认为："《穀梁注疏》《王制义证》二端已可不朽"，然而"大旨近似，罅漏尤多，且甄别《周官》、割裂《左传》，赵宋学者已多为此"，且"《学考》之例太繁，恐不足以昭画一"。岳森指出"他人于学患在因循，吾子之病正坐勇速"，力劝廖平当"擅此睿智绝力，再能出以沈郁，免得旋成旋悔"。⑤ 对于廖平"以成蜀学"的志业，岳森规劝廖平应"统筹全局，深维本末，勉宏立达，以宠交游。若徒溺情铅椠，疲精著述，偏于成己，略于成物，即使十一经注疏告成，只为兄一人之业，于全蜀无与，且只为经生之事，去师道尤远"⑥。

东南学人对廖平著《今古学考》"以成蜀学"的意图也是各持己见。江瀚致信廖平，质疑今古派分："君子之为学也，唯求其是"，"奈何皆为

---

① 中国革命博物馆整理《吴虞日记》下，1932年9月26日，四川人民出版社1984年版，第651页。
② （清）郑可经：《郑本四变记》，《国学荟编》第7期，1915年7月，第23页。
③ （清）廖平：《知圣篇》，《廖平选集》，上册，第205页。
④ （清）萧藩：《分撰两戴记章句跋》，转引自黄开国《廖平评传》，百花洲文艺出版社1993年版，第284页。
⑤ （清）岳森：《南学报廖季平第三书》，载《癸甲襄校录》第5卷，尊经书院1895年刊刻本，第68—69页。
⑥ （清）岳森：《南学报廖季平书》，载《癸甲襄校录》第5卷，第66页。

诵法洙泗，乃妄分畛域"，在"宗郑"的立场上"混合今古，固未足为病"。① 文廷式对今文学颇不惬意，劝导皮锡瑞"不讲常州及川学"，皮氏认为"阳湖庄氏之学，尝蹈宋人改经陋习，川学即廖季平一派，分别今古文，各自为学，甚是，然多失之附会"②。章太炎肯定汉学有古文、今文之别，分别今、古文是治经的前提，自称"廖平之学，与余绝相反，然其分别古今文，确然不易"，"余见井研廖平说经，善分别今古文，盖惠、戴、凌、刘所不能上"。③

是时，汉学逐渐成为四川学术主流，"吾蜀学术思想其由文章空言而入经史实学，实启于南皮，成于湘潭，至廖季平、吴之英诸人出，研经治史，发扬而光大之，于是自杨升庵、李雨村后，蜀中学人复为世重"④。锦江书院与尊经书院对峙，仍以讲论宋明理学为主，对"尊经"学风颇有微词。肄业锦江书院的刘光第指出："南皮学使去后，朴学渐开。但真能上进者亦属寥寥，实为可叹。"⑤ "尊经锦江，又考全蜀而为隽。成都人强半聪颖，省垣首风气，大过穷乡僻邑；浮华者亦往往习虚矫，其病乃为他邑所无。锦江承故事，尊经高材生明敏好学者不乏，惰弛者不足责，因而骄蹇且倾轧者，是自弃自贼材。惟心知向学，不求乎实用，拘文牵义，摘句而寻章，按格而就局，唾拾乾嘉以来余习，侈然方谓所据乃千秋之业"，"成都人士学问流弊至是，又当为隐忧"。⑥ 究其原因，刘光第认为是"正学不讲久矣"，"道统茫茫，一线几坠"，"吾人今日为学，只有闭户读书，澄心观理。不夺于邪说，不摇于俗尚，沉潜反复，涵养既深，驯至道明德立，然后徐出所学"。⑦ 可见，学界主要从重考据而轻义理质疑川省新学风。江瀚认为尊经书院开办后，蜀学风气日上，昔日好

---

① （清）江瀚：《与廖季平论今古学考书》，《中国学报》第2期，1912年12月，第27—30页。
② 皮名振：《清皮鹿门先生锡瑞年谱》，台北：台湾商务印书馆股份有限公司1981年版，第26页。
③ 章太炎：《程师》，《章太炎全集》第4卷，上海人民出版社1985年版，第138页。
④ 《受经堂集·提要》，载《续修四库全书总目提要》，第36册，第254页。
⑤ （清）刘光第：《京师与正之书》，《刘光第集》，中华书局1986年版，第289页。
⑥ （清）刘光第：《武昌书〈赠〉陈黻臣》，《刘光第集》，第49—50页。
⑦ （清）刘光第：《书赠唐晋渊》，《刘光第集》，第51页。

讲易学，今日则喜言《春秋公羊传》，从而导致"辞章考据争鸣，而义理之学益以微灭"①。黎庶昌批评"蜀中人士习俗弊坏已久，虽有张、王二公为之提倡于前，未能挈要钩玄，十余年来，其习文辞者，骈散不分；讲经学者，率趋诡僻，绝无儒者读书气象"②。

廖平提倡"统著《十八经注疏》，以成蜀学"，旨在取代江浙学术重塑汉学正宗。鉴于此，倾向官方立场、主讲宋学的学人，意图将蜀学纳入宋明理学系统，对廖平学术颇有微词。1886 年，王闿运返回湘潭，尊经书院山长由锦江书院山长伍肇龄兼任。伍氏意图将锦江书院的办学宗旨与学风移植到尊经书院，几次欲用宋学取代汉学。尊经弟子多有不满，伍肇龄认为"诸生不服教，欲驱我走"，萌生退意。不过，川省总督刘秉璋斥责诸生，坚持留任伍肇龄。③ 1887 年，新任四川学政高赓恩文行并重，刊刻《北学编》。高氏还命题《蜀学编》，作为尊经书院诸生的季课"欲肄业诸生搜辑先哲言行、考订学术"。方守道将诸生课业编订成册，在凡例中说明：

> 古之学一而已，后代乃有文学、理学、训诂、经济等学之分，实则学而得所以为学，文也，即理也，训诂、经济所以明此而行此，以全乎为人者。其人而非矣，无论训诂文章不足道，经济且以欺世也，托之理学亦自树门户而已……心术不端，所学亦必不正，是编所录皆择其心术学术不诡于正者。④

《蜀学编》依循《北学编》，宣扬"节行无可疵议"与"敦从四教"，以此维持正学，勾勒蜀学流变，"将与《洛学》《关学》《北学》诸篇共

---

① （清）江瀚：《题郑海门尚絅堂杂录》《慎所立斋文集》，载沈云龙主编《近代中国史料丛刊》（709），文海出版社 1966 年版，第 76 页。
② （清）黎庶昌：《慎所立斋文集·叙》《慎所立斋文集》，载沈云龙主编《近代中国史料丛刊》（709），文海出版社 1966 年版，第 26—27 页。
③ 参见（清）刘声木《苌楚斋随笔》，中华书局 1998 年版。
④ （清）方守道辑，高赓恩重辑《蜀学编旧例》，载《蜀学编》，锦江书局光绪二十七年重刊本，第 2 页。

相辉映"。① 对于蜀学学统，高赓恩有明确规范："窃维蜀学之脉凡四五：汉则传经重大师，取其有行谊，诸如张叔文一流，而扬子大儒不敢诬，李唐附之，是谓洙泗之脉。宋初诸儒渐启周程之绪，中叶以来，圣学昌明，则取谢、谯、范一流，而苏子名儒不敢摈，是谓伊洛之脉。南轩为晦翁畏友，鹤山乃紫阳再传，一时承学翕然，智术无二，则取张、魏两门，而虞子伟儒不敢外，是谓湖闽之派。元承宋学，明初承元学，嘉靖以还，少海似薛、吕，大洲宗陈、王，学者趋之，是谓津会姚泾之派。国朝名儒宗派虽殊，渊源自合，据是为断。"② 锦江书院童子木曾撰楹联："毋自画，毋自欺，循序致精，学古有获；不苟取，不苟就，翘节达志，作圣之基。"高赓恩为褒奖"正学"，将此楹联"刊悬各书院，以诏多士"。③ 高氏为伍肇龄所刻《近思录》作序时，批评廖平"浸树藩篱，操本忘末，世儒之蠹"。最后，廖平不得不离开尊经书院暂避锋芒。④

此后，吴庆坻来蜀督学，力图"渐导新学，尽洗俗陋要务，衷经折圣，不为游谈"。⑤ 吴庆坻认为："蜀士通小学、知考订、工词章者不乏其人，比年留心时务者亦不少，而沈潜义理学者盖渺，故往往优于文而绌于行，高谈元妙，诚为无补。求其切实可信从者，惟《朱子语类》一书。拟取善本覆刻，俾人读之，其于说经论事，举可师法。"⑥ 吴氏命戴纶喆著《国朝四川儒林文苑传》，戴氏认为："史汉《儒林》为传经者而设，而其后遂归诸束身名教之儒，《宋史》创《道学传》，识者非之。"所谓"儒者之不徒空言而已"，"蜀士多躬行实践，罕讲学之名。尊经书院未开

---

① （清）伍肇龄：《蜀学编·记》，载《蜀学编》，锦江书局光绪二十七年重刊本，第13页。
② （清）高赓恩：《续刻蜀学编序》，载《蜀学编》，锦江书局光绪二十七年重刊本，第12页。
③ 戴纶喆：《国朝四川儒林文苑传》（续），《广益丛报》第207期，1909年7月7日，第5页（栏页）。
④ 参见黄开国《廖平评传》，百花洲文艺出版社1993年版。
⑤ （清）吴庆坻：《致汪康年书》（12），载上海图书馆编《汪康年师友书札》，上海古籍出版社1986年版，第379页。
⑥ （清）吴庆坻：《致沈曾植书》（1899年4月13日），转引自许全胜《沈曾植年谱长编》，中华书局2007年版，第214页。

以前，尚考据者亦少，但读书暗然自修而已"。① 因此，戴纶喆将清代川省潜心宋明理学以及孝义之士均归入《儒林传》。其实，戴纶喆受吴庆坻影响，轻视考据，虽称赞王劼为豪杰之士，"蜀人始知治经"，但仍把王劼归入《文苑传》。

清末四川提学使赵启霖提出川省办学"极应提倡义理之学，希望大家互相勖勉，在本原上用功。学术有本原，而后人才有效果"②。他创办四川存古学堂的目的是以理学转移学风，四川存古学堂以理学为主课，强调理学的正统地位。赵启霖与徐炯"以道义相切靡，最称莫逆"，聘徐氏兼授存古学堂理学课程。徐炯痛心晚近学者"以破碎之考据，纤艳之词章，目为国学"，遂作《国学解》，指出："是学也，蕴蓄于内则为道德，彪炳于外则为事功，传之永久则为著述。粗之在洒扫应对之间，精之在天人性命之际，始之在视听言动之细，终之在参赞位育之宏，非居敬不能入其门，非穷理不能探其奥，非成己成物不能满其量。"③ 相形之下，虽同为湘潭弟子，廖平与赵启霖治学倾向不合，曾因"讲经学离奇怪诞"而被赵氏从高等学堂及优级师范学堂经学教员任上辞退。赵启霖还通令各属学堂不得传看廖平讲义。

同光以降，川省学人辈出，"尊经书院，以经史词章之学倡导后进"，"文雅彬彬，比于江浙"，治经学者，"辐辏并出"，"号称极盛"。④ 宋学之风，清初迄于晚清，绵延不绝，此时渐由"魔道"而归于"正学"。虽然唐才常旅川之后，认为"四川文风，不逮湖南远甚"，"惟词章之学，较之八股，略胜一等；经解则门径未悉，体例未谙，曾不若湖南之一知半解者"。⑤ 不过，吴庆坻预言"蜀士它日有兴起者，当可与东南诸子颉

---

① 戴纶喆：《国朝四川儒林文苑传》(3)，《广益丛报》第208期，1909年7月16日，第3页（栏页）。
② （清）赵启霖：《瀞园自述》，载施明、刘志盛整理《赵瀞园集》，湖南出版社1992年版，第337页。
③ 刘子健：《徐子休先生传》，《新四川月刊》第1卷第2期，1939年6月，第46—47页。
④ （清）黄崇麟：《寿栎庐丛书序》，载《寿栎庐丛书》，1920年刻本。
⑤ （清）唐才常：《上父书》(5)，《唐才常集》，中华书局1980年版，第207—208页。

颂"。① 实际上，廖平拟纂《十八经注疏》，"以成蜀学"，与江浙学术立异，即意在扬弃乾嘉以降汉学传统，在复古求解放的道路上更进一步。清末民初，杨赞襄、蒙文通等好今文者明确提出以蜀学承前启后，扭转清学流弊，济道术之穷。

三　维新与复古

"十年以来，汉宋既息，新旧代兴。"戊戌维新前后，清季学界争论的重心已渐渐从"汉宋"转向"新旧（中西）"。瞿鸿玑在督学四川时就主张"中学西学，皆求实用，无取空谈，必能贯通经史，考求时务，然后为有用之才"，"尤必心术端正，不染习气，方能竭诚报国，共济时艰"，遂"请颁锦江、尊经两书院御书匾额"。② 晚清学人开始普遍关怀"政"与"教"的关系，并着重从"教"的内涵来检讨"中体"的位置。1898年，张之洞撰《劝学篇》，明确提出"中学为体，西学为用"：今日中国面临自古以来前所未有的世变，"图救时者言新学，虑害道者守旧学"，"旧者不知通，新者不知本。不知通则无应敌制变之术，不知本则有非薄名教之心"。③ 川省官绅纷纷成立蜀学会，与之相呼应。杨锐、刘光第联合傅增湘等京师四川官绅成立蜀学会，创办蜀学堂，以期"风气渐开，将来必有人材挺出为国家之用"。④ 四川远而僻，风气未开。"官绅难契洽"，"与人谈时务，诧为希有，信者寥寥"。⑤ 为此，宋育仁继《时务报》《湘学报》而起，在重庆发行《渝报》，"先即在重庆通衢开馆，

---

① （清）吴庆坻：《致汪康年书》（12），载上海图书馆编《汪康年师友书札》，上海古籍出版社1986年版，第379页。
② （清）余肇康：《清故诰授光禄大夫经筵讲官军机大臣协办大学士外务部尚书瞿文慎公行状》，闵尔昌纂录：《碑传集补》第2卷，载《中国名人传记丛编》（23），文海出版社1980年版，第186页。
③ （清）张之洞：《劝学篇》，载苑书义、孙华峰、李秉新主编《张之洞全集》，第12册，第9704页。
④ （清）刘光第：《自京师与自流井刘安怀堂手札》（54），《刘光第集》，第280—281页。
⑤ （清）吴德潇：《致汪康年函》（16），载《汪康年师友书札》，第398页。

为风教之先"①。1898年，宋育仁被聘为尊经书院山长，遂与杨道南、吴之英、廖平等人在成都设立蜀学会，将《渝报》改为《蜀学报》，印行《蜀学丛书》，与蜀学会相表里，"学会开讲，报局随即出版"。二者皆隶属于尊经书院，"报局与学会相表里，学会与书院相经纬，分为三事，联为一气"②。

《渝报》主张"讲学无论中西，取其切于实用"，江瀚曾为《渝报》托请汪康年物色翻译西文人才。③《蜀学报》旨在昌明蜀学，开通全省风气，"中外政学分为官、士、农、工、商五门，取有关实用可以考镜得失，不分中外，随文多寡列入"。因"农工二门，无专门之师，尚难遽语"，只能"俟风气渐开，再行填入泰西机器新法"。④若要开风气"去塞求通"，首先是会通中西。潘清荫指出，"士生今日，率旧者服习经史，而诋趋时为效颦，崇新者竞务西学，而笑泥古为株守"，此皆"不善学"，"苟心知其意而善学之，固有相为贯通之理"，"苟明中土之旧规，即可无诧欧洲之殊俗，又况失官而学在四夷，且可参彼之有余，以佐吾之不逮乎?"⑤廖平特著《改文从质说》，称"中国文弊已深，不能不改，又不能自创"。西学则"自新无术，而内向中国"，"中取其形下之器，西取我形上之道"，"中外各自有长短，弃短取长是为交易"，"文质彬彬，合乎君子，此文质合通百世损益之大纲也"。⑥为此《渝报》《蜀学报》刊载大量宣扬沟通中西、讲求实功、变法维新的文章，如宋育仁的《时务论》，吴之英的《矿议》《政要论》《赋役论》《救弱当用法家论》，寿州王荣懋的《开风气说》《论强》《论富》。

面对儒术危殆之局，如何"存中学""固中体"，张之洞强调"今欲

---

① （清）宋育仁：《学报序例》，《渝报》第1册，1897年10月，第8页。
② 《蜀学会章程》，《蜀学报》第1册，1898年5月5日，第3页。
③ 参见（清）江瀚《致汪康年函》(3)，载上海图书馆编《汪康年师友书札》，上海古籍出版社1986年版。
④ 《蜀学报章程》，《蜀学报》第1册，1898年5月5日，第1页。
⑤ （清）潘清荫：《经史之学与西学相为贯通说》，《渝报》第2册，1897年10月，第18—19页。
⑥ （清）廖平：《改文从质说》，《蜀学报》第2册，1898年5月20日，第12—14页，参校《四益馆杂著》，《六译馆丛书》四川存古书局1921年版。

强中国，存中学，则不能不讲西学"，故高度关注"西学为用"。① 不过，蜀学会同仁兴蜀学，以会通中西为本，提倡维新即复古。蜀学会与《蜀学报》各有偏重，学报侧重开风气，学会主讲经训。宋育仁批评"新学者，驰骛于末流，持旧学者，墨守于肤受"，主张"维新不在惊奇，而在涤然，与民更始不待智者而辨，然则维新为言筌，其中有物，舍复古安归乎？""今之所谓守旧者，护弊而已；彼惟未学于古，故不知今以弊为旧。"因此"吾所谓复古者，正欲启其聪明乃所以维新"。维新之关键不在于"艺术"，而在于明"事理"，"艺术日新无穷，而事理终古不易"。事理寓于教中，"我欲不易教而治，讲学必依教为根，君子反经而已"，"反经即复古，复古即维新"。② 正如潘清荫所言，中学不竞于西，乃"沉溺帖括之文，其体裁觚敝"，而"恪奉为造士育贤之准中"。③ 因此，宋育仁所言反经、复古，即探源经史，兴蜀学，重新阐释儒家经典。对"西用"而言，是所谓"复古"；对"中体"而言，则是"维新"。

蜀学会侧重经训，温故知新"与祖尚西人、专门西学者有别"，"格物穷理，无分中外，临讲务求折衷至当，不得是彼非此，率相诋諆，致长轻浮"。④ 吴之英为蜀学会主讲，称"蜀学微矣，学者失其所以学。今将反吾故焉，故以蜀学名也"。"蜀何学？曰：学周孔耳。"因此蜀学必合于周孔，抉其精髓，而"今言时事者，右西法"，"执周孔之末迹"。学会"购西书报"，"采西说"，"此所以尊周孔也"。"英与宋君、廖君之纪纲斯会者，此意也。不惟英与宋君、廖君之意，会中人意也。会中人意即蜀中人意也，亦即中国人士积久欲发之意也。"⑤ 蜀学会为"发扬圣道、讲求实学"，以孔子经训分为伦理、政事、格致三科。然"格致一科尚乏专长之士主持，俾众观摩，必得一优于此道者植之表，庶可以相与有

---

① （清）张之洞：《劝学篇》，载苑书义、孙华峰、李秉新主编《张之洞全集》，第12册，第9724页。
② （清）宋育仁：《复古即维新论》，《渝报》第1册，1897年10月，第9—11页。
③ （清）潘清荫：《经史之学与西学相为贯通说》，《渝报》第2册，1897年10月，第18—19页。
④ 《蜀学会章程》，《蜀学报》第1册，1898年5月5日，第1—2页。
⑤ （清）吴之英：《蜀学会报初开述义》，《蜀学报》第1册，1898年5月5日，第5—6页。

成"，宋育仁拟以千金力邀新学教员，仍未果。① 蜀学会的重心自然在伦理、政事两科。

甲午战后，立国之本从主张改善传统之"政"到要求引进西洋之"政"，于是，中国之"教"何去何从的问题，引起了朝野上下的普遍关注。蜀学会首重人伦，即扬孔门之教，应对危局，维持中学之体。廖平称："时务之学当分二途：学人之事，官吏主之；教人之事，师儒主之。古法以《孝经》治内，《春秋》治外，今当反用其道，以《春秋》政治治内，《孝经》名理驭外，百僚当北面师考其养育富强文明之治功，师儒一如该国立校讲学。"② 以"《孝经》名理驭外"，以人伦为本，首要于辨析中西之教的差异与优劣。吴之英在《人伦说》开篇就说："人道以彝伦为重，而西学谓人受天地之气以生，父母特托始焉，故立敬天之说，据公法以割私情，其议炽若将燎焉，学会开讲以此发端，因撰是篇，原其所自。"在吴之英看来，"西人固灭五伦、弃外亲、畔五服，不知我身之何属，而肇造天地者也"，"西人言之可也，行之可也"，但是"居中国去人伦无君子，如之何其可也？"③ 胡绍棠进一步称，"两教相持，不入于此则入于彼"，西国之教出于墨，"杨墨之道向与孔子为敌，今益张其帜而烈其焰，其为中国人心之害实甚然"。欲拯其弊，必行孔子之教。以孔孟人伦说质疑西国之教，以及人权、民权学说。所谓"《春秋》者，万世之公法《孝经》者，天下之公理"，"圣人之教将遍于殊方绝域而莫之能外也"。④ 蜀学会首次会讲时，廖平就提出："孔子志在《春秋》，行在《孝经》。《孝经》是内圣，《春秋》是外王，内圣可以统外王，故《孝经》可以统万事。倘于孝字之外别求一道、别定一名，万不能统也。"⑤ 宋育仁总结道，"兴蜀学以伦理为主，故每届专讲《孝经》"，《蜀学报》论

---

① （清）宋育仁：《致汪康年函》（3），载上海图书馆编《汪康年师友书札》，上海古籍出版社1986年版，第543—545页。
② （清）廖平：《改文从质说》，《四益馆杂著》，《六译馆丛书》，第68页。
③ （清）吴之英：《人伦说》，《蜀学报》第2册，1898年5月20日，第10—11页。
④ （清）胡绍棠：《原教》，《蜀学报》第3册，1898年6月3日，第9—10页。
⑤ 《学会讲义》，《蜀学报》第1册，1898年5月5日，第9页。

撰，首冠《人伦说》，"即是蜀学宗旨所标"。①

戊戌维新之际，以"政"与"教"而论，即便政不如西，中国之教仍优于西洋。陈炽认为："泰西之所长者政，中国之所长者教。道与器别，体与用殊，互相观摩，互资补救。"② 中国之政既不能送穷退虏，必须效法西政，中国之教自然会面临严重危机，不仅要保种、保国，更要保教。蜀学会提倡"以通经致用为主，以保教、爱国为先"。有别于直接效法西政，蜀学会研究艺学、政学，必须"根柢于义理，取材于子史，而洞瞩于天下之利弊，参酌于泰西之异同"③。"西国之教源于墨氏，吾弗从其教"，"西国之政，近于《周官》"。因此"从西法者，复古法而已"。④ 宋育仁在为《庸书》作序时，主张："先王之政，备于孔子之书，为万世制作"，"不必言洋务"，"言治内而已"，治内则"舍孔子之言，先王之政，又安归乎？"也就是说，政不如西洋，复兴的关键仍是复古，"天下竞言维新，不必言维新也，复古而已"，"《周官》治内，《春秋》治外，先富而后教，由兵而反礼，则伺者不备"，"然则舍孔子何法，舍六经何向？"⑤ 蜀学会政事门"专主稽求经术，明周、孔经世，《论》《孟》言治，皆主封建、井田之世，立法与郡县且有不同，更无论外国民权、民主诸野说，故论井田、封建，是探古制起点所在，不得牵合汉唐，附会时务"⑥。宋育仁认为："封建、井田乃救时急务，非矫语高远"，复此二法，则"国无游民"，"无游民则必富强，外侮何从入哉"。⑦

诚如有论者所言，中体西用文化模式所带来的实际结果，却是西用

---

① （清）杨赞襄记：《七月朔讲义》，《蜀学报》第13册，1898年8月，第1—2页（栏页）。此文由四川大学李晓宇提供，特此致谢。
② （清）陈炽：《庸书》，载赵树贵、曾丽雅编《陈炽集》，中华书局1997年版，第139页。
③ （清）王荣懋：《统筹蜀藏全局论（续）》，《蜀学报》第3册，1898年6月3日，第11页。
④ （清）王荣懋：《开风气说》，《蜀学报》第4册，1898年6月，第3页（栏页）。
⑤ （清）宋育仁：《庸书·序》，载赵树贵、曾丽雅编《陈炽集》，第2—3页。
⑥ （清）杨赞襄记：《七月朔讲义》，《蜀学报》第13册，1898年8月，第1—2页（栏页）。
⑦ （清）杨赞襄记：《五月望日学会讲义》，《蜀学报》第8册，1898年7月，第1—2页（栏页）。

的范围逐步扩大。时人言用必言西学，实际上在暗示中学至少在当下"无用"。① 中国传统学术以通经致用为要，一旦中学不能为"用"，中学之体、经学正统地位自然动摇。沿着这种思路，清末民初学人重建"国学"、保存国粹、整理国故，中学由"体"逐渐演化为"故"，中国学术体系完全为西学分科所取代。与此相反，蜀学会诸人温故知新过于偏向"故"，依据古籍，重封建伦理，而对西方民权、民主学说则存疑义，所讲之学皆以孔子经训为本，以复古为号召。好作比附，其根源在于夷夏之辨、文质观念根深蒂固，无缘深究西学是不可忽视的外因。李源澄认为："〔廖平〕惟为时代所限，囿于旧闻，故不免尊孔过甚，千溪百壑皆欲纳之孔氏，又当时海禁初开，欧美学术之移植中土者浅且薄，不足以副先生之采获。"② "尊孔过甚"则竭力发掘儒学精义，使得蜀学在清末民初"保存国粹""经史递嬗"过程中弘扬儒家义理，坚守中国文化本位，因应时代变迁，实践学术转型。如果说，中体西用的文化模式将中学的体用一分为二，最终导致中学之体都无法成立，那么，蜀学会同仁集思广益，以"维新即复古"为宗旨，既坚守儒学义理，又阐发先王之政，以通经致用为主，讲人伦以封建、井田等古制为本。这种貌似不合时宜、泥古不化的论调，却启发蜀学后劲蒙文通、李源澄在民初在今古文论争、经史嬗递的洪流中，倡导"义与制不相遗"，力图会通义理、制度、事实，回应中华民国学界纷纷扰攘的汉宋、今古、经史问题。

四 今古之争

清末民初，中西学战、国粹与欧化论辩之时，学界开始重新梳理传统学术、区分国学与君学。清末民初的国学观呈现出一种超越儒学的倾向，所谓"以儒术为国学者，名不称实之举也，朕即国家之学也"。③ 新

---

① 谢放：《中体西用：转型社会的文化模式》，《华中师范大学学报》（人文社会科学版）1996年第3期。

② 蒙文通：《廖季平先生传》，《经史抉原》，第144—145页。

③ （清）孙叔谦：《国学：致〈甲寅杂志〉记者》，《甲寅》第1卷第4期，1914年11月，第34页（栏页）。

旧学人多参照西学分科整理中学，清末留日的蜀学后劲也实践此"欧风变转学术新"的风气。谢无量曾在北京倡导蜀学会，认为"蜀学会之所以立者三，曰揵，曰通，曰礼。守其固有之学，谓之揵；明其未有之学，谓之通；成揵成通而致于其极者，谓之礼"。清末民初，川人地方意识高涨，四川学者十分关注蜀学在全国的地位。谢无量在论"蜀学原始"时，鲜明地提出"蜀有学先于中国"，并以原始儒学为禹所创，易学为商瞿所传支持此说。所谓"通"所指"通天地人曰儒，而一事不知为耻"。当今天下"国国相属，大者数十，小者盈万，哲人魁士，何地蔑有？各竞智能，著书成文，弥伦当世，不可卒算"，"俗殊辞异，不可不尽心，虽难遍明，要当习其文字，最重要者，古文则希腊、拉丁，今文则英、法、德、俄、意"。西欧学术可分为中庸之学、形而上学、形而下学。中庸之学为入门之学，分为五类，文学、历史、地理、物理、数学；形而上学"任理而驰说，远者极幽微，近者化成天下，无体而用宏"，分为三派，神学、哲学、政治学；形而下学为其质，分为九流，化学、机械学、电学、矿学、冶学、工艺学、医学、建筑学、农学。蜀学会的宗旨是会通原始蜀学与欧西新学。"会所以明学，礼所以持会"，谢无量详定了二十五条章程，第十五条规定："本会当设《蜀学报》，以明蜀相传之古学及近世新学。"①

相形之下，川中学人治国学者则多囿于儒学，以尊孔言经为主旨。1905年，跟随王闿运时间最长的尊经弟子吕翼文鉴于"海内方驰骛于欧化"，独立编撰《朴学报》，"以纾所蕴，遍说群经史传小学诸子以及词章医说"。②吕翼文创办"九经"学会，发行《九经朴学报》，其宗旨为"存湘绮楼朴学家法，使鸿爪雪迹，足以示诸将来"，"由经学入经济者，其经济成就远大，史者经济之所会归也"。③1909年年初，廖平曾组织国学研究会，要求入会者中学略有根柢，该会先由赏鉴图书入手，指示治学门径。提学使赵启霖到任伊始，范溶等即呈请在省开办学堂，注重国

---

① 谢无量：《蜀学会叙》，中国国家图书馆藏，出版信息不详。
② 林思进：《华阳人物志》，载《清代地方人物传记丛刊》（9），广陵书社2007年版，第720页。
③ （清）吕翼文：《九经朴学报叙》，《九经朴学报》第1期，1905年。

学，维持文化。1910年年初，川省设宋四先生祠，筹设存古学堂，吴之英、伍肇龄视四川存古学堂为"古学嗣响"，继承了尊经书院、锦江书院的蜀学学脉。中华民国肇兴，川省以四川存古学堂为基础，创办四川国学院。1912年刘师培、谢无量、廖平等共同发起成立四川国学会，附设于国学院，约集通才定期讲学，"为全省国学倡，以发扬国粹为宗旨"。国学会编辑《国学杂志》"以资阐发弘义，鼓吹群伦，事綦重也"，"东方先旦，神州建国，圣哲笃生，撰合乾坤而伦理出焉，天精地粹，会其极于我孔子"。该刊志在"博文约礼，温故知新，下学上达，自有夷途，近收丽泽之益，远征心理之同"。①

在"国粹以孔子为正宗"的义例下，一方面，四川国学会内部对如何发扬国学存在分歧。刘师培认为研究汉学唯在"谛古言、审国故"，发扬国学当以求真求是为前提。在为《国学杂志》作序时，刘师培提出"夫为人之学，非徒接炫赖赢己也，绌伸偶变，用学混同。即志佛时，亦攸为己。何则？用世之术，卑迩斯周"，"治学之方，弟隆求是，秉执品科，以稽为决"。②另一方面，廖平提出重构道与"六经"的关系，倡孔圣制作，将"六经"置于"孔经哲学"的框架中重新解释。廖平认为："至圣生知前知俟后诸名义，久失其传，诸儒不得其解，遂以古文考据、义理八比为孔子，欲明经学，必先知圣与制作六经之本旨。近有《知圣编》《制作考》等书。今拟掇其精华，分门别类，更加推阐，学者必先知圣而后可以治学，必先知经而后可以治中西各学。"③曾学传强调国学当以儒家伦理为宗旨，"懿维孔学，群伦之宗，万流之极，不可不察也"。曾学传认为孔学乃"吾国学之粹"，"若夫佛老之去欲返本，管墨之为民谋生，良有足多者，故列论之，俾学者知吾儒之粹，众美悉备而无其失，岿然为伦理宗主，本末大小精粗一贯也"。④在梳理历代儒学源流时，曾学传批评章太炎"以为儒术惟文学著作而止，不及德行"，告诫学者应当

---

① 曾学传：《国学杂志义例》，《四川国学杂志》第1期，1912年9月，第1页。
② （清）刘师培：《国学会序》，载万仕国编著《刘师培年谱》，广陵书社2003年版，第220页。
③ （清）廖平：《治学大纲》，《四益馆杂著》，《六译馆丛书》，第129页。
④ 曾学传：《国学钧元》，《四川国学杂志》第1期，1912年9月，第6—9页。

"立天下之大本而后渐达于圣人经世之用",切忌"饶饶以文学自大,张己伐人,钓名贾利以欺天下之耳目"。①

国学院院正吴之英治学以专精求是为依归,"古论学问,唯专乃精。约礼未能,博文无当","要所以成此专执,荟精一家,固无害其通才,乃有裨于雅教。不然涉猎失御,枉媚心目,泛滥忘归,犹矜口耳"。② 吴之英善说礼制,对廖平创分今古、发挥孔经哲学的主张颇不以为然,"礼制何必说古今,历代损益圣贤心","每思君法我欲去,又憾我法君不与,拟革君法用我法,古人心情在何许?"③ 因此,吴氏希望刘师培能扭转国学院中"肆挥今文"的学风。对此,四川国学会内部有着清楚的认识,《国学杂志》发刊义例中就有所调和:"即或汉宋交攻,朱陆互辨,要在明理,非关争斗,折衷至当,道有攸归,庶几匡时之万一。"④ 今古文大师廖平、刘师培于国学院角力,为民初国学院讲学授徒的主线。二人争辩今古,渊源有自,可谓清末蜀学与江浙学术争锋的缩影。

南方有学人称"廖说若行,南方经学,罕能立足"⑤,章太炎著《今古文辨义》,对廖平"微言之说,多所驳难";廖平坚持齐鲁之学有"微言、大义"二派,"二千年以来专言大义,微言一失,大义亦不能自存",如今若求有用之学,须阐明"微言为圣门正传"。⑥ 章太炎攻击今文经学以学术缘饰政治,别有用心,称"鄙意提倡国学,在朴说而不在华辞,文学诚优,亦足疏录。然壮言自肆者,宜归洮汰。经术则专主古文,无取齐学"⑦。宋恕指出:"对于粹,应有二主义焉:则保也,复也。"⑧ 章太炎与廖平的分歧,即"保"与"复"的分别。章太炎发展"六经皆史

---

① 曾学传:《历代儒学概论》,《世界观杂志》第1卷第4期,1915年11月,第57—58页。

② (清)吴之英:《答人问博学书》,载吴洪武等校注《吴之英诗文集》,四川大学出版社2008年版,第285页。

③ (清)吴之英:《寄廖平》,载吴洪武等校注《吴之英诗文集》,第67—72页。

④ 曾学传:《国学杂志义例》,《四川国学杂志》第1期,1912年9月,第1页。

⑤ 吴虞:《爱智庐随笔》,载赵清、郑城编《吴虞集》,第91页。

⑥ 廖宗泽编撰《六译先生年谱》,《儒藏·儒林年谱》,四川大学出版社2007年版,第49册,第819页。

⑦ 章太炎:《与刘师培书》,《国粹学报》第24期,1907年1月,第7页(栏页)。

⑧ (清)宋恕:《国粹论》,《宋恕集》上,中华书局1993年版,第460页。

说"，保存国粹，发扬国光，归一于民族文化。廖平主张经史分流，主讲孔子制作，"用圣作则经可推行，言述则经必废亡"，批评"以古文争一虚名，忍使六经废亡，而不思改变"；"保国保种之法，无俟别求，以为圣作有百利而无一害，以为贤述有百害而无一利"。① "保存"的结果是国粹沦为国故，"复兴"孔圣哲学却难以为世人认可。朱昌时即称"廖氏其人厄于当道"，"但岿然独存"，极力向邓实表彰四益馆诸书。②

刘师培曾作《南北考证学》，认为"近代之儒所长者，固不仅考证之学"，"训诂、典章之学，皆可以考证一字该之"，而且"著作必原于考据，则亦以考据该近代之学"。若就地域而言"虽学术交通，北学或由北而输南，南学亦由南而输北，然学派起源夫固彰彰可证者也，黄、惠、江、庄谓非儒术之导师欤？且南、北学派虽殊，然研覃古训，咸为有功于群经"。③ 称赞近代考据兴盛，当是表彰清儒学术成就，以南北言考据学，东部学人习以为常。宋育仁的高徒、国学院史学教员杨赞襄则质疑刘师培"南北考证学"的划分，为蜀学争名分。

杨赞襄认为，巴蜀盛行今文家说，宋育仁于"微言大义，独有会心，其宗旨在以教养致富强"，"通经乃能致用"，"北富顺学派也"；廖平"别有会心，其宗旨以皇帝王霸循环逆数为归宿，或咎其作符命，不尽然也"，廖学更"逾岭而南，康、梁实为巨子，与章、刘旗鼓中原，遂影响于革命、保皇二党"，"此井研学派也"；王闿运弟子吕翼文以朴学著称，与新宁傅晋卿并称"湘潭学派"。"章、刘、王、宋、廖、康皆思以其道易天下"，此非"从前考证家所能及"，所谓"旧邦既焕新猷，旧学亦开新派。吴则刘子，越则太炎，其考证用古文法式，而理论则近于今文，又湛于佛"。因此，杨赞襄主张学术流派在晚清以降当以"东西"代"南北"，"两汉经学有东西无南北，今之新考证家亦复如是"，"东"自然是汉学大本营"吴越"，"西"则是以今文学开新考证学之"楚蜀"，甚至

---

① 廖宗彝：《代廖季平答某君论学第三书》，《广益丛报》第117号，1906年9月17日，第4页（栏页）。
② 朱昌时：《致邓枚子书》，《蜀报》第5期，1910年10月17日，第2页（栏页）。
③ （清）刘师培：《南北学派不同·论南北考证学不同论》，《国粹学报》第7号，1905年8月，第1页（栏页）。

就"理论"而言，吴越也要纳入今文的范围，所谓"理论渐趋统一而事实随之"。① 这言外之意自然是要以巴蜀为代表的今文学为学术正统，而"吴越巨儒"仅为附庸而已。杨赞襄曾上书川省都督，希望宋育仁能讲学四川国学院，则"国粹必愈昌明，正堪与刘申叔相得益彰"②，此事未果。不过，廖平与刘师培的今古分合似乎印证了杨赞襄的预言。

刘师培和廖平在经史关系、天人性命之说等问题上各持己见，其焦点则是争辩今古。廖平在国学会定期讲论，发挥今文学，作《尊孔篇》，"为中外提倡微言，发明哲理，阅者以哲学视之可也"③。在国学学校教授群经大义，多以《经话》为依据"其说经之书，初谓之《经话》，如《今古学考》诸作，皆自《经话》中录出，遂成卷帙"④。刘师培主讲音韵训诂与《春秋左氏学》，"讲授之余，课以札记。有以疑义相质者，亦援据汉师遗说，随方晓答"⑤。不过，刘师培在四川国学院时期扬弃廖平以礼制辨别今古的说法"廖书断古文学为伪，诚非定论（今亦不主此说）。武断穿凿，阙迹尤多。然区析家法，灼然复汉学之真，则魏晋以来所未有也"⑥。此时，刘师培"朝夕与廖氏讨教，专心于《白虎通义》《五经异义》之书"，深究今、古文师说。此后，刘师培详考史事，以史证经，因事证明今古二说各有所本，明堂之制本有今古两说者，一为鄧鄏之制，一为雒邑之制；又著《西汉周官师说考》，以疆域礼文之殊，比次班书，甄录贾、马诸说，兼采春秋传记、大戴礼记、周书之属，以证周官师说同制，"橐杙古学，立异今文"。⑦

在国学院与廖平朝夕讨教的经历，使刘师培的治学道路逐渐转向以

---

① （清）杨赞襄：《书刘申叔〈南北考证学不同论〉后》，《四川国学杂志》第3期，1912年11月，第1—2页（文页）。
② （清）杨赞襄：《上都督书》，《四川国学杂志》第8期，1913年4月，第68页。
③ （清）廖平：《尊孔篇》，《四益馆杂著》，《六译馆丛书》，第1页。
④ 蒙文通：《廖季平先生传》，《经史抉原》，第143页。
⑤ （清）刘师培：《春秋左氏传答问·序》，《刘申叔遗书》，凤凰出版传媒集团、凤凰出版社，第311页。
⑥ 万仕国编著：《刘师培年谱》，第217页。
⑦ 孙海波：《西汉周官师说考·提要》，载《续修四库全书总目提要》，第37册，第439页。

礼制讲经古文，在考证经籍、疏通史迹的基础上为古文经学立家法条例，为清代汉学建构"理论"，这也是刘师培晚年学术研究殚精竭虑之处。邵瑞彭即称："三百年来古文流派至此确然卓立。"① "入蜀之役"是刘师培学术道路上的重要转折点。同时，刘师培执教国学院，在某种程度上改变了四川的学术格局，有学人即认为刘师培"手订《左庵集》雕版行之，蜀学丕变"②。此语或有溢美之嫌，但刘师培对川省汉学的传播的确功不可没。刘师培入川不久，吴虞便登门求教研究汉学的门径。

1913年，四川国学院人员结构骤变，刘师培、吴之英、曾学传、杨赞襄等东西之争的干将皆已离校，言今学者尚有廖平及其弟子，言古学者则已殆尽。廖平主讲国学学校的经学课程，其他经学教员黄镕、季邦俊均是廖平弟子，谨守廖平之学，称廖平"收残拾缺，继绝扶危，以复西汉之旧"，"合中国学术而论，以孔子为尊，必先审定孔子"，"以求有用之学，庶几圣道王猷，略得班管"。③ 国学学校专讲廖平之学，不复今古"角力"的局面，国学学校课卷题目多是天人之学，掺杂纬书及岐黄之书，经学条目则多攻评古文，论今文纬书、天人大小之学，尊孔意识尤重，《国学荟编》原本是刊刻师生著作的园地，此时几乎成为廖平学术的一言堂，所刊学生的课卷多以廖氏之学为宗。④ 蒙文通于1911年考入四川存古学堂，1916年毕业返乡，经历了存古学堂到国学学校的更替，深刻感受汉宋、今古的论辩。这曾造成他择取学术道路的某种紧张"朝夕所闻，无非矛盾，惊骇无已"。1915年，蒙文通撰写了《孔氏古文说》，以今文学的观点来讨论晚周秦汉的"六经"与旧史之别，明确地提出了"博士之经同符孔籍"，并"考还博士之旧，肇复古文"。⑤ 此事或是蒙文通常提及"少好今文家言"的源头，而今文学立场成为蒙文通日后"议蜀学"、出入经史的起点。

---

① （清）邵瑞彭：《礼经旧说题记》，载《刘申叔遗书》，第99页。
② 尹炎武：《刘师培外传》，载《刘申叔遗书》，第17页。
③ 黄镕、胡翼等：《家学树坊·致蓟室主人书》，载（清）廖平《廖平选集》，下册，第623页。
④ 参见《国学学校春（夏）季课题目》，《国学荟编》1914年第10期，1914年10月。
⑤ 蒙文通：《孔氏古文说》，《经史抉原》，第4页。

五　经史分流

中华民国新学制建立后，学术分科体制化，以经学为主导的传统学术格局最终解体，经学日渐抽离其原有的学术内涵，在新学科体系中无栖身之所，新文化运动更对经学所蕴含的价值体系给予最有力的抨击。胡适等人提倡整理国故，国学研究成为时尚，西学成为国学的参照，科学成为整理国故的标准。江浙学人自然不甘心学术中心为北京所夺，各派学人立刻做出回应，纷纷成立国学机构，发行国学杂志与之相抗衡。虽然各派学人对整理国故见解各异，但都坚信"整理国学之声，洋溢于耳，国学终有复兴之一日，不过整理方法，颇费斟酌耳"。老辈学人章太炎、陈衍也发行国学刊物，对整理国故运动有所针砭，但均不足以扭转世风。整理国故运动的目的就在于除旧布新，对立志于"输入学理"的学人而言，"诸先生之学术，仅足结清室之终，未足开民国之始，其著作之精粹，可供吾人之诵读，其治学之方法，不能为吾人之楷式"。①

在新学术的潮流中，甘蛰仙就提出建设"新蜀学"。甘蛰仙称："世界化的新学术之建设，全世界人皆有责任焉；新国学之建设，全国人皆有责任焉；'新蜀学'之建设，全川人士皆有责任。"新蜀学的建设，"大有及时提倡之必要"，应该"由具象的个别的事物中推见其抽象的共通的原理，乃可以通古今之变，而成一家之言"。若要达成此点，首先要综合两汉至明清巴蜀"诸先辈之学术及其人品，而兼采其特长，以磨炼自己之心力，而激发其勇猛精进之志气，由淹博以趋于精约，由广师以返于自得，则今兹所理想之二十世纪新蜀学之建设之究极目的，或亦终有能贯彻焉者"。至于晚近可以师法的学人，有刘光第、廖平，前者"制行谨严，而岿然不愧为人师"，后者"妙造姬汉，蔚然经师，关于今文之学说尤多独到处"。②甘蛰仙问学于梁启超，建设"新蜀学"与其所宣扬的

---

① 胡朴安：《民国十二年国学之趋势》，上海《民国日报》"国学周刊"，1923年10月10日，第1版。
② 甘蛰仙：《新蜀学史观》，《重庆商务日报十周年纪念刊》，1924年，第1—4页。

"今后向新宋学,超汉学之目的"①如出一辙。而此时川中学人宋育仁、蒙文通等"好今文家言者"正是欲以蜀学扭转清代汉学及其流裔的弊端,质疑胡适等人整理国故的方法与宗旨。

向楚等人批评新学制乃"一味崇拜西欧,以为缘饰",成都的高校尤"不遵此轨","然功令所限,始终有不得不同文共规之势"。②"尤不遵此轨"一语道出川省的确存在许多不同的声音。1922年年底,宋育仁创办《国学月刊》,探求"中国内圣外王之道"③。宋育仁依循复古即维新的思路,坚信古义不明则国粹不能保,"中国之国粹何在乎?孔子之道,孔子之学其最矣,今将由国粹以浚新知,非所谓温故而知新者耶"④。胡适发表"新国学"研究纲领后,宋育仁公开地逐字逐句加以批驳,认为胡适"说来说去只是一件历史考据","太看重汉后二千年史料,未窥经术门径,故忽却秦前二千年史料","所说方法是史家本色,非治经门路",因此导致"后学治史而不知经,则眼光视线,到汉唐为止,于春秋以来之三代时间二千余年皆茫然,所以错比"。⑤宋育仁认为国学必须以孔子一手修订的"六经"为核心,乾嘉学术仅达经学的初程"始成其科学之方式",须由此以进于制度,才能"心通大义,悟入微言",正所谓"下学而上达,必由之阶级,而非可以躐等释阶而登天也"。⑥这与整理国故运动视"六经"仅为史料,甚至要捐除经学名义的立场,截然两分,判若云泥。宋育仁、廖平等人为"发皇国学,汇通新旧,改良教育,支配学科,广造人才",特组织国学学制改进联合会,声称"改进国学者,即系根本改良学制"。⑦同时,宋育仁主持重修《四川通志》,"重新厘定义

---

① 甘蛰仙:《最近二十年来中国学术蠡测》,《东方杂志》第21卷纪念号,1924年1月,第24页。
② 陶亮生:《先师向仙乔言行忆录》,载《成都文史资料》第十九辑,成都市政协文史资料研究委员会1988年编印,第46页。
③ 《绪言》,四川《国学月刊》第1期,1922年11月,第1页。
④ (清)宋育仁:《正论孔学之统系》,四川《国学月刊》第5期,1923年1月,第4页。
⑤ 问琴:《评胡适〈国学季刊宣言书〉》,四川《国学月刊》第17期,1923年8月,第49—53页。
⑥ 问琴:《国学尊经辨惑》,四川《国学月刊》第18期,1923年8月,第4页。
⑦ 《国学改进会成立》,《国民公报》,1923年11月27—28日,第6版。

例,因革损益,提出国学精神",以"修书融纳讲学会,互相讨论切磋,期于修成一部国学分门蜀学研究参考书"。①

1923年,蒙文通"南走吴越,博求幽异,期观同光以来经学之流变"。然而,面对江浙与巴蜀学风的差异,蒙文通不禁感慨"故老潜遁","讲贯奚由",最后师从欧阳竟无研习唯识学。不过,蒙文通密切关注江浙学人整理国故的动向。当时,"《国故》与《华国》及东南大学之《国学丛刊》,皆《国粹学报》之一脉,而以太炎学说所左右者"②。《国学丛刊》《华国》系学人批评今文学,立古文门户,蒙文通则与陈中凡论今文学方士化,针对章太炎论述三体石经,澄清今文经学的源流。

返川之后,蒙文通作《议蜀学》,此文可视为挑战东部学界的宣言书:"迄乎近世,特识之士,始喟然慨清儒之无成,独赞古音之学,实能于散漫繁惑之中明其统理,斯为足尚,则清学之穷矣。"然"道穷则变,逮其晚季,而浮丽之论张,儒者侈谈百家之言,于孔氏之术稍疏,经术至是虽欲不改弦而更张之,诚不可得"。于是,"廖氏之学,自为一宗,立异前哲,岸然以独树而自雄也。盖三百年间之经术,其本在小学,其要在声韵,其详在名物,其道最适于《诗》《书》,其源则导自顾氏者也。廖氏之学,其要在《礼经》,其精在《春秋》,不循昔贤之旧轨,其于顾氏,固各张其帜以相抗者也"。如果说在1923年评议近三百年学术时,蒙文通仍是将廖平一系置于顾炎武所开创的清学系谱之下的话,那么此时则改弦更张,自树旗帜,晚清学术也由此分为两支,顾炎武音韵考据之学与廖平今古之学各领风骚。前者"矜言许、郑氏学,然徒守《说文》《礼注》";后者则"本《五经异义》以考两汉师说,剖析今、古家法,皎如列星"。③

蒙文通所言"清学之蔽"衍至中华民国,当特指整理国故运动。考据方法是中华民国"新汉学"沟通中西的媒介,民初整理国故运动被时

---

① (清)宋育仁:《修志重言》,载《重修四川通志例言》,成都昌福公司1926年版,第23B页。

② 胡朴安:《民国十二年国学之趋势》,上海《民国日报》"国学周刊",1923年10月10日,第1版。

③ 蒙文通:《议蜀学》,《经史抉原》,第101—102页。

人视为乾嘉考据学的变相复兴，胡朴安以清代学术流派对应整理国故运动的不同类别："吴学一派，笃信好古，掇拾旧闻；今之为结账式之整理国学者，由此一派而出者也。皖学一派，好学深思，心知其意；今之为科学式之整理国学者，由此派而出者也。焦氏之学，以经证经，条分缕析，脉络分明；今之以分类方法求学术之统系者，由此派而出者也。要之，皆为亭林学派之所推衍。"① 蒙文通论断清代汉学已经到了山穷水尽的地步，"今之倡言整理国故者，往往昧此而妄立科条，任意比附，此诚不知其本者也"②。以西方学术分科整理中国学术，潜在地切断了经学乃至传统文化中义理、制度、事实间的关联。那么，该如何复兴蜀学，以解其蔽，济道术之穷呢？

清末民初，蜀学并不为世人所称道，"赵尔巽、缪荃孙皆恶川人，故清史中儒林、文苑无一川人"③。有学者称"中国学界人才之递嬗，从历史上观察之，有自北而南之势"，"自明末以至民国，数百年来，学海中之明星，犹多出三江。近则浙人章太炎博综诸学，若文学、史学、音韵学、玄学（章氏谓哲学为玄）皆所孜孜勿倦者。至梁任公、邓秋枚诸辈，并今日之大学问家，而皆粤人，其所述作，视陈兰甫（陈澧，番禺人）愈益精博矣。至闽人诗文之盛，亦为时所艳称"。④ 吴虞不禁感慨："蜀学孤微，不仅受南方人士之排抑……即蜀中士夫，亦未尝有崇拜维持之事"，其所标榜者"皆虚伪不学之辈。而后生之继起者，于前辈为学之本末，用心之深苦，毫无所见"。因此"不能不为蜀学前途悲也！"然而，如何振兴儒学，川省学人意见不一。廖平主张："凡考据家不得为经学家，真正经学家即当以经为根据，由经例推言礼制。"⑤ 相反，赵少咸则担忧"新学昌披"，小学"研求益寡"，"蜀中自南皮、湘潭以经史文章诏导后学，经则季平、伯崶，史则张森楷，文章则宋芸子，而小学一科，

---

① 胡朴安：《清代学术丛书·序》，《广东国民大学图书馆馆刊》第2—3期合刊，1934年6月，第87页。
② 蒙文通：《在昔》，天津《甲寅周刊》第1卷第21期，1925年12月5日，第16页。
③ 中国革命博物馆整理：《吴虞日记》下，1929年10月4日，第473页。
④ 《国学尊闻·学海述闻十五则》，《国学杂志》第5期，1915年11月，第11页（栏页）。
⑤ 吴虞：《爱智庐随笔》，载赵清、郑城编《吴虞集》，第91—92页。

虽颇有所著述，多拘牵形体，习安邱之书，废金坛之学，戴、王、孔、严存而不论"。① 赵少咸的担忧正是蒙文通所指的清学流弊。

  道穷则变，蒙文通主张沿着传统学术发展的内在理路，按照经学的义例综合清代学术，其次效法"石渠、白虎之盛，讲论异同，宗于一是"，以此整合清代经学的歧义。时下切实的办法是在国立大学设立经科，教授高材，期待将来能恢宏道术，使中国文化的"新义"勃然而生。章士钊感叹道："疏经纂史，鄙志所存，开馆征书，亦非不办。然时局如斯，所谓高谈无所与陈，发义无所与展，吾则奈之何哉？"② 蒙文通认为复兴蜀学能领会与发扬儒学精义：以廖平《春秋》学为根基，本于礼制，辨析家法条例，通传明经，依经抉传，与考据学"各张其帜以相抗"，所谓"自顾氏以迄于今，其道已敝，吴越巨儒，复已悔其大失，则蜀中之士，独不思阐其乡老之术，以济道术之穷乎？"③ 中华民国学人批评秦汉今文经师方士化，驳斥时下"今文运动"，"生千载之下，乃犹思掘其泥而扬其波，以'今文运动'之名，号召于世，闻吾说其亦废然知所反乎？"④ 晚清《公羊》学在蒙文通看来近乎伪今文学，所谓"清世言今学者皆主于《公羊》，遂以支庶而继大统，若言学脉，则固不如此"⑤。只有以礼制为本，按家法条例治《谷梁》才是成熟之今文学。

  顾颉刚曾言"清之经学渐走向科学化的途径，脱离家派之纠缠，则经学遂成古史学，而经学之结束期至矣"，清儒"转经学为史学是下意识的，我辈则以意识之力为之，更明朗化耳"，"故至我辈之后，经学自变而为史学。惟如何必使经学消灭，如何必使经学之材料转变为史学之材料，则其中必有一段工作，在此工作中我辈之责任实重"。⑥ 此言一语道破整理国故运动的主旨。相形之下，宋育仁、蒙文通等人倡言蜀学旨在

---

  ① 《赵少咸来书》，《国学丛刊》第 1 卷第 3 期，1923 年 3 月，第 159 页。
  ② 蒙文通：《在昔》，天津《甲寅周刊》第 1 卷第 21 期，1925 年 12 月 5 日，第 17 页。
  ③ 蒙文通：《议蜀学》，《经史抉原》，第 101—103 页。
  ④ 陈中凡：《秦汉今文经师之方士化》，《国学丛刊》第 1 卷第 1 期，1923 年 3 月，第 8 页。
  ⑤ 蒙文通：《井研廖季平师与近代今文学》，《经史抉原》，第 106 页。
  ⑥ 顾颉刚：《顾颉刚读书笔记》第 5 卷，台北：联经出版事业股份有限公司 1990 年版，第 2788 页。

阐发经学，弘扬国学。宋育仁创办《国学月刊》，重修《四川通志》，旨在"发皇国学以救新学之横流，必在讲明经学以通经术"，此经学绝非囿于理学与章句考据，以免"毁及孔经以空疏无据"。① 蒙文通撰《经学抉原》，以礼制证明《谷梁》符合孔门原意，为孔子嫡传，以齐鲁之学突破今古门户，探两汉魏晋经学流变；著《古史甄微》，以古史羽翼经学，探寻儒学的源头，廓清经学的原貌，以上古三代的历史文化传统支撑起儒家义理，确证儒家思想在中国文化中的正统地位。

六　由经入史

蒙文通议蜀学，试图"以乡老之术济道术之穷"，与廖平"著十八经注疏，以成蜀学"的抱负一脉相承。不过，在中华民国经史异位的学术环境中，以空谈义理来维持儒家伦理与信仰势必行不通，经学研究多涉及历史，以史学立场"为经学显真是"，所谓"经学上之问题，同时即为史学上之问题……夫治经终不能不通史"。② 蒙文通撰述《古史甄微》，正是基于今文学立场，分别经史，在三方多元的古史系统中重新建构上古国史，辨今古之别与明古史之变二者相表里。与宋育仁、蒙文通的今文学旨趣不同，刘咸炘是以史学的立场倡议蜀学。③

刘咸炘认为，唐代以后，"史学莫隆于蜀"，蜀学的中心是文史之学。"蜀学崇实，虽玄而不虚"，"统观蜀学，大在文史。寡戈矛之攻击，无门户之眩眯，非封畛以阿私，诚惧素丝之染紫"。④ 刘咸炘所言的"史学"首先是区分"广义史书"与"真史书"、记注与撰述的界限：单纯的考据只是治史的功力，一般的记事书只是史料，都不是"真史学"。刘咸炘批

---

① （清）宋育仁：《学战概括论》，四川《国学月刊》第1期，1923年11月，第8页。
② 钱穆：《两汉经学今古文平议》，商务印书馆2003年版，"自序"，第6页。
③ 参见张凯《出入"经""史"："古史三系说"之本意及蒙文通学术旨趣》，《史学月刊》2010年第1期。关于刘咸炘学术思想的研究，参见刘复生《刘咸炘〈蜀学论〉及其在学术史上的意义》，《社会科学研究》2006年第3期；周鼎《刘咸炘学术思想研究》，巴蜀书社2008年版。
④ 刘咸炘：《蜀学论》，《推十书·推十文集》，成都古籍书店1996年版影印本。

评民初学界"以么小考证易于安立,少引驳难,乃来名之捷径"①。真正的史学必须建立在"真史书"和"撰述"的基础之上,具有"寻常记事书所无之素质"。②重修《四川通志》一事,刘咸炘与宋育仁宗旨迥异,刘氏自称"咸炘于史学服膺会稽章氏,章氏分别撰述、记注,其所发明别识心裁,发凡起例,皆撰述之事。今之通志似犹未可及,此旧志体例,且勿深论,即言记注亦无所成,缺略孔多,考证之功几于无有,即以人物、艺文言之,吾蜀人文莫盛于宋时"③。刘咸炘此时构建以章学诚为核心,"以宋世婺州史学为表,以明之姚江理学为里"的浙东史学系谱,旨在塑造与贯彻浙东史学以公统私、广大圆通的学术特质。这成为刘咸炘重建中国文化,回应中西古今之争的基本方法与宗旨。刘氏认为蜀学"长于深而短于广",好为议论,若要辅之以"广","当复宋世之史学",绍继浙东史学,"中兴蜀学,非吾蜀学者之当务乎?"④唐迪风夙怀说经之愿,曾对刘咸炘说:"子之史学当多传,道不可空讲必以史学为躯体,当今非此不能正邪说。"⑤

刘咸炘提倡以浙东史学中兴蜀学,对蒙文通颇有启发。20世纪30年代,研究国学群趋史学一途,经史易位几成定局。此时,蒙文通游历南北,分别任教于"中央大学"、河南大学、北京大学等高校史学系,与中华民国各学术流派深入交往,其学术与行事亦经历着由经入史的转变,但蒙文通、刘咸炘二人史学宗旨存在道家史观与今文学立场的分别。

刘咸炘自认其史学以道家为核心,"吾之学,其对象可一言以蔽之曰史,其方法可一言以蔽之曰道家"。"此学以明事理为的,观事理必于史,此史是广义,非但指纪传、编年,经亦在内;子之言理,乃从史出,周秦诸子亦无非史学而已","史之要旨"为"疏通知远,藏往知来,皆是

---

① 刘咸炘:《复蒙文通书》,《推十书·推十文集》,成都古籍书店1996年版影印本。
② 刘咸炘:《史体论》,《推十书·史学述林》,成都古籍书店1996年版影印本。
③ 刘咸炘:《复宋芸子书》,《推十书·推十文集》,成都古籍书店1996年版影印本。
④ 刘咸炘:《重修宋史述意》,《推十书·推十文集》,成都古籍书店1996年版影印本。
⑤ 刘咸炘:《唐迪风别传》,《推十书·推十文集》,成都古籍书店1996年版影印本。

御变，太史迁所谓通古今之变"，"吾名之曰察势观风"。① 蒙文通认可刘咸炘提倡的"察势观风"与"以治子之法以治史"，然而由"史"升格为"史学"，需要内圣外王兼备，方为明体达用之学。蒙文通自称："余少年习经，好西汉家言；壮年以还治史，守南宋之说，是皆所谓于内圣外王之事，无乎不具也。"② 国难之际，蒙文通贯通"秦汉新儒学"与"南宋浙东史学"，以此阐释与落实以"西汉家言"为中心的儒学义理。他认为南宋浙东诸儒既探求义理，阐发内圣之道，又贯通经制和事功，致力于外王之政，"主义理、重制度"，熔铸性理、经制、文史于一炉。③ 可见，刘咸炘侧重以史学察变，通观古今历史变迁，以此衡量传统文化的价值。蒙文通侧重"儒史相资"，考察儒学义理与历史变迁的能动关系，由此创造性地阐发儒学义理。④

程千帆曾言："蒙文通先生现在是以一个上古史专家的面目出现在学术界的，其实他的学问源于清末四川今文经学的大师廖季平。他是把廖季平那些稀奇古怪的想法用现代学术加以表现出来的。"⑤ 宋育仁认为："研经以求所载之道是之谓学，而非即以研经为学"，"史学"是"传述孔门经学之绪余，乃发挥孔门之学而非自辟一途以为学也"，"重考据而平视经史，尤为文化之蟊贼"。⑥ 蒙文通治史以今文义理为统宗，即孔子"所重在窃取之义"，此"义"不脱离"史"，且为后王立法，为中华文明的准则。整理国故者多以欧洲历史法则部勒中国历史，蒙文通视此为"惟察其表，而不思其本"，"陷于浅末而不自警"。蒙文通认为："近数十年来论中国历史者，受'历史法则'影响甚巨，实在说来'历史法则'仅是欧洲历史的法则，并不能适用于中国历史，况且这法则仅为欧洲一

---

① 刘咸炘：《道家史观说》，《中书·认经论附》，《推十书·推十文集》，成都古籍书店1996年版影印本。
② 蒙文通：《跋华阳张君〈叶水心研究〉》，《经史抉原》，第473页。
③ 蒙文通：《致柳翼谋（诒征）先生书》（1935年9月7日），《经史抉原》，第414页。
④ 关于蒙文通"儒史相资"学术理念的具体阐发，参见张志强《经、史、儒关系的重构与"批判儒学"之建立——以〈儒学五论〉为中心试论蒙文通"儒学"观念的特质》，《中国哲学史》2009年第1期。
⑤ 程千帆：《书绅杂录》，载《桑榆忆往》，上海古籍出版社2000年版，第156—157页。
⑥ （清）宋育仁：《论史学》，《国学月刊》第20期，1923年9月，第25—30页。

部分史家所承认。"① 相反，当以"国故整理科学"，根据中国历史建立"东方之历史法则"，构建中国本位的国史体系。"以科学整理国故，不若以国故整理科学为效之宏。诚以科学整理国故，为效仅止于国故，所裨只于一国家。以国故整理科学，则为效渗入于科学，所裨将被于世界，其为功可以道里计哉？"②

国难之际，蒙文通作《儒家哲学思想之发展》，以孟子心性之学为核心，勾勒周秦两汉儒学流变，申明秦汉新儒家直得孟子内圣外王之旨；又作《儒家政治思想之发展》阐发了今文学的"革命"理想，并以井田、辟雍、封禅、巡狩、明堂五种制度支撑今文学"革命"思想，构建"非常异义之政治学说"。为了贯通儒家义理、制度与中国历史演进，蒙文通强调："舍今文不可以明子史，舍子史又何以明今文？""先汉经说为子史之中心，亦即中国文化之中心"，秦汉今文学本于周秦历史的衍变而成立，此后，两千年的中国历史乃"先汉经说所铸成"。钱穆所谓中国"政制后面别自有一种理性精神为之指导"或与此说相通。蒙文通以儒学义理立论，宣称："义与制不相遗而后学明"，"儒者内圣外王之学，匪独可行于今日之中国，以西方学术之趋势衡之，直可推之于全人类而以创造其将来"；蒙文通结集出版《儒学五论》，"将以是示大法于将来，臻治道于至盛，以此申先师之义而广其说。岂徒明学，亦足兴治"。③

晚清民国学风，自经学转向史学，由古文转为史学，其道顺；由今学转为史学，其道逆。胡朴安认为："以今日研究学术之方法论之，今文学最不适用，所谓以春秋折狱，以禹贡治河，以三百篇当谏书，以及近人据乱小康大同之说，皆一无是处。"相反，"古文学之考证，最合于今日治学之方法，学之所以能成为科学者，以其收集各种证据，归纳以得

---

① 蒙文通讲，黎明记《国史体系》，《国立东北大学校刊》第6期，1944年12月1日，第1页。
② 蒙文通：《〈周官〉〈左传〉中所见之商业》，《图书集刊》第5期，1943年12月，第1页。
③ 蒙文通：《儒学五论》，路明书店1944年版，第4—5、109页。

公例，古文学家治学之方法，极合此种之条例"。① 此处所言"学术之方法论"仍旨在以科学整理国故，主张学术分科。金毓黻进一步申论，"清代名贤如戴东原、王怀祖，谓研经必先究名物制度，究名物制度必先通训诂，此即所谓汉学之嫡派也。然研究名物制度实属于史学"，此可谓"经学中之史学"。至于阐明义理"不惟宋儒能之，而清儒亦能之，如今文学派诸家，以宣究古人微言大义，皆属之，此又为经学之别派，亦可称之为经学中之哲学"。② 经学不能成为新学术中之一科，本是中西学术分别的根源。然而，西学东渐，以夷变夏，以西方学术分科部勒中国学术，经学内在的"事实""制度""义理"被有意割裂，经学自然无法成立，中国固有学术系统逐渐为现代西方分科治学所取代。陈钟凡认为今文学"重理想，不必符于事实，似哲学家言，不能叫作史学"。③ 今文学、古文学存在义理与考据、"虚"与"实"的分别而被割裂为哲学、史学诸科。以哲学与史学归纳今文、古文经学二派，正体现了近代学术流变中今、古文经学的不同命运。

近代今文学的怀疑精神为中华民国学界变经学为古史学、以史代经提供思想资源，"古史辨"运动扬弃康有为托古改制学说，打破儒家理想化的古史系统。廖平批评康有为"长于史学者，于经学则门外汉"④，《新学伪经考》一书"于目录之学，尚有心得；然未能深明大义，乃敢排斥旧说，诋毁先儒，实经学之真贼也。其以新学名编者，不过即所谓今古文者而略为变通之"⑤。吕思勉认为康有为托古改制说与廖平以礼制发明今古文之别是经学上的两大发明，二人学术影响各异"有康氏之说，而后古胜于今之观念全破，考究古事，乃一无障碍。有廖氏之说，而后

---

① 胡朴安：《经学讲义序》，载国学研究社编《国学汇编》第3集，国光书局1924年版，第17—18页。
② 金毓黻：《静晤室日记》，1939年2月12日，辽沈书社1993年版，第4288—4289页。
③ 陈钟凡：《陈钟凡先生的意见》，《教育杂志》第25卷第5期，1935年5月，第64页。
④ 吴虞：《爱智庐随笔》，载赵清、郑城编《吴虞集》，第91页。
⑤ 廖季平：《评新学伪经考》，《孔学》创刊号，1943年8月，第137页。

今古文之分野，得以判然分明，亦不容一笔抹杀也"①。康有为、廖平代表晚清今文学的不同派分，启发了传统学术转型的两种路径。

　　纵观清末民初蜀学的渊源流变及其与江浙学界的分合，一方面，巴蜀学人在汉宋、今古、经史的立场不同，建构蜀学的系谱及其内涵因时而异；另一方面，以今文经学为线索，坚守今文学立场的学人倡导蜀学，试图以今文学的"义理"与"制度"整合古文学的"事实"与"方法"，由此演化出近代学术转型的新路径。中华民国时期，廖平门生蒙文通、李源澄由经入史，其史学以今文义理为统宗，因事明制，以义御制："经学者，史与子合流之学问，固非史学，亦非子学"，"为一特殊之学问，自具独立之精神，而非史与子所能包含"②，"经学即是经学，本为一整体，自有其对象，非史、非哲、非文，集古代文化之大成、为后来文化之先导者也"。③ 时下，有学人倡导为了"向世界展现中国思想文化的本意"，"在思想学术领域来一次以复古为创新的文艺复兴，已经迫在眉睫"。④ 那么，回到晚清民国中西学战的历史现场，呈现晚清民国学术的复杂情景，揭示近代学术转型的多元路径，或可成为理清中西学术纠结、建构中国学术本位的有效途径。

（原载于《近代史研究》2012年第5期）

---

① 吕思勉：《论经学今古文之别》，载《吕思勉读史札记》中，上海古籍出版社2005年版，第725页。近代今文学的流派分殊，以及中华民国学人以史学与经学两种路径超越今古文之争的详情，另文详述。

② 李源澄：《论经学之范围性质及治经之途径》，《经学通论》，路明书店1944年版，第1—4页。

③ 蒙文通：《论经学遗稿三篇·丙篇》，《经史抉原》，第150页。

④ 桑兵：《近代"中国哲学"发源》，《学术研究》2010年第11期。

专 论

巴蜀哲学的特点、历史地位和影响

蔡方鹿　刘俊哲　金生杨

巴蜀哲学是巴蜀文化各发展阶段时代精神的集中体现。作为一种地域性哲学，连绵不断，既一脉相承，又纵贯古今，巴蜀哲学在各个时期的发展对中国哲学的发展作出了突出贡献，在中国哲学史上占有重要的地位。巴蜀哲学具有自身的特点和个性，同时由于中国哲学各时代思潮与各地域思想文化的互涵互动，相互交流、互相渗透，所以独具特色的巴蜀哲学亦是中国哲学的重要构成，并对同时代和后世的中国思想文化的发展产生重要而深远的影响。深入探讨巴蜀哲学的特点、历史地位和影响，对于全面深入认识巴蜀哲学及其与中国哲学的关系，具有重要的学术价值和意义。

一　巴蜀哲学的主要特点

（一）蜀学之魂，长于思辨

广义的蜀学是指巴蜀地区自古迄今的以儒为主、会通三教的学术文化，其中包含着丰富的思辨哲学。蜀学萌芽于先秦，至汉初而比肩于齐鲁，传承于蜀汉两晋南北朝隋唐五代，繁盛于两宋，流传于元明清，至近现代而复盛。蜀学是中华学术文化的重要组成部分和内在结构的体现，蜀学与哲学紧密结合，其相互关系贯穿于巴蜀哲学发展演变的始终。蜀学中的儒、佛、道三教，既相互对立，又融会贯通，别具巴蜀地域哲之特色。蜀学之魂,长于思辨,这是巴蜀哲学的重要特点。

　　融贯儒、佛、道三教的巴蜀哲学,具有较强的哲学思辨性,西汉蜀人严遵提炼的道家哲理对道学思想产生了深刻影响。严遵提出"以有知无,由人识物",由形象到抽象的认识方法;"见微知著,观始睹卒",推类而及的认识逻辑①,是对老子"知不知上"(《老子》第七十一章)不可知论的发展。严遵继承前代道家学说,将老子有生于无的思想与《淮南子》的气化论相结合,在对道之"虚无"及"无实生有"的宇宙演化方面,论述精致深微,思辨性强,从而开启了魏晋玄学的先声,成为汉代道家思想转变到何晏、王弼玄学思想的中间环节。

　　扬雄作为汉代不囿于今古文经学、谶纬神学而具独立思想的哲学家,在哲学领域建构了以"玄"为本的哲学体系。他继承其师严遵,借鉴吸收了老庄之学,然以孔孟后继者自居,儒道相兼,具有较强的哲学思辨性。

　　中国道教起源于汉末蜀地,历经发展和交流,至唐代,巴蜀著名道教学者李荣、王玄览等人论证"重玄"哲学,对道教义理化作出了重要贡献,使道教哲学日趋精微。

　　唐代佛学大师蜀人宗密,其佛学哲理深邃精密,作为"唐代中后期最大的禅宗学者"②,"唐代最后一位理论大师"③,宗密集隋唐佛学理论之大成,其思想"代表了中国佛家最高峰的思想"④。宗密"显已有自宗教折入于哲学之倾向","在哲学思维上,则实能有所组织,自寻一系统"。⑤ 其宗教哲学思想承前启后,对宋明理学也产生了深刻的影响。另一佛学大师蜀人马祖道一思想里也含有精致的哲学。

　　宋代以来的巴蜀儒学吸取佛、道二教,又改造创新,在创立融合三

---

　　① 《老子指归》卷三《道生篇》,载《道藏》,文物出版社、上海书店、天津古籍出版社1988年版,第12册,第45页。
　　② 任继愈总主编:《佛教史》,中国社会科学出版社1991年版,第302页。
　　③ 冯学成:《四川禅宗史概述》,载《巴蜀禅灯录》章首,成都出版社1992年版,"导言",第10页。
　　④ 吕澄:《华严原人论通讲》,《社会科学战线》1990年第3期。
　　⑤ 钱穆:《读宗密〈原人论〉》,《中国学术思想史论丛》卷四,安徽教育出版社2004年版,第179、189页。

教、富含哲思的理学过程中发挥突出作用,这与三苏等北宋蜀学人物有着密切的关系。三苏虽以文学见长,但在哲学上也有较高造诣。这主要体现在"三苏"提出道本论宇宙观、善恶非性的人性论和阴阳相资的辩证法思想等方面。

南宋著名理学家蜀人张栻在中国哲学史上首次提出"心主性情"[①]的命题,这对宋明理学心性论的理论建构和促进朱熹哲学的发展,产生了重要影响。

此外,巴蜀哲人赵蕤、杨慎、来知德、刘沅、廖平、郭沫若、蒙文通、刘咸炘、贺麟、唐君毅等蜀学大师,在他们的学术思想里都包含着丰富的哲学,具有较强的哲学思辨性,体现了蜀学之魂,长于思辨的特点。

(二)多元会通,兼容开放

巴蜀哲学的另一重要特点是它的会通性。所谓会通,指融会贯通,而不局限于孤立的一家一派。巴蜀地处南北之中,兼容南北文化而折衷取舍,具有善于吸收外来文化的开放性,如此巴蜀哲学得到长足的发展,而有别于排他性的学术。巴蜀哲学的会通性特点主要体现在两个方面。

1. 巴蜀哲学与域外哲学会通。汉初蜀郡太守文翁在成都创办地方官学文翁石室,使蜀地思想文化发生了新的质的飞跃。又遣蜀生去京师东受"七经",数年后归蜀,还教吏民,标志着中原学术文化之儒家经学引进蜀地。这对巴蜀哲学思想的发展影响甚大。

东汉末,张道陵在巴蜀鹤鸣山创建了道教。其后道教又在巴蜀流传演变,并在与包括域外道士学者的交流中不断深化其宗教教义及其哲学思想,推动着道家道教哲学向前发展。成于张鲁之手的《老子想尔注》是我国哲学思想史上第一次站在宗教立场,以宗教神学诠释《老子》的著名作品,成为早期道教哲学的重要代表作之一。

唐绵州道士李荣应诏入京,精于道教义理,名著京师,当时被誉为"羽流之冠""老宗魁首"。他"开六洞义",以为"道生万物","道本于

[①] 《朱熹集》卷七十三《胡子知言疑义》引,四川教育出版社1996年版,第3858页。

际"、"道玄不可以言象诠",舌战慧立、义褒、静泰诸名僧,指斥佛教之虚妄,以"道本虚玄",阐扬"重玄之道",与成玄英齐名。

唐佛学大师宗密离开巴蜀到襄汉、洛阳、上都(长安)等地活动,先后与道圆、灵峰、澄观等佛门著名人物交往,最后创立"教、禅一致"理论,成为对禅宗做全面而系统的理论阐述的大师,在中国佛学和中国哲学史上产生了广泛影响。

南宋理学大师张栻作为蜀人,长期在湘、浙一带活动,通过与胡宏、朱熹、吕祖谦等著名人士的交往和学术辩难,促进了宋代理学的大发展。张栻讲学于湖湘,不少蜀中学者从学张栻后,又回到巴蜀讲学,传播了张栻的理学思想,从而促进了巴蜀哲学的持续发展。

巴蜀哲学与域外哲学会通,还包括中西哲学会通,尤其巴蜀现代新儒家代表人物贺麟、唐君毅均提出中西哲学会通、融通的观点。唐君毅还在深入分析中西哲学各自的特点和存在的问题之后,指出中西方应该学习对方哪些哲学思想并做出具体回答,他特别提出西方文化应学习中国文化"自觉地求实现"的精神,方使自己悠久;而中国文化则由原来的"自觉地求实现"开出西方那种"自觉地求表现"[①]的精神,以求得自身的充实。而且,他们的哲学思想具有典型的中西融会贯通的色彩。在学术交流的实践中,贺麟、唐君毅二先生不仅出川与省外学者交流,更是出国求学、访问讲学,有力地促进了儒学在现代的传承发展。

在汲取西方哲学方面,贺麟主张"必须以西方的哲学发挥儒家的理学"[②],即以西方的苏格拉底、柏拉图、亚里士多德、康德、黑格尔的哲学与中国孔孟、老庄、程朱、陆王的哲学会合融通,使儒家哲学的内容更为丰富,体系更为严密,条理更为清楚,以此奠定道德和科学可能之基础。他主张"以自由自主的精神或理性为主体,去吸收融化,超出扬弃那外来的文化和以往的文化。尽量取精用宏,含英咀华,不仅要承受中国文化的遗产,且须承受西洋文化的遗产,使之内在化,变为自己活

---

① 唐君毅:《中国文化之精神价值》,广西师范大学出版社2005年版,第361页。
② 贺麟:《贺麟选集》,吉林人民出版社2005年版,第123页。

动的产业"①。贺麟提出的中西哲学会通的目的是应对文化危机,以本民族文化为主体,融会汲取西洋文化,实现儒家思想的新开展。唐君毅认为,吾人不仅要接受西方文化的科学、民主和个体自由,而且还要接受西方的哲学精神、宗教精神、审美精神等。他指出汲取西方文化不只是"左右采获,截长补短,以为综合"②,而且是为了把中国文化的发展推向一个新的阶段。由此他主张接受西方的哲学精神。

2. 以儒为主,会通儒、道、佛三教。巴蜀思想家具有融合黄河流域的齐鲁文化和长江流域的楚文化的特色,使富于伦理道德的孔孟思想与浑然朴实富于哲理的老庄思想融为一体。后又汲取佛教的思想,造就了巴蜀思想文化的独特风貌。汉代巴蜀著名思想家严遵著有《老子指归》,他继承老庄的哲学,讲由无生有的过程,但也受到儒家思想的一定影响,主张德刑并用,并提出顺民、重民的思想。严遵弟子扬雄是融合儒、道的思想家。在哲学上,他上承《易经》《老子》,下启王充、张衡乃至魏晋玄学,并影响了后来的思想家。北宋以苏洵、苏轼、苏辙为代表的三苏蜀学具有典型的融合三教的学风,他们既提倡儒家政治伦理思想,又对老子的道论加以汲取,并明显受到佛教思想的影响。北宋两度为相的著名学者张商英著《护法论》,强调:"三教之书各以其道善世砺俗,犹鼎足之不可缺一也。"③ 体现了他儒释道三教融合、不可缺一的思想。元代理学家虞集提出融通三教,"博涉于百氏"④ 的思想,把佛教视为西方圣人所传,认为道教神仙之学不出天理之外,主张对诸子百氏各尽其蕴,而不偏滞于一方。清代著名蜀学学者刘沅除潜心研究儒家经典外,也通过接触探讨道、佛,深受二氏的影响,认为佛老不为异端,"佛老之真者与圣贤无二"⑤,儒、佛、道是相通的;指出佛理原不外于儒理,佛亦不外于人伦物理,与儒无异。

---

① 贺麟:《贺麟选集》,第 123—124 页。
② 唐君毅:《中国文化之精神价值》,第 346 页。
③ 《大藏经》,《护法论》,台北:新文丰出版公司 1983 年版,第 52 册,第 643 页。
④ (元) 虞集:《道园遗稿序》,《虞集全集》,天津古籍出版社 2007 年版,第 1176 页。
⑤ 刘沅:《槐轩全书》九《槐轩杂著》卷三《复王雪峤书(二)》,巴蜀书社 2006 年版,第 3432 页。

以上著名蜀学人物以儒为主，会通儒、佛、道、三教的思想体现了巴蜀哲学所具有的包容性、开放性的特征，汲取诸家学术之长而发展了蜀学。与其他地域文化相比，巴蜀哲学的包容性似乎更强，基本不把佛道二教视为异端。

（三）释经创新，超越前说

巴蜀哲学有重经学的传统，并对前人旧说有所超越，勇于创新。文翁是一位深通《春秋》的儒家人物，他在任蜀郡太守期间，大兴教育，提倡儒学，选拔蜀中俊杰之士赴京城学儒经。在文翁的倡导下，蜀地学子始治经学，为巴蜀学术在西汉跻身于全国先进之列，打下了基础。两汉三国时期，蜀中学人在治经学上取得了不少成就。扬雄亦具有仿经创始之功，他不信谶纬，糅合儒道，拟圣制作，以"玄"为高，以其《太玄》一书"妙极道数"，"度越诸子"。唐代李鼎祚重象数而转移时代之风。宋代蜀学的集大成者魏了翁著《九经要义》《周易集义》《经史杂抄》等，在经学史上占有重要地位。魏氏认为与其"多看先儒解说，不如一一从圣经看来⋯⋯来书乃谓只须祖述朱文公诸书。文公诸书，读之久矣，正缘不欲于卖花担上看桃李，须树头枝底方见活精神也"（《鹤山集》卷三十六）。主张超越朱熹等前说，从儒家原典中求得符合社会发展的"活精神"。这体现了巴蜀哲学释经创新，超越前说的精神。

清代著名学者刘沅对儒家经典十分重视，著《四书恒解》和诸经《恒解》等。但他对经典的重视，不是停留在对经典的文字训诂，抉摘字句上，也不是把注意力放在经书中的仪文节目、名物度数上，拘泥于古礼古乐，而是强调应随时代发展而变通之，目的是求经书中的道。他创造性地提出"先天后天说"，由此对宋儒和清儒旧说都有所创新。

近代今文经学大师廖平在释经中加以创新。其经学思想凡"六变"，较有意义的是第一变以礼制区分今、古文经学和第二变尊今抑古，体现了廖平超越传统旧说的特色。其思想甚至影响到维新变法的康有为。

现代国学大师蒙文通继承廖平，阐发师说，亦提出己见，加以发展。主张超越两汉，向先秦讲经；批评汉学流弊，倡鲁、齐、晋之学，以地域分今、古；破弃今、古文经家法，而宗周秦儒学之旨。其后，蒙文通又提出汉代经学乃融会百家，综其旨要于儒家而创立的新儒学的见解，推崇西汉今文经学。后于晚年著《孔子与今文学》，又对今文经学提出批评，认为今文经学乃变质之儒学。蒙文通的经学思想内涵丰富，深刻而富于创见，深深打上了时代发展的烙印，亦是巴蜀哲学释经创新，超越前说特点的体现。

（四）沟通道欲，情理结合

巴蜀哲学的一大特征是把道与欲、情与理结合起来，而表现为重视人情。在中国思想发展史上，儒家尚仁义，道家崇自然，形成了中国思想文化对应的两端，然也相互影响沟通，它们之间的相互关系成为两千多年来中国哲学与文化发展的主线之一。与宋代理学家偏重伦理相比，"三苏"蜀学较为重视自然之人情，这体现了蜀学乃至巴蜀哲学的特征。苏洵作《六经论》，认为礼所代表的道德规范，建立在人情的基础上，圣人因人情而作礼，贯穿着重人情的思想线索。苏轼继承苏洵，提出"六经之道，惟其近于人情"[①]的思想，认为"圣人之道，自本而观之，则皆出于人情"[②]，从而提出把经典之义建立在人情的基础上。舍人情而言义，则为苏轼所反对。苏辙亦强调礼皆是"因人之情而为之节文"[③]，把礼与世俗人情结合起来，而不仅限于礼义道德等抽象概念，这体现了"三苏"蜀学重人情的特征。

魏了翁也重视自然之人情。在伦理观上，魏了翁肯定人欲有善的一面，"欲虽人之所有，然欲有善、不善存焉"（《鹤山集》卷三十二《又答虞永康》）。指出饮食男女等人欲是人不可避免的欲望，它是自然而然、不可抹杀的。对此自然之人情，魏了翁主张采取客观承认的态度，不要灭绝它，认为圣人也是"使人即欲以求道"（《鹤山集》卷四十四《合州建濂溪先生祠堂访》），主张在对人欲、人情的适当满足并加以节制的过

[①]（宋）苏轼：《苏轼文集》卷九十八《诗论》，《三苏全书》，语文出版社2001年版，第14册，第134页。
[②]（宋）苏轼：《苏轼文集》卷九十八《中庸论中》，《三苏全书》，第14册，第141页。
[③]（宋）苏辙：《苏辙集》卷八十二《礼以养人为本论》，《三苏全书》，第18册，第349页。

程中，来体现道。

著名蜀学人物费密亦重人情，在他看来，生命、妻子、产业、功名等，是和义理同样重要的东西。言义理不得舍去这些人所不可缺少的欲望和需求，这些都是人的本性，因而他主张"论事必本于人情"①，反对以义理压制人之情欲。对于理学家"律人以圣贤""责人以必死"的要求，费密认为这是人们无法做到的。

刘沅认为"六经"本于人情而为教。他说："《易》《诗》《书》《礼》《乐》《春秋》，皆本乎人情之自然而为教也。"② 他认为，所谓天理，不过是人情得其正而已。离开了人情，则无所谓天理。刘沅把天理建立在人情的基础上，强调在人们基本的物质生活之中体现天理。他说："盖养生送死，人情所同，即天理所肇。……天道固不外乎人情，人情必准于天道。"③ 既肯定人情，又强调人情以天理为指导。

（五）躬行践履，注重事功，批判专制

早在西汉初，文翁为蜀守，便兴修水利，灌溉繁田千七百顷，使民物阜康，然后施之以教，开蜀学躬行践履之风。至宋代，张栻修正理学流弊，汲取功利之学，重躬行践履，留心经济之学，指出："若如今人之不践履，直是未尝真知耳。"④ 这与永嘉学派重实事实功的思想相吻合，而与正统理学有别，故遭到朱熹的批评。魏了翁继承张栻，既重功利，讲求实事实功，又主张义利统一，"趋事赴功"，重视功利与实效，强调"一寸有一寸之功，一日有一日之利，皆实效也，事半功倍，惟此时为然"（《鹤山集》卷十六《奏论蜀边垦田事》）。认为功利须平时一点一滴地讲求，才能收到事半功倍的效果。张栻、魏了翁对事功的重视，在理学中别具一格，体现出巴蜀哲学的特色。

明清之际的费密提倡经世致用之学，主张"通人事以致用"，开颜李

---

① （明）费密：《弼辅录论》，《弘道书》卷上，怡兰堂丛书，1920年刊本。
② 《礼记恒解》卷二十六，《槐轩全书》四，巴蜀书社2006年版，第1538页。
③ 《礼记恒解》卷四十九，《槐轩全书》四，第1625页。
④ （宋）张栻：《南轩集》卷三十《答朱元晦》，《张栻全集》，长春出版社1999年版，第961页。

学派之先声。费密提出以力行代清谈的主张,认为一切有关国计民生的实事都应该认真讲求,习行实施,而空谈则误国。与费密同时代的著名思想家唐甄反对所谓"儒者不计功"的说法,强调事功修为,"崇实黜虚",把道德原则建立在实事实功的基础上,而强调"仁义礼智俱为实功"[1]。

在巴蜀思想史上,魏了翁、唐甄、邹容和吴虞等对封建君主专制制度进行了批判,这体现了巴蜀哲学的一大特色,为近代民主提供了借鉴。早在南宋时,魏了翁就提出:"古者天子……乃是与诸侯共守天下",主张君臣"共守天下",批判"尊君卑臣,一人恣睢于上,极情纵欲,而天下瓦解土崩"(《鹤山集》卷一〇六《周礼折衷·天官冢宰下》)的封建君主专制。唐甄著《潜书》,提出批判君主专制的惊世骇俗之论:"自秦以来,凡为帝王皆贼也。"[2] 把批判的矛头直指封建专制的最高权威,而强调统治者应从人民的利益出发,做到"皆为民也"。邹容著《革命军》,产生了很大的影响。他阐明革命的原因在于清王朝的封建专制剥夺了人民应有的"天赋人权"。强调革命是不可抗拒的"天演公例",要摆脱清封建专制的统治,成为具有平等、自由等民主权利的国民,就需要革命。这种以革命手段来推翻封建专制统治而建立资产阶级民主共和国的思想,把历史上对封建专制主义的批判提高到一个新的层次,产生了重大的社会影响。吴虞把封建君主专制、家族制度与儒家学说联系起来提出批判,继邹容之后,在当时产生重要影响。

以上巴蜀哲学所具有的蜀学之魂,长于思辨;多元会通,兼容开放;释经创新,超越前说;沟通道欲,情理结合;躬行践履,注重事功,批判专制的特点体现了巴蜀哲学的博大精深与融贯超越、求实进取的精神,是历史流传下来的珍贵文化遗产,值得今天的人们认真厘清和总结研究。

---

[1] (明)唐甄:《宗孟》,《潜书》,中华书局2009年版,第9页。
[2] (明)唐甄:《室语》,《潜书》,第196页。

二 巴蜀哲学的历史地位和影响

越是具有地域特点的哲学，越是具有全国性的重要影响和历史地位，可以说，通过对巴蜀哲学及其特点做深入系统的研究，进而可以对巴蜀哲学的历史地位和影响加以探讨和分析，以进一步展示巴蜀哲学之魅力。概括起来，巴蜀哲学的历史地位和影响主要表现在两个方面。

（一）巴蜀哲学在中国哲学史上的地位和影响

总的来讲，巴蜀哲学与中国哲学的关系是一个局部与整体的关系，是地域性哲学与整个中华民族哲学的关系。它们之间存在着互涵互动之关系，巴蜀哲学的发展促进并体现了中国哲学的发展，在中国哲学史上占有十分重要的地位，产生了深远影响。

文翁化蜀，首创地方官学，派遣生员东受"七经"，还教吏民，使得中华学术文化和哲学的主流得以流传入蜀，这对整个中国哲学在巴蜀地域的传播发展，互涵互动，影响深远。

严遵著《老子指归》，在继承先秦老庄思想、稷下学术、汉初黄老之学的基础上，对道家思想做了进一步阐发，影响并开启了魏晋玄学先声，在中国哲学思想发展史上具有承前启后、继往开来的重要作用。

扬雄在哲学领域建构起了以"玄"为本的哲学体系，既借鉴吸收了老庄之学，又不失儒家立场，以孟子后继者自居，坚持儒家的伦理思想，并采用了道家的处世哲学；在人性论上又自出新意，提出"善恶混"的人性学说，融会儒道，自立新说。扬雄的哲学在中国哲学史上具有重要地位，产生了深远的历史影响。

道教创立于汉末巴蜀鹤鸣山，张道陵在巴蜀传道，汉末出现了道教早期教派五斗米道的经典《老子想尔注》，将道教哲学神学化、宗教化，对道教哲学，乃至中国哲学影响甚大。

唐代李荣、王玄览论证道教"重玄"哲学，对道教义理化作出了重要贡献。李荣既与佛教徒有过激烈的论辩，又主张佛道会通，融合二教。他们都在中国哲学史上占有重要地位。

唐代宗密被尊为最重要的佛教哲学理论家之一，集隋唐佛学理论之大成，其思想"代表了中国佛家最高峰的思想"，并对宋明理学及其心性论产生了深刻影响。马祖道一在佛教理论等方面做了革新，全面确立禅宗"不立文字，教外别传，直指人心，见性成佛"的风格，从而实现了佛教中国化。二人均在中国哲学史上占有十分重要的地位。

北宋"三苏"蜀学虽以文学见长，但也重视自家学术的哲学之道，确立了在全国有重要影响的蜀学学派。"三苏"蜀学与二程洛学等理学流派存在着相同相异之处，通过相互论辩，不仅发展了宋代蜀学，而且也促使理学得到进一步发展，其在中国哲学史上的地位不可低估。

著名宋代理学家周敦颐、程颐入蜀讲学、著述，尤其是程颐的理学代表著作《伊川易传》撰写于巴蜀涪陵，这不仅直接体现为宋代巴蜀理学的一部分，而且在中国哲学史上也占有重要地位，对理学和易学的发展产生了深远影响。①

南宋著名理学家张栻不仅为宋代理学的发展作出了突出贡献，而且直接促进了理学之集大成者朱熹思想的形成与确立。为此，朱熹本人给予很高的评价，足见张栻对朱熹的影响。

另一著名理学家魏了翁继承并发展了张栻、朱熹的思想，他的思想倾向于心学，预示着理学及整个学术发展的趋向；并在确立理学正统地位的过程中发挥了重要作用，显示出魏了翁在中国哲学史上所具有的重要地位和影响。

唐甄除对封建帝王专制主义提出批判外，在治学中，重视事功，批评程朱理学，主张道不离欲，反映了时代的变迁和社会风尚的转移。这些方面体现了唐甄的社会批判、启蒙和实学思想，这在当时的思想界和中国哲学史上都占有重要位置。

清中叶刘沅对理学的扬弃，对三教的融合，对经学的"恒解"，集中反映了那个时代蜀学的面貌，又呈现其个人的特质。由此表现出既与理学、清代汉学不同，并对二者提出批评，又不完全舍弃，确有自己独到

---

① 参见蔡方鹿《论宋明理学的经学观》，《四川师范大学学报》（社会科学版）2009年第1期。

的见解和深厚的理论积淀。同时，影响到其孙刘咸炘，刘咸炘提出了颇具特色的学术思想，具有新的时代特色。

邹容撰《革命军》，不仅是资产阶级革命思想的宣言书，而且是革命的动员令，具有重大的实践价值和深远的历史意义，把中国哲学与革命实践结合起来。

吴虞以西方平等观与法治思想批判儒家礼教，以西方三权分立与学术自由思想批判封建专制主义，以西方独立、自由、平等观批判儒家孝本论，以西方男女平等思想批判儒家男尊女卑论，这在当时产生了重要影响。他被胡适称为"中国思想界的清道夫"，对当时国人的思想解放起到了一定的促进作用。然以辩证方法和历史唯物论观点以及现代阐释学的原理来分析审视吴虞对孔孟之道和儒学的批判就可以看出，其批判是合理性和局限性并存。

郭沫若认为孔子的立场是顺乎时代潮流与同情人民解放的，孔子大体上是代表人民利益的，孔子的"仁"是人道精神，孔子主张开发民智，孔子所讲之"命"是自然界的必然性。由此对孔子思想做出肯定的价值评价。这在中国哲学史上值得认真探讨。

生长在巴蜀大地的贺麟和唐君毅学贯中西，怀有强烈的复兴儒家文化的担当意识，主张儒化西洋文化。贺麟不仅有选择性地批判西学，同时主张复兴中国文化必须学习西方的近现代科学、民主等思想。提出复兴儒家文化，必须与西方文化融通，输入西洋文化学术，以西方的哲学发挥儒家的理学，以基督教的精华充实儒家的礼教。唐君毅则构建起了一个关于哲学、道德、文化思想的庞大理论体系。它是以中国传统的人文精神，包括儒家的心性哲学、伦理道德等为根基，融合中西印文化而成的。贺麟和唐君毅的新儒学思想在中国哲学史上具有重要地位，对于汲取西方思想文化以丰富发展中国思想文化有着积极的意义，乃至对当代中国哲学社会科学的大繁荣、大发展也有着一定的借鉴价值和影响。

（二）巴蜀哲学在中国经学史上的地位和影响

巴蜀哲学在中国经学史上占有重要地位，产生了深远影响。巴蜀哲学与经学的关系十分密切，对二者及其相互关系的研究具有重要意义，可从一个侧面把握地域性哲学文化与时代思潮的互动及其意义。

文翁化蜀，首创地方官学，派遣生员东受"七经"，还教吏民，除了对中国哲学产生重要影响外，而且对中国经学的发展也产生了重要影响，使得儒家经典经学得以流传入蜀。两汉时期，巴蜀地区出现了众多的经学家，如杨终、任安等一批有全国影响的经学大师。两汉巴蜀经师对经学尤其是今文经学的发展作出了贡献，并产生了诸多学术派别。这促进了整个中国经学在汉代及汉以后的发展，也深深影响了两汉乃至三国、晋代的巴蜀经学。

蜀汉时期，巴蜀今文经学仍然兴盛，图谶流行，对当时的学术政治产生了重要影响。此时巴蜀古文经学占据着官学优势，又将儒家与兵家相结合，具有较强的经世致用的特色，形成与今文经学抗衡之势。两晋南北朝时期，巴蜀经学向多元化方向演进。南北朝时期，巴蜀经学衰落。隋代何妥兼容南北学术，然亦重视玄理，长于礼乐，于《易》《乐》《孝经》《庄子》等都有较深的造诣。唐初阴弘道集十八家易学，而中唐李鼎祚集三十五家易学，撰《周易集解》一书，存汉代象数易学一脉于后，影响广远。李鼎祚易学以象数为主，适当采集义理易学，体现了其象数、义理兼重的本意。以上蜀汉至隋唐蜀学派别和人物的经学观在中国经学史上产生了重要影响，既有保守的一面，更有扭转时代风气的一面。即东汉仍保守今文经学，又有扬雄仿经、李鼎祚移义理之风为偏重象数。

后蜀宰相毋昭裔于广政年间刊刻蜀石经。此外，在孟昶、毋昭裔的主持下，后蜀又雕版印制了"九经"，对儒学的发展作出了重要贡献。孟蜀石经的刊刻使蜀中经学复盛。北宋时，蜀石经得到了进一步完善。后于宣和五年（1123），补刻《孟子》，为中国经学史上《孟子》由子入经起到了一定的作用。

宋初陈抟在四川游访，他的易学思想不仅对巴蜀理学产生了影响，而且对中国经学之易学象数学派产生了重要影响。其后，著名理学家北宋易学义理学派的代表人物程颐两度入蜀。首次入蜀，曾有成都之行。通过与篾匠论易之未济卦，而得出"易学在蜀"的论断。第二次入蜀，程颐于宋哲宗元符二年（1099）在编管地涪州北岩撰成其易学及理学代表著作《伊川易传》，这在中国经学史和宋明理学史上均产生了重要影响。

杨慎是明代中期开一代学术新风的思想家，他站在实学的立场，对正宗的程朱理学和后起的王阳明心学展开了尖锐的批判。并在批判中，大力主张恢复两汉经学的考证方法，提倡一种多闻、多见、尚实、重传注疏释的学风。为纠正理学流弊，促进学风的转向做出了努力，这在中国经学史上占有重要地位。

来知德提出了自己独特的"舍象不可以言易"，假象以寓理"理寓于象数之中"[①]的易学思想；并错综取象以注《易》，对象、错、综、变、中爻等加以说明，把错综中爻的理论与卦、爻辞紧密结合，用象数释义理，对《周易》予以新解，发展了传统易学。这在中国易学史上具有一定的地位。

费密提出"合经无所谓圣人之道"的思想，主张不受宋儒说经的束缚，从汉唐诸儒对儒家经典的注疏中求得圣门本旨。由此尊崇汉儒而批评宋学，重视训诂注疏，开清朝汉学之风气。为此，胡适指出："费氏父子一面提倡实事实功，开颜李学派的先声；一面尊崇汉儒，提倡古注疏的研究，开清朝二百余年'汉学'的风气。"[②] 费氏学说对后来的汉学复兴产生了重要影响。

其他如宋代魏了翁经学思想以宋学为主，而又兼采汉、宋，把义理与训诂结合起来，开明末清初"舍经学无理学"思想之先河。清代刘沅对儒家经典的注解，其目的是求经书中的道，而不拘泥于文字训诂，名物度数，对宋儒和清儒旧说都有所批评。近代廖平以礼制区分今、古文经学，又尊今抑古，而不囿于传统旧说。现代蒙文通主张超越两汉，向先秦讲经；倡鲁、齐、晋之学，以地域分今、古；破弃今、古文经家法，而宗周秦儒学之旨。其后又提出汉代经学乃融会百家，而综其旨要于儒家而创立的新儒学的见解，推崇西汉今文经学。以上这些巴蜀哲学史上著名人物在经学研究上深有造诣，他们的经学研究富于哲学思辨，而他们的哲学研究又常常以经学的形式出现，由此对促进中国经学的发展产

[①] （明）来知德：《周易集注》卷十三《系辞上传》，九州出版社2004年版，第645页。
[②] 胡适：《胡适文存》二集，上海亚东图书馆1924年版，第138页。

生了重要影响。

巴蜀哲学作为中国哲学史的一个重要分支和巴蜀地域文化精神的体现,不可分割地与中国经学联系在一起。巴蜀哲学在中国哲学史和经学史上均具有重要地位,深刻影响并促进了中国哲学与经学的持续发展,这些都值得认真总结和探讨。

[原载于《四川大学学报》(哲学社会科学版)2012年第4期]

论巴蜀的道教文献

李远国

道教并非创立于东汉，而是始于战国时期。其时有方仙道，有王母道，有黄老道，他们皆为道教。因此我们在讨论巴蜀道教文献时，应该打开视野，关注秦汉以来的文献。

一

在中国文化史上，"道教"一词最初的意思，是以道来教化的各种理论学说和实践方法。《中庸》曰："天命之谓性，率性之谓道，修道之谓教。道也者，不可须臾离也；可离，非道也。"① 南朝陶弘景在《真诰》卷五中曰："道者混然，是生元炁，元炁成然后有太极，太极则天地之父母，道之奥也。故道有大归，是为素真。故非道无以成真，非真无以成道，道不成，其素安可见乎？是以为大归也。见而谓之妙，成而谓之道，用而谓之性，性与道之体，体好至道，道使之然也。"注："此说人体自然与道炁合。所以天命谓性，率性谓道，修道谓教。今以道教，使性成真，则同于道矣。"② 北宋张君房在《云笈七签》卷三《道教本始部》中曰："上古无教，教自三皇五帝以来有矣。教者，告也。有言，有理，有

---

① （清）阮元：《十三经注疏》（下），中华书局1988年版，第1625页。
② （南朝梁）陶弘景：《真诰》，载《道藏》，文物出版社、上海书店、天津古籍出版社1988年版，第20册，第516页。

义，有授，有传。言则宣，教则告。因言而悟教明理，理明则忘言……正真之教者，无上虚皇为师，元始天尊传授。洎乎玄粹，秘于九天，正化敷于代圣，天上则天尊演化于三清众天，大弘真乘，开导仙阶；人间则伏羲受图，轩辕受符，高辛受天经，夏禹受洛书。四圣禀其神灵，五老现于河渚。故有三坟五典，常道之教也。返俗之教者，玄元大圣皇帝以理国理家，灵文真诀，大布人间；金简玉章，广弘天上。欲令天上天下，还淳返朴，契皇风也。训世之教者，夫子伤道德衰丧，阐仁义之道，化乎时俗，将礼智而救乱，则淳厚之风远矣。噫，立教者，圣人救世愍物之心也。悟教则同圣人心，同圣人心则权实双忘，言诠俱泯，方契不言之理，意象固无存焉。"① 这都是指用道来教化民众，民众又以道来修身养性，尚未作为一种宗教团体的称谓。

作为一个概念，"道教"最早见于《墨子·非儒篇》："寿夭贫富，安危治乱，固有天命，不可损益，穷达赏罚幸否有极，人之知力不能为焉。群吏信之，则怠于分职，庶人信之，则怠于从事。不治则乱，农事缓则贫，贫且乱政之本。而儒者以为道教，是贱天下之人者也。"② "子墨子曰：天下之所以生者，以先王之道教也。今誉先王，是誉天下之所以生也。可誉而不誉，非仁也。"③ 在这里所谓的"道教"，就是"先王之道"，即中国最古传说的圣天子尧和舜、夏禹王和殷汤王，周文王、武王等实行的政治教化的准则。

诸子百家中许多人都曾经以"道"来称呼自己的理论和方法。儒家、墨家、道家、阴阳家甚至佛教，都曾经由于各种原因自称或被认为是"道教"。儒家使用"道教"一词，将先王之道和孔子的理论称为"道教"。佛教刚刚传入中国时，把"菩提"翻译成"道"，因此也被称为"道教"。而到了东汉末年出现了正一道，自称为"道教"，取"以善道教化"之意。自此，其他各家为了以示区别，也就不再以"道教"自称，而成为正一道的专称。

---

① （宋）张君房：《云笈七签·道教本始部》，载《道藏》，第22册，第12页。
② 《墨子》，《诸子集成》，岳麓书社1996年版，第5册，第222页。
③ 《墨子》，《诸子集成》，第342页。

需要强调的是，道教自成立开始，即以黄帝、老子为崇拜偶像，这就形成了黄老道。黄老道是道教的第一个派别。"黄"指"黄帝"，代表古代神仙家、阴阳家、医家和方术家的思想；"老"指"老子"，代表道家、法家、纵横家、杂家的思想。方仙思想和黄老之学的结合，即"黄老道"。因此，我们可以说道教创始于战国时期。

先秦黄老道不仅拥有一大批思想家，拥有上百种经典文献，并且已有各种宗教仪式与行为，拥有众多的方士、仙真与教徒，凡此种种因素已经具备宗教构成的基本条件。从《史记》《汉书》《列仙传》《神仙传》等史籍道经中，我们可以看到黄老道士活跃的身影，他们或施教社会，或奉祀神鬼，或炼丹修道，从而成为正一道、太平道等师法的对象。

最早见于史籍的方仙士是苌弘，他是东周时的蜀人（今四川资阳市）。少年时喜欢读书，通晓天文、历数，精于音律、乐理。苌弘明了天体运行规律，凭自然现象解释社会问题，依靠五行相生相克，借助鬼神的威力治理国家。据《史记·封禅书》中载："是时苌弘以方事周灵王，诸侯莫朝周，周力少，苌弘乃明鬼神事，设射狸首。狸首者，诸侯之不来者，依物怪欲以致诸侯。诸侯不从，而晋人执杀苌弘。周人之言方怪者自苌弘。其后百余年，秦灵公作吴阳上畤，祭黄帝；作下畤，祭炎帝。"①《天官书》言天数者称"周室史佚、苌弘"，至周景王时仍任大夫，常应对星象吉凶征兆之事。周敬王即位（前519），因参谋迁都辅佐兴邦有功，升任内史大夫，执掌朝政。周敬王二十四年至二十五年孔丘曾访问苌弘，请教和探讨音乐与天文知识。二十八年（前492），赵简子派晋大夫叔向施反间计，周敬王信谗杀苌弘。传说，人们感于苌弘殉难之惨烈，把他的血藏在匣中，三年以后化作青绿色的美玉，璀璨夺目，光照人间。

另一位有影响的方士是齐国稷下人邹衍，他是阴阳五行学说的创始人。齐宣王时，邹衍就学于稷下学宫。司马迁说："邹衍睹有国者益淫侈，不能尚德……乃深观阴阳消息，而作怪迂之变《终始》《大圣》之篇

---

① 张元济编：《二十五史》，浙江古籍出版社1998年版，第1册，第111页。

十余万言。"① 于是"邹衍以阴阳主运，显于诸侯，而燕齐海上之方士，传其术不能通，然则怪迂阿谀苟合之徒自此兴，不可胜数也"②。据说他以"阴阳主运，五德终始说"受到诸侯们的尊敬而显赫一时。《汉书·楚元王传》载他曾传《重道延命方》。王充言他还精通农艺，种黍燕地，说："燕有寒谷，不生五谷，邹衍吹律，寒谷可种。燕人种黍其中，号曰黍谷。"③

《列仙传》是最早且较有系统地叙述古代黄老道事迹的著作，记载了从赤松子至玄俗71位黄老道士的姓名、身世和事迹。如此众多的黄老道士活跃于战国时期，说明道教的历史悠久，绝非始成于东汉。何况这些具有代表性的道士，其佚名者不知几何？秦大夫阮仓在《撰仙图》中曰："自六代迄今，有七百余人。始皇好游仙之事，庶几有获，故方士雾集，祈祀弥布。殆必因迹托虚，寄空为实，不可信用也。若周公《黄录》，记太白下为王公。然岁星变为宁寿公等，所见非一家。圣人所以不开其事者，以其无常。然虽有时著，盖道不可弃，距而闭之，尚贞正也。"④

黄老方仙道的代表人物甚多，据《史记·封禅书》说："自齐威、宣之时，邹子之徒论著终始五德之运，及秦帝而齐人奏之，故始皇采用之。而宋毋忌、正伯侨、充尚、羡门高最后皆燕人，为方仙道，形解销化，依于鬼神之事。邹衍以阴阳主运显于诸侯，而燕齐海上之方士传其术不能通，然则怪迂阿谀苟合之徒自此兴，不可胜数也。""于是始皇遂东游海上，行礼祠名山大川及八神，求仙人羡门之属。八神将自古而有之，或曰太公以来作之。齐所以为齐，以天齐也。其祀绝莫知起时。八神。一曰天主，祠天齐。天齐渊水，居临菑南郊山下者。二曰地主，祠泰山梁父。盖天好阴，祠之必于高山之下，小山之上，命曰畤；地贵阳，祭之必于泽中圜丘云。三曰兵主，祠蚩尤。蚩尤在东平陆监乡，齐之西境也。四曰阴主，祠三山。五曰阳主，祠之罘。六曰月主，祠之莱山。皆在齐北，并勃海。七曰日主，祠成山。成山斗入海，最居齐东北隅，以

---

① 张元济编：《二十五史》，第1册，第201页。
② 张元济编：《二十五史》，第1册，第111页。
③ （汉）王充：《论衡·寒温篇》，载《诸子集成》岳麓书社1996年版，第9册，第127页。
④ （秦）阮仓：《撰仙图》，载《道藏》，第5册。

迎日出云。八曰四时主，祠琅邪。琅邪在齐东方，盖岁之所始。皆各用一牢具祠，而巫祝所损益，珪币杂异焉。"①

这些方仙道士非常活跃，他们承命寻求仙岛，祭祀鬼神，以神祠庙堂为教会居地，从事有组织的宗教活动，当然具备宗教团体的条件，所以可以说黄老道、方仙家就是道教。

二

巴蜀地区的黄老道与今文经学甚为流行。《后汉书·方术传》中称"汉自武帝颇好方术，天下怀协道艺之士，莫不负策抵掌，顺风而届焉"②。这种风气，在四川地区尤其浓厚。正如蒙文通先生所说："蜀人有自己的传统文化，未能笃信儒家的学说。西汉一代，严遵、李弘、扬子云是道家；阆中的落下闳、任文公都长于律历灾异。在《华阳国志》著录的杨厚、任安等一派，自西汉末年直到晋代，师承不绝，都是以黄老灾异见长，共有三十余人，这在两汉最为突出。"③

巴蜀道教文献，理应包括道家的著述。就巴蜀而言，道家的著述并不多，重要的有西汉严遵的《道德指归》、扬雄的《太玄》。《道德指归》又名《老子指归》，或《道德真经指归》。西汉蜀人严遵撰，唐人谷神子（冯廓）注。新旧《唐志》及晁公武《郡斋读书志》均有著录，作十三卷。此书为现存《老子》最早注本之一，分《老子》经文为七十二章，与它本不同。注文大旨以自然无为为宗。自然即虚无之道，由道德而生神明、太和，进而化生天地万物。主张人君应修身正己，以与道德仁义礼法相合，引申为养物生民之策，是汉代黄老家经世治国之术。

东汉有《老子想尔注》，相传为天师张道陵撰，或是张道陵之孙系师张鲁撰。原书二卷《正统道藏》未收。现有敦煌发现的南北朝残抄本一件（S6025），保存原书上卷。饶宗颐据敦煌抄本整理而成《老子想尔注

---

① （清）阮元：《十三经注疏》（下），第111页。
② （清）阮元：《十三经注疏》（下），第920页。
③ 蒙文通：《巴蜀古史论述》，四川人民出版社1981年版，第97页。

校笺》一书。此书以早期道教义理注解《老子》，将老子之道神学化，认为道即一，"一散形为气，聚形为太上老君"。教导信徒奉道守戒，认为按道行事，可以致国太平，长生成仙。其思想内容与《太平经》《老子河上公注》等早期道书相符。据《传授经戒仪注诀》称：汉末系师张鲁曾以此书教化蜀中民众，南北朝天师道规定此书为教徒必须传授修习的经典之一。

唐代是道教发展史中最辉煌的一个时期。经过魏晋南北朝的分化与发展，道教逐渐成为一个较为成熟的宗教，而唐王朝最高统治者对道教的恩宠和扶植，更加促进了道教的全面发展和繁荣。在唐代皇室的大力扶持下，蜀中道教兴盛，高道辈出，名重全国。谈玄论道，注释《道德经》的重玄学派，四川就有六家：成都道士黎元兴、岷山道士张君相、绵竹道士李荣、剑南道士文如海、眉山道士任太玄和张惠超。他们或注疏，或集解，共阐《老子》奥义。此外，四川还出现了几位杰出的道教方术家，如精通天文地理、阴阳历数的袁天纲、李淳风，矿物学家梅彪，炼丹家彭晓等。而在西蜀青城、鹤鸣、金堂地区，居住着一批修炼丹道、精通道术的道士。他们传承岷山丹法，炼丹修行，演绎为众多修炼法门，并开启了钟吕、陈抟内丹一脉。众多的高道活跃于巴蜀地区，使道教的发展达到了一个极盛的时期。

杜光庭（850—933），唐末五代道士，道教学者，字圣宾，号东瀛子，处州缙云（今属浙江）人。少习儒学，博通经、子。唐咸通年间应"九经"试，不中，感慨古今浮沉，于是入天台山学道。唐僖宗闻其名声，召入宫廷，赐以紫袍，充麟德殿文章应制，为内供奉。中和元年（881），随僖宗入蜀，见唐祚衰微，便留蜀不返。王建建立前蜀，任为光禄大夫尚书户部侍郎上柱国蔡国公，赐号"广成先生"。王衍继位后，亲在苑中受道箓，以杜光庭为"传真天师""崇真馆大学士"。晚年隐居四川青城山，在白云溪潜心修道。一生著作颇多，有《道德真经广圣义》《太上老君说常清静经注》《道门科范大全集》《广成集》《洞天福地岳渎名山记》《历代崇道记》《道教灵验记》《录异记》《洞天福地岳渎名山记》《神仙感遇传》《仙传拾遗》《王氏神仙传》《墉城集仙录》《广成先生玉函经》《青城山记》《武夷山记》《西湖古迹事实》等。他精通斋醮科范，编集《太上黄箓斋仪》《太上三五正一盟威阅箓醮仪》《太上正一阅箓仪》《太上三洞传授道德经紫虚箓拜表仪》《洞神三皇七十二君斋方忏仪》《太上洞神太元河图三元仰谢仪》《金箓斋启坛仪》《金箓斋忏方仪》《太上黄箓斋仪》《太上灵宝玉匮明真斋忏方仪》《太上灵宝玉匮明真大斋言功仪》《太上洞玄灵宝素灵真符》等，皆为斋醮科仪范本。被封为"道门领袖"，谓"扶宗立教，海内一人而已"，"扶宗立教，天下第一"。

　　历代道经流传巴蜀地区，对道教的发展起了极大的推动作用。至今存世的重要著作有：阴长生《太清金液神丹经》，黎元兴《太上一乘海空智藏经》，王玄览《玄珠录》，李荣《道德真经注》，强思齐《道德真经玄德纂疏》，王瓘《广黄帝本行记》，梅彪《石药尔雅》，张隐居《金石灵砂论》，蒲虔贯《保生要录》，彭晓《周易参同契分章通真义》《周易参同契鼎器歌明镜图》，陈朴《陈先生内丹诀》，陈抟《正易心法》《阴真君还丹歌注》，苏辙《道德真经注》，张商英《黄石公素书》《三才定位图》《金箓斋投简仪》《金箓斋三洞赞咏仪》，贾善翔《犹龙传》《高道传》，唐慎微、寇宗奭等《图经衍义本草》，范应元《老子道德经古本集注》，王希巢《洞玄灵宝自然九天生神玉章经解》，李嘉谋《元始说先天道德经注解》《道德真经义解》，李昌龄《太上感应篇注》，吕元素《道门通教必用集》，陈大师《碧玉朱砂寒林玉树匮》，孟煦《金华冲碧丹经秘旨》，蹇昌辰《黄帝阴符经解》，胥元一《黄帝阴符经心法》，师仁寿《太上开明天地本真经》，贾善翔《太上出家传度仪》，薛道光《还丹复命篇》，李西月《张三丰先生全集》《太上十三经注解》等。未署作者名的有《太上三五正一盟威仪》《太上正一盟威法箓》《洞真黄书》《上清黄书过度仪》《太上正一盟威法箓》《太上正一法文经》《正一法文天师教戒科经》《正一法文经章官品》《正一法文经护国醮海品》《正一法文修真旨要》《正一法文十第召仪》《正一法文法箓部仪》《正一法文太上外箓仪》《正一法文传都功版仪》《天师治仪》《正一修真略仪》《女青鬼律》《正一论》《无上三天法师说荫育众生妙经》《正一天师告赵升口诀》《太上正一咒鬼经》《太上玄灵北斗本命延生真经》《太上玄灵北斗本命长生妙经》《太上说南斗六司延寿度人妙经》《太上说东斗主算护命妙经》《太上说西斗记名护身妙经》《太上说中斗大魁保命妙经》《三天内解经》《太上洞玄灵宝宣戒首悔众罪保护经》《正一指教斋仪》《赤松子章历》《太上三元飞星冠禁金书玉箓图》《太上宣慈助化章》《太上玄灵北斗本命延生真经》《太上玄灵北斗本命长生妙经》《太上说南斗六司延寿度人妙经》《太上说东斗主算护命妙经》《太上说中斗大魁保命妙经》《梓潼帝君化书》《清河内传》等。涉及内容非常广泛，凡道教历史、神仙传记、教理教义、丹法道术、斋醮科范，一一皆备，为今天的道教研究提供了十分宝贵的资料。

三

雕版印刷是中国古代的一项发明，可能在2000年以前就已经出现了。人们从雕刻印章中得到启发，发明了雕版印刷术。现存最早的雕版印刷品是868年印刷的《金刚经》（现藏大英博物馆），出自四川。在雕版《金刚经》的背后，是当时四川发达的雕版印刷活动。作为世界雕版印刷业的起源地，四川的雕版印刷品，通过蜀道出川，经由丝绸之路传到四川以外的广大地区。

文献中第一次明确提到雕版印刷，是在唐中和三年（883），这个时间是在《金刚经》刻印后的15年。那时柳玭随唐僖宗避难入川。据柳玭在《柳氏家训》序中记载："中和三年癸卯夏，銮舆在蜀之三年也，余为中书舍人，旬休，阅书于重城之东南，其书多阴阳杂记、占梦相宅、九宫五纬之流。又有字书小学。率雕版，印纸浸染，不可尽晓。"[①] 柳玭是一位藏书家，所以会在家训中如此郑重记上当时在书市的体验。只是当时书坊刻书，多为佛、道典籍。经学大典，尚无刻本。至五代毋昭裔为布衣时，曾从人借《文选》，多有难色。"发愤异日若贵，当板以镂之遗学者。后仕王蜀为宰相，遂践前言刊之。"[②] 复雕"九经"、诸史。西蜀

[①] （宋）叶寘：《爱日斋丛钞》，中华书局1985年版，第1页。
[②] （宋）陶岳：《五代史补》，载车吉心总主编《中华野史》，泰山出版社1999年版，第3册，第106页。

文字由此大兴。

四川的雕版印刷传统一直保留至今，并留下了大量的经版。成都青羊宫二仙庵丹台碧洞书房内，原藏有中国道教珍宝《重刊道藏辑要》梨木经版。它是二仙庵方丈阎永和在清光绪年间发起刊刻的。编纂《道藏辑要》这部道教丛书，是在清康熙元年至康熙六十一年开始的。彭定求，深感道教经典的繁杂，决定编一部比较实用的道教经典。于是他从明本《道藏》中，精选出道书200种，编成丛书，按28宿字号，分为28集，举凡道教重要经典、历代祖师真人著作、修炼丹诀、科仪规诫、仙传谱记，悉有收录，实为《道藏》之辑本。清光绪十八年（1892），成都二仙庵方丈阎永和与井研贺龙骧、新津彭翰然等，据成都著名藏书家严雁峰家藏的蒋元庭本《道藏辑要》重新编纂。他们又增补重要道书17种于内，并按各书的内容，分别续入28宿有关字集，即《太上道元一炁经》《观音大士莲船经》《孙真人备急千金方》《吕祖东园语录》《东园杂咏》《张三丰真人全集》《三宝万灵法忏》《太上灵宝朝天谢罪法忏》《邵康节先生击壤集》《关圣帝君本传年谱》《文昌帝君本传》《元皇大道真君救劫宝经》《文昌应化元皇大道真君说注生延嗣妙应真经》《文帝阴骘文注》《太上玄门功课经》《汉天师世家》《青城山记》。为了区别蒋元庭本《道藏辑要》而名之为"重刊道藏辑要"。清光绪十八年（1892）开始，至清光绪二十七年（1901），历时9年时间，《重刊道藏辑要》才宣告完成编纂。

《道藏辑要》的选书标准反映了清代道教信仰的特征，《凡例》首称："道有宗派，宜分主宾。此编于三清至尊、先天至圣而后，即按道派源流将南北宗祖所传诸经丹诀挨次列入。"又认为"内丹可以超凡入圣，外功只可却病延年"，故内丹书收载尤多；而外丹炉火则"严为摈斥"；"一切符箓专本"，亦"概不列入"。同时，它还反映了当时盛行的吕祖崇拜和乩仙信仰。《道藏辑要》保存了很多稀有资料，有很高的文献价值。例如河南省重点文物保护单位袁家山建筑群，是明末兵部尚书太子太保袁可立所建，其本身就是一个很有名的大道场，在《吕帝圣迹纪要》这部书中，袁家山的建造过程和原始规模被记载得非常详细，弥补了地方史志和河南省文物档案的空缺，十分珍贵。

二仙庵藏经版中还有一套重要的经书，那就是由陈复慧校辑的《广成仪制》。陈复慧，字仲远，号云峰羽客，四川彭山人，乾隆年间青城山道士，汇编道教科仪书籍辑成《广成仪制》。中华民国《灌县志》卷十二《人士传下》对陈复慧有简要记载："陈仲远，青城道士也，淹博能文，校正《广成仪制》数十种。清乾隆间，邑人患疾，仲远为建水陆斋醮，会川督巡境临灌，闻于朝，敕赐南台真人，别号云峰羽客。著有《雅宜集》。"清宣统三年辛亥（1911）成都二仙庵刊板，中华民国二年（1913）重刊。原藏青城山古常道观，其中若干卷已缺，由天师洞组织道人抄录配齐。今《藏外道书》所载《广成仪制》，共收书275种。其中有刻本，也有抄本。卷帙浩繁，收录各类斋醮科范，广泛吸收灵宝、清微诸派科范。书中诸多斋醮科仪，是为适应民间信仰习俗而制作的，如度人斋为民间荐亡常行，故收度人斋仪，加上炼度、破幽、破血湖等。至于《保苗迎真接驾全集》等保苗科仪，《祀供虫蝗全集》等禳蝗灾科仪，《禳送度煞》《遣送白虎》《禳痘诊》等保育儿童科仪，以及谢火、接寿等，也都为适应中国传统社会信仰习俗而设。其中若干科仪带有四川和长江流域地方特色。如《杨泗正朝全集》，为祭民俗所祀长江神杨泗将军而设。其中有若干种科仪，如《雷霆祷结皇幡全集》《催结皇幡全集》中以坛上悬幡纠结形状以为占验，《金刀断索解冤亡斋全集》金刀断索的做法，有很浓的民俗气息。

除二仙庵藏经版外，民间尚有刻印道经传世者。如刘沅口授，刘芬记录整理的《法言会纂》，全书10册，50卷，目录如下：《开坛》、《请水》、《净坛》、《行香请水》、《祀灶》、《城隍》、《扬幡》、《十王》、《酆都》、《东岳内府祈嗣安床供烛》、《斗口》、《雷祖》、《救苦》、《启师》、《三元》、《谢火》、《文昌》、《斗府》、《步罡》（内附八门炼法）、《礼斗》（内附解除目疾）、《生人移度卷》、《移炼除魔》、《靖怪》（内附和冤）、《九皇》、《玉皇》、《太上》、《供斋》、《诏赦》、《土皇》、《谢土》（内附招乌）、《谢阴宅》、《开矿》、《祈雨》、《祈晴》、《瘟醮》、《除蝗去蠟》、《除蝗预申》、《驱虫》、《开路》、《召亡》（内附招孤）、《十王转案》、《劝王》、《断绳》、《钱王赏夫》、《漂灯》、《施戒》、《送圣》、《神像开光》、《启文》、《申疏式》。另有《经忏集成》，由虚受斋把刘门所有经忏统一编订出版，前面有叙，28卷，刘咸炘校宣统三年版为善本。这些皆为巴蜀道教的重要文献，应该重视，整理研究。

［原载于《西南民族大学学报》（人文社会科学版）2017年第9期］

巴蜀科学技术的十大成就

查有梁

巴蜀科学技术的成就，主要指"原创者是巴蜀人，原创地在巴蜀"的科技成就。这里有三个要素：时间空间、科技成就、杰出人才，三者之中，重要的标准是"以人为本"。时间空间是"天"，科技成就是在"地"，杰出人才是"人"。中国古代的科学思想强调："天地人合一。"《三字经》中说："三才者，天地人。"

用当代的科学术语来说就是"四维"：时间、地点、事件、人物。杰出的科学技术成就首次出现的时间、地点，非常重要。如果在此之前，已经有人做出这种发明创造，就要归功于前者。事件是具体内容，即何种杰出的科学技术创新，以及是谁作出的贡献。人物的重要标志是此人出生的时间和地点。

巴蜀杰出的科技成就，就是原创地在巴蜀的杰出科技成就，而做出这些杰出科技成就的人，并非都是在巴蜀出生的人。巴蜀杰出的科技人才，其一，那些出生地在巴蜀的杰出科技人才，但他做出的杰出科技成就不一定在巴蜀大地；其二，非巴蜀出生的杰出人才，但在巴蜀大地做出原创性的杰出科技成就。

从世界科学技术的发展史和中国科学技术发展史的视角看，在巴蜀大地出生的科学技术杰出人才，以及在巴蜀大地之上的科学技术成就，有没有能够列在"世界科学技术成就之最"的行列中的科学家和科学技术成就呢？我们的回答是：有。但是，有哪些呢？学者们有不同观点，其中有"和而不同"的两种主张。

其一,实事求是,不要夸张。这个原则是正确的,但是,落实到具体的科学家和科学技术成就,有不同的看法。例如,蒙山茶始祖吴理真就在蒙顶驯养栽种野生茶树,开创了人工种茶的历史。专家们有不同看法,这是很正常的。当有不同看法时,我们必须求同存异,实事求是,不要夸张,我们应拒绝炒作。

其二,真凭实据,当仁不让。这个原则也是正确的,但是,落实到具体的科学家和科学技术成就,也有不同的看法。三星堆和金沙遗址在发现之前与之后,对于巴蜀的科学技术成就,世界的学术界和民间都发生很大的变化。学术见解多种多样。只要我们进行深入研究,有真凭实据,言之有理,就当仁不让。

中国的科学思想强调"中庸之道"。中国传统文化一贯认为:阴阳互补,物极必反;执两用中,不走极端。《中庸》中写道:"执其两端,用其中于民。"对于巴蜀文化中的科学技术成就,我们既不要夸大炒作,也不要虚无自卑。近百年来,中国文化在西方文化的挑战之下,一些中国人失去自信,我们有必要实事求是,正本清源,努力发掘中国在科学技术方面的成就和贡献。

孔子在《论语》中教导我们的科学方法就是"叩其两端"。钱穆先生说:"中国人讲的中庸之道,正要从此相反之两面讲入一'中道'上去。你要讲任何一事一物,最好先找出它相反之两面,然后再从此相反两面间来'求其中',那中处便有'道'。"[1]

本文列出的"巴蜀科学技术的十大成就",这是第一次尝试。我们是在中华科学技术成就,以及与世界科学技术成就的相互比较中,提出的"巴蜀科学技术的十大成就"。我们认为有必要迈出这一步,诚恳地希望得到大家的批评指正。今后,随着对巴蜀科技文化的深入研究,一定会增加或删减一些项目,修改一些实证不充分的内容,充实一些更加重要的内容,第一次做尝试总是有风险的。

---

[1] 钱穆:《中华文化十二讲》,九州出版社2013年版,第131页。

一 三星堆的青铜器技艺为世界奇迹

公元前2000年，成都平原形成了真正意义上的大型城市：三星堆。公元前1700年左右，以三星堆文化为代表的古蜀文明已跨入青铜时代。三星堆考古发现：古蜀的青铜器不仅发端时间早，青铜器金属成分及制造方法别具一格，而且在青铜器的形制和工艺方面，充分显示出三星堆青铜文化的奇特内涵。这从多方面展示了三星堆青铜文明的高超技艺。[①]

1986年，考古人员在三星堆遗址内相继发现了大量青铜器，包括青铜大立人、青铜人头像、青铜人面像、青铜神树、青铜兽面具等。

巴蜀大地大约在公元前1700年，至公元前476年，都处于青铜器时代。而且，巴蜀青铜器的设计和制造水平，达到极高程度。以三星堆遗址出土的青铜器为代表，展示了青铜器时代将技术与艺术高度融合的独特水平，在世界科技史上是一个奇迹。

成都金沙遗址，是继三星堆遗址之后商周时期古蜀文化的又一重大考古发现，被誉为"21世纪中国目前最重大的考古发现"。如果说三星堆遗址的璀璨文物为我们揭开了古蜀文明的神秘面纱，那么金沙遗址的发现则使我们更加清晰地看到了古蜀王国的真实面貌，其中包含了丰富的有关巴蜀科学技术发展状况的实物，提供了深入研究巴蜀科学技术史的可能。[②]

二 巴蜀是世界丝绸的发源地和盛产地

中国是世界上最早发明了丝绸（养蚕缫丝织绸）的国家。作出发明丝绸这一伟大贡献的发明家，就是我们中华民族的伟大始祖轩辕黄帝的妻子嫘祖。嫘祖生于巴蜀盐亭。嫘祖发明的种桑养蚕缫丝织绸技术，堪称在"中国四大发明"之前的"中华民族的第一大发明"。

[①] 参见樊一《三星堆寻梦》，四川民族出版社1998年版。
[②] 参见成都金沙遗址博物馆编著《金沙遗址》，五洲传播出版社2006年版。

中国丝绸的起源是在黄帝时代,《淮南子》所引的《蚕经》,对蚕桑丝绸起源于黄帝时代也有明确的记载,其文曰:"《蚕经》云:黄帝元妃西陵氏始蚕。"

古蜀是中国丝绸的早期起源地之一。相传在上古时代,诞生于巴蜀盐亭的黄帝元妃嫘祖首先教民养蚕缫丝织绸,被后人祀为"先蚕"。在夏商时代,古蜀丝绸已达到相当水平。秦汉三国时期,以蜀锦、蜀布为代表的巴蜀纺织业在全国占有重要地位。

除了闻名遐迩的蜀锦外,巴蜀地区还有一种巴锦。蜀锦仍是唐代巴蜀地区最著名的高级丝织品。宋代四川无论是布纺织、丝织还是蜀锦的生产都超过前代水平。以蜀锦为代表的巴蜀丝织技术发展到今天,仍然显示出其无穷的魅力。巴蜀的成都是"南方丝绸之路"的起始地,在中国古代的对外贸易中发挥了重要作用。

三 巴蜀的水稻种植有数千年历史

巴蜀农业历史悠久,进入农业文明时代已有数千年历史,大约在春秋时期,蜀王杜宇就已经在这里"教民务农"。《华阳国志》中记载:战国时期,巴地"土植五谷,牲具六畜",蜀地"山林、泽鱼、园、瓜果,四节代熟,靡不有焉",蜀国"山林泽鱼,园囿瓜果,四代节熟,靡不有焉"。巴国"土植五谷,牲具六畜",并出产鱼盐和茶蜜;当时巴国和蜀国的调味品已有卤水、岩盐、川椒、"阳朴之姜"。

1981年,凉山州西昌县礼州区发掘的新石器时期的炭化谷粒和对广汉三星堆遗址的研究,巴蜀水稻栽培历史可追溯到3000年至5000年前。这是一项重要的考古发现。

四 巴蜀是世界种茶制茶的发源地之一

中国是世界上最早发现茶树和利用茶树的国家,中国是茶的故乡,中国是世界茶叶的祖国,这是世界公认的。茶是中华民族的国饮。种茶、制茶、饮茶都起源于中国。

我国第一部药学专著《神农本草经》中记载："神农尝百草，日遇七十二毒，得茶而解之。"在中国的远古与传说时代，公元前4200—前4000年，进入神农时代繁荣的鼎盛时期，那时就发现了茶叶，并且知道了茶叶具有神奇的药用作用。但是，远古传说时代还没有人工种茶和制茶、饮茶的记载。

四川蒙山是中国种茶业和茶文化的发源地和发祥地，早在2000多年前的西汉时期，蒙山茶始祖吴理真就在蒙顶培育栽种野生茶树，开创了人工种茶的历史。巴蜀是我国最早栽茶、制茶和饮茶的地区之一。最早将野生茶树变为人工栽培，是在巴蜀地区，这是茶史专家的一致看法。我国传统的最主要的饮料和对世界文明影响最大的饮料是茶。

我国是茶的原产地，是最早发现、种植和利用茶叶的国家，茶被誉为中华"国饮"，而我国种茶、制茶、饮茶最重要的起源地不在别处，正在巴蜀地区。唐代陆羽所著世界上第一部茶书《茶经》开篇第一句论"茶之源"说："茶者，南方之嘉木也，一尺、二尺，乃至数十尺，其巴山、峡川，有两人合抱者。"

五 都江堰水利工程的世界之最

2000年11月29日，第24届世界遗产委员会决定："青城山·都江堰"列入世界文化遗产名录。都江堰有多项世界第一：都江堰是现在世界上历史最长的"无坝引水工程"。已历经2270多年（截至2013年）而不衰，现在能够灌溉1000多万亩土地。都江堰是现在世界上历史最长的典型的"系统水利工程"，包括：灌溉、防洪、防旱、排沙、运输、养鱼、维修、管理，等等。都江堰灌溉区是现在世界上灌溉面积不断扩大，生产效率很高的"扇形水利网络"。

都江堰是现在世界历史上最长的"坚固耐用的水利工程"。在经历了2008年的"5·12"四川汶川特大地震之后，都江堰水利工程仍完好无损。都江堰是现在世界上历史最长的"有理论提升的水利工程"，例如，提出治水的"六字诀"："深淘滩低作堰"；治河的"八字格言"："遇湾截角，逢正抽心"。"有系统管理的水利工程"，例如，有岁修制度，要求:"岁勤修,预防患,遵旧制,勿擅变"。

公元100年左右,根据史书记载,都江堰就有官员负责管理。公元300年左右,都江堰设置了横跨行政区域的专门管理机构,进行集中的统一管理,和专业的系统管理。经费来自国库,管理维护有保证。同时,用水户定期交纳水费,也有悠久历史。一些道教的道士担当了都江堰维修技术的监督工作。公元618年(唐代)以来,对水的宗教崇拜和祭祀活动,由官员和道教上层人物共同主持。官方、道教、民间三结合的管理,保证了都江堰的可持续发展。

六 巴蜀天文学家落下闳有世界影响

中国天文学家对天文学的建立和发展作出了重大贡献。而其中西汉时代出生于巴郡阆中(今四川阆中)的天文学家落下闳的贡献非常突出,有多项创新,这已举世公认。落下闳直接参与制定的《太初历》,其基本内容完整地记录于《汉书·律历志》中。《太初历》的全部天文观测数据和推算数据,建构起一个中国古代的"宇宙系统",称为"落下闳系统"。"落下闳系统"与古希腊的"托勒密系统"相比,时间更早,体系更完整。[1]

落下闳研制出了浑天仪和浑天象,张衡等天文学家的成果是以落下闳研制的浑仪为基础发展起来的。落下闳是浑天说的创始人之一,经他改进的赤道式浑天仪,在中国用了2000多年。落下闳第一次提出交食周期,以135个月为"朔望之会",即认为11年应发生23次日食。发明"通其率"的算法,用辗转相除法求渐近分数,为历法计算提供了有力的工具。[2]

落下闳研制出了浑天仪和浑天象,托勒密也研制了浑天仪和天球仪。落下闳是采用赤道坐标式的浑仪,而托勒密是采用黄道坐标式的浑仪。

---

[1] 参见 ZhaYou—Liang, "A Comparison between Pyolemy's System and Lohsia Hung's System", *17th International Congress of History of Science*, University of Berkeley, Callifornia, USA. 1985。

[2] 参见查有梁《世界杰出天文学家落下闳》,四川辞书出版社2011年版。

16世纪之后,西方也采用赤道坐标式的浑仪。李约瑟写道:"是什么原因使得第谷在16世纪放弃古老的希腊——阿拉伯黄道坐标和黄道浑仪,而采用中国人一向使用的赤道坐标呢?赤道浑仪曾被认为是欧洲文艺复兴时期天文学方面的主要进步之一,而中国人却早已使用。"[①] 落下闳原创研制的赤道坐标式的浑天仪,影响深远。

七 秦九韶的《数书九章》是数学史上的经典著作

公元1247年,南宋杰出的数学家秦九韶完成《数书九章》,这是中国传统数学在《九章算术》的基础之上,由形成、发展、繁荣到鼎盛的时期。秦九韶的《数书九章》,对于数学发展作出了重要贡献,取得了多项在国际上领先的数学成果。世界数学史公认,秦九韶是13世纪世界最杰出的数学家之一。

秦九韶的《数书九章》对世界数学的发展作出了突出贡献。至今仍有重要意义的方法,可以列举以下5条:(1)大衍求一术——一次同余式组解法;(2)正负开方术——高次方程数值解法;(3)互乘相消法——线性方程组之解法;(4)秦九韶公式——与海伦公式等价;(5)秦九韶的"缀术推星"——逼近法。从上述几点,可以得知:秦九韶是一位有世界影响的,杰出的中国数学家,是中国古代数学集大成者。[②]

比利时数学家李倍始(U. Libbrecht),1973年发表专著《13世纪中国数学》[③],美国麻省理工学院出版。该书第21章中,李倍始从国际数学的发展历史比较中,对秦九韶的"大衍求一术"做了分析。按照时间先后看,秦九韶达到的学术高度,西方经300多年和400多年后才达到。由此可看,秦九韶的"大衍求一术"在数学史上占有不可动摇的领先地位。

---

① 李约瑟:《中国科学技术史》第3卷,英国剑桥大学出版社1979年版,第378—379页。
② 参见查有梁、吴永娣、周步骏、陈更生《杰出数学家秦九韶》,科学出版社2003年版。
③ 参见 U. Libbrecht, *Chinese Mathematics in The Thirteen Century*, Massachusetts Institute of Technology published in 1973。

八 巴蜀发源的道教有重要的科学技术贡献

道教的发源地在巴蜀鹤鸣山,道教的发祥地在巴蜀青城山。历史上,认定道教创建于东汉顺帝年间。道教是中国历史上第一个从本土文化中发展起来,而且是从古代一直延续至今的宗教。道教不仅在中国影响深远,而且有重要的国际影响,成为当今世界主要的宗教之一。

道教创建于巴蜀大地,道教对于巴蜀科学技术的影响是非常明显的。鲁迅先生曾如此评价道教之于中国传统文化的贡献:"中国文化根柢全在道教。"[①] 道教对于中国科学技术的发展起了重要作用。科学出版社已经出版姜生、汤伟侠主编的多卷本《中国道教科学技术史》。[②]

老子"道法自然"的思想,深刻地影响了道教。道教为追求"长生不死",不论炼内丹、炼外丹都需要身体力行,亲自实践。道教在与自然打交道之中,不是重思辨,而是重"力行";不是重嘴说,而是重操作、动手做,强调"试验",在尝试中验证。

火药就是道士们经试验而发明的。《真元妙道要略》明确记载了试验的情景:"有以硫黄、雄黄合硝石并蜜烧之,焰起烧手面及烬屋舍者。"提出经过试验的警告:"硝石……生者不可合三典等烧,立见祸事。"

火药是改变世界的重大发明。这是道教对科学作出的重要贡献之一。道教为发展炼丹术,尝试地做了大量的各种各样的化学试验、药学试验,取得多项成果。例如"胆铜法的发明"就被学术界称赞为"在世界化学史上是一项重大发明",等等。豆腐的发明也是与炼丹实验有关。

九 巴蜀造纸术和印刷术先进,
   在世界上最早发行纸币

造纸技术出现于汉代,晋代开始传到全国各地。北宋蜀人苏易简所

[①] 鲁迅著,杨义选评:《鲁迅作品精华:评选本》第二卷《散文诗·诗文·旧体诗·书信集·致许寿裳》,生活书店出版有限公司2014年版,第445页。

[②] 参见姜生、汤伟侠主编《中国道教科学技术史》,科学出版社2011年版。

著的《文房四谱·纸谱》是世界上最早的关于造纸技术的专著。古代巴蜀曾经是我国造纸业和印刷业的中心地区，是全世界纸币的发源地。隋代巴蜀的造纸业已相当兴旺。宋代社会经济的发展，促进了造纸技术的发展和不断成熟。

世界上最早的纸币——北宋益州交子（10世纪末发行），就是"制楮为券"，用蜀纸印制的。以后全国各地的会子、钱引等纸币，亦大都用蜀纸印刷，以防伪造。巴蜀的雕版印刷技术也在世界科技史上有独特地位，有重大创新。交子印刷各种复杂的图案，朱墨间错，开世界彩色套印之先河，在世界印刷史上也是一件重大事件。巴蜀造纸技术发达，对科学文化的发展产生了巨大的推动作用。

十 深井钻凿技术在世界上遥遥领先

北宋仁宗庆历、皇祐年间，四川井盐生产中曾出现过一项具有划时代意义的技术革新，"凿地植竹"，首创新型盐井——"卓筒井"。"卓筒井"工艺为世界深井钻凿技术和石油天然开采事业开辟了道路。①

明正统年间，四川嘉州（今乐山）地区开凿井盐时，发现了石油，经试钻试采后，有目的地钻出了一批石油井，这也是世界上第一批石油井。

1835年，自贡地区的燊海井凿达1001.42米，是中国也是世界上第一口超千米的深井，成为人类钻井史上的里程碑。中国古代钻井技术被誉为"西方石油钻井之父"。

早在西汉时期，约在公元前1世纪，蜀郡临邛（今四川省邛崃）就有了天然气开采技术，是火井采气的发端。巴蜀是世界上最早掌握开采利用天然气技术的地方，并用作煮盐。

（原载于《中华文化论坛》2015年第9期）

---

① 参见查有梁、周遂志《巴蜀科技史略》，四川人民出版社2010年版。

巴蜀史学通论

粟品孝

"统观蜀学，大在文史。"① 近代史学名家刘咸炘（1896—1932年）此语，确实抓住了巴蜀文化的重心和特色。巴蜀史学不仅是巴蜀文化的一个重要门类，也是中国史学的有机组成部分。这里的巴蜀，是以四川盆地为核心区域、以今四川省和重庆市为范围，并适当延及周边地区。而所谓的巴蜀史学，则主要是指具有巴蜀籍贯的学者有关史学的编纂和论述，或在巴蜀境内发生的史学活动。目前对巴蜀史学的个案研究不少，有的还比较丰富，但综合性和贯通性的研究则相当不足。笔者不揣浅陋，尝试以通贯的眼光，对上起先秦、下迄当代的巴蜀史学进行初步的论述，主要关注巴蜀史学的发展轨迹、对中国史学发展的贡献及其主要特征三个方面，希望有助于更为全面和准确地认识巴蜀史学的发展面貌，及其在巴蜀文化和中国史学发展史的地位。

一 巴蜀史学的发展轨迹

巴蜀史学的发展深深植根于巴蜀社会。纵观巴蜀社会，先后经过了巴蜀之巴蜀（指秦并巴蜀之前相对独立发展的巴蜀地区）、华夏之巴蜀（秦并巴蜀以后的巴蜀地区）和世界之巴蜀（晚清以降伴随中国融入世界

---

① 刘咸炘：《蜀学论》，《推十书·推十文集》卷一，成都古籍书店1996年影印本。

万国之林之后的巴蜀地区）三大历史阶段，深受全国乃至晚近世界发展变化的影响。与此相应，巴蜀史学虽然主要是巴蜀地区社会的产物，但也不断受到来自全国其他区域乃至晚近其他国家和地区社会文化的深刻影响。基于此，我们在考察巴蜀史学发展演变的轨迹时，视野自然不应局限于巴蜀本地。

纵观巴蜀史学的发展变化，大致经过了先秦秦汉时期的兴起、三国（蜀汉）两晋时期的初盛、南北朝隋唐的低落、两宋时期的繁盛、元明清的缓慢发展和晚清以来的转型与巨大发展六个阶段，呈现出三低三高的发展轨迹。

（一）先秦秦汉时期巴蜀史学的兴起

公元前316年秦并巴蜀之前，曾经创造了三星堆文明、金沙文明等辉煌历史的巴蜀各国各族，似与中原诸侯国一样，已有自觉的历史意识和历史记载。早在抗战时期，顾颉刚在提到《华阳国志·蜀志》所述开明氏"凡王蜀十二世"时就说："开明氏之蜀，文化程度綦高，当有记载传后，《（华阳）国志》所云'十二世'之数宜有所记。"① 认为蜀地的开明王朝是有自身历史"记载"的。后来蒙文通更具体地指出："春秋战国时代，各国都有它所流传的代表它的传统文化的典籍……巴、蜀之地当有它自己的作品，《山海经》可能是巴、蜀地域所流传的代表巴蜀文化的典籍。"② 如此言确实，则以神怪著称又长期居于史部地理类的《山海经》就是迄今所知巴蜀地区产生的最早的史学作品了，可谓巴蜀史学之源。

秦并巴蜀之后，巴蜀地区原有的历史文化进程固然被打断，但由此开启了与祖国各地特别是与先进的中原地区更广泛、更充分的接触交流，经过上百年的"染秦化"③以及后来的"汉化"历程，这片先前被视为

---

① 顾颉刚：《〈蜀王本纪〉与〈华阳国志〉所记蜀国史事》，《论巴蜀与中原的关系》，四川人民出版社1981年版，第78页。

② 蒙文通：《略论山海经的写作时代及其产生地域》，《古学甄微》《蒙文通文集》（第1卷），巴蜀书社1987年版，第65页。

③ （晋）常璩撰，刘琳校注：《华阳国志新校注》卷三《蜀志》，四川大学出版社2015年版，第225页。

"南夷""戎翟"的区域已由过去的华夏边缘而成为诸夏之区了,华夏文化明显占据了主导地位。这一社会巨变对史学带来了什么样的影响呢?一方面,一代又一代的学者不满巴蜀古史记忆的丧失,有意识地将有关传说和后来的发展情况加以记述,并整理成多家《蜀本纪》,这不但开启了巴蜀地方史志的修撰传统,也保存了巴蜀古史的若干面相;另一方面,已为华夏文化涵化的一批又一批学者参与国史的修撰,如西汉末年扬雄、阳城衡续修《史记》,东汉初年杨终受诏删《史记》为十余万言,杜抚、李尤参与东汉一朝最重要的官修史书《东观汉记》的写作,而影响最大的则是扬雄自觉地利用儒家经学思想来评论历史,所著《法言》的一系列史论直接影响了后来班固《汉书》的写作。所有这些集中来看,说明巴蜀史学已在汉代兴起并产生了较大影响。

(二) 三国两晋时期巴蜀史学的初盛

先秦以来特别是汉代的巴蜀史学虽然已有不凡的表现,但比之于已跻身全国一流的巴蜀辞赋、道家、天文之学、语言文字学,则还是明显逊色的。特别是考虑到这一时期全国史林已经诞生司马迁和班固这样杰出的史家及其不朽史著《史记》和《汉书》,巴蜀史学甚至可以说是有些落后。但是到了三国两晋时期,巴蜀史家史著则跃居全国一流,"独秀于当时的中国史坛"[1],先后涌现出谯周《古史考》、陈寿《三国志》、常璩《华阳国志》等代表当时最高水准的史家史著。巴蜀史学迎来了发展的第一个高峰。

应该说,三国两晋时期的巴蜀地区远不如两汉时期稳定,何以会出现史学发展的高峰呢?这需要结合全国大的政治局势和学术发展形势进行分析。东汉末年,天下大乱,全国陷入了长期的分裂动荡,巴蜀社会也受到巨大影响。只是在这群雄角逐之际,巴蜀地区先有刘焉、刘璋父子的"保州自守"[2],继有刘备得蜀,建立起内部相对安定的蜀汉政权,

---

[1] 段渝:《巴蜀文化与汉晋文明》,载李大明主编《巴蜀文学与文化研究》,商务印书馆2005年版,第471页。

[2]《三国志》卷三十一《刘焉传》裴注引《英雄记》,中华书局1957年标点本,第867页。

避免了北方地区那样的大规模战乱。在李特建立成汉政权前后，巴蜀地区受流民冲击和战乱影响，确实遭到了惨重破坏，但至李雄在位（304—334），"时海内大乱，而蜀独无事，故归之者相寻"①。这些为包括史学在内的学术发展创造了有利条件，也吸引了一些外地学者入蜀。

再从学术发展大势来看。自汉武帝"罢黜百家，独尊儒术"以来，儒学遂上升为经学，并逐渐分为今古两家，今文经学是官学，盛于西汉，古文经学则在东汉大行于民间。至东汉后期，一方面古文经占据了学术主流地位；另一方面今古文又逐渐趋于融合。巴蜀地区的转变则要慢一些，整个两汉时期都是"多贵今文而不崇章句"②，至蜀汉两晋时期则转向以古文经为主且兼容今古文的局面。③ 我们知道，今文经学专重微言大义，不重训诂名物，与史学关系疏远；而古文经学则不同，不重微言大义，强调训诂名物，强调对事实的考订、补充，这就与史学相通。故近代经学大师廖平称"古文是史学，今文是经学"④；对汉唐间经史关系有深入研究的胡宝国也说："正是古文经学的繁荣以及随之而来的今古文之争的结束才为史学的发展打开了大门。"⑤ 明乎此，我们就不难理解蜀汉两晋时期巴蜀地区古文经学盛行与史学高峰同时到来的新局面了。

（三）南北朝隋唐时期巴蜀史学的低落

东晋以后的南北朝时期，国家虽然处于长期分裂动荡的局面，但在史学发展上仍有一些可观的成绩，涌现出北朝如魏收的《魏书》，南朝如裴松之的《三国志注》、范晔的《后汉书》、沈约的《宋书》、萧子显的

---

① 《晋书·李雄载记》，中华书局1974年标点本，第3040页。
② 《三国志·蜀书十二·尹默传》，第1026页。
③ 参见焦桂美《论蜀汉经学之嬗变——与两汉蜀地本土经学传统相比较》，《孔子研究》2006年第3期。
④ 蒙文通：《治学杂语》，载蒙默编《蒙文通学记》（增补本），生活·读书·新知三联书店2006年版，第41页。
⑤ 胡宝国：《汉唐间史学的发展》，商务印书馆2003年版，第49页。

《南齐书》等名著。然而在巴蜀地区，史学则由盛转衰，走向低落，除了有一些地方史志外，几乎无可称述。这是为什么呢？主要是西晋末年以来巴蜀地区的频繁战乱引发的社会乱象所致。

西晋末年的战乱是中国历史上规模巨大、破坏深重的全国性战乱，巴蜀地区所遭遇的冲击也是前所未有的，特别是引发了著名的李特流民起义，这些对巴蜀地区的破坏相当严重。经历过这场动荡的史学家常璩在《华阳国志·序志》中不无沉痛地写道："曩遭阮运，函夏滔堙，李氏据蜀，兵连战结，三州倾坠，生民歼尽，府庭化为狐狸之窟，城郭蔚为熊罴之宿，宅游雉鹿，田栖虎豹，平原鲜麦黍之苗，千里蔑鸡狗之响，丘城芜邑，莫有名者。嗟乎三州，近为荒裔，桑梓之域，旷为长野。"昔日的天府之国几成蛮荒之地！巴蜀地区几乎遭受了摧毁性的打击，土地荒芜，人口流亡，社会惨不忍睹。李雄统治时期虽然有所恢复，但并没有得到根本改观。即便是李氏成汉政权并入东晋以后，巴蜀地区也没有得到较为稳定的休养生息的机会，管属政权的更迭极为频繁。据统计，巴蜀地区先后经历东晋、前秦、谯纵割据，南朝的宋、齐、梁，北朝的西魏、北周等共八个政权的统治，时间长的有五十多年，短的仅数年而已。这些政权的更迭，在巴蜀地区多是伴随着战乱进行的，严重破坏了学术生态，或致学术人才大量外迁，或致学术人才不易生长，直接导致了包括史学在内的整个学术文化的低落。

到隋唐时期，国家复归一统，史学也有很大发展。如官方修史制度日益健全，单是被后世列为"二十四史"的"正史"，这一时期就多达八部；诞生了系统总结有史以来史学发展的巨著《史通》和现存第一部贯通性的典章制度史《通典》。但在巴蜀地区，这一时期的史学依然相当低落，既不能与巴蜀文学之盛相比，也不能与全国史学的大发展相称。这又是什么原因呢？我们认为，唐初官方主持所修的前代史主要都是关于南北朝和隋朝的历史，其时巴蜀地处西陲，学人对这些历史的全局性了解不够。加之当时全国门阀之风很盛，而巴蜀地区门阀世族较少，能到中央朝廷出任高官者更少。这两个原因直接导致巴蜀学人难以参与到当时盛行的朝廷官方修史活动。朝廷官方修史既难参与，而私人修史又被限制①（上一时期的巴蜀史学名著均属私修），这样巴蜀地区的史学发展自然就难有成就了。

（四）两宋时期巴蜀史学的繁盛

隋唐时期的巴蜀地区虽然在史学发展上没有起色，但相对稳定的政治局面和不断恢复发展的经济则积蓄着新的文化力量。特别是唐朝中晚期玄宗、僖宗的两次入蜀避难，以及唐末五代北方地区的频繁战乱引发北人大规模入蜀，至有"衣冠之族多避乱在蜀"②之说，他们为巴蜀地区学术文化的发展注入了新鲜血液。后蜀时期的官私修史已很活跃，在当时纷乱的时局下显得格外突出。至宋代，更是迎来了史学的大发展，成为巴蜀地区古代史上最繁盛的高峰时期。

北宋巴蜀史家的成就主要体现在前朝史的编纂上，不但出现了记述前后蜀历史的专书《蜀梼杌》，而且一些学者参与到官方一些重要史书的修撰，如范镇修《新唐书》，范祖禹修《资治通鉴》，贡献都很大；范祖禹还顺应儒学复兴运动的新要求，著成宋朝义理史学的典范之作《唐鉴》。而在北宋中期"学统四起"风潮下崛起的以苏洵、苏轼、苏辙为代表的苏氏蜀学，长期与王安石为代表的"新学"、二程为代表的"洛学"鼎足而立，且又是这三派中最重视史学的流派。"三苏"的重心不在修史，而在论史，其史论文辞优美、说理深刻，在整个宋代的巴蜀和全国都有重大影响，南宋浙东诸儒承袭其风尤盛。

在经历北宋灭亡、宋室南渡的巨变后，史家从存史和取鉴的角度，很重视本朝史的编纂，其中巴蜀学人表现最为突出，成就最大，涌现出记述北宋九朝的编年史巨著《续资治通鉴长编》和纪传体史书《东都事略》，以及记述南宋高宗一朝的《建炎以来系年要录》等多部"卓然可传"的私修本朝史，成为后人了解和研究宋史的基本典籍。而且，南宋背海立国，偏安一隅，战略形势颇与历史上江东六朝相似。于是一批有

---

① 隋文帝时曾规定："人间有撰集国史、臧否人物者，皆令禁绝。"《隋书》卷二《高祖纪》，中华书局1973年标点本，第38页。

② 《资治通鉴》卷二六六，后梁太祖开平元年九月末，中华书局1956年标点本，第8685页。

忧患意识的史家又注意从江东六朝的治乱安危中汲取智慧，其中巴蜀史家著有《江东十鉴》《江东十考》和《六朝通鉴博议》等，在当时也声誉卓著。

宋代巴蜀地区史学的巨大发展在全国都显得格外耀眼，以至于宋末王应麟在"朝夕讲道"时有"西蜀史学"①之概。这是有史以来第一次从地区性角度概括巴蜀史学，表明巴蜀史学发展到宋代已形成鲜明的区域色彩。

（五）元明清时期巴蜀史学的缓慢发展

晚宋时期宋蒙（元）双方在巴蜀地区长达半个世纪的激烈争战中，使巴蜀社会遭到了前所未有的摧毁，盛极一时的史学也一落千丈。流寓江南的元朝蜀人虞集就说："国家将启南服，[蜀]独先受兵，芟夷划刮者几百年，而后昔之所谓盛者，始扫地无复遗余矣。"② 这一局面不但在元朝统治的短短几十年里没有得到根本恢复，即便是经过元明鼎革之后的明朝中期（正德、嘉靖时代），也没有恢复到宋朝承平时期一半的水平。时人杨慎就说："吾蜀科第，莫盛于宋……经元兵之惨，民靡孑遗，积以百八十年，犹未能复如宋世之半也。"③ 此虽以科举为例，实际其他方面也大抵如此。而就在明朝巴蜀经济文化发展稍见起色之际，明末清初多种军事势力又在巴蜀地区反复角逐和激烈厮杀，使得这一地区的经济文化再次陷入瘫痪与衰败之中。在经过长期的"湖广填四川"这一移民浪潮的推动下，巴蜀社会才逐渐走出低谷，从清朝中期开始得到较大恢复并有所发展。

元明清时期巴蜀地区的史学，就是在宋末元初和明末清初两次空前浩劫的基础上进行的，发展十分缓慢。可以称述的方面主要有：一是在两次浩劫之后一些学者流寓江南，在巴蜀域外著书立说，元朝以主持

---

① （清）黄宗羲原著，（清）全祖望补修，陈金生、梁运华点校：《宋元学案》卷八十五《深宁学案》，中华书局1986年版，第2866页。
② （元）虞集：《乐善堂记》，《道园学古录》卷七，四部丛刊本。
③ （明）杨慎：《内江科贡题名序》，《升庵遗集》卷二十二，载王文才、万光治主编《杨升庵丛书》（三），天地出版社2002年版，第1069—1070页。

《经世大典》的虞集为代表，清初以反理学的费密、唐甄为典型，在史书编纂或史论方面都很有成就；二是在明清时期涌现出杨慎、李调元、刘沅等少有的博学之士，其中明朝中期的杨慎影响最大，其史学考信不仅领风骚一时，也为明末清初顾炎武大倡的考据学风及考据学派的形成起到了先驱作用，只是在清代乾嘉考据之学大盛的时代里，偏处西南的巴蜀地区基本上没有受到影响。

（六）晚清以来巴蜀史学的转型与巨大发展

从清朝末年开始，长期缓慢发展的巴蜀史学开始呈现复兴之象，并在全国"旧史学"向"新史学"转变的时代风气下也开始了自身的转型，至中华民国和中华人民共和国成立时期更是获得了巨大发展，迎来了它的第三个高峰。

1875年，在成都建立的尊经书院使巴蜀士林风气大变，特别是它强调的"凡学之根底，必在经史。读群书之根底，在通经；读史之根底，亦在通经"①的思想以及经学大师王闿运主持书院教育多年，为众多书院生徒奠定了扎实的经史基础，经学之长为全国罕见，廖平甚至成为清末民初最出众的经学名家。受此影响，后来崛起的巴蜀史学家不少都是经史兼通，如廖平的学生蒙文通、李源澄就是突出的代表，他们都是由经入史，并在从事史学研究时不曾放弃经学。这与全国经学边缘化、史家多不通经的情况很不同。曾在尊经书院、锦江书院受学的张森楷，则专力史学，他虽受到了一些新学风的影响，编有体现进化史观的《华夏史要》，但主要还是近于乾嘉考证之风，重视正史、崇尚淹博，著有《通史人表》《史记新校注》等巨著。与张森楷同样处于转型时期、同样专力治史的著名史家还有刘咸炘，他所处时代稍晚，具有更多的新史学色彩，并主要通过家学传承和私淑章学诚来治史，留下了《推十书》这部内容丰富的学术遗产。

晚清以来中外时局的新变化和各种思潮的激荡，也深深地投射到巴

---

① （清）张之洞著，庞坚校点：《创建尊经书院记》，《张之洞诗文集》卷六，上海古籍出版社2008年版，第228页。

蜀学人身上。如马克思主义思潮就对曾经留学国外的郭沫若、吴玉章产生了深刻影响，他们是中国马克思主义史学的早期开拓者和奠基人，不论是对巴蜀史学还是全国史学的发展，都贡献卓著。

20世纪30年代，国民党中央势力入川，不久抗日战争全面爆发，国民党迁都重庆，高校、研究机构和有关学者纷纷内迁，巴蜀地区成为战时学术文化的大本营。由此巴蜀史学出现了意外的大变化、大发展：一是高校和研究机构猛增，研究队伍迅速壮大；二是一批主流派新史家入蜀，给巴蜀史学吹来了强劲的新风，注重新材料的发掘和利用、注重实地调查研究的风气蔚为兴盛；三是不同学术背景、不同学术取向的众多学者汇聚巴蜀，包括考古学、人类学、民族学、社会学在内的许多学科和地方史、民族史、边疆史等领域拓展显著。这些又为抗战胜利后特别是新中国时期巴蜀史学的新发展奠定了坚实基础。而抗战前后入蜀的新派史家如徐中舒、冯汉骥、胡鉴民、缪钺等学者后来继续留在巴蜀，更为巴蜀史学的传承发展起到了重要作用。

1949年，中华人民共和国成立后，全面确立了马克思主义的指导思想，整个史学的面貌发生了翻天覆地的变化，最突出的就是过去已有很大影响，但尚不占主流的马克思主义史学取得了绝对主导的地位。但严重的政治化、一元化和封闭性，以及"文革"的影响，使得史学的发展异常曲折。"文革"结束特别是改革开放后，挣脱思想束缚的中国史学，在与国际史学日益频繁的交流融合中，逐步进入正常的轨道，并在社会稳定和经济大发展的时局下展现出开放多元的新姿态和繁荣发展的新景象。巴蜀地区的史学发展同样呈现出这样的新面貌。

二 巴蜀史学对中国史学发展的贡献

由上观之，巴蜀史学在数千年的发展中名家辈出，名著迭现，并先后出现三国两晋、宋代和晚清以来的三次高峰，对中国史学发展作出了重要贡献。具体来看，其贡献至少可概括为三个方面。

（一）对全国史的编修和研究贡献卓著，出现了一批名家名著

首先来看所谓的历代"二十四史"。这二十四部"正史"中，有一部为蜀人独修，这就是由蜀汉入西晋的南充人陈寿所撰的《三国志》，是著名的"前四史"之一，历来受到学者推崇；有一部为蜀人"同修"，即北宋的《新唐书》，当时同修官多人，其中成都人范镇在局时间最长、贡献最著。另外至少还有五部书也有蜀人的贡献。最早的是东汉班固的《汉书》，成都人扬雄、阳城衡补续《史记》的内容及扬雄在《法言》中的一些史论为《汉书》汲取。《后汉书》本无志，以晋朝司马彪的《后汉书十志》补足，而这十志部分明显继承了蜀人谯周《后汉纪》（已佚）的内容。元修《辽史》《宋史》和《金史》，虽未见蜀人直接参与，但寓居江南的蜀人虞集率先提出"今当三家各为书，各尽其言而核实之"①，打破了以前因正统归属问题而长期搁置的局面，很快得到当局采纳，"三史"得以迅速修成。

其次就是对《资治通鉴》的编修。此书虽为北宋司马光主撰，但三位助手刘攽、刘恕和范祖禹功不可没，其中成都人范祖禹负责《唐纪》部分的初撰，先后编有规模庞大的丛目和长编，为司马光最终刊削定稿奠定了扎实的基础。而且范祖禹在司马光专设的修史书局中时间最长（刘攽在局六年，刘恕在局七年，范祖禹则在局十五年），其中有整整六年的时间书局只有范祖禹一个"同修"（司马康仅是充编修《资治通鉴》所检阅文字而已），全力协助司马光，因此他可能还直接参与了司马光全书的一些定稿和数据考异等工作，说他是司马光三位助手中贡献最大的助手，恐不为过。

再次是宋元时期对本朝史编修的重要贡献。宋代巴蜀学者不但参与了很多官修本朝史的编纂，如范冲重修《宋神宗实录》、李心传编修《十三朝会要》，等等；而且还有大量私修之作，在当时全国史林中最为突出。如宋代编年体本朝史以李焘的《续资治通鉴长编》、徐梦莘的《三朝北盟会编》和李心传的《建炎以来系年要录》三部书的品质最高，而

---

① （元）虞集：《送墨庄刘叔熙远游序》，《道园学古录》卷三十二，四部丛刊本。

"二李"均是巴蜀史家；纪传体则以蜀人王称父子撰写的《东都事略》最佳。另外巴蜀地区还有记述北宋典章制度和史实的《宋朝事实》，专门辑录北宋九朝和南宋高宗朝名臣碑传的资料汇编《名臣碑传琬琰集》，记载北宋九朝和南宋高宗一朝历史的编年体史书《皇宋十朝纲要》，关于北宋历史的纪事本末体史书《续资治通鉴长编纪事本末》和《太平治迹统类》，以及记录宋代道学发展史的《道命录》，等等。这些都是后来人们了解和研究宋史的基本典籍。元朝人虞集以一代高文博学而撰写的《经世大典》，是整个元朝当代史编修的杰作。

最后是现代史学视野下的中国史研究长期居于全国前列。中华民国时期刘咸炘的《推十书》系列，蒙文通的《经学抉原》《古史甄微》《周秦少数民族研究》和《中国史学史》（讲义），郭沫若的《中国古代社会研究》，等等，都是当时中国史研究的精粹之作。其中蒙文通提出的"古史三系说"、郭沫若的马克思主义史学方法论，在当时全国都有很大影响。中华人民共和国成立，巴蜀地区的中国史研究也长期居于全国前列。如分别由徐中舒、缪钺和蒙文通主持的先秦史、魏晋南北朝史和宋史以及历史文献学在全国具有重要地位，有一些指标很能说明问题：蒙文通在1957年被聘为中国科学院历史研究所第一所学术委员；徐中舒和缪钺分别承担了高教部委托的《先秦史》和《魏晋南北朝史》（与唐长孺、贺昌群合作）教材编写的任务，同时又分别承担由郑天挺主持的六部中国史学名著选中《左传选》和《三国志选》二书的编注工作；1981年巴蜀史学重镇四川大学又成为获得首批"中国古代史"和"考古学"两个学科博士学位授予权的少数高校之一；由吴天墀撰写的《西夏史稿》，长期享誉西夏学界，至少是20世纪90年代以前西夏史研究"最重要的成果"[①]；在徐中舒的主持下，巴蜀地区的古文字学长期在全国居于一流，徐老还主持编写了《殷周金文集录》和大型古文字工具书《甲骨文字典》，并担任了国家大型科研项目《汉语大字典》的主编；古籍整理方面的《全宋文》是所有"全"字号文献集成的上乘之作。近些年来的中国

[①] ［德］傅海波，［英］崔瑞德编《剑桥中国辽西夏金元史》（剑桥大学出版社1994年版），史卫民等译，陈高华等审校，中国社会科学出版社1998年版，第775页。

思想文化史、近现代史、民族史、藏学、城市史、宗教考古、南方考古、道教史等方面的研究也发展迅猛,位居全国同类学科发展的前列。

(二) 对巴蜀及其周边区域的记述和研究达到了很高水平,一些著作已成为中国史学史上的重要作品

巴蜀地区具有延绵不断的地方史志修纂传统,这些记述巴蜀及其周边区域的地方史志有些达到了很高的水平,成为中国史学发展史上的重要作品甚至经典名著。

首当表出的是东晋常璩的《华阳国志》。该书是记述东晋以前西南地区的地方通史,融历史、地理、人物于一体,开创了我国地方史志编纂的新体例,是宋代以后方志的先河,享有"方志之祖"的美誉。此书长期得到学者推崇,如唐代刘知几在《史通·杂述》中就特别表彰道:"郡书者,矜其乡贤,美其邦族,施于本国,颇得流行;置于他方,罕闻爱异。其如常璩之详审……而能传诸不朽,见美来裔者,盖无几焉。"① 这是横比当时全国各地的同类著述得出的结论。宋代吕大防任成都府知府,纵比历代巴蜀地方史志,也以为"蜀记之可观,未有过于此者"②。近代学者任乃强更将《华阳国志》与《史记》《资治通鉴》相媲美,"正史几十种,人莫不推司马迁《史记》为典型。编年史几十种,莫不推司马光《通鉴》为典型。地方志几百种,莫不推《华阳国志》为典型"③。他还说:"一书而兼备各类,上下古今,纵横边腹,综名物,揆道度,存治要,彰法戒,极人事之变化,穷天地之所有,汇为一帙,使人览而知其方隅之全貌者,实自常璩此书创始。此其于地方史中开创造之局,亦如正史之有《史记》者。"盛赞《华阳国志》"为地方史一鸿篇巨制"。④ 可

---

① (唐) 刘知几撰,(清) 浦起龙释:《杂述》,《史通通释》卷十,上海古籍出版社 1978 年版,第 275 页。
② (宋) 吕大防:《华阳国志序》,载 (晋) 常璩撰,刘琳校注《华阳国志新校注》附录,四川大学出版社 2015 年版,第 1004 页。
③ 任乃强:《〈华阳国志〉简介》,《历史知识》1980 年第 2 期。
④ (晋) 常璩撰,任乃强校注:《华阳国志校补图注·前言》,上海古籍出版社 1987 年版,第 6 页、第 2 页。

以说，其书叙述范围之广，涉及时间之长，内容之丰富，开创性之强，在当时全国都是独一无二的。

《华阳国志》之后，巴蜀地区虽然长期没有出现类似这样规模大、质量高、影响大的作品，但地方史志的修纂并没有中断，而且也诞生了一些重要作品，如南朝李膺的《益州记》、唐朝卢求的《成都记》、宋朝张唐英的《蜀梼杌》等，均知名一时，其传承至今的部分内容仍具有重要价值。至于在南宋时期编纂的《成都文类》，既是成都历史上第一部文章选集，也是巴蜀文献史上的第一部选集，在地区性文献汇集的编纂史上占有一席之地。

明清时期的四川出现了多部总志（或称通志）。其中明朝嘉靖时期成书的《四川总志》出自名家之手，主要是由状元杨慎、探花杨名和进士高第王元正修成，又经过前后两次编修，精心雕琢，故达到了很高的水平。明人陈继儒指出："读天下志，《四川总志》为第一，其金石鼎彝、秦汉以下之文，网罗几尽，而立例亦古。"清人宪德也说："追前明之世屡经修辑，惟杨慎、王元正辈所纂（即嘉靖《四川总志》）称善。"其中的《艺文志》部分由大儒杨慎修成，复经周复俊重编，以《全蜀艺文志》的形式单独印行，《四库全书总目》誉其为"包括网罗，极为核洽"，具有很高的文献价值。① 清朝嘉庆年间编成的《四川通志》，卷帙浩繁，体例完备，内容丰实，又堪称四川历代总志的集大成者。

清末民初是巴蜀历史文化转型和快速发展时期，在新旧思想文化的激荡之下，巴蜀地区涌现出了一批内容丰富、体例创新的地方史志佳作。如简阳人傅崇矩于宣统年著成的《成都通览》，贯通古今，内容系统，"举凡山川气候、风土人情、农工商业、饮食、方言、居家事物，凡百价目。水陆程途，靡不毕载"②，是关于清末成都的百科全书，弥足珍贵。张森楷在1919 年编成的《合川县志》，以章学诚的方志学理论为依据，取法《史记》《汉书》，把当地的政治、人文、地理等重大事件以表、考、图、记、传等不同形式予以展示，令人耳目一新，被梁启超誉为"康熙以来所修方志的

---

① 参见旷天全《略谈嘉靖〈四川总志〉》，《巴蜀史志》2005 年第 4 期。
② 傅崇矩编：《成都通览》卷首，沈秉堃叙，成都时代出版社 2006 年版，第 1 页。

佳作"①。刘咸炘完稿于1924年7月的《双流足征录》，补旧志之缺者多至七卷，蒙文通誉其"事丰旨远，数百年来，一人而已"②，更是当时方志体例开拓创新的名篇。任乃强在1930年著成的《西康图经》，则"开康藏研究的先河"，这又是地方史志界和民族学界公认的事实。

抗战时期，我国大部分学者云集四川，发掘新材料，运用新方法，多学科交叉，将巴蜀历史文化的研究提高到一个新的水平。这正如顾颉刚所说："抗日战争时期，我国的专家学者差不多全体集合到四川。当时，对于川康的自然界和社会各方面的调查研究风起云涌，实在是抗战前所没有预料到的收获。"③在民族史方面，任乃强撰成被誉为"康藏史地之第一杰作"的《康藏史地大纲》，校注藏文史籍的"传世之作"《西藏政教史鉴》，率先将藏族长篇史诗《格萨尔王传》介绍给国内外，抗战胜利后又主编《康藏研究月刊》，成为我国康藏研究的开拓者和奠基人。在考古发掘和研究方面，华西大学博物馆馆长郑德坤著成《四川古代文化史》；冯汉骥主持发掘了五代前蜀皇帝王建的永陵，这是我国首次使用现代科学考古方法发掘的帝王陵墓。冯氏后来完成的《前蜀王建墓发掘报告》，研究深入，考论精到，是学界探讨中国帝王陵寝制度必读的经典之作。在历史文化方面，20世纪40年代初提出了"巴蜀文化"概念，为后来学界广泛接受，一些学者遂开始对巴蜀历史文化进行深入探究。如顾颉刚在1981年出版的名著《论巴蜀与中原的关系》论文集，实际就是这一时期研究成果的汇编。

中华人民共和国成立后，伴随考古发现的增多和民族调查的扩大，学者对巴蜀历史文化的研究更为深入，发表了多篇力作。后来在1980年前后以"巴蜀史研究丛书"的名义，出版了蒙文通的《巴蜀古史论述》（1981）、徐中舒的《论巴蜀文化》（1982）、邓少琴的《巴蜀史迹探索》（1983）和任乃强的《四川上古史新探》（1987），主要就是他们论文的选辑，是巴蜀历史文化研究的精粹之作。任乃强另外撰成的《华阳国志

---

① （清）梁启超：《中国近三百年学术史》，东方出版社1996年版，第329页。
② 蒙文通：《〈华西大学图书馆四川方志目录〉序》，《古地甄微》，《蒙文通文集》第4卷，巴蜀书社1998年版，第108页。
③ 顾颉刚：《论巴蜀与中原的关系》，四川人民出版社1981年版，第1页。

校补图注》，对《华阳国志》做了全面整理、研究和系统的考证，纠驳了前人的诸多谬说，提出了大量新颖独到的见解，是《华阳国志》成书以来整理和研究的最重要成果。

巴蜀学者从事的考古发掘和研究虽然不局限于巴蜀地区，但主要还是以巴蜀及其周边区域为主。冯汉骥主持编写的《四川船棺葬发掘报告》、童恩正的《古代的巴蜀》和《中国西南民族考古论文集》等著作，与近些年一系列巴文化、蜀文化遗址和研究成果一起，显示了很高的水平，为建立巴蜀上古史体系、科学认识中国早期文明的形成具有重要贡献。

（三）对我国史学发展史上的一些重要思潮或学派产生了很大影响，有的还具有开创性

受定于一尊的经学思想影响，从汉代中后期开始，就有不少学者对司马迁《史记》提出批评，其中以西汉末年扬雄在《法言》中的批评最为系统，为后来班固"旁贯五经"而写出《汉书》提供了重要的思想资源。沿此以经衡史的思潮，三国时期的蜀人谯周又本之"六经"，专门针对《史记》而成《古史考》，长期与《史记》并行。而且，受经学删减思潮的影响，东汉蜀人杨终曾受命删修《史记》为十万余言，成为当时史学删减思潮的较早作品。

宋代是我国新儒学中的理学兴起和发展的重要时期，对当时各方面的文化都产生了重要影响，史学也不例外。其中最早运用理学标准来系统评论历史的是蜀人范祖禹。范氏与理学家二程及其弟子吕希哲等人交游密切，在思想上倾向理学，以致在完成《资治通鉴·唐纪》后，"折以义理"，重新写出新的唐史鉴评著作即《唐鉴》，成为宋代以理入史的开创之作。而这种以理入史的潮流，学者或称为"史学的义理化思潮"，伴随理学在南宋的更大发展和广泛传播而愈为昌大，有关著作越来越多，胡寅的《读史管见》和朱熹的《资治通鉴纲目》最为人所重，有学者将它们与范祖禹的《唐鉴》一同视为"虽圣贤复起，必从之"[①] 的史学名著。

---

① 《方蒙仲通鉴表微》，载（宋）刘克庄，王蓉贵、向以鲜点校，刁忠民审订《后村先生大全集》卷一〇六，四川大学出版社 2008 年版，第 2733 页。

在我国传统史学发展史上影响最大的地区性学派，无疑是浙东史学。这一学派起于宋朝，沿至明清，与蜀中之学具有难以割舍的密切关系。蒙文通研究指出，南宋浙东学派渊源于北宋兴起的王安石"新学"、二程洛学和苏氏蜀学。其中王、程二派均不重史，苏氏蜀学"以古今成败为议论之要"，十分重视史学。因此浙东学派的好史之风渊源于苏氏蜀学。宋末四川遭受战乱之苦，人们纷纷逃至东南，不少学者如史学家李心传、高斯得、牟子才等人及其后人、弟子就住在江浙地区，为此后浙东史学发展注入了新鲜血液。①

清代是我国古典考据学的鼎盛时期，形成了著名的乾嘉考据学派。溯其渊源，南宋蜀籍理学名儒魏了翁一方面坚持以纲常伦理评史的标准；另一方面又注重考据，或可以说是清代考据学的先声。明朝蜀人杨慎崇尚博学，讲求考证，开创了明代的考信之风。二人在由宋代义理史学向清代考据史学转化这一思潮中发挥的作用似不可忽视。

我国马克思主义史学思潮是在中华民国时期形成的，中华人民共和国成立前虽不占主流，但也是一股重要力量，中华人民共和国成立后则成为主流和正统，对中国近现代史学的发展影响巨大。而学界一般认为，中国马克思主义史学在从奠基到形成的过程中，蜀人郭沫若贡献最大。他在1930年出版的《中国古代社会研究》一书中，开创性地运用马克思主义理论来研究中国古代史，虽不无牵强附会的地方，却是"中国马克思主义史学形成的标志"，郭沫若也因此而被称为"创建中国马克思主义史学的第一位大师"②。郭沫若后来继续从事历史、考古方面的研究，长期是中国马克思主义史学的带头人，其后又以中国史学会负责人和中国科学院院长等身份长期领导中国史学，影响很大。而不可忽视的是，比郭沫若年长的蜀人吴玉章也是中国马克思主义史学的重要开拓者和带头人之一，在史学理论、中国通史、历史教育特别是中国近现代革命史等诸多领域都有突出贡献。

---

① 参见粟品孝《蒙文通与南宋浙东史学》，《浙江学刊》2005年第3期。
② 蒋大椿：《20世纪中国马克思主义史学》，载罗志田主编《20世纪的中国：学术与社会·史学卷》，山东人民出版社2001年版，第144页。

三 巴蜀史学的若干特征

巴蜀史学的发展纵贯数千年，又处于一个广大的区域，与外界也有密切的交流互动，因此要总括其特征并非易事。依据我们目前的认识，可初步概括出三点特征。

（一）在史学思想、史学方法上独抒己见、独树一帜者多，具有独特性和首创性

从前面的论述大略可知，在强势的主流、权威或正统面前，巴蜀史家往往不盲从、不轻信，能够坚持己见和自主性。这与罗志田讨论巴蜀文化的一些特色时首先提到的"独立性"是相契合的。①

如西汉的扬雄不但在经学上没有走上当时众多经生做注疏、讲章句训诂的道路，自称"不为章句，训诂通而已"②；而且在史学上也表现出鲜明的个性。他虽然和刘向等人都肯定《史记》是"实录"，和很多人一样续修《史记》，但有一点则很不相同，那就是不仅从经学立场对《史记》的主导思想做了批评，而且其《法言》中的很多具体的史论也是针对《史记》而发的，因此他对《史记》的批评较为系统而有条理，这在当时十分突出，并进一步影响了三国蜀汉时期的谯周。谯周本之儒家经学，专著《古史考》，更为系统地纠驳《史记》，而且在远古历史的认识上独树一帜，学者或认为此书能够"突破当时异说纷纭杂乱无章之古史氛围，自觉做出接近科学实事求是之抉择"，其中"有与祖国原始社会生产演进程式相符之记载，有祖国原始社会组织从部落到酋邦之实录，有与祖国文明起源多元论不谋而合之论述"。③谯周的学生陈寿在如何处理三国历史书写这一重大问题上，也表现出与当时以魏国为正、以吴蜀为伪的主流做法不同，既各自书写，又合并为一书，不但新创了国别体，

---

① 参见罗志田《巴蜀文化的一些特色》，《社会科学研究》2011年第6期。
② 《汉书·扬雄传》，中华书局1962年标点本，第3514页。
③ 蒙默：《谯周古史学片论》，《文史杂志》2011年第3期。

也为后来元朝"各与正统"而修《宋史》《辽史》《金史》三史树立了典范。由成汉入晋的常璩将中原古史系统和巴蜀本地古史系统有机融合，构建出新的巴蜀古史体系，虽然不无牵强附会的成分，但实实在在地反映出他与前辈迥然不同的独特性。而且据我们观察，在汉唐时期对《史记》《汉书》《三国志》《后汉书》《晋书》等注释成风的时代，几乎没有见到巴蜀学者从事类似的工作，这似乎很能见出巴蜀史家的独立精神。

宋代巴蜀史学与全国史学的发展表现出了同步的鼎盛，但一些巴蜀史家的独特性仍很突出。如北宋"三苏"虽然在古文上与欧阳修同调，并得到欧阳修的提携，但在伦理纲常的贯彻方面却未能苟同。欧阳修主持的《新唐书》和私撰的《新五代史》都表现出鲜明的道德史学色彩，而"三苏"史论则不重伦理，甚至在五代名相冯道的评价上苏辙与欧阳修完全异趣。① 成都人吴缜更是公开对《新唐书》和《新五代史》提出质疑和批判，专门著成《新唐书纠谬》和《五代史记纂误》，敢于对一代儒宗欧阳修多有指责，表现出很强的独立思考和批判精神。范祖禹虽然长期跟随司马光，情同父子，但在史学思想上却保持了相对的独立。他除了按照司马光"据功业之实而书之"的原则助修《资治通鉴·唐纪》外，又不惜"得罪君子（按：司马光）"，专门"折以义理"而私作《唐鉴》，表现出与司马光不同的价值立场。耐人寻味的是，范祖禹虽然没有完全接受司马光的史学立场，却将司马光创立的长编修史法在巴蜀地区传播开来，南宋李焘、李心传用此而编成《续资治通鉴长编》和《建炎以来系年要录》两部史学名著。而在当时全国的其他地区，长编法并未像在巴蜀地区这样盛行和富有成效。

宋代崇尚编年体，特别是司马光著成《资治通鉴》后，编年体更是成为最流行的体裁。巴蜀史家固多接踵而起者，如王称父子就以纪传体而成《东都事略》，表现出自身的独立性。南宋巴蜀理学名家张栻的史学思想虽然不出一般理学范围，但他的义利之辨十分明确，并以此来评判历史，在当时也是很特别的。私淑朱熹和张栻的另一巴蜀理学名儒魏了翁既有一般理学家用纲常伦理评判历史的思想，又有重考据、重古今之

---

① 参见粟品孝《宋代三苏的史论》，《西华大学学报》（哲学社会科学版）2010 年第 1 期。

变的史学特点，所著《古今考》虽是未完之作，但还是以其独特性有名一时。

将考据这一史学方法运用得更多的是明朝中期的杨慎。这不仅在当时特别突出，推动了明朝史学的考信之风，也影响了清代以来的考据之学。清代中期考据史学一家独大，但在巴蜀地区却很不流行，当时很多巴蜀学者如李调元、刘沅等人实际上通过外出科举或官宦等途径对外面的考据之风是了解的，但并未见他们汲汲于此风的学习和传播，这固然反映出巴蜀地区思想文化的滞后一面，但也不能不说当时巴蜀学人的特立独行。

而在清末民国时期史学转型、新史学狂飙突起之际，巴蜀地区对传统旧史学的守护在全国都是很突出的。如合川张森楷虽然有些新史学的成分，但主要还是以乾嘉史法治史，崇尚博通、考据，著有《史记新校注》《廿四史校勘记》《通史人表》。其中《史记新校注》为其一生精力所聚，"荟萃众本，复详加校勘，订正讹误，折衷异同，皆极精审"①。双流刘咸炘学宗清代浙东史学，特别是私淑章学诚，努力传承传统史学的优点，对当时盛行的美国学者鲁滨孙的《新史学》评价不高，认为其浅者已为刘知几所道，其深者也为章学诚所说，甚至"彼多未知"章氏之"宏识"，进而嘲笑国人"轻其家业"。② 而在群趋考据的时代风潮下，蒙文通则坚持史意的探求，与疑古派也保持了一定的距离。特别宝贵的是，在当时经学边缘化的大背景下，蒙文通虽然由经入史，但始终不曾放弃经学，坚持南宋以来浙东史学经史结合的传统，反对纯粹的考据，注重贯注思想和意义，强调史学与哲学的结合，注重通观明变，强调断代史的研究必须与通史结合，要有通史的关照。他的《中国史学史》（讲义）不同于梁启超在《中国历史研究法补编》中设定的框架，也与一般史学史著作解题式的做法有别，而是另辟蹊径，把史学史放置在学术思想史

---

① 顾颉刚：《当代中国史学》，上海古籍出版社2002年版，第100页。
② 刘咸炘：《〈文史通义〉识语·较新》，《推十书·推十文集》（增补全本）甲辑，上海科学技术文献出版社2009年版，第1119页。参见钱永生、倪姝《刘咸炘对鲁滨逊〈新史学〉的反思》，载朱汉民主编《湖湘文化与巴蜀文化》，湖南大学出版社2013年版。

的背景下进行叙述，颇多精辟之论。①

这里还要指出的是，巴蜀身处内地，相对封闭，对时代新风的反应往往较迟，而一旦认同了这股新的风气，往往比较坚持，并能结合固有的学术基础和学术传统，开拓出新的天地。如东汉盛行的古文经学直到三国蜀汉时期才在巴蜀地区大为流行，由于它与史学的密切关系，进而掀起了巴蜀史学的第一个高峰。宋代兴起的理学长期不得势，南宋孝宗时期大为发展，之后蔓延至巴蜀，包括李心传在内的一大批史家都深受理学影响，或著《道命录》，或编《朱子语类》，这种注重从史的角度总结理学的风气，在全国都是很突出的。乾嘉考据之学迟至清朝末年才大规模影响到巴蜀地区，之后不少巴蜀学人非常重视乾嘉考据之法（如上举张森楷）。章学诚在中华民国初年才为学者"重新发现"，他重视史识和史意的思想深刻地影响了刘咸炘、蒙文通等学者，刘咸炘甚至宣称"私淑"章氏。而马克思主义这一新的思潮一旦为巴蜀学人所接受，也产生出巨大的能量，郭沫若、吴玉章均成为中国马克思主义史学的重要奠基人和开拓者。

（二）历代史家中不乏多元复合型的通才，视野广阔，长于会通

在史学方面有建树的巴蜀学者，不少是学识广博的多元复合型通才。如汉代的扬雄，"好古乐道"，认为要通天、地、人才算儒，因此对当时各方面的知识都注意钻研和汲取，并形之著述，不仅长于辞赋，还模仿《周易》而成《太玄》，模仿《论语》而作《法言》，另外又著有《方言》和《蜀王本纪》。可谓广涉经、史、子、集四部，在整个西汉时代冠于群儒。用现代的学科标准来看，扬雄在文学、哲学、语言文字学、史学、天文学等方面都卓然成家。

三国蜀汉时期的谯周"耽古笃学"，是当时整个巴蜀学林最为广博精深的学者，生前已被称为"通儒""硕儒"。著述甚富，包括经部四种、史部七种、子部两种，于巴蜀学者可谓前无古人。

---

① 参见周文玖《以明变为宗——评蒙文通著〈中国史学史〉》，《中华读书报》2006年7月10日。

宋代的苏轼更是百科全书式的巨人。正如学者所说:"作为一个文化巨人,苏轼的贡献是多方面的,举凡哲学、政治学、历史学、伦理学、文学、艺术等人文领域各方面,他都具有独特而深刻的见解,提出了一系列在文化上富有开创性的命题和结论。……除此之外,苏轼的兴趣还涉及博物学、药物学等自然科学领域。"①

元朝的虞集"于经传百氏之说、帝王之制、有国家者兴衰得失之由与其为之之术,无不学焉"②。在儒学造诣上。他与揭傒斯、柳贯、黄溍号为元朝"儒林四杰";在文学方面,他是元代诗坛的宿老,与杨载、范梈、揭傒斯并称"元诗四大家",清初黄宗羲又推崇姚燧和虞集为"元文两家";在史学上也很有造诣,是一位文、史、哲兼通的大儒。

明朝的杨慎更为博学,史称"明世记诵之博,著作之富,推慎为第一"③。关于杨慎的著作,明清以来有各种各样的统计,均在一两百种以上;当代学者王文才在《杨慎学谱》中"存亡并录,真伪兼收",共得300余种。内容包含经学、史学、文学、医学、民俗学、考订、音韵、文艺批评、书画评论等,几乎囊括了16世纪中国学术知识的方方面面。

在清朝大部分时间里,巴蜀学者疏离于主流学界,但学风依然崇尚博学。据统计,在嘉庆《四川通志》卷一五三至一五四"国朝人物"中,泛言传主博通经史百家,以学问渊博著称的,高达110例。如号称"西川夫子"的双流学者刘沅则会通三教,融贯四部,遍注群经,所著《槐轩全书》"是一部以儒学元典精神为根本,会通儒家哲学、道家哲学和佛家哲学,融道入儒,会通禅佛,而归本于儒,用以阐释儒、释、道三家学说精微,揭示为人真谛的学术巨著"④。他的《史存》就依本于这一广博的学术基础。

清末民初以来的刘咸炘、蒙文通、郭沫若等巴蜀史家也以广博著称。

---

① 四川大学中文系《苏轼全集校注》小组(周裕锴执笔):《苏轼全集校注·前言》,河北人民出版社2010年版,第15页。
② (元)赵汸:《邵庵先生虞公行状》,《东山存稿》卷六,文渊阁《四库全书》影印本。
③ 《明史·杨慎传》,中华书局1974年标点本,第5083页。
④ 段渝:《一代大儒刘沅及其〈槐轩全书〉》,《槐轩全书》(增补本)卷首,巴蜀书社2006年版,第7页。

刘咸炘虽年仅36岁去世，却遍览四部，旁涉西学，"纵横上下，无不贯通"，著书达231部、475卷，"近世著作林中殆罕与伦比"。① 蒙文通自经学入，泛及史传、诸子、理学，释道二藏莫不淹通，兼采博涉，著述丰富，考辨抉微，创获颇多，犁然自成体系，卓尔一家之言。近世大家，少有出其右者。郭沫若是中国近现代文化史上又一位学识渊博、多才多艺的学者，不仅是史学大师，也是旷世文豪，在哲学、艺术上也有很高造诣。

需要指出的是，巴蜀道家之学发达，是道教的发源地，这对巴蜀史学的影响很大。汉代的严遵、扬雄均有很深的道家修养，他们著《蜀本纪》和《法言》，或有道家思想的影响存在。北宋"三苏"的道家、道教水平也很高，他们的史论绝不及纲常伦理，当与道家不尚仁义的思想有关。至清代中后期，双流刘沅融合儒道，创立刘门道，其孙子刘咸炘更以道家之法治史，形成了所谓以"观风察势"为特征的"道家史观"。其好友蒙文通也广交三教九流，并在道教研究上颇多开创之功。而且，巴蜀道家、道教之学发达的传统，促使以四川大学宗教研究所为代表的巴蜀道教史研究长期走在全国的前列。

巴蜀地区自古文风很盛，史学家很多也是文学家，或文学修养很高，文史兼长者不少，汉代的扬雄，西晋的陈寿，宋代的范镇、范祖禹、"三苏"、李焘，元代的虞集，明代的杨慎，清代的李调元、刘沅，近代以来的郭沫若等人都是如此，形成了延绵不断的传统。

（三）史家钟情乡梓，对巴蜀地方史志的修纂特具慧心，成就卓著

注重对本地历史文化的记述和研究，可以说是全国各个地区的共性。其中巴蜀是一个相对独立的地理空间，政治、经济和文化各方面均表现出独特性，这使得生存其间的巴蜀学人具有更强的区域意识，重视本地历史文化的书写与汇集，至少从汉代开始，这一传统不曾中断。这在全国都是很突出的。

---

① 详见萧萐父、蒙默为《推十书》所做的序言，载刘咸炘《推十书·推十文集》卷首，成都古籍书店1996年版影印本。

据学者统计，在《华阳国志》之前，各地方志见于记载的已达100多种，"而益州地区（主要是巴蜀）撰作之风尤盛，方志可考的就有二十余种，约占全国的五分之一"①。据史书记载，由西汉至三国，至少有8家《蜀本纪》记述古蜀以来的历史，还有其他一些巴蜀地方史志，数量之多，确为当时全国其他区域所不及。而这些众多的巴蜀史志最终又在东晋由常璩总其大成，形成贯通性记述西南地区的巨著《华阳国志》。

从南北朝到隋唐五代，巴蜀史学低落，在全国史方面几无建树，但本地历史文化的记述则未曾中断，南朝时期李膺的《益州记》、唐朝卢求的《成都记》较为知名，隋唐时期又出现了州郡图经普及的趋势，形成"西蜀图经甚备"②的局面。唐朝中后期玄宗、僖宗避难入蜀，也有不少相关记载。五代前后蜀割据统治时期，官私方面也有一些实录、国史及野史之作，入宋后更有蜀人张唐英进一步整理，形成的《蜀梼杌》是现存关于前后蜀历史最重要的典籍。

两宋时期，巴蜀史学发达，不仅在国史方面成就卓著，而且关于本地历史文化记述的方志（含图经）也非常丰富，蒙文通特别指出："两宋之世，史学特盛，超越汉唐，蜀中史著之多、方志之富，更为特出。总宋蜀中四路图经，无虑千卷……以余之浅陋，所考见者将二百种。"③据我们研究，当时不仅有总川峡四路的多部总志和每一路的路级方志多种，而且体例渐趋成熟的州级方志得以普及。经过宋元鼎革的巨大破坏，巴蜀地方史志散失殆尽，为此元朝后期成都人费著用心搜求，重新编成《成都志》，其书虽佚，但序文和不少宋人图谱则保留至今，成为后来人们见证宋朝成都繁华的宝贵数据。

到明清时期，巴蜀史学在国史领域贡献不大，但当时学者对本地历史文化的记述则非常多。其时巴蜀方志体例更为规范，省志多次重修，府、厅、州、县志也基本普及（至少清代已如此），而且清代的多数方志

---

① （晋）常璩撰，刘琳校注：《华阳国志校注》"前言"，巴蜀书社1984年版，第3页。

② （唐）卢求，赵晓兰整理：《成都记序》，载袁说友等编《成都文类》卷二十三，中华书局2011年版，第476页。

③ 蒙文通：《〈华西大学图书馆四川方志目录〉序》（1951年），《古地甄微》《蒙文通文集》第4卷，巴蜀书社1998年版，第106页。

保留至今，是了解和研究巴蜀各地情况最基本的典籍。明清时期还涌现出一大批汇集历代巴蜀有关内容的总结性文献，如《全蜀艺文志》《蜀中广记》《蜀诗》《蜀雅》《蜀碑记补》《补续全蜀艺文志》《蜀诗钞》《蜀经籍志》，等等；有的还做了考证，如《蜀水考》等。把这种总结和考证历代巴蜀人事的风气推向高潮的大约是晚清时期建立的尊经书院。书院秉承"绍先哲，起蜀学"的目标，有组织、有计划地对古蜀地理、蜀地经学诗文、蜀中先贤事迹等方面进行了总结和考证。如尊经书院的日课题目中，经学方面有"《牧誓》称庸、蜀等国与《诗·江汉》皆称梁、荆考""《禹贡》梁州疆域考""蜀中易学先师小传"等，史学方面有"蜀中先贤传""蜀贤事略""蜀本考""汉唐成都故城考""南宋蜀中财赋考"等。其中"蜀贤事略"几经编纂，成为后来的《蜀学编》，汇聚了历代巴蜀名儒，并有所点评，是对自汉以来蜀学发展的首次总结；而蜀学会的建立及《蜀学报》、《蜀学丛书》的出版发行，等等，更是大大推进了包括蜀学在内的巴蜀历史文化的整理和研究。① 曾在尊经书院读书的傅崇矩则悉心搜求成都一地的掌故，著成反映清末成都的百科全书《成都通览》。清末四川地区出现了大量用作小学教育的乡土志，基本以县为单位，这是我国方志大家族的新成员。

  进入中华民国，巴蜀学人修纂地方史志的风气更为兴盛。在地方志方面，不但编有《四川通志》（稿本）、《四川县志简编》等省志，选编有大量县志和乡土志，其中不乏一些探索创新的名篇，如由张森楷主修的《合川县志》、赵熙总纂的《荣县志》、向楚总纂的《巴县志》、林思进总纂的《华阳县志》、顾颉刚和傅振伦主纂的《北碚志》、龚煦春所写的《四川郡县志》，以及刘咸炘私修的《蜀诵》和《双流足征录》，等等。中华人民共和国成立后，又建立了省级文史馆和地方政协，编纂了《四川文史资料选辑》《成都文史资料选辑》等文献，保存了大量历史资料。而自20世纪80年代以来，不但建立起了省、市（地、州）、县（市、区）三级地方志修纂机构，记述全省历史的《四川省志》多卷本也完成出版，成为自清朝嘉庆《四川通志》之后彻底完成并出版的又一部

---

① 参见胡昭曦《振兴近代蜀学的尊经书院》，载《蜀学》第三辑，巴蜀书社2008年。

全面系统记述四川历史的省级志书；而且在宋代州级方志普及、清代县级方志普及的基础上，更为基层的乡镇一级方志也普及开来，一些地区还编修有村志、街道志等；另外以行业、部门为对象的各种专志也如雨后春笋，前所未有地涌现出来。在第一轮方志完成后，目前各地又已转入第二轮方志的修纂。

特别值得指出的是，至少从南宋时期有关成都和夔州的文章总集《成都文类》《固陵文类》开始，巴蜀地区在地方史志编纂传统下，又衍生出地方文献汇集的新传统。明朝时又出现总括全川文章的总集，即《全蜀艺文志》及其《补续》，是当时《四川总志》的一部分。中华民国时期，傅增湘的《宋代蜀文辑存》则单独成书。前些年，学者又有《巴蜀道教碑文集成》（1997）、《宋代蜀诗辑存》（2000）、《蜀诗总集》（2001）、《巴蜀佛教碑文集成》（2004）、《近代巴蜀诗抄》（2005）、《历代蜀词全辑》及其《续编》（2007），等等。最近学者又致力于《巴蜀文献集成》《巴蜀全书》《巴渝文库》等更大规模的地方文献汇集工程。

总之，巴蜀史学内涵丰厚，特色鲜明，贡献卓著，既是多姿多彩的巴蜀文化的一座高地，也是灿烂辉煌的中华文化的有机组成部分。本文的研究仅仅只是开始，我们认为，要对巴蜀史学做出更系统和深入的研究，还必须继续发掘和积累数据，还需要进一步加强理论修养，进行更多的个案探讨；还要对巴蜀历史文化的其他方面和全国其他区域的史学做更透彻的了解，以便更好地揭示巴蜀史学的盛衰之由、发展机制，总结其长短得失和区域特色，推进整个巴蜀文化通史和中华文化史的研究。

（原载于《蜀学》第九辑，巴蜀书社 2014 年版）

巴蜀易学源流考

舒大刚　李冬梅

自程伊川"易学在蜀耳，盍往求之"（《宋史·谯定传》附《袁滋传》）一语传出后，古今学人对巴蜀易学便产生了浓厚兴趣，他们或游历巴山蜀水，深入山岩水涘，希望一睹研《易》者之仙风道貌；或征文考献，穷尽金匮石室，力图明白巴蜀学人的易学业绩。由于史缺有间，文献不足，至今还缺乏对巴蜀易学的整体考察，也未出版一部内容全面的《巴蜀易学通史》①。对于巴蜀易学的成就及其文献，亦没有全面系统的调查和研究。人们在传述和理解伊川先生当年这一命题时，仍然有若隐若现、若有若无的感觉，甚至对巴蜀易学史语焉不详、欲说还休。本文希望利用近来从事《儒藏》和《巴蜀全书》编纂调查所得资料，讨论一下巴蜀易学的流传及特色问题，以供人们在解读伊川语及讨论易学史时参考。

一　滥觞与集成：汉唐时期的巴蜀易学

自孔子传《易》商瞿，商瞿五传至田何，而遇秦焚儒书，《易》以卜

---

① 可喜的是，近年学界对于扬雄、李鼎祚、苏轼、来知德等巴蜀易学大家已经有相当深入的研究，还出版了《汉唐巴蜀易学研究》（金生杨著，巴蜀书社 2007 年版）、《两宋巴蜀易学研究》（金生杨著，博士学位论文，四川大学，2008 年），四川省也设立了"元明清巴蜀易学研究"（2010 年）的研究课题。

筮之书不焚，故传者不绝。汉初，田何传《易》于王同、周王孙、丁宽、服生，诸人"皆各撰《易传》数篇"（《汉书·儒林传》）。王同传《易》于杨何，杨何于元光元年（前134）征为中大夫，武帝立"五经"博士，易学博士即杨何，史称"《易》杨"，司马迁父亲太史谈曾"问《易》于杨何"（《史记·太史公自叙》），即此人也。丁宽著《易传》三万言"训诂举大义而已"，又称"小章句"。宽传《易》于施雠、孟喜、梁丘贺，三人之学在宣帝时立为博士，又各撰《章句》2篇。同时又有京氏，自称出于孟氏，亦立为博士，有《孟氏京房》11篇、《灾异孟氏京房》66篇等书。以上皆今文易学。当时民间又有费氏、高氏，未立于学官，独以《十翼》解说上下经，为古文易学并见《汉志》。此西汉易学之大略也。

从易学渊源上考察，蜀中易学传授实与中原同步。商瞿是否生于瞿上，为今四川双流人（杨升庵说），乃在疑似之间，姑且无论。仅从两汉时期算起，巴蜀易学已大有传人，并且初有文献。目前有文献可考的巴蜀第一位《易》师，是汉初的胡安。陈寿《益部耆旧传》佚文载：汉初，胡安居临邛白鹤山传《易》，司马相如尝从之问学。① 据《史记》《汉书》，司马相如（前179—前117）在文帝时已经知名，他从胡安受《易》，可能在文帝末年（前157）以前。汉初传《易》的始师田何，至惠帝时尚存《高士传》谓"惠帝亲幸其庐以受业"，则胡安之在世当与田何同其时。也就是说，田何在中原传《易》时，胡安亦在蜀中传《易》矣，二人时代即或稍有前后，亦相距不远。如此看来，司马相如的时代应与中央第一个易学博士杨何大致相当。相如在他的作品《上林赋》中，有"修容乎《礼》园，翱翔乎《书》圃，述易道"云云，说明他是熟读"五经"，当然也是关注易道的。

稍晚的蜀《易》传人则有赵宾，曾为孟喜师，见于《汉书》。《儒林传》称："蜀人赵宾好小数书，后为《易》，饰《易》文，以为'箕子明

---

① （明）曹学佺：《蜀中广记》（文渊阁《四库全书》影印本）卷十三引陈寿《益部耆旧传》云"胡安，临邛人。聚徒于白鹤山，司马相如从之受经"。又卷七十四"白鹤山"云"司马相如从胡安先生授《易》于此"。

夷，阴阳气亡箕子。箕子者，万物方荄兹也'。宾持论巧慧，《易》家不能难，皆曰非古法也。云受（授）孟喜，喜为名（称扬）之。后宾死，莫能持其说，喜因不肯仞（承认），以此不见信（伸）。……博士缺，众人荐喜。上闻喜改师法，遂不用喜。"时人颇有说赵宾从孟喜受《易》者，然视《汉书》所谓"云受孟喜""喜为名之""喜不肯仞""喜改师法"诸语，实为赵宾曾以巴蜀的易学授于孟喜。既然赵宾曾经传术于孟喜，他生活的时代就应当与孟喜的老师丁宽同一时期，在景帝之朝。不过，赵宾除了留下以"荄兹"说《易》"箕子"外，已别无其他《易》说可考了。

宣元时，成都《易》家则有严君平（成都人）。君平"卜筮于成都市，以为卜筮者贱业，而可以惠众。人有邪恶非正之问，则依蓍龟为言利害。与人子言依于孝，与人弟言依于顺，与人臣言依于忠。各因埶导之以善，从吾言者已过半矣"（《汉书》卷七十二《王贡两龚鲍传》），可见其乃一位隐于卜筮的高人。他"雅性淡泊，学业加妙，专精《大易》，耽于《老》《庄》"（常璩《华阳国志》卷十上），又是汉代"三玄"兼治的第一人。郑樵《通志·艺文略》"五行"家之"易占"类著录《周易骨髓诀》1卷，注曰"严遵撰"；《宋史·艺文志》"筮龟类"有《严遵卦法》1卷。兹二书并不见于汉唐之间的文献著录，疑为后世依托，但颇得其易学特征。

君平的弟子有扬雄，成都郫县人。雄少从君平游学，深得大易秘奥，后乃仿《易经》而撰《太玄》，是"太玄学"的开创者。

从治《易》特征来看，西汉博士易学（亦即官方易学）有施、孟、梁丘、京氏，皆今文易学，皆数术之学；民间的费、高二氏古文易学，以《十翼》缘释经文，为义理之学，但亦不废卜筮。反观蜀中易学，诸家《易》都与道家神仙之术有关。先看蜀中第一《易》师胡安：《蜀中广记》卷十三引常璩说："临邛名山曰四明，亦曰群羊，即今白鹤也。汉胡安尝于山中乘白鹤仙去，弟子即其处建白鹤台。"魏了翁《营造记》中说："临邛虞侯叔平以书抵靖，曰：'州之西直治城十里所，有山曰白鹤。……远有胡安先生授《易》之洞，近有常公谏议读书之庵。'"胡安居洞授《易》，临台升仙，知其为修道成仙之人，所传易学必为道家仙学易矣。其次看赵宾：宾以术数"饰《易》文"，传孟喜，喜为之改师法，讲阴阳灾变，以传京房，遂有"孟京之学"，赵宾之《易》必为数术易。

严遵专精《大易》，耽于《老》《庄》，而且卖卜成都市，以卜筮劝善，是其易学兼道家易、数术易二术。扬雄从严遵游学，当然是严学传人；而他所撰《太玄》，张行成说他"义取于《连山》"①。《连山》为夏易，传为禹所造，汉代兰台有藏，据说今西南少数民族（如羌族、彝族、水族）亦有传之者，是扬雄又传夏易《连山》。《周礼》太卜掌"三易"之法，《连山》在其中，是《连山》亦卜筮书。

清四库馆臣述易学变迁说："《易》本卜筮之书"，"《左传》所记诸占，盖犹太卜之遗法。汉儒言象数，去古未远也。一变而为京、焦，入于禨祥；再变而为陈、邵，务穷造化。《易》遂不切于民用"。胡安、严遵易学，尚近于《左传》，得《易》之"本义"。赵宾之法，则远启孟、京，为禨祥易学鼻祖。

前人又分汉代易学为四派："训诂举大义，周、服是也"；"阴阳灾变，孟、京是也"；"章句师法，施、孟、梁丘、京，博士之学是也"；"彖、象释经，费、高是也"。② 放之蜀中易学，严遵《易》《老》兼治，颇近周、服；扬雄《太玄》仿古，则似费、高；赵宾数术，实启孟、京。

至于讲究"师法""章句"的博士《易》，本为蜀人所不喜，亦为蜀人所不屑为，如李弘、扬雄皆厌弃"章句"。但是西汉蜀士之学于京师者比比，必有受其传者。如宣帝时郫人何武与成都人杨覆众等偕计前往京师，曾歌王褒《中和颂》于宣室，甚得宣帝嘉奖"武诣博士受业治《易》，以射策甲科为郎"（《汉书·何武传》）。何武所传者，无疑就是当时的博士易学，亦即"章句"之学，只是不知道当时所传为施氏《易》，抑梁丘《易》也？

东汉太学仍置西京"十四博士"，易学亦守西京施、孟、梁丘、京氏之传，蜀人受学，共从于京师者，自然是"博士今文《易》"；其起于本

---

① （宋）张行成：《易通变》（文渊阁《四库全书》影印本）卷四十"四易本原"云："西汉扬子云作《太玄》，义取于《连山》；后周卫元嵩作《元包》，义取于《归藏》。于是二易，世亦有书。"

② （清）吴翊寅：《易汉学考》，《续修四库全书》本。

家或本乡者，则蜀学之特色固在。据《后汉书》载，谯玄、谯瑛世代传《易》，玄始于西汉哀、平之时，瑛为东汉章帝师傅，可见其易学乃其家业；但能为章帝之师，其学必与博士《易》相通，否则必被排摈。又《杨由传》中说："杨由，字哀侯，蜀郡成都人。少习《易》，并七政元气、风云占候，为郡文学掾"；《段翳传》中说："段翳，字符章，广汉新都人。习《易经》，明风角，时有就其学者，虽未至，必豫知其姓名。"《华阳国志》又载郪（三台）人冯颢，少师成都杨班、张公超及东平人虞叔雅"作《易章句》及《刺奢说》，修黄老，恬然终日"（常璩《华阳国志》卷十中）。杨由、段喜习《易》而尚占，特别是明于风角，乃赵宾传统；冯颢则通《易》，兼崇黄老，则与严遵道家《易》为一路，皆为蜀中本有易学之固有特色。

至于《后汉书》之载任安受《孟氏易》，折象通《京氏易》，景鸾治《施氏易》，作《易》说①；《华阳国志》又载成都人任熙通《京易》（常璩《华阳国志》卷十一），皆师法家法明晰，又纯然博士《易》矣。说明东汉巴蜀易学传授，仍然是本土传统与中原官学系统，方驾并驰，如日月之同辉。

东汉时，古文经学仍在民间传授，但经郑众、贾逵、马融、许慎等努力，已经取得很多成就，在学术上具有很大势力。郑玄囊括大典，兼治今古，遍注群经，已经开创了经学史上"郑学"时代。这些学术形势，对蜀中似乎没有太大影响，及至三国刘表立荆州学宫，表彰古学，经师司马徽、宋衷，文士王粲、王凯等，皆活跃于其间，颇与"郑学"立异。梓潼人尹默、李仁因"益部多贵今文，而不崇章句"，"知其不博"，二人"乃远游荆州，从司马德操（名徽）、宋仲子（名衷）等受古学，皆通诸

---

① 景氏书名《经义考》《通志》《拟志》皆作《易说》，不确。其书又作《交集》《奥集》。《北堂书钞》卷九十六引《益部耆旧传》云："景鸾字汉伯，少随师学，经七州之地，能理《齐诗》《施氏易》，兼受《河》《洛》图纬，作《易》说及《诗》解，文句兼取《河》《洛》，以类相从，名为《交集》。又撰《礼》内外记，号曰《礼略》。"《后汉书·儒林列传》本传同。《蜀中广记》卷九十一引《益部耆旧传》作《奥集》。朱彝尊《经义考》卷八两存之。盖"奥"字古文作"窔"，与"交"形近，遂误。《奥集》兼《易》与《诗》而言"易说"乃概称，非正式书名。

经史"(《三国志·蜀书》卷十二),古文经学才正式传入蜀中,古文《易》亦然。

李仁有子李譔,也是大学者,《三国志》说他"具传其业,又从[尹]默讲论义理,五经诸子,无不该览加博",后为蜀汉太子师傅。李譔"著古文《易》《尚书》《毛诗》《三礼》《左氏传》《太玄》指归",是蜀中第一批古文经学著作。史称譔书"皆依准贾、马,异于郑玄",是比较纯粹的古文经学。又说他"与王氏(肃)殊隔,初不见其所述,而意归多同"(《三国志·蜀书》卷十二)。因为王肃也师宋衷,他们都是荆州学派的传人,都以贾、马古文学来反对融合今古的"郑学",自然"意归多同"了。

汉代巴蜀易学家多隐居,盖得"随世无闷"之旨。他们研究《易经》主于应用、卜筮,不在著述,更不在自炫。宋人青阳梦炎说:"蜀在天一方,士当盛时,安于山林,唯穷经是务,皓首不辍。故其著述往往深得经意,然不轻于自炫,而人莫之知。书之藏于家者,又以国难而毁,良可慨叹!"① 所说虽然主要是南宋时的情况,但对于整个巴蜀历史来说也未尝不是如此。东汉时代,蜀《易》传授与博士《易》、古文《易》结合,产生了一批重要的易学著作,史书也才有如前述景鸾之《易》说、冯颢之《易章句》、李譔之《古文易指归》② 等文献的著录。

自是之后,巴蜀易学代有传人,易学文献也时有其书。不过,巴蜀易学的隐者特征和应用目的,却始终传而未改。西晋末年,青城天师道首领范长生撰《周易注》10卷,文句与王弼本颇有不同③;其书流行于

---

① (宋)青阳梦炎:《春秋经筌序》,载赵鹏飞《春秋经筌》卷首,文渊阁《四库全书》影印本。

② 李氏书《经义考》《通志》《拟志》皆作《古文易》,不确。《三国志》本传作"著古文《易》《尚书》《毛诗》《三礼》《左氏传》《太玄》指归,皆依准贾、马,异于郑玄"。"古文""指归"具兼包《易》《书》《诗》《礼》《太玄》而言。

③ (清)朱彝尊:《经义考》(中华书局1998年版)卷十一云"按《释文》引《蜀才注》:'大车以载',作'大盌';'官有渝','官'作'馆';'君子以明庶政','明'作'命';'大舋'作'咥';'羸其角','羸'作'累';'箕子之明夷','箕'作'其';'二簋'作'轨';'惩忿窒欲','惩'作'澄';'壮于頄','頄'作'仇';'苋陆夬夬','陆'作'睦';'系于金柅','柅'作'尼';'孚乃利用禴','禴'作'跃';'在天成象','成'作'盛';'知崇礼卑','礼'作'体';'研几'作'掔几';'参天两地而倚数','倚数'作'奇数'"。证明蜀才传《易》,经本文字不与博士《易》同。

南朝，由于其著作时不具真名，只署"蜀才"，"江南学士遂不知是何人"，王俭《四部目录》也不言其姓名，只题"王弼后人"。谢灵、夏侯该都号称"读数千卷书"，却怀疑是谯周所作。幸赖颜之推据陈寿《李蜀书》（一名"汉之书"）所载"姓范名长生，自称蜀才"，才将蜀才《周易注》的真实作者考证清楚（颜之推《颜氏家训·书证》）。崔鸿的《十六国春秋》中载："城以西山，范长生岩居穴处，求遵养之志。[李]雄欲迎立为君而臣之，长生固辞。"李雄称帝，长生乃为其丞相，尊曰"范贤"。史称"长生善天文，有术数，民奉之如神"①。其隐者身份和善筮特长，都与西汉严遵相同。

至于三国郪（三台）人王长文、北周蜀郡人卫元嵩，又远袭扬雄故智，依仿圣人以造经典。王长文系蜀汉犍为太守王颙之子，他仿《论语》作《无名子》12篇，又仿《周易》作《通玄经》4篇。其《通玄经》有《文言》《卦象》，可用以卜筮，时人比之于《太玄》。卫元嵩"好言将来事"，"天和中（566—571），遂著诗预论周、隋废兴及皇家受命，并有征验"（《周书·艺术传》）。元嵩亦仿扬雄《太玄》之为，著《元苞》5卷，颇多奇字奥义，张行成谓其"取义于《归藏》"。蜀人仿经、善筮的特点，在王、卫二人身上仍然得到保留。蜀学的这一传统甚至还影响到外地入蜀的人士，如隋末河汾大儒王通，曾为蜀王侍读、蜀司户参军，后来也曾仿蜀儒故智，遍拟群经及《论语》，作有《续六经》及《中说》。②

蜀才《易》今已亡佚，不过其遗说在陆德明《释文》和李鼎祚《周易集解》中多有引录，清人张澍、马国翰、孙堂、张惠言、黄奭并有辑

---

① 《太平御览》（文渊阁《四库全书》影印本）卷一二三引崔鸿《十六国春秋·蜀录》。
② 杜淹在《文中子世家》中说，文中子忧"道之不行"，"退志其道"，"乃续《诗》《书》，正《礼》《乐》，修《元经》，赞易道，九年而'六经'大就。……隋季，文中子之教兴于河汾，雍雍如也。大业十年，尚书召署蜀郡司户，不就。十一年，以著作郎、国子博士征，并不至。十三年，江都难作"云云，似乎王通"续六经"在大业九年，而署蜀郡乃在十年。薛收《文中子墓碣》载"十八举本州秀才，射策高第。十九除蜀州司户，辞不就列。大业伊始，君子道消……时年二十二矣。以为卷怀不可以垂训……乃续《诗》《书》，正《礼》《乐》，修《元经》，赞易象"云云，是其"续六经"在署蜀之后。大业初，王通22岁，其生当开皇四年（584），19岁署为蜀王府职，在仁寿二年（602）。其大业九年"续六经"，实在署蜀之后。

本。王长文书则佚而无存,幸而卫氏书还原书俱在,尚可考见其内容和特点。此外,阮孝绪《七录》著录"齐安参军费元珪著《周易》九卷",《隋志》有转录;《经义考》引陆德明说是"蜀人"。人亡书佚,不可得而详。

隋唐时期,巴蜀易学著作颇有存者,佚文遗说多有可考。隋何妥(郫县人)通易学,官国子博士、祭酒,撰《周易讲疏》13卷(已佚,马国翰有辑本1卷),借易象以阐易理。袁天罡(成都人)撰《易镜元要》1卷,赵蕤(盐亭人)撰《注关子明易传》1卷,又以数术讲明易道。至于阴颢、阴弘道父子以及李鼎祚诸人,又发凡起例,汇辑汉魏诸家注解以成新著。

阴氏书久佚,据《崇文总目》中载:"《周易新论疏》十卷,唐阴弘道撰。弘道仕为临涣令。世其父颢之学,杂采子夏、孟喜等一十八家之说,参订其长,合七十二篇,于《易》家有助云。"其书"《中兴》、井氏皆无之,岂轶于兵间邪?"① 然而观其"杂采子夏、孟喜等一十八家之说",则为集解性质的易学著作无疑。

唐代李鼎祚的《周易集解》则是现存最早的集解型《易》书。原书17卷,今存10卷。共录子夏、孟喜以迄何妥、孔颖达35家《易》说,"刊辅嗣之野文,辅康成之逸象",于王弼玄学《易》外,保存汉《易》资料犹伙。《隋志》共著录汉魏南北朝《易》类文献69部;南北宋之际晁公武《郡斋读书志》著录这一时期《易》书才有5部而已,其中关朗《易注》不载于《隋志》,《乾凿度》又是纬书,焦赣《易林》也属卜筮《子夏传》或云"张弧伪人"。这样一来《隋志》所录诸书,除王弼《注》之外,都已散佚了。所幸他们的遗说,得到李鼎祚《集解》的保存,诸家之学乃可考知一二,其保存文献的功劳是非常巨大的!蜀学的"杂采"与"共录"亦即包容之功,亦由此可见一斑。

---

① (宋)冯椅:《厚斋易学》(文渊阁《四库全书》影印本)附录一引。又马端临《文献通考》,卷一七五引,中华书局1986年版。

二　异峰突起：宋代的巴蜀易学

入宋，巴蜀易学著作陡增于前，达到历史的最高峰。嘉庆《四川通志·经籍志》"经部·易类"著录汉唐巴蜀《易》著13部，著录宋代巴蜀《易》著却达63部①，宋代300年巴蜀易学成果，比汉唐之间1100余年总成果之和的4倍还多！《四库全书》著录宋代易学著作55种，出于巴蜀者就达8部，约占1/7。当代学人又博征载籍，考得宋代巴蜀易学论著69家、92部，今存者有16部。② 如果以此计算，更是汉唐时期的7倍有奇。③ 历观宋代巴蜀易学，其特点有六个方面。

其一，蜀中治《易》者众，遍及各个阶层。《宋史·谯定传》中载："[定]少喜学佛，析其理归于儒。后学《易》于郭曩氏，自'见乃谓之象'一语以入。郭曩氏者，世家南平，始祖在汉为严君平之师，世传易学，盖象数之学也。"南平，在今重庆南川地，宋时为少数民族聚居地，是标准的土著民；而所传为严氏《易》，是标准的蜀学。

《宋史》中又说："初程颐之父珦尝守广汉，颐与兄颢皆随侍。游成都，见治篾箍桶者挟册，就视之，则《易》也。欲拟议致诘，而篾者先曰：'若尝学此乎？'因指'未济男之穷'以发问，二程逊而问之，则曰：'三阳皆失位。'兄弟涣然有所省。翌日再过之，则去矣。其后袁滋入洛，问《易》于颐，颐曰：'易学在蜀耳，盍往求之。'滋入蜀访问，久无所遇。已而见卖酱薛翁于眉、邛间，与语大有所得。"《宋史》中又补充说："郭曩氏及篾叟、酱翁，皆蜀之隐君子也。"可见，宋代巴蜀《易》家，从成都篾翁、眉邛酱翁，到川东地区的少数民族，都有其人，成分十分复杂，分布也十分广泛。

---

① 金生杨：《巴蜀易学研究》附《汉唐巴蜀易学人物著述表》，著录汉唐巴蜀易学著作29种。

② 参见胡昭曦《析"易学在蜀"》，载《宋史研究论文集》，河北大学出版社1993年版；又收入《胡昭曦宋史论集》，西南师范大学出版社1998年版。

③ 关于宋代的巴蜀易学，可参看金生杨《宋代巴蜀易学研究》，博士学位论文，四川大学，2008年。

其二，巴蜀易学不仅数量繁多，而且内涵丰富。《系辞》中说："《易》有圣人之道四焉：以言者尚其辞，以动者尚其变，以制器者尚其象，以卜筮者尚其占。"尚辞即义理学，尚变即卦变学，尚象即象数学，尚占即卜筮之术。这四者，巴蜀《易》家皆有，而以宋代最为充分。苏轼《苏氏易传》"多切人事"，鲜于侁《周易圣断》专引圣人传文以解经，张浚《紫岩易传》"发挥义理，颇为醇正"，张栻《南轩易说》补续《程传》，皆"尚辞"之学。陈希亮《制器尚象论》，不满于韩康伯《十三象》"徒释名义，莫得尚象之制"，故著论专极象数原理；渝州人冯时行《易传》言"《易》之象在画，《易》之道在用"，学传于李舜臣；李舜臣《易本传》以为"易本于画，舍画则无以见易"，故其书"因画论心，中爻为用"，盖主于借卦位爻象以明义者，胡一桂谓其"优于明象者也"，是皆"尚象"之家。普州崇龛人陈抟（字图南，自称"西蜀崇龛人"。一说秋毫州真源人）撰《易龙图》，传先天、后天、河图、洛书，以极造化之原；张行成《周易通变》"取邵子十四图，敷演解释，以通其变"，"蔓引旁推，万事万物，一一归之于数"，是皆"尚变"之说。至于史通之撰《易筮》，青城山人之著《揲蓍法》，顾名思义，自当为尚占之书。近时学人归纳巴蜀易学派为："宗古易的象数派""宗王弼、刘牧的义理派""宗易本言与蕴言的数理派""宗邵雍、程颐，朱熹的纯理学派""专尚图书学派""易卦互体派"等①，也颇有见地。

其三，巴蜀易学类多杂驳，兼容三教，涉及方外。陈抟《易龙图》，黄宗炎揭露说，"图南本黄冠师，此图不过仙家养生之所寓，故牵节候以配合，毫无义理"；苏轼《苏氏易传》中载，"杂以禅学"，朱熹撰《杂学辨》以是书居首。特别是陵州（今仁寿）人龙昌期，更具代表性：他"博贯诸经"②"尝注《易》《诗》《书》《论语》《孝经》《阴符经》《老子》"，儒道兼治，无疑是一位博学的学者。文彦博早年见他"藏器于身，不交世务，闭关却扫，开卷自得。著书数万言，穷经二十载，浮英华而

---

① 李朝正：《巴蜀〈易〉学源流考述》，《社会科学研究》1990年第5期。
② （宋）晏殊：《答枢密范给事书》，载《宋文鉴》卷一一二，文渊阁《四库全书》影印本。

沉道德，先周孔而后黄老。杨墨塞路，辞而辟之。名动士林，高视两蜀"①。其所注《易》，范仲淹称赞"深达微奥"，曾应邀赴福州讲《易》，深受欢迎，得十万钱酬金，范雍将书推荐于朝，"遂行于时"。② 昌期亦曾累上公车"久而不报"。因韩琦、文彦博等人推荐，得补国子四门助教、成都府学教授、秘书省校书郎，以殿中丞致仕。晚年"又注《礼论》、注《政书》《帝王心鉴》《八卦图精义》《人神绝笔书》《河图照心宝鉴》《春秋复道》《三教圆通》《天保正名》等论"③，总共"著书百余卷"（《宋史·胡则传》附）。但史载"昌期该洽过人，著撰虽多，然所学杂驳"；"其说诡诞穿凿，至诋斥周公"，因此欧阳修斥其"异端害道，不当推奖"（《宋史·胡则传》），罢归而卒。特别是《三教圆通论》，主张儒、佛、道三教可以圆通互补，虽是当时三教相通潮流的反映④，也是其为学驳杂的表现。

其四，创造了"图书之学"，几乎为整个宋学派《易》家所宗，影响了宋以后的中国易学史。陈抟《易龙图》首标先天图、后天图、河图、洛书，用黑白点子解释易卦起源，以为龙马所负之图，种放、穆修、李之才、邵雍、范谔昌、刘牧、黄晞，直到南宋朱熹等人，皆传其业。晁说之述宋易传授说："至有宋，华山希夷先生陈抟图南，以《易》授终南种征君放明逸，明逸授汶阳穆参军修伯长，而武功苏舜钦子美亦尝从伯长学。伯长授青州李之才挺之，挺之授河南邵康节先生雍尧夫。……有庐江范谔昌者，亦尝受《易》于种征君。谔昌授彭城刘牧，而聋隅先生黄晞及陈纯臣之徒，皆由范氏知名者也。"⑤ 南宋《中兴书目》引邵博语

---

① （宋）文彦博：《送龙昌期先生归蜀序》，载《潞公文集》卷十一，影印文渊阁《四库全书》影印本。
② （宋）范仲淹：《范公（雍）墓志铭》，载《范文正集》卷十三，影印文渊阁《四库全书》影印本。
③ （宋）王辟之：《渑水燕谈录》卷七"文儒"，中华书局1981年版。诸书引标点作"《河图》《照心宝鉴》《春秋复道三教圆通》《天保正名等论》"，兹从吴天墀先生句读。
④ 蔡州开元寺有僧人所建"三教圆通堂"，祖无择《题三教圆通堂》云"师本佛之徒，潜心老与儒。一堂何所像，三教此焉俱"。（宋）祖无择：《龙学文集》卷三，文渊阁《四库全书》影印本。
⑤ （宋）晁说之：《传易堂记》，《景迁生集》卷六，文渊阁《四库全书》影印本。

云:"抟好读《易》,以数学授穆修伯长,伯长授李之才挺之,挺之授尧夫;以象学授种放,放授许坚,坚授范谔昌。"① 朱熹说:"伏羲四图,其说皆出于邵氏。盖邵氏得之李之才挺之,挺之得之穆修伯长,伯长得之华山希夷先生陈抟图南者,所谓'先天之学'也。"② 吴澄说:"《河图》《洛书》,邵所传原于穆,刘所传原于种,皆得自希夷者也。"③ 黄宗炎曰:"周茂叔之《太极图》,邵尧夫之《先后天图》,同出于陈图南。……再三传而尧夫受之,指为'性天窟宅',千古不发之精蕴尽在此图。《本义》崇而奉焉,证是羲皇心传,置夫《大易》之首。"④ 如此等等,都说明宋以后之图学俱是陈抟发其首端。

其五,好为"集成"。也许是蜀学的博大精神和巴蜀藏书丰富的原因,巴蜀人士治经多兼容并包,常常做集解、集成性质的著作。唐代有阴弘道、李鼎祚,宋代也有房审权、魏了翁。房审权,成都人。熙宁间,审权"谓自汉至今,专门学不啻千百家,或泥阴阳,或拘象数,或推之于互体,或失之于虚无",于是"于千百家内,斥去杂学异说,摘取专明人事、羽翼吾道者,仅百家,编为一集。仍以《正义》冠之端首,厘为百卷,目之曰《周易义海》。或诸家说有同异,理相疑惑者,复援父师之训、朋友之论,辄加评议,附之篇末"。⑤ 百家具体人选即"郑玄至王安石",可见这是集义理派易学之大成,正好可与李鼎祚书互补。四库馆臣述易学转变曰:"王弼尽黜象数,说以老庄;一变而胡瑗、程子,始阐明儒理。"其实房氏此书摘取"专明人事、羽翼吾道"者,已开胡、程之端。绍兴间江都人李衡即据此书作《周易义海撮要》(增苏轼、程颐、朱震三家)。魏了翁,蒲江人,有《周易要义》,盖据孔颖达《周易正义》删节而成;又撰《周易集义》64卷,集"自周子(敦颐)、邵子(雍)、

---

① (宋)冯椅:《厚斋易学》附录二引《中兴书目》,渊阁《四库全书》影印文本。又(宋)王称:《东都事略·穆修传》,文渊阁《四库全书》影印本。
② (宋)朱熹:《周易本义》卷首"图说",文渊阁《四库全书》影印本。
③ (元)吴澄:《易纂言外翼》卷七,文渊阁《四库全书》影印本。
④ (清)黄宗炎:《周易寻门余论》卷上,文渊阁《四库全书》影印本。
⑤ (宋)李衡:《周易义海撮要原序》,《周易义海撮要》卷首,文渊阁《四库全书》影印本。

二程子（颢、颐）、横渠张子（载）、程门诸大儒，吕蓝田（大临）、谢上蔡（良佐）、杨龟山（时）、尹和靖（焞）、胡五峰（宏）、游广平（酢）、朱汉上（震）、刘屏山（子翚），至朱子（熹）、张宣公（栻）、吕成公（祖谦），凡十七家。内一家少李隆山（舜臣）子秀岩心传"。是其书所集皆濂、洛、关、闽之理学《易》，"他《易》不预"①。以《要义》表汉学，以《集义》表宋学，是汉宋兼宗之士。

其六，地方特色依然明显，自觉构建蜀《易》传承体系。陈师道引杨绘说："庄遵以《易》传扬雄，雄传侯芭。自芭而下，世不绝传，至沛周郯。郯传乐安任奉古，奉古传广凯，凯传绘，所著《索蕴》，乃其学也。"② 杨绘，字元素，汉州绵竹人，《宋史》卷三二二有传。元祐三年（1088）卒，享年62岁。范祖禹为撰《墓志铭》，谓其"专治经术，工古文，尤长于《易》《春秋》"；皇祐五年（1053）进士第二人，终天章阁待制。著有《群经索蕴》30卷、《无为编》30卷，及文集数十卷。③《经义考》著录绘《易索蕴》，当在《群经索蕴》之中。又程迥《周易章句外编》中载："谯定字天授，涪州人。尝授《易》于羌夷中郭载，载告以'见乃谓之象'与'拟议以成变化'之义。郭本蜀人，其学传自严君平。"又谯定曾经从程颐学《易》，与杨绘同时，二人传严遵易学之说，必然有据。南宋蜀人李焘为郭元亨《太玄经疏》作跋说："元亨自谓得师于蜀，而不著其师之名氏。蜀人盖多'玄学'，疑严、扬所传，固自不绝，但潜伏退避，非遇其人，则鲜有显者耳。"④ 玄学如此，图学也是这样。南宋有"二张"，张行成精于图学，张缜精于玄学，也是极有渊源的学问。

据说陈抟既传图学于邵雍等人，邵氏后人伯温等定居蜀中，图学便又回到巴蜀，当时有"河洛遗学在蜀汉间"的说法。朱熹的朋友蔡元定

---

① （元）胡一桂：《周易本义启蒙翼传》中篇，文渊阁《四库全书》影印本。
② （宋）陈师道：《后山集》卷十八《谈丛》，文渊阁《四库全书》影印本。
③ 参见（宋）范祖禹《天章阁待制杨公墓志铭》，《范太史集》卷三十九，文渊阁《四库全书》影印本。
④ （宋）李焘：《太玄经疏跋》，《文献通考》卷二〇八引巽岩李氏曰，中华书局1986年版。

(字季通）入峡为官，朱熹特委托他在蜀中寻找易图，蔡氏居然找到了三图（河图、洛书、先天图），献给了朱子①，朱子将其著在《本义》《启蒙》之首。据说他自己还秘藏了一图，只传其孙抗，蔡抗秘不示人，直到元末明初才得公开②，就是现在看到的"阴阳鱼太极图"。此说未必可信，但说"图学正宗"在蜀，则是可能的。

三　流衍与变迁：元明清的巴蜀易学

元、明、清时期，蜀中易学比较沉寂，在数量上不是很多，嘉庆《四川通志》载元代四川易学著述12种、明代17种、清初18种；王晓波主编《清代蜀人著述总目》著录清代巴蜀易学著作48种，种数皆不及宋代，但是其中杰出者时有其人。

元代资州人黄泽，著《易学滥觞》1卷"其说《易》以明象为本，其明象则以《序卦》为本，其占法则以《左传》为主。大旨谓王弼之废象数，遁于玄虚；汉儒之用象数，亦失于繁碎。故折中以酌其平"［（清）永瑢等：《四库全书总目》卷四《易学滥觞提要》］。可见其书力图摆脱宋儒图书《易》、王弼玄学《易》、汉儒象数《易》而上之，将易学恢复到先秦《左传》与孔子的时代，实已开易学复古之序。

潼川（在今三台）人赵采又宗程朱，所著《周易程朱传义折衷》33卷"节录程子《易传》、朱子《本义》之说，益以《语录》诸书列之于前；而各以己说附于后，所谓'折衷'也"［（清）永瑢等：《四库全书

---

① （宋）袁桷：《谢仲直易三图序》云"始薛（季宣）授袁（溉）时，尝言'河洛遗学多在蜀汉间'，故士大夫闻是说者，争阴购之。后有二张，曰行成，精象数；曰𬘫，通于玄。最后朱文公属其友蔡季通，如荆州，复入峡，始得其三图焉"。（宋）袁桷：《清容居士集》卷二十一，文渊阁《四库全书》影印本。

② 明初赵撝谦《六书本义》（文渊阁《四库全书》影印本）云"天地自然之图，虑戏氏龙马负图出于荥河，八卦所由以画也《易》曰'河出图，圣人则之'；《书》曰'河图在东序'是也。此图世传蔡元定得于蜀之隐者，秘而不传，虽朱子亦莫之见，今得之陈伯敷氏。尝熟玩之，有太极函阴阳、阴阳函八卦之妙"。撝谦，字古则，余姚人，宋宗室，别号老古先生。《名山藏》作赵谦，云洪武初聘修《正韵》。见（清）胡渭：《易图明辨》卷三引，文渊阁《四库全书》影印本，知其为元末明初人。

总目》卷四《周易程朱传义折衷提要》]。应当说，对朱熹《本义》进行附录申说并不始于赵采，如胡一桂就撰有《易本义附录纂疏》15卷，但其书只"以朱子《本义》为宗"，所取诸儒议论是"合于《本义》"者"其去取别裁，惟以朱子为宗"。胡氏之书只是一个朱子的忠臣，而不是整个易学的公论。赵氏则不然，他"以为《易》中先儒旧日说皆不可废"，只是邵雍、程颐和朱子对汉儒的互体、飞伏、纳甲之类"未及致思耳"。认为"今时学者之读《易》，当由邵、程、朱三先生之说溯而上之"，因而先将程、朱两家《易》说列出，又"兼及于象数、变互"之说，用以"折衷"评断程朱，虽"以宋学为宗"，却也"尚存古义"，非仅守一先生之言，表现出极大的包容性，将易学从宋易复至两汉矣。

蜀人不专主宋学（赵采），也不满足于突破宋学（黄泽），王申子还敢于批评宋学。他撰《大易缉说》10卷，二卷以图解《易》，"以《河图》配先天卦，以《洛书》配后天卦，而于陈抟、邵子、程子、朱子之说，一概辨其有误"；三卷后解《易》，"仍以词、变、象、占、比、应、乘、承为说，绝不生义于图书。其言转平正切实，多有发明"[（清）永瑢等：《四库全书总目》卷四《大易缉说》提要]。以图说《易》是宋学，申子敢于批评；以词变象占、乘承比应解《易》是汉学，申子则予以发挥。是其人也是超越宋学而力图恢复古法者。

明代"嘉靖八才子"之一的熊过，富顺人，撰《周易象旨决录》7卷，义必考古，远溯汉学，颇能补时人蔡清《易经蒙引》"陈义而不及象"之缺，杨慎赞其书"引申触类""继绝表微""条分叶贯"，可谓"择精语详！"[1]

明清时期巴蜀易学的最高成就，是来知德的《周易集注》。来氏解《易》论《易》，在方法上有突破性的进展。来氏解《易》重视卦象，认为"《易》以象为主"，而深疾王弼之"扫象言《易》"和宋儒之"得意忘象"，认为"舍象不可言《易》"。其论《易》象说"圣人立象，有卦情之象，有卦画之象，有大象之象，有中爻之象，有错卦之象，有综卦

---

[1] （明）杨慎：《周易象旨决录序》，《周易象旨决录》卷首，文渊阁《四库全书》影印本。

之象，有爻变之象，有占中之象"。至纤至晰、至精至微。其中又以"错卦""综卦""中爻""爻变"四条最为重要。遂据《系辞》"参伍以变，错综其数"语，纵横探讨六十四卦衍生互环原理："错者，阴阳相对也"。即两卦之间阴阳爻的正反关系；"综"则"或上或下，颠之倒之"，亦即两别卦之间上卦下卦互相颠倒的关系。既以"错综"讲明六十四卦之间的关系，又以"中爻"说明上下卦之间的组合状况："中爻者，二三四五所合之卦也。"亦即《系辞》"杂物撰德，备乎中爻"所指。又说，卦之相生又有"变"焉，所谓"变者，阳变阴，阴变阳也"。如乾卦初变即为姤。错综、中爻、爻变，诸法并用，借以解六十四卦之生成演变，丝丝入扣，穷极卦变、爻变者，后之言斯法者，无以出其右矣。

清代井研人胡世安，撰《大易则通》15卷"是书专主阐明图学，荟萃诸家之图，各为之说。虽亦及于辞变象占，而总以数为主"[（清）永瑢等：《四库全书总目》卷九《大易则通》提要。]。可见此书也是一部极有特色的著作。道光间刘沅撰《周易恒解》，又不言象数，深非"历代言《易》之家，大半皆偏于术数"，而盛赞"王弼始专以理言，厥功甚伟！"其解经专重乎说理，一卦一爻，皆在理上用功夫，每卦每章末还以"附解"总论之，论者谓其"理多可取"①。其为蜀学《易》之殿军，固无愧焉。

大致而言：巴蜀易学，两汉为滥觞期，六朝为续传期，唐代为总结期，两宋为高峰期，元明以下则为流衍期。合嘉庆《四川通志》、胡昭曦《析"易学在蜀"》与王晓波《清代蜀人著述总目》三项著录，历代巴蜀易学著作约有182种，数量虽然不多，然特征却很鲜明。西汉时期，巴蜀已见治《易》之迹，胡安、相如、赵宾、严遵、扬雄，是其尤者；而其特色，则为隐士、为道家、为卜筮、为数术。东汉时，蜀《易》具有博士家法，但亦保留了善筮的蜀《易》特点；及至晚期，蜀人乃传古文易学。六朝承之，《易》著稍有，然文献废缺，不可详考，然尤有蜀才之零章与元嵩之完书。及至唐代，蜀《易》文献稍存于世，巴蜀易学包容、集成的特点毕现，李鼎祚的《周易集解》是其代表。宋代巴蜀易学著作

---

① 潘雨廷：《读易提要》卷九，上海古籍出版社2006年版，第433页。

数量最多，也最有特色。明代来知德的《周易集注》，则开明清治《易》新局面。

从治《易》风格来看，巴蜀易学，"四道"毕备，有"尚辞"之义理《易》（如苏轼《苏氏易传》），有"尚象""尚变"之象数《易》（如李鼎祚《集解》、来知德《集注》），有"尚占"之卜筮《易》（如严遵等人）。而尤以卜筮《易》、隐士《易》渊远而流长，独具特色。至于《易》《老》兼治（或以老解《易》，如严遵、扬雄），图书说《易》（始于陈抟，传者有胡世安），佛陀解《易》（苏轼、龙昌期），以及仿圣拟经（杨雄、王长文、卫元嵩等），则又巴蜀易学者所优为者也。后之治《易》《玄》、谈《图》《书》者，皆以蜀学为原始。刘咸炘曰："易学在蜀（伊川语），如诗之有唐矣。"① 信矣！

（原载于《周易研究》2011年第4期）

---

① 刘咸炘：《蜀学论》，《刘咸炘学术论集》，广西师范大学出版社2007年版。

试论古代巴蜀文学的特征

李 凯

与整个中国古代文学源自先秦不同的是，古代巴蜀文人进行创作主要是从汉朝开始的。晋代著名文学家左思在其《蜀都赋》中饱含激情地写道：

> 近则江汉炳灵，世载其英。蔚若相如，皭若君平。王褒炜烨而秀发，扬雄含章而挺生。幽思绚道德。摛藻掞天庭。夸四海而为隽，当中叶而擅名。是故游谈者以为誉，造作者以为程也。（《昭明文选》卷四）

左思所提到的司马相如、严君平、王褒、扬雄以及未提到的李尤，他们是古代巴蜀文学的第一代作家，他们的创作是古代巴蜀文学的第一个高峰，其成就体现在汉赋上。

魏晋时期，干戈四起。南北划疆而治，蜀中也多纷扰。此时期，巴蜀文学寂无声息。

及至唐朝，蜀中迎来了又一个文学高峰"国朝盛文章，子昂始高蹈"（《昌黎文集》卷二《荐士》），陈子昂自蜀中入长安，高举革新大旗，力倡汉魏风骨，并以其突出的创作实绩，力扫齐梁诗风，奠定盛唐之音。代表唐诗两座高峰的李白、杜甫，前者虽不生于蜀，但长于蜀，至25岁始离川；后者旅居巴蜀达9年。其绝大部分诗歌创作于巴蜀。其他如李顾、薛涛、苏涣、雍陶、符载、朱湾、唐求等，都以诗擅名。

五代时期，四川先后为地方政权割据。但文学创作不衰，特别是后蜀时期，西蜀成为词创作的中心。《花间集》一书收录的词作家大部分在前后蜀任职。有的就是蜀中人，如欧阳炯、孙光宪、尹鹗、毛熙震等。

宋代是中国封建时期文化发展的最高峰，也是巴蜀文化发展的最高峰。宋代蜀学独标于世，著作家蔚然蜂起。苏舜钦、"三苏"、田锡、范镇、吕陶、张俞、文同、韩驹、唐庚、张孝祥、魏了翁等，都是当时名流。据《四川通志·经籍志》记载，宋蜀人有别集者达156家。

元朝，蒙古入主中原，巴蜀文教衰微，唯虞集最擅名。此外，绵州的邓文原、华阳的费著、成都的宇文公谅也是当时的著名学者。

明清两代，蜀中文人众多。据《四川通志·经籍志》载，明蜀人有别集者232家，清蜀人有别集者236家。最著名者有明代的杨慎、清代的李调元、张问陶、彭端淑。

那么，作为区域性文学，古代巴蜀文学有哪些特征呢？它与古代巴蜀文化的关系如何呢？下面试作分析。

一　古代巴蜀文学的发展有明显的阶段性

具体说就是古代巴蜀文学的发展有"三盛二衰"。汉、唐、宋是古代巴蜀文学发展的繁盛期。中国古代文学发展有汉赋、唐诗、宋词、元曲、明清小说之说，所谓一代有一代之文学。而在汉赋、唐诗、宋词当中，古代巴蜀作家可谓独领风骚。"二衰"指魏晋、元朝，此时的中国古代文学，于魏晋有南北之分，南朝诗歌创作兴盛。而蜀中却无一知名作家。于元朝，北方戏剧大盛，蜀中却罕有其匹。出现这种鲜明发展阶段的原因是汉、唐、宋三朝既是全国经济、文化发展的高峰期，也是古代巴蜀经济、文化发展的高峰期，汉朝是凭借成都平原这一天府的优越环境和发达的经济而建立起来的。诸葛亮说："益州险塞，沃野千里，天府之土，高祖因之以成帝业。"（《三国志·蜀书·诸葛亮传》）汉时巴蜀也是全国经济最发达的区域之一，特别是汉武帝时期，汉王朝加强了同蜀中及西南夷的联系，这对巴蜀的发展有极大影响。汉之前，巴蜀一直被看作"西僻之国",文化也欠发达。景帝时,文翁治蜀,大力兴学,巴蜀很快成为可以比美齐鲁的地区。唐时有"扬一益二"之说,巴蜀再次成为全国经济最发达的地区,加之唐政治开明、文教昌盛,所以巴蜀地区人才辈出,享誉全国。两宋之时,巴蜀成为中央政府在军事和经济上的主要支柱地区,宋代的重文轻武国策,以及唐末五代大批文人入蜀,使四川成为仅次于江西的人才渊薮。

二 古代巴蜀多一流作家,他们往往代表着当代文学乃至整个文学门类的最高成就

赋作为汉代文学的代表,是在司马相如手里定型的。司马相如的《子虚赋》《上林赋》完成了从骚体赋到汉大赋的转变。司马相如的后继者王褒、扬雄,也是汉代最著名的赋作家。在"汉赋四大家"中,蜀人就占了两位,而且,司马相如代表了汉大赋的成就。

唐代是中国诗歌发展的黄金时期,李白代表着盛唐诗的成就。比李白稍早的陈子昂,可称为由初唐向盛唐转化的关键人物。陈子昂的创作成就使他毫无愧色地进入唐诗大家之列。薛涛无疑是中国古代文学史上除李清照之外又一著名女诗人。虽说她尚不能列入唐诗大家之列,但在唐代,薛涛是最出色的女诗人。

五代时期,西蜀成为词创作的中心之一,蜀人占有重要地位。如欧阳炯、孙光宪等都是当时最著名的词人。

宋文、宋诗和宋豪放词的代表——苏轼,不仅是宋代文学史上独一无二的人物。而且在整个中国古代文学史上也是不可多得的人物,他和他的父亲苏洵、弟弟苏辙一同被认为是唐宋散文的代表作家之一,即所谓的"唐宋八大家"。

值得注意的是,古代巴蜀作家的成名往往是在跨出蜀中之后。正如袁行霈先生所说:"这些文学家都是生长于蜀中。而驰骋其才能于蜀地之外。他们不出夔门则已,一出夔门则雄踞文坛霸主的地位。"[①]

[①] 袁行霈:《中国文学概论》,高等教育出版社1990年版,第46页。

缘何巴蜀作家必须跨出夔门才能成为"雄踞文坛"的"霸主"呢？袁先生未做说明，笔者认为有两点原因。第一，巴蜀作家在成长之时，深受蜀中崇文好学的影响。在蜀中成长之时，这些作家无一不是好学之士，如司马相如、王褒、扬雄、陈子昂、李白、"三苏"、李调元等，其中陈子昂、苏涣、苏洵都是接近成年或成年之后才开始发愤学习而终成大器的。《三字经》谓"苏老泉，二十七，始发愤"，对后人影响尤深。因受蜀中崇文好学风气的影响，这些作家在其离开四川之前已为后来成名打下了坚实的基础。

第二，更重要的是，古代巴蜀僻处西南，一直未成为全国的政治、文化中心（五代时期的西蜀只能说是区域性中心之一）。因此，在信息传递缓慢的古代，巴蜀作家只在蜀中，是不大可能取得全国性影响的。而京城历来是全国的政治、文化中心，那里达官贵胄、名流骚客云集，古代作家的成名往往跟帝王的赏识和前辈的揄扬分不开。司马相如是因为汉武帝读到《子虚赋》，慨叹"朕独不得与此人同时哉"之后，经同乡杨得意说明为武帝赏识而成名的；王褒因向宣帝献《圣主得贤臣颂》而成名；扬雄数次向汉成帝献赋而知名；陈子昂为武则天所赏识而出名；李白因《蜀道难》一诗为贺知章誉为"谪仙人"而出名；苏舜钦、"三苏"被欧阳修称誉而出名；杨慎被李东阳接纳而出名；张问陶被袁枚推举而出名。事实说明，如果他们一直没有离开巴蜀，是很难成为全国知名的人物的。

三 古代巴蜀作家富创新精神，多异端色彩，他们往往在文学革新之际大显身手

翻开中国古代文学史，我们很容易看到，古代巴蜀作家往往是在革新之际跻身文坛、扬名后世的。汉代的司马相如是在由骚体赋向大赋的转化过程中奠定其地位的；唐代的陈子昂、李白是在诗歌革新运动中确立其地位的；宋代的苏舜钦、"三苏"是在宋代诗文革新运动中脱颖而出的；明代的杨慎也是在前七子宗唐复汉之际以倡汉魏诗风而享誉文坛的；清代的张问陶是在宗唐、宗宋之争中强调独抒性灵而扬名的。

古代巴蜀作家之所以能够在革新之际大显身手，是因为他们有极强的创新精神和富有异端色彩的人格个性和文化个性，这与古代巴蜀文化生成的地理环境及人文环境有着极为密切的联系。古代巴蜀僻处西南，虽在殷商之际就已同中原王朝有联系，但其山多水多、交通不便、相对隔绝的地理环境，使巴蜀文化从一开始就显示出与中原文化不同的个性，即：民风强悍，富有浓郁的原始神秘气氛，较少受儒家正统思想的影响。因此，巴蜀历来号称难治，多地方割据政权。《华阳国志·序志》中说："周失纪纲，而蜀先王；七国皆王，蜀又称帝。此则蚕丛自王、杜宇自帝。"尽管这种说法并不完全正确，而历代四川地方割据政权也并非全是蜀人，但它确乎能显示巴蜀人的个性。浓郁的原始神秘气氛使四川孕育了本土化的宗教——道教。四川历来是道教和佛教的兴盛之地，青城山和峨眉山分别是这两种宗教文化的代表地之一。在学术上，古代巴蜀以精易学、老庄之学、史学而著称。表现在古代巴蜀作家身上就是多具有"杂家"色彩：好老庄、喜佛道，乃至纵横之学。

这种巴蜀文化传统积淀在巴蜀作家身上，就显示出了极强的叛逆精神和异端色彩，汉朝的司马相如"未尝肯与公卿国家之事，称疾闲居，不慕官爵"（《史记·司马相如列传》）。最能显示出个性的还要算他琴挑文君，夤夜私奔的惊人之举，扬雄"少而好学，不为章句，训诂通而已，博览无所不见为人简易佚荡，口吃而不能剧谈，默而好深湛之思，清静亡（无）为，少耆（嗜）欲，不汲汲于富贵，不戚戚于贫贱，不修廉隅以徼名当世"（《汉书·扬雄传》），表现出与司马相如相同的个性。唐朝的陈子昂少年不学、任侠使气。李白好击剑、喜饮酒、炼丹学道、遨游天下，"一生傲岸苦不谐"（《答王十二寒夜独酌有怀》）。苏涣少曾在长江上拦截商旅。善用白弩，人称"白跖"。雍陶恃才傲物，薄待亲党，唐求放旷疏逸，俨如方士，数为官府征辟，辞不就五代词人欧阳炯，性坦率，无检操。宋代苏舜钦在赛神会时用卖进奏院纸的钱邀伎会友，后被弹劾去职。苏轼身处党争之际，独立不倚，既遭新党打击，复遭旧党忌恨。苏辙论对，极言仁宗得失，获"狂直"之名。明杨慎被谪戍云南永昌，傅粉戴花，拥妓逛市。清李调元为人旷达，豪放不羁。

以上诸人的特立独行、放荡不羁，使他们勇于革新、大胆叛逆。这正是巴蜀作家能在变革之际大显身手的重要原因。

四 古代巴蜀作家多富浪漫气质，作品风格往往偏向崇高一面

古代巴蜀作家多富浪漫气质，因此他们在创作方法上偏向于浪漫主义，在文学风格上偏向崇高的审美范畴。这种看法跟钟仕伦先生在其《南北文化与审美思潮》[①] 一书中的看法有所不同。钟先生认为巴蜀文化属于南方文化系统，而南方的美学思潮表现为"飘逸"。我们大体上同意巴蜀文化属南方文化体系，但又认为它不仅仅属南方体系，应该说，巴蜀文化兼具南北文化的特征。古代巴蜀作家富浪漫气质，近南方文化的代表——楚；文学风格上偏向崇高，又如《史记·司马相如列传》。近北方文化的秦。这其实是与巴蜀地理环境兼具南北特征相一致的，我们不妨仍以作品作家为例加以证明。

汉大赋是最能显示出崇高特征的，鲁迅先生评大赋代表作家司马相如说："不师故辙，自摅妙才，广博宏丽。卓绝汉代。"[②] 明王世贞也说："《子虚》《上林》，材极富，辞极丽，而运笔极古雅，精神极流动，所以不可及也。"（《艺苑卮言》卷二）司马相如的赋作具有崇高的特征，是与他的审美观和创作观分不开的，他在《答盛览问作赋》中说："合綦组以成文。列锦绣而为质。一经一纬。一宫一商，此作赋之迹也赋家之心。苞括宇庙。总览人物，斯乃得之于内，不可得其传也。"所谓"作赋之迹"，指具体的表达，即怎样写。这里涉及内容和形式的结合（"文""质"）、内容的组织安排（"经""纬"）和韵律的协调（"宫""商"），"赋家之心"则是写什么的问题，"苞括宇宙，总览人物"就是要求作家在创作前应有仰观宇宙、俯察万类的气势和胸怀，亦即创作主体需具有崇高的意识。如果说"綦组""锦绣"代表的是"宏丽"，那么"苞括宇宙，总览人物"则代表的是"广博"。

---

① 参见钟仕伦《南北文化与审美思潮》，四川大学出版社1995年版。
② 鲁迅：《汉文学史纲要》，北京联合出版社2014年版，第43页。

司马相如所开创的汉大赋的特点，在王褒、扬雄身上得到继承和发扬。王褒撰《洞箫赋》，《汉书》本传中载："其后太子体不安，苦忽忽善忘，不乐。诏使褒等皆之太子宫虞侍太子，朝夕诵读奇文及所自造作。疾平复，乃归。太子喜所为《甘泉》及《洞箫颂》，令后宫贵人左右皆诵读之。"王褒的赋若非有强烈充沛的感情、震撼心灵的冲击力，是断然不可能治好太子的病的。这说明了王褒的赋作具有崇高的审美特征。

扬雄对司马相如倾心敬佩，"每作赋，常拟之以为式"。其创作风格近似司马相如是容易理解的，因此后人一直以"扬马"并称。

陈子昂对"文章道弊五百年"深致不满，大声疾呼，提倡汉魏风骨、风雅兴寄。其《感遇诗》三十八首和《登幽州台歌》慷慨蕴藉，铮铮有金石声。卢藏用谓其"卓立千古，横制颓波，天下翕然，质文一变"。（《唐文粹》卷九十二《拾遗陈子昂文集序》）陈子昂的诗歌启盛唐之先声，本身就表现出了浪漫的气质和崇高的风格。

李白最能代表中国诗歌中的浪漫主义精神和崇高的风格。其傲岸、高洁的性格，突破世俗网罗、追求自由个性的精神，上天入地、天马行空的文风，无一不表现出盛唐气象。

女诗人薛涛，以一女流而写出"平临云鸟八窗秋，壮压西川四十州。诸将莫贪羌族马，最高层处见边头"的好诗。纪昀谓其诗"托意深远，有鲁嫠不恤纬、漆室女坐啸之思，非寻常裙屐所及，宜其名重一时"。（《四库全书总目提要》一八六）

以上就汉赋、唐诗中巴蜀作家体现的浪漫精神和崇高风格做了简要分析。汉赋、唐诗当然是最能表现出巴蜀作家及创作的特征的，而宋、明、清的巴蜀作家也有着相同的特征。宋代的苏舜钦，欧阳修称赞他"笔力豪隽，以超迈横绝为奇"（《六一诗话》）。苏轼是继李白之后蜀中最有影响的作家。他的诗歌较多地受到李白的影响，表现出李白风神。其词"一洗绮罗香泽之态，摆脱绸缪宛转之度，使人登高望远，举首高歌，而逸怀浩气，超乎尘埃之外"。因而被后人推为豪放派词之祖。张孝祥，意气豪迈慷慨，平生善诗工，其词上承苏轼，下启辛弃疾，为豪放派词中坚。明代的杨慎，其创作"拔戟自成一队"（《明诗别裁集》卷六）。清代的李调元，袁枚评为"才力豪猛"。张问陶以文风奇杰廉劲近李白，被人称为"小李白"。

古代巴蜀作家体现的富浪漫精神，偏崇高风格，笔者认为是由三个方面的原因造成的。首先是巴蜀作家的创新精神和异端色彩，这在前文已述及。其次是时代风气的影响。最能代表这种特征的司马相如、李白、苏轼分别生活在汉武帝、唐玄宗、宋仁宗、神宗时期，这三个时期是最适宜培养浪漫精神和崇高风格的。前人所说的汉唐气象，其实正是以汉武帝、唐玄宗时期为代表的。最后是跟巴蜀审美意识的积淀和先贤意识有关。由司马相如、扬雄所铸造的审美范式及后人对他们的追慕、认同，对巴蜀文学风格影响甚大，兹不详论。

五 古代巴蜀作家在文艺思想方面有两点特别突出，即强调文学的社会功能、重视情感的自由抒发

对文学社会功能的重视是古代巴蜀作家一以贯之的态度。在巴蜀第一代作家司马相如、扬雄的身上体现极为明显。相如作《子虚赋》《上林赋》，"其卒章归之于节俭，因以讽谏"（《史记·司马相如列传》）。扬雄可称为古代蜀中第一大文艺批评家，其明道、征圣、宗经和文道合一的文艺思想，上承荀子，下启刘勰、韩愈，对封建时代儒家文艺思想影响甚巨。扬雄早年好赋，后又操戈入室，自我否定，认为赋乃"童子雕虫篆刻"，"壮夫不为"（《扬子法言》卷二《吾子篇》）。当然他也并不是全盘否定赋，而是把赋分为"诗人之赋"和"辞人之赋"，前者"丽以则"，后者"丽以淫"，他肯定的是"诗人之赋"，对自己和司马相如等人的赋加以否定。这种前后矛盾的现象，正是扬雄对赋"讽一而劝百"的否定，从而证明了扬雄对文艺的社会作用的重视。

陈子昂、李白都是有意于当世，力求入世的人物。两人对齐梁诗风的否定和对汉魏风骨的提倡，正是不满意齐梁及初唐诗人吟风弄月、徒事藻绘。他们认为诗歌应该为现实、为政治服务。他们的诗歌创作和文艺主张无不显示出鲜明的时代性、功利性。

宋代的苏舜钦、"三苏"身处宋代经世思潮兴起之时，继承蜀中文学的优良传统，非常强调文学的现实功利性，这在"三苏"身上表现得尤

为突出。"三苏"文论固有很多不同之处，但也有很多共同之点。其中，重视文学的现实功利就是之一。他们都强调文学须"有为而作"，"言必中当世之过"。

明清两代的巴蜀作家仍然体现出这一特点，限于篇幅。我们就不在此细论了。

中国古代文学似乎有这样一个特点：重视文学的社会功能往往就忽视文学的艺术性，而这一点在古代巴蜀作家那里却没有。相反的是，古代巴蜀作家既重视文艺的社会功能，又强调文艺的艺术性。强调艺术性的突出表现是重视情感的自由抒发。司马相如并没有明确提出缘情的主张，但从他琴挑文君、奁夜私奔和称疾闲居的个性来讲，其自是任情适性之人，故其所谓"赋家之心"亦应包含情感自由抒发这层意思在内。扬雄则明明白白地表述出来了，他说："言，心声也；书，心画也；声画形，君子小人见矣。声画者，君子小人之所以动情乎。"（《扬子法言》卷《问神篇》）这些话强调了情感乃文学创作之本原"彩丽竞繁，而兴寄都绝"，"梁陈以来，艳薄斯极"，这是陈子昂、李白对齐梁文学的评价。所谓"艳"，是指词采的艳，它与"清新""自然"对立；所谓"薄"，指缺少情感真实度和厚重感。针对齐梁的"艳"，李白主张"清新""自然"；针对齐梁的"薄"，陈子昂倡汉魏风骨、风雅兴寄，都是在强调情感的自由抒发。在创作上，陈、李二人放笔直言、唯我所欲，没有丝毫的忸怩作态，以其情真人真，故千百年来他们的诗作一直被后人喜爱。苏轼提倡真性情，他说："诗从肺腑出，出辄愁肺腑。"（《读孟郊诗》其二）杨慎当前后七子力倡复古之时，主张"诗以道性情"。清张问陶论诗主性情，袁枚引为同道。有人说张的诗学袁枚，他却说，"诗成何必问渊源。放笔刚如所欲言。""愧我性灵终是我，不成李杜不张王。"[①] 表现出他独立不倚、重情感、重个性的特点。

上述古代巴蜀文艺思想特征的形成，既与巴蜀文化从根本上讲是农耕文明，受到儒家思想影响有关，又与巴蜀人多浪漫气质、富叛逆精神、受儒家传统影响不如中原那么深有关。

---

① 转引自傅平骧等《四川历代文化名人辞典》，四川文艺出版社1992年版，第589页。

六　古代巴蜀作家创作集中于传统诗文词，而于戏剧、小说少有涉及

形成这一特点的原因有两点。一是宋端平三年（1236）蒙古铁蹄南下破蜀迄清，四川多次遭受大规模的破坏，人口急剧减少，经济衰退不振，物质文化和精神文化都遭到重创，难以复原。长江上游的经济重心地位向中下游移动。经济的衰退导致文教的衰微、人才的流失。这是元明清时期巴蜀文学难以辉煌的重要原因，也是戏剧、小说这两种文学体裁缺乏作家的原因。因为城市经济的欠发达和城市文化消费者的缺少是制约小说、戏剧发展的关键。二是跟古代巴蜀文学思想重抒情、轻写实有关。前面已经谈到，古代巴蜀文艺思想的重要特征就重抒情。巴蜀作家一向是写情的圣手，而于叙事、再现却缺乏关注，他们重视的是情感的自由抒发，重视天才的独创，却不愿按照现实的本来面目去摹写现实、再现现实。这一特点在现代巴蜀作家身上仍有明显体现，郭沫若的戏剧、巴金的小说都带有浓郁的抒情色彩。

七　古代巴蜀多女作家

可以说，一部中国古代文学史就是一部男性创作史。中国古代女作家寥寥，但古代巴蜀却不乏女才子、女作家，甚至代有其人。下面我们只列出她们的名字，并就这一现象略做分析。

汉：卓文君；唐：薛涛；五代：李舜弦、花蕊夫人、黄崇嘏；宋：蒲芝、史炎玉、谢慧卿；明：黄峨；清：萧刘氏、欧阳刘氏、岳高氏、王淑昭、林颀、高浣花、沈以淑、左锡嘉及其二女（曾懿、曾彦）、梁清芬等。

古代巴蜀多女作家这一现象可从三个方面去探讨。一是巴蜀地区的人格个性。古代巴蜀地处西南一隅，自古以来即为多民族聚居区。地域的封闭性和西南夷人的民族个性，使巴蜀自古以来即以强悍著称。这种个性表现于巴渝歌舞、饮食上好吃辣味等。巴蜀女性的大胆泼辣、精明

能干是早已闻名的。早在秦始皇之时，巴寡妇清以丹砂致富，富冠全国，秦始皇为其筑怀清台。汉代的卓文君新寡之时，即和司马相如私奔。唐代的薛涛"容颜颇丽，才调尤佳，言谑之间，立有酬对"（《鉴戒录》卷十《蜀才妇》）。"又能扫眉涂粉，与大族不侔"（《岁华纪丽谱·笺纸谱》），表现出她的叛逆精神。五代的黄崇嘏女扮男装，周游天下，是一位花木兰式的人物。这些都说明了巴蜀女子的个性，而这种个性正是她们成为作家的极好条件。二是巴蜀历来较少受儒家思想的影响。儒家对妇女要求很严格，要求妇女守妇德，重节操，足不出户，笑不露齿。所谓"三从""四德"，就是女人的金科玉律，不得越雷池一步。自然，习文弄墨不是女人应做的事。古代巴蜀相对来讲受儒家思想影响不是那么深，故而对妇女的要求也就不那么严格。三是古代巴蜀重文崇教的良好氛围为女作家的出现提供了良好环境。自汉文翁兴学之后，蜀中文教向称隆盛，文化世家代有其人。巴蜀女作家多出生或生活在这样的家庭中，从小就受到文化的熏陶，爱好学习，为其创作奠定了知识的基础。她们的家庭中，或父母，或丈夫，或兄弟，都有作家。卓文君的丈夫司马相如是著名的辞赋家，李舜弦的兄长李珣是五代著名词人，蒲芝的丈夫张俞是蜀中著名文人，黄峨的丈夫杨慎是明代著名的作家，林顾的丈夫张问陶是清代著名诗人。曾懿、曾彦的父母亲都是诗人。

　　以上我们就古代巴蜀文学的特征及其形成原因做了粗略的归纳和分析，其中有很多问题尚值得进一步思考、探索。巴蜀文学是一块值得进一步深入开掘的富矿，相比起现当代巴蜀文学的研究来讲，古代巴蜀文学的研究仅集中在几位大家身上，研究的对象尚需拓宽，研究的思路、方法尚需更新。尤其需要对古代巴蜀文学的总体特征做整体把握，这是所有有志于巴蜀文学的研究者、巴蜀文化的研究者共同努力的方向。

（原载于《中华文化论坛》1998 年第 4 期）

浅谈蜀学对中国画审美与创作的影响

姚宇轩

一 文士阶层的形成

宋在中国历史上无疑是具有重大意义的，这个意义不仅体现在空前富裕的国民和政府的身上，也不仅体现在空前绝后的社会整体文化水平上，更不仅体现在极其繁荣的书籍刊刻或者兴盛的私学上，更体现在宋朝无论在历史上还是在文化中的变革者的角色。这个时期在中国历史文化的发展进程中是一个重要的变革与转型的时期。北宋时期中国社会在思想、政治、经济、教育、科学、文化乃至社会各个方面都呈现出和前朝不同的特征。北宋期间发生的这种转折与变化奠定了中国古代历史后半段的发展格局。

本文所探讨的北宋中后期在北宋历史上主要指宋仁宗、英宗和哲宗等在位期间，此时距离宋太祖赵匡胤建立大宋已过去百年，经过大宋几代皇帝的统治与发展，北宋的社会结构和面貌都发生了巨大改变，体现在五个方面。

1. 为了强化统治与巩固政权，宋太祖赵匡胤提出的"重文抑武"的方针被确立和贯彻，朝廷重用文士，先是任用文士出任宰相，总理朝政，进而任用文臣掌管军事，知州事；同时大量起用平民阶层入仕，经过宋太祖、宋太宗两朝的努力，建立了一个以广大庶族地主为基本政治力量的君主集权体系。而在这个体系中，文人士大夫的地位引人瞩目。

2. 宋朝建立后，贵族垄断政治的局面被打破，平民阶层的规模与地位都大幅上升。另外，宋代土地制度出现前所未有的改变与松动，土地流转与兼并加快，大量土地集中到少数人手中，这导致农民对地主的依附关系减弱，农民租赁土地耕种的现象大量出现，农民流动人口不断增加。同时北宋的商品经济有巨大的发展，商业突破市坊的限制，工商业阶层的地位也有巨大提高，工商业者的子弟可以应试，通过入仕转化为官户。这些对于全新的文士阶层的形成也有很大作用。

3. 北宋官学和私学的繁荣对于文士集团的形成也有很大促进作用。北宋建立后作为宋朝顶级学府的国子学、太学的入学门槛不断放低，并向各阶层打开了大门，学校规模日渐扩大，质量越来越高。景德九年，进一步规定文武升朝官的嫡亲子弟可到国子监取解，国子监基本消解其作为贵族子弟学校的性质。同时在发展中，国子学逐渐向太学转化并最终与太学合并。崇宁三年（1104）先是在京南郊外营建外学，并被赐名"辟雍"；太学形成外含内舍和上舍，就读人数大大增加。同年，废除科举中州郡发解（乡试）法和礼部试（省试）法，实行"舍选"，太学成为全国士庶子弟参加殿试的主要途径。官学与私学的发展也进一步提高了社会的教育水平。北宋的官学先后在庆历、熙宁和崇宁出现三次兴学高潮。私学方面则形成了闻名天下的北宋四大书院：庐山白鹿洞、南京应天府、衡州石鼓和长沙岳麓。

4. 北宋进一步发展科举取士的制度，两宋共进行118榜科举考试，举进士者达4.2万人，是唐朝的18倍。宋科举有以下几点变化：第一，确立"一切以程文去留"的公平竞争原则，废除荐举制残余；第二，取消门第限制，结束士族地主垄断科举的局面，催生文士集团；第三，科举考试考察方面富有特色，与文化修养和文学才能关系密切。

5. 书籍刊刻业发达。受益于科举的改进和教育的发展，特别是科学技术的发展使得宋代的书籍刊刻数量很大，官方与民间都在大量刊刻书籍，进一步促进文士阶层的出现。

二　苏洵的杂学、异端与蜀学的形成

元祐文士集团集中了北宋中后期最优秀的文士，其对中国文化艺术的贡献非常巨大，其贡献主要在于集团遵循的核心思想：蜀学。

宋代蜀学是苏洵开创的，苏洵的思想自然对蜀学具有指导作用。事实上，可以代表蜀学风格的致用、自然、变通等关键词主要是由苏洵的思想决定的。苏洵的思想是综合了战国诸子的思想而来的。"其学原本兵家之权谋法家之刑名，而舒以纵横家之捭阖，切事情，明是非，其笔力一出一入，王安石目为战国之文，可谓知言"①，其中可以看出，苏洵从先秦诸子的思想中获得源泉。他把韩非子的学说融入孔子的理论中并吸收了纵横家的思想方法，其学术主干是早期的法家，同时又分支逸出，融合了儒兵墨纵横家的思想，自成一体，显示出"异端"与"杂学"的学派风格，形成蜀学的基本基调。

蜀学从本体论开始，博采众长，对正统学说提出了大胆的挑战，体现经济模式发生改变之时社会的需求。在本体论的问题上，蜀学虽然套用道家的"万物生于有，有生于无"，"道生万物"的理论，但在道如何生宇宙的问题上，苏轼认为不是简单的有生于无，提出运动是有与无的联系纽带，将道的本质定义为运动。蜀学以前古人论述道时一定会给道贴上伦理标签，并将道与性联系起来。苏轼认为道是他们本体论的最高哲学范畴，并认为阴阳相合为道，但这个道排除了道范畴具有的伦理道德属性，道不具备伦理道德属性，这样把道与仁、义、礼、乐分开，并进一步把这一观点投射进性的论述，强烈反对儒学宣扬的性善或性恶的理论，认为性是遵从道的，甚至认为性与道想通，因此性也没有伦理道德属性。而在人性论的问题，蜀学则吸收佛道的理论，首先赞同"人性自然"的说法，认为人性是人的本能，与善恶无关，认为善是性之效，但与性无关。并将人性论延伸到为人处事的准则方面，驳斥二程的主敬说与约情说。苏轼通过阐述水的存在原理说明了阴阳和而生有的道理，

---

① 钱基博：《钱基博著作集·中国文学史》，上海古籍出版社2011年版，第491页。

并由此证明万物都遵循自然这个原则,继而得出主张顺应自然的必要,提倡人的主体精神,强调人应循自然之理行事。由此苏轼还衍生出对人情的尊重,主张以人情为本,顺应人情,并把顺应人情抬到诚的高度,也就将顺应人的本性抬高到天之道的高度。

蜀学是一个广泛吸收众家学说的杂学,在本体论、人性论、人情论的问题上显示出其博采众长、吸纳道佛的理论,合理并创新地解释问题的特点。而在上述问题之外,蜀学还有一个重要的思想部分,这就是蜀学的权变的思想。权变的想法是苏洵从战国纵横家的思想中习得的。苏洵对纵横家的思想极为信服。事实上,虽然纵横家的思想在汉武帝罢黜百家后影响逐渐衰微,但纵横家明形势、擅权术、善应对、长图谋的特点对于文人士大夫十分具有吸引力,蜀中的文学家如司马相如、王褒、扬雄,唐代陈子昂、李白在思想上都或多或少地吸收了纵横家的思想。苏洵也是其中之一,苏洵编辑的族谱《族谱后录上篇》追苏秦、苏代、苏厉为祖,便是一个很好的证明。苏洵把纵横家的思想概括为权变,其中的思想主要可被概括为变通和致用。如果说蜀学的文艺思想主要论证自然为文和"文理自然",打通诗歌领域的意境论与散文领域中的文道论并将二者融合,主要为文人画意识的兴起准备了思想基础的话,权变的思想则更多地体现在外在形式的表现上。

三 蜀学对文人画审美的影响

(一) 尚平淡

这种影响首先是体现蜀学对"淡"的推崇。蜀学的"淡"思想来源于梅尧臣在论诗时提出的"平淡",并得到欧阳修的推崇和引申,使"平淡"的概念从诗进入文的领域。苏轼又对欧阳修的理论进一步阐释,将这一理论推广为文艺领域的共同认识和基本理论。他以蜀学的圆融思维为据,融合三教思想,以自己独特的人生感悟作深入的思考,由对"平淡"之美的体认而产生对自然的感悟,与道释玄思想深为契合。通过苏轼毕生对朴质无华、平淡自然的追求,并用笔墨将其提升到一种透彻了悟的思想哲学层面,这种文士的"尚淡观"的影响逐渐深远,其后各时期的文人都从苏轼这里得到思想启示，从而奠定了文人画的基本艺术格调。

（二）"逸品"的确立

"逸品"最早由唐李嗣真所用，作为神品的浓缩和精华。随后朱景玄在《唐朝名画录》中也用这个品级，但意思略有不同，朱景玄分了四品，即神、妙、能、逸，将"逸品"独立出来。俞剑华评论朱景玄的画论时说："以逸品灵置神妙能之外，已为注重文人画之先河。"张彦远也在其著作中用了类似的评价。进入北宋，蜀人黄休复在撰写《益州名画录》时，将所录58人分为"逸神妙能"四格，将"逸品"列为第一品。此后被蜀学流派接受，虽受宋徽宗的干预，但由于蜀学流派和元祐文士集团在文士中强大的影响力，这一品评法最终由邓椿在《画继》中再次提出并得以确立。在这一过程中，蜀学思想起了较大的作用，在今天的研究成果中，将其归纳为"逸品观"，其来源主要是蜀学思想在文人画意识发展中的体现和反映以及蜀学思想中对其异端立场的自信和坚持。蜀学讲究"务一出己见，不肯摄故迹"，同时认同隐逸者，追求"情高格逸"的思想在苏轼的《书蒲永昇画后》被详细记述。

（三）蜀学权变思想与文人画创作的"随物赋形论"

苏轼在绘画创作领域主要有"物化"和"随物赋形"两大理论。前者作为文人画的创作构思的特征在对后世影响方面相对不如后者，而且"物化"更像是对"随物赋形"的补充，所以笔者在本文中主要选取"随物赋形"来论述。苏轼在《净因院画记》中把对象描写分为两类：第一类是有常形之物，人禽宫室器用；第二类是无常形而有常理之物，如山石树木水波烟云。苏轼说"世之工人，或能曲尽其形，而至于其理，非高人逸才不能辨"。首先从主体角度阐述创作与主体的关系，为文人画建立第一条"准入门槛"，进而提出要心手相应，道艺合一，事物之妙了然于心、口和手才能得美丽之形。认为结合主体的艺术修养才可以进一步加强文艺创作中的艺术性。在此之上，苏轼提出著名的"随物赋形论"，主张主体心灵要不为外物所遮蔽，运用主体的艺术修养，进行创作。这与蜀学重视物体运动变化和吸收纵横家思想结晶而来的权变思想不无关系。前文在本体论的论述中提过蜀学认为宇宙的本质是物质的运动，这就决定了他们必须重视变化的基本要点。蜀学重视变化的特点和异端立场使得他们十分善于创新与变通，得之自然，创出新意。而这种创新，又是在法度中创新，既符合客观对象又符合艺术创作对象，是基于物我两忘的境界对外物进行合理的发挥，这也是中国画写意的一大理论依据。

（四）蜀学的杂学特质与"诗画本一律"的绘画观

苏轼的诗中有画、画中有诗的说法第一次打通了各种艺术形式，使得各种艺术形式可以分享同一理论。这源于蜀学的杂学特点，精通多种艺术形式，这为人们同时研究多种艺术形式提供了可能。"诗画本一律"是苏轼通过自己的艺术实践得出的结论，虽然绘画注重的是视觉形象，而诗歌注重的是语言所蕴含的意蕴，然二者有共同之处。诗歌的意境美到极点就宛如一幅画，而画想要具有优美的意境就必须学习诗歌的意蕴，诗中有画情，画中有诗情，诗画同本而相通。于是北宋初锐意改革的思潮前，蜀学这一领导思想和元祐文士集团的共同推动，北宋文人画从诗歌中汲取资源，取得了长足进步。

此外，文人画还与尚书法艺术相互渗透和融合，借用书法的某些技巧丰富文人画的内容。由于推进文人画的元祐文士集团本身都是北宋有名的文人，在书法上都具有很高的造诣，于是在他们推进文人画的过程中会不自觉地促进书画的相互影响。如果说诗画还需要理论桥梁才能构成对话，书画则因为分享共同的创作工具，因而完全可以直接对话。而在这一过程中，苏轼进一步改变了这一进程。苏轼开始主动提倡将书法的趣味用于绘画，他以《枯木怪石图》对自己的理念进行了实践，用奔放的笔触营造出一种潇洒和流畅的意境，使得枯木怪石呈现一种优雅的感觉。画法走向笔法，进一步完善独立的笔法系统，最大限度地激发了文人画创作主体的自觉性，促使文人画的审美进一步觉醒，写意艺术成为中国画发展的一个重要发展方向。

四 结语

由苏门蜀学开创的文人画审美格局由此建构，它对于元代以后文人画的兴盛以及文人话语体系的确立影响深远，它的众多主张和观点，为明末文人画集大成者董其昌的南北宗论奠定了坚实的理论基础。

（原载于《大众文化》2017年第9期）

蜀学研究论文目录索引（以时间为序）

刘咸炘：《蜀学论》，《推十文集》卷十，成都古籍书店 1996 年影印本。

蒙文通：《巴蜀史的问题》，《四川大学学报》（哲学社会科学版）1959 年第 5 期。

蔡方鹿：《二苏论"道"及蜀学学风》，《社会科学研究》1987 年第 3 期。

李景焉：《蜀地文化兴盛初探》，《成都大学学报》（社会科学版）1988 年第 1 期。

蔡方鹿：《魏了翁与宋代蜀学》，《社会科学研究》1992 年第 6 期。

胡昭曦、张茂泽：《宋代蜀学刍论》，《四川大学学报》（哲学社会科学版）1993 年第 4 期。

蔡方鹿：《魏了翁集宋代蜀学之大成》，《文史杂志》1993 年第 2 期。

粟品孝：《论苏氏蜀学衰隐的原因》，《社会科学研究》1995 年第 1 期。

魏启鹏：《〈太玄〉·黄老·蜀学》，《内蒙古师大学报》（哲学社会科学版）1996 年第 2 期。

肖永明：《论苏氏蜀学的学派特征》，《学术论坛》1999 年第 1 期。

郝明工：《苏氏蜀学之经学考察》，《成都大学学报》（社会科学版）1998 年第 3 期。

胡昭曦：《宋代书院与宋代蜀学》，《四川大学学报》（哲学社会科学版）2001 年第 1 期。

萧永明：《论苏氏蜀学对佛道之学的汲取》，《广西师范大学学报》（哲学社会科学版）2001 年第 1 期。

李凯：《苏氏蜀学文艺思想的巴蜀文化特征》，《四川师范大学学报》（社会科学版)2001年第5期。

冷成金:《试论"三苏"蜀学的思想特征》,《福建论坛》(人文社会科学版)2002年第3期。

湛芬:《论张耒学术文化思想对蜀学内蕴的契合》,《贵州社会科学》2003年第5期。

胡昭曦:《蜀学与蜀学研究榷议》,《天府新论》2004年第3期。

蒋志:《唐代蜀学的杰出代表——赵蕤》,《西华大学学报》(哲学社会科学版)2004年第5期。

熊英:《李石及其与宋代蜀学的关系》,硕士学位论文,四川大学,2006年。

冯广宏:《易学在蜀 蜀学在易》,《西华大学学报》(哲学社会科学版)2006年第2期。

官性根:《成都知府与宋代蜀学的发展》,《求索》2006年第5期。

胡昭曦:《尊经书院与近代蜀学》,《儒藏论坛》2007年。

查有梁:《蜀学浅议》,《蜀学》2007年。

曾加荣:《初论郭沫若对蜀学传统的继承》,《蜀学》2007年。

谢桃坊:《论蜀学的特征》,《蜀学》2007年。

曾加荣:《简论郭沫若与蜀学传统》(上),《西华大学学报》(哲学社会科学版)2007年第5期。

曾加荣:《简论郭沫若与蜀学传统》(下),《西华大学学报》(哲学社会科学版)2007年第5期。

蔡方鹿:《宋代蜀学与宋代理学——地域文化与时代思潮的互动及其意义》,《社会科学研究》2007年第5期。

舒大刚:《晚清"蜀学"的影响与地位》,《社会科学研究》2007年第3期。

粟品孝:《"蜀学"再释》,《蜀学》2008年。

蒙默:《蜀学后劲——李源澄先生》,《西华大学学报》(哲学社会科学版)2008年第5期。

李晓宇:《蜀学与家学——唐君毅早年经历及其影响(1915—1925)》,《儒藏论坛》2009年。

胡昭曦：《巴蜀文脉之传承发展——宋代双流蜀学名人概略》，《中华文化论坛》2009 年 S2 期。

谢桃坊：《蜀学的性质与文化渊源及其与巴蜀文化的关系》，《西华大学学报》（哲学社会科学版）2009 年第 4 期。

谢无量：《蜀学原始论》，《蜀学》2010 年。

蔡方鹿：《北宋蜀学三教融合的思想倾向》，《江南大学学报》（人文社会科学版）2011 年第 3 期。

舒大刚：《蜀学渊渊 历久弥新》，《中国社会科学报》2011 年 9 月 15 日。

郭齐勇：《萧萐父先生与近代蜀学》，《四川师范大学学报》（社会科学版）2011 年第 4 期。

韦兵：《庞俊经史学术述略：兼论蜀学的现代转型与学术取径》，《四川大学学报》（哲学社会科学版）2011 年第 5 期。

范瑱哲：《苏氏蜀学的嬗变轨迹及其核心理念》，《求索》2011 年第 7 期。

舒大刚、李冬梅：《巴蜀易学源流考》，《周易研究》2011 年第 4 期。

蔡方鹿、刘俊哲、金生杨：《巴蜀哲学的特点、历史地位和影响》，《四川大学学报》（哲学社会科学版）2012 年第 4 期。

熊飞宇：《论蜀中大儒伍肇龄》，《重庆城市管理职业学院学报》2012 年第 4 期。

范佳：《吴之英与晚清蜀学》，《蜀学》2012 年。

张凯：《清季民初"蜀学"之流变》，《近代史研究》2012 年第 5 期。

舒大刚：《宋代巴蜀学术文化述略》，《湖南大学学报》（哲学社会科学版）2013 年第 1 期。

蔡方鹿：《巴蜀哲学、蜀学、巴蜀经学概论》，《地方文化研究辑刊》2013 年。

李彦词：《刘咸炘史学思想与蜀学研究》，硕士学位论文，四川师范大学，2013 年。

蔡方鹿：《论三苏蜀学的哲学思想》，《四川师范大学学报》（社会科学版）2013 年第 6 期。

彭华：《贺麟与蜀学——关于现代蜀学的梳理与思考》，《西华师范大学学报》（哲学社会科学版）2013 年第 4 期。

舒大刚、吴龙灿：《汉代巴蜀经学述论》，《四川师范大学学报》（社会科学版）2013年第6期。

刘平中、廖春兰：《文化自觉与自强：试析"锦江六杰"对清代蜀学的恢复与重建》，《西南民族大学学报》（人文社会科学版）2013年第9期。

彭华：《蜀学之形神与风骨综论——以文史哲或经史子集为考察对象》，《殷都学刊》2014年第3期。

粟品孝：《巴蜀史学通论》，《蜀学》2015年。

李冬梅：《蜀学渊渊：巴蜀的石经、群经总义与经学丛书文献》，《儒藏论坛》2015年。

谭继和：《蜀学作出过开源性与奠基性贡献》，《中国社会科学报》2016年8月19日。

莫亦文：《论蜀学对文人绘画的影响》，硕士学位论文，湖北美术学院，2017年。

刘佳利：《蜀学中的道家思想与秦观策论》，《邯郸职业技术学院学报》2017年第3期。

姚宇轩：《浅谈蜀学对中国画审美与创作的影响》，《大众文化》2017年第9期。

舒大刚、胡游杭：《"蜀学"的特征与贡献》，《中国哲学史》2017年第4期。

舒大刚、申圣超：《道德仁义礼："蜀学"核心价值观论》，《社会科学研究》2017年第2期。

舒大刚：《蜀学的流变及其基本特征》，《江苏科技大学学报》（社会科学版）2017年第3期。

舒大刚：《"蜀学"的包容与儒道互摄的价值体系》，《四川大学学报》（哲学社会科学版）2018年第3期。